国家社会科学基金项目
"我国法律法规翻译的统一与规范化研究"（项目编号：14BYY160）

我国法律法规翻译的统一与规范化研究

董晓波 ◎著

On Unification and Standardization of the Translation of Laws and Regulations in

CHINA

北京大学出版社
PEKING UNIVERSITY PRESS

图书在版编目（CIP）数据

我国法律法规翻译的统一与规范化研究 / 董晓波著. —北京：北京大学出版社，2024.1

ISBN 978-7-301-33561-1

Ⅰ.①我⋯ Ⅱ.①董⋯ Ⅲ.①法律–翻译–研究–中国 Ⅳ.①D9

中国版本图书馆 CIP 数据核字(2024)第 203688 号

书　　　名	我国法律法规翻译的统一与规范化研究 WOGUO FALÜ FAGUI FANYI DE TONGYI YU GUIFANHUA YANJIU
著作责任者	董晓波　著
责任编辑	刘文静
标准书号	ISBN 978-7-301-33561-1
出版发行	北京大学出版社
地　　　址	北京市海淀区成府路 205 号　100871
网　　　址	http://www.pup.cn　新浪微博：@ 北京大学出版社
电子邮箱	编辑部 pupwaiwen@pup.cn　总编室 zpup@pup.cn
电　　　话	邮购部 010-62752015　发行部 010-62750672　编辑部 010-62754382
印　刷　者	北京鑫海金澳胶印有限公司
经　销　者	新华书店
	720× 毫米 ×1020 毫米　16 开本　28.25 印张　415 千字 2024 年 1 月第 1 版　2024 年 1 月第 1 次印刷
定　　　价	138.00 元

未经许可，不得以任何方式复制或抄袭本书之部分或全部内容。
版权所有，侵权必究
举报电话：010-62752024 电子邮箱：fd@pup.cn
图书如有印装质量问题，请与出版部联系，电话：010-62756370

序

本书是我第一个国家社会科学基金项目的最终成果，项目名称为"我国法律法规翻译统一与规范化研究"，项目批准号为"14BYY160"。

本书是对我国法律法规翻译状况及规范化的整体性研究，从为全球治理贡献中国智慧的角度，认为我国法律法规对外翻译的统一与规范化是国家文化软实力建设的重要组成。法律法规的对外公开透明，是建设国际化法治化营商环境的必然要求，是打造阳光政府、法治政府的重要抓手。

本书在一定意义上也是我主持参与江苏省地方性法规规章十多年翻译实践的理论总结，我的研究志趣转向法律翻译，尤其是中国法律法规的英译研究，实属偶然，但也是必然。由于语言学和法学的双重学历和教育背景，我成为中国外语界较早地涉足法律语言学这一新兴交叉学科研究的学者之一。为了兑现加入WTO的承诺，中国政府要求各地方、各部门做好其发布的法规规章翻译工作。江苏省原法制办（江苏省司法厅）叶正茂处长给我发邮件邀请我参加江苏省的法规规章译审工作，十多年来本着"为国家和政府工作光荣"（司法厅某领导语）的使命感和责任感，我和我的伙伴们每年将上一年度江苏省重要法规和政府规章进行及时翻译，并进行严格译审，编撰成书——《江苏省法规规章选编》（中英文对照本），并在江苏省司法厅网站及时对外公布，我们研发了全国第一个地方性法规规章法律术语语料库，编撰了全国第一部地方性法规规章翻译指导手册——《江苏省法规规章译审术语和句式手册》；2016年我和李晋老师翻译了《南京市海上丝绸之路史迹保护办法》，为国家海上丝绸之路申报世界文化遗产做出了重要贡献，翻译的《苏南国家自主创新示范区条例》，被"一带一路"倡议中埃塞俄比亚东方工业园建设所借鉴；目前已经完成15部中英文对照本；400多部，500多万字的法规规章翻译任务；并建立了一套严格的译审程序；期间我在《中国法学》《光明日报》《中国社会科学报》等国内外重要报刊发表高质量法律翻译论文30多篇，出版学术专著、教材5部，其中《法律文本翻译》被海外购入版权，全球再版发行。此外，我们还进行了法规规章翻译培训、指导工作。2015年《中华人民共和国立法法》修正后，江苏省多个设区的市均获得地方立法权，为了加快江苏省各设区的市的规章翻译规范化，我和我的伙伴对苏州市、徐州市、连云港市、南京市等地方性法规规章翻译人员进行了法律翻译培训，并指导了相关翻译工作。同时，我还被广东省司法厅聘为法规译审专家，参与并指导了广东省地方性法规规章的译审工作，我的《建议加强江苏省地方性法规英译规范化问题研究》的智库报告也被江苏省人民政府评为江苏省优秀人民建议奖三等奖。

  本书也为我国法律法规翻译中"国家关键话语"传播和新时期我国法律法规翻译的统一规范化研究提供理论依据和实践参考。具体的研究意义是不言而喻的，主要体现在以下方面：从政治的角度而言，法律法规翻译的统一和规范化有利于东法西渐，展示改革开放四十多年来中国特色社会主义法律体系的立法成就，树立"法治国家"的良好国际形象，增强我国在国际事务中的话语权。从经济角度而言，促进法律法规翻译的统一和规范是社会主义市场经济发展的客观需要，也是我国加入WTO时对世界的庄严承诺，公正有效的法律机制是投资、经济往来的保障，研究法律法规译本的统一与规范势必会降低外国投资者对于中国特色社会主义法律制度误读的可能性，对社会主义市场经济的发展会做出一定贡献，也促进"一带一路"倡议及人类命运共同体的构建。从学术角度而言，法律法规翻译的统一与规范化研究打破了现有的语言学、翻译学、法学等相关学科之间的壁垒，推动了上述学科间的交互联系和健康发展，有利于语言学研究、法律翻译研究及法学研究向纵深发展。

  除导论和结束语部分外，本书共计七章，遵循"问题—对策—建议"的研究思路，有的放矢地对我国加入WTO以来的法律法规的翻译状况进行了全面、深入的讨论。

导论在国内外法律法规翻译现状和趋势梳理的基础上，系统总结了我国法律法规翻译研究的现状和趋势，提出本书研究的目标、内容、方法及意义。本书的研究重点是弥补近四十年来社会主义法律体系对外翻译规范化研究的不足及空白，通过我国法律法规翻译的典型案例分析以及翻译规律和方法的总结，尤其结合江苏省十多年地方性法规规章的翻译实践，系统总结法律法规常用法律术语和常用典型句式的翻译，提供地方性法规规章常用法律术语表和常用典型句式手册，以利于我国地方性法规规章规范化翻译研究和实践的进一步开展。

第一章在确定我国法律法规基本翻译原则的基础上，对我国近年来立法文本的英译出现的翻译错误进行分析、归纳和总结，并提出可行的翻译策略，旨在为本书后续针对性的研究奠定基础。在国内外学者提出的原则基础上，归纳总结了法律翻译的四大原则：即①准确性与对等性原则；②一致性与同一性原则；③专业性与规范化原则；④精练性与简明性原则。对照上述翻译的原则，发现我国立法文本英译的一些翻译失误主要集中在词汇、句法、篇章三大方面，并提出了初步的翻译策略。

第二章为法律法规名称翻译。在中西法律法规名称比较研究的基础上，探讨我国法律法规名称翻译存在的问题及对策，具体分析名称英译问题背后的成因，提出法律法规名称英译规范的具体对策，我国法律法规名称翻译的统一和规范具体措施。

第三章探讨法律法规翻译中"shall"的使用。在法律英语和法律翻译中，shall常常被滥用，纵观我国当前的法律法规翻译，已有研究对于改进翻译实践的成效都不大。在语料库研究的基础上，本章系统总结了我国法律法规翻译中shall的使用现状，分析了使用失范的三个维度，首次提出遵循英、美等国的立法中已经逐渐去除shall使用的步伐，选择功能划分更加清楚合理的情态动词，如用must来表示命令的概念，用should来表示指导性建议，用may来表示权利和许可等。

第四章为法律法规中术语的翻译。法律术语翻译是法律翻译的核心内容，深入研究法律专业术语的翻译，对提高不同法律文化之间的表达效果和交际职能，具有非常重要的意义。当前，我国法律法规术语翻译问题主要是：①术语翻译错误；②术语翻译有失准确性；③术语翻译不一致。本章在术语翻译的原则指导下，提出了术语翻译的具体策略和方法以及我国法律法规术语翻译的统一与规范的措施。

第五章为法律法规中词语的翻译。译者对法律英语词语的广度及深度的把握直接影响其法律语言能力和翻译水平。

第一节为模糊词语的翻译。模糊性是法律语言客观存在的属性，法律语言运用模糊词语的现象俯拾皆是。法律法规中的模糊语可以有以下几种处理方法：①直译：模糊对模糊；②意译:化模糊为精确；③增词；④省略。

第二节为中国特色法律术语的英译。中国特色法律术语是我国法律语言的核心成分，反映了我国法律体系的典型特征。中国特色法律术语在翻译时应当遵循三大原则，即准确性、灵活性和时代性。译者在翻译时务必要做到灵活处理，在保证准确性的前提下根据具体交际目的和语境的不同采取归化、异化或两者结合的翻译手法。

第三节为法律法规中的常用词翻译。法律法规中的常用词是指那些在法律文本中出现频率较高的词汇，在长期的翻译实践过程中，这些常用词形成了其惯有的一个或多个译法，其中的有些译法被证明是可行的，有些译法则有待商榷，因此对其进行统一规范十分必要。

第四节为法律法规中的近义词辨析及翻译。法律法规中存在大量的近义词，这些近义词三两个一组，在意义和用法上有许多相似之处，若不仔细区分，难免会造成词与词之间翻译的混淆。本节列举了法律法规易混的六组词，并在对每组词语意义进行仔细辨析的前提下探讨其正确的译法。

第五节为法律法规中求同型近义词的翻译。在英美法中，求同型近义词比较常见。中文立法也会出现一些求同型近义词，尽管这些求同型近义词在法律法规中只是占据很少的一部分，却体现了汉语的特殊性和法律法规的基本特征。目前，还鲜有学者对汉语立法中的求同型近义词进行系统性梳理，并探讨如何翻译的问题，本节就我国法律法规中的求同型近义词展开论述，并总结一般的翻译规律。

第六章为法律法规中句式的翻译。本章以法律文本的程式化结构研究为出发点，重点探讨法律法规的总则和附则，条款中的定义条款、义务条款、权利性条款、责任条款的部分常见句式以及"的"字结构的翻译。

第七章为法律法规中语篇的翻译。本章主张法律法规翻译需要由词汇、句法的意识上升至语篇意识，译者只有关注到语言本身的特点以及法律语篇的程式化、连贯性、衔接性、信息表达完整等特点，强调语篇的整体性及层次性，把字、词、句的翻译纳入语篇这一大背景中，克服传统翻译学习中以词法、句法为框架，以单个句子为基准的模式，才足以还原法律法规语篇的功能，做到篇章功能上的对等。

结束语为法律法规翻译：规范与展望。本部分从翻译规范论的角度出发，结合自己和团队十多年为江苏省人民政府开展的政府规章译审工作的实践，探讨了当前我国法规规章翻译中依然存在的失范现象，为未来改进我国法律法规翻译工作，实现法律法规翻译规范化提供思路和对策。

法律法规翻译的规范化是新时期我国语言文字规范化研究中一个不可忽视的重要议题，需要从理论层面探讨其现实内涵和战略价值，应该融合多学科知识阐释和论证，构建有中国特色的法律法规翻译理论。法律翻译并不是用目的语中的概念和制度来替换原来的法律体系中的概念和制度的简单过程。法律翻译是一种法律转换（legal transfer）和语言转换（language transfer）同时进行的双重工作。法律翻译除了要求语言功能的对等以外，还应照顾到法律功能（legal function）的对等。

本书的研究表明：我国当前的法律法规英文译文中存在多方面、多层次的翻译失范现象，具体而言，主要可以归纳为四类。第一，一致性失范现象比较明显。立法文本作为一个完整的系统，系统内部各文本间应保证一致性，但是我们发现现有的译文中存在着地方性法规规章和上位法的译文间不一致，各篇地方性法规规章的译文间不一致以及地方性法规规章内部条款间的译文不一致等多种一致性失范情况，这违背了法律文本的"同一律"原则，大大削弱了法律文本的权威性。第二，存在着专业性失范现象。现有的翻译中存在着法律术语和行业术语使用不当，曲解立法意图等专业性失范现象。第三，存在着违背义务规范要求的各种表达准确性失范现象。第四，存在着表达效果不佳导致读者可接受性失范现象。

本书明确指出：法律法规翻译作为一种立法文本翻译，不仅涉及语言转换，还涉及法律体系和文化的转换，同时还受到翻译委托人（政府）、翻译主体、上位法译文等因素的影响。这导致我国法律法规规章翻译失范的因素非常复杂，主要有三个方面。第一，翻译工作机制专业化程度参差不均：①是翻译主体构成的专业化水平参差不均，②是译审项目管理专业化水平参差不均，三是立法相关机构的专业支持不足；第二，复合型法律翻译人才培养的不足；第三，我国法律法规规章翻译标准缺失。

本书提出了我国法律法规翻译统一与规范化的应对措施：首先，全面提高我国法律法规翻译专业化程度；形成严格的"初译—行业评审—终审"+"项目管理"+"立法机构专业支持"译审工作机制，来保障译文的质量；第二，加强复合型法律翻译人才培养；第三，构建统一的数字化法律法规翻译标准平行语料库；第四，运用计算机辅助翻译；最后，成立全国法律法规翻译指导委员会，加强法律法规翻译的规划和指导。

本书初稿完成以后，我开始思考中国法治话语的翻译与传播问题，2020年上半年，主持申报的课题**"中国特色法治术语翻译与对外法治话语能力建构研究"**被遴选为国家社会科学基金重点项目，意味着又将开始新的研究方向。

书稿交付之际，需要感谢的人很多，感谢父母含辛茹苦的培养，从小让我养成爱读书的习惯，长大后实现儿时的理想——在高校从事教学和科研工作；感谢南京师范大学，这是我遇见我妻子，以及我们共同工作和成长的地方；感谢我的妻子和儿子，高中以来儿子的勤奋与自律常常让我这个习惯于"坐冷板凳"的教授汗颜；感谢我的亲人和所有关心我的朋友们，你们是我生活和从事研究工作的动力！最后，尤其要感谢我的学生们，学生于银磊老师经常为我校对书稿，学生胡波博士、李晋副教授、唐瑭老师、牛敏副教授参与了本课题的研究，本书也凝聚着他们的聪敏和智慧，对他们为"我国法律法规翻译统一与规范化研究"项目顺利结项做出的贡献，表示衷心的感谢。

是为序！

董晓波

2024年1月于南京

目 录

导 论 ··· 1
  第一节 问题的提出 ··· 1
  第二节 国内外法律法规翻译的现状和趋势 ·································· 3
  第三节 国内外我国法律法规翻译研究的现状和趋势 ··················· 21
  第四节 本书研究的目标、内容、方法及意义 ····························· 22

第一章 我国法律法规翻译的主要问题 ·· 28
  第一节 我国法律法规翻译的基本原则 ······································· 29
  第二节 我国法律法规英译失误分析 ·· 38

第二章 法律法规的名称翻译 ··· 54
  第一节 中西法律法规名称比较研究 ·· 54
  第二节 我国法律法规名称翻译存在的问题及对策 ······················ 66
  第三节 我国法律法规名称翻译的统一和规范 ··························· 91

第三章 法律法规翻译中"shall"的使用 ······································· 107
  第一节 我国法律法规翻译中"shall"的使用现状 ······················ 108
  第二节 我国法律法规翻译中"shall"的失范分析 ······················ 109
  第三节 我国法律法规翻译中"shall"的统一和规范 ·················· 123

第四章 法律法规中术语的翻译 ·· 126
  第一节 法律法规中术语的概念、分类和特征 ··························· 127
  第二节 法律法规术语翻译存在的问题及其对策 ······················· 133

第三节　法律法规术语翻译的统一与规范 …………………… 185

第五章　法律法规中词语的翻译 ……………………………………… 189
第一节　模糊词语的翻译 ………………………………………… 189
第二节　中国特色法律术语的英译 ……………………………… 198
第三节　法律法规中的常用词翻译 ……………………………… 202
第四节　法律法规中的近义词辨析及翻译 ……………………… 216
第五节　法律法规中求同型近义词的翻译 ……………………… 225

第六章　法律法规中句式的翻译 ……………………………………… 270
第一节　总则部分常见句的翻译 ………………………………… 271
第二节　定义条款部分常见句式的翻译 ………………………… 279
第三节　义务条款部分常见句式的翻译 ………………………… 288
第四节　权利性条款部分常见句式的翻译 ……………………… 298
第五节　责任条款部分常见句式的翻译 ………………………… 306
第六节　附则部分句式的翻译 …………………………………… 318
第七节　"的"字句的翻译 ……………………………………… 324

第七章　法律法规中语篇的翻译 ……………………………………… 333
第一节　文本类型与法律文本类型 ……………………………… 334
第二节　法律法规语篇的特征与功能 …………………………… 342
第三节　法律法规语篇的翻译 …………………………………… 368

结束语　法律法规翻译：规范与展望 ………………………………… 394
一、翻译规范理论 ………………………………………………… 395
二、我国法律法规翻译的失范 …………………………………… 396
三、影响法律法规翻译规范化的因素 …………………………… 407
四、我国法律法规翻译统一与规范化的应对措施 ……………… 415
五、展望 …………………………………………………………… 420

参考文献 ………………………………………………………………… 423

导 论

第一节 问题的提出[①]

构建人类命运共同体是习近平新时代中国特色社会主义思想的有机组成部分。新时代，以人类命运共同体思想为指导，中国可以为全球治理贡献中国智慧和力量。中国法治建设既是国家治理体系的重要组成部分，也有着对外的功能与意义。

法国后现代学者福柯说："话语即权力。"他认为历史的塑造掌控于权力和知识的拥有者手中。（孟威，2014）长期以来，国际法律领域话语体系为西方主导，发达国家既是世界法律话语的主产地，又是法律理念传播渠道的主控者，内容与手段双重操控下所形成的话语霸权塑造了西方法律话语霸权的现实图景。

改革开放以来，中国法治建设取得了巨大成就，中国特色社会主义法律体系已经形成，尤其是党的十八大以来，全面依法治国已是中国特色社会主义的本质要求和重要保障。进入新时代的中国法治建设，以其富有逻辑力量的崭新的法治理念、健全的法治制度和鲜活的法治实践，鲜明地展现了中国经验、中国方案与中国道路的独特魅力。（公丕祥，2018）正如习近平总书记在党的十九大报告中指出的那样，中国特色社会主义进入新时代，意味着中国特色社会主义道路、理论、制度、文化不断发展，"拓展了发展中国家走向现代化的

[①] 本节部分内容曾发表在《中国社会科学报》2018年6月26日语言学版，题目为"法律翻译为全球治理贡献中国智慧"，作者为董晓波。

途径，给世界上那些既希望加快发展又希望保持自身独立性的国家和民族提供了全新的选择，为解决人类问题贡献了中国智慧和中国方案"（董晓波，2018）。

作为全球治理的重要成果，中国特色的法治建设成就应该得到国际社会的认可，从传播的角度来看，国家法律领域的话语体系只有通过国际传播才能争取国外公众的理解、支持与共鸣，才能在国际社会中树立预期的法治国家的形象，也才可以为全球治理贡献中国智慧和中国方案。

法律翻译，是对法律思想观念、法律语言文化、法律规范和法律文本的跨法系交流行为和跨语系交际行为，是我国法律话语体系走向世界的重要手段。通过翻译，全面总结中国法治建设经验，在国际平台上传播我国的法律话语，展示我国法治发展的成就和方向，不仅有利于进一步挖掘我国法律话语体系的独特内涵，面对世界纷繁复杂的变化贡献中国智慧和中国方案，而且有利于占据人类和平共处共同发展的道德制高点，最大限度整合一切有利于中国发展、有利于世界和平与发展的力量，在决定国际舆论和学术评价走向方面掌握主动权。

我国法律法规对外翻译的统一与规范化是国家文化软实力建设的重要组成部分。综观自近代起源的中国法律翻译史不难发现，法律翻译不同于其他实用文体的翻译。科技翻译、经贸翻译、新闻翻译、广告翻译、旅游翻译、政论翻译等诸多文体在内的应用翻译均以信息的有效传递为根本目的，通过目的语言的流畅表达，并运用一定的翻译技巧来实现语篇各自的功能目的。而作为实用翻译特殊分支的法律翻译不仅是一种跨语言、跨文化的交际行为，更是一种跨法系的交流行为。表意的准确性、文体的正式性和词语的晦涩难懂性成为法律翻译最主要的语言特征，这不仅要求翻译者有很好的语言功底，也需要有足够的法律知识和逻辑。当前，我国法律翻译存在的根本问题是缺乏高素质的复合型翻译人才，一个人精通外语或法律已经不易，如果两个方面都出类拔萃，且有翻译理论和实践经验，的确很难。

随着中国的快速发展和中外交流广度与深度的日益拓展，世界对中国的信息需求越来越多，中国各个领域前所未有地全方位呈现在国际社会面前。尤其是党的十八大以来，习近平总书记提出了"创新对外宣传方式，着力打造融通中外的新概念新范畴新表述，讲好中国故事，传播好中国声音"等一系列新理念、新思路、新要求，对更有效、更深层次地推进对外文化交流和国际传播能力建设，对翻译工作特别是"中译外"（由中文译成外文）能力和水平设定了明确的新目标。时任国务院副总理的汪洋撰文明确指出，政策法规的公开透明，是建设国际化法治化营商环境的必然要求，是打造阳光政府、法治政府的重要抓手。（汪洋，2014）因此，提高我国法律法规翻译水平，重视法律法规翻译、推动中国法律话语"走出去"，为全球治理贡献中国智慧和中国方案应当成为国家的重要战略。

第二节　国内外法律法规翻译的现状和趋势[①]

"法"，在中国古代的古体字是"灋"。东汉许慎在其编撰的《说文解字》中的解释是："灋，刑也。平之如水，从水；廌，所以触不直者去之，从去。"以水为偏旁，有公平之意，廌是上古传说中司法官的独角神兽，性情耿直，能辨别是非、善恶、正邪。由此可见，中国古代对法的理解就包含了法的基本含义——公平、正直。同时，也体现了中国古代法的另一个重要特征，即法主要体现为刑。此外，在中国古代，"法"与"律"同义，而且主要被称为"律"。战国时期魏国宰相李悝集各国法律之大成，编定了《法经》。后商鞅带《法经》到秦国作宰相，进行变法，改"法"为"律"。从此，中国历朝，除宋朝改称"刑统"，元朝称为"通制"之外，法都被称为律，如秦律、汉律、隋律、唐律、明律、清律等。20世纪初，受日本的影响，法与律逐步联结在一起，称为"法律"。（戚珊珊、董晓波，2013：3）

发展社会主义民主，健全社会主义法治，是建设中国特色社会主义的一项重要战略任务。新中国成立以来特别是改革开放40多年来，在党的正确领导下，我国立法工作取得了举世瞩目的巨大成就，中国特色社会主义法律体系已

---

① 本节部分内容节选自我的专著——《我国立法语言规范化研究》（北京交通大学出版社2016年9月版）。

经形成。一般通常意义上的"法律"是国家的产物，是指统治阶级经过一定的立法程序，所颁布的有约束力的规范性法律规范。法律是全体国民意志的体现，是国家的统治工具。在我国，目前狭义的"法律"专指由全国人民代表大会及其常务委员会制定的法律规范，包括基本法律和普通法律。行政法规是中国特色社会主义法律体系的重要组成部分。国务院根据宪法和法律制定行政法规，是国务院履行宪法和法律赋予职责的重要形式。行政法规可以就执行法律的规定和履行国务院行政管理职权的事项做出规定，是对法律的细化和补充；国务院可以根据全国人民代表大会及其常务委员会的授权决定，对部分应当由全国人民代表大会及其常务委员会制定法律的事项，制定行政法规。地方性法规是中国特色社会主义法律体系的组成部分。省、自治区、直辖市、设区的市的人民代表大会及其常务委员会在不同宪法和法律、行政法规相抵触的前提下，可以制定地方性法规，民族自治地方的人民代表大会有权依照当地民族的政治、经济和文化的特点，制定自治条例和单行条例。地方性法规可以就执行法律、行政法规的规定和属于地方性事务的事项做出规定，除只能由全国人民代表大会及其常务委员会制定法律的事项外，对其他事项国家尚未制定法律或者行政法规的，可以先制定地方性法规。地方性法规是法律、行政法规的细化和补充，是国家立法的延伸和完善，并为国家立法积累有益经验。

规章是中国特色社会主义法律体系的组成部分。国务院各部委、中国人民银行、审计署和具有行政管理职能的直属机构，根据法律和国务院的行政法规、决定、命令，在本部门的权限范围内，可以制定部门规章；省、自治区、直辖市和设区的市的人民政府，根据法律、行政法规和本省、自治区、直辖市的地方性法规，可以依法制定政府规章。

中国特色社会主义法律体系以宪法为核心，以法律为主干，涵盖宪法及宪法相关法、民法商法、行政法、经济法、社会法、刑法、诉讼和非诉讼程序法等多个法律部门，包括法律、行政法规、地方性法规等多个层次的法律规范。[①]

---

① 本书的研究对象是"中国特色的法律规范"，包括法律、法规和规章，为了行文的简洁，简称"法律法规"。

这是中国社会主义民主法制建设史上的重要里程碑，是中国特色社会主义制度逐步走向成熟的重要标志，具有重要的现实意义和深远的历史意义。

中国特色法律规范的各种立法形式，由于其制发机关不同，内涵与效力不同，其具体语言运用也明显不同。但无论是哪一层级的立法，作为法律规范的载体，其语言又必有其共同之处。立法语言是法律语言的重要组成部分和核心，是制定法律过程中所使用的语言。"法的优劣直接取决于表达并传播法的语言的优劣。"（何家弘，2008）作为法律活动的官方语言，立法语言一方面要传达立法者的意图和立法目标，另一方面则要告知公民及相关机构法律的适用范畴，因此立法语言必须准确、简洁、中性。（董晓波，2016：2）

一、我国法律法规规章翻译的基本情况

我国法律法规规章的翻译工作是为了适应加入世界贸易组织的需要而开展起来的，透明度原则是中国入世（复关）谈判过程中的一条主线。中美于1992年签订了《中美市场准入谅解备忘录》，其中要求中国必须定期、及时地公布与关税、贸易等相关的法律、法规、司法裁决和行政裁定等，美国将贸易制度的"充分透明"作为支持中国"复关"的条件之一。（胡加祥、彭德雷，2012）WTO透明度原则的设立意在为国际贸易营造一个公开、透明的法律和政策环境，减少乃至消除该组织以及国际贸易体制运行中的不确定性，进而推动国际贸易的进一步自由化，而这本身也是WTO协定缔结的目的之一。

为了进一步推进改革开放，我国政府向WTO庄严承诺：

> 《入世议定书》的第2条（C）款，"中国承诺只执行已公布的、且其他WTO成员、个人和企业可容易获得的有关或影响货物贸易、服务贸易、TRIPS或外汇管制的法律、法规及其他措施……最迟在实施或执行之时可获得"；"中国应设立或指定一官方刊物，用于公布所有……法律、法规及其他措施"；"中国应设立或指定一咨询点……应向个人和企业提供准确和可靠的信息"。

《工作组报告书》第324至336段也是对透明度义务的承诺，其中第334

段要求"使WTO成员获得译成一种或多种WTO正式语言的所有有关或影响货物贸易、服务贸易、TRIPS或外汇管制的法律……不迟于实施或执行后90天使WTO成员可获得这些法律、法规及其他措施"。在程序方面,根据《中国加入议定书》第18条第4款的规定,根据过渡性审议机制,中国将在入世后头10年内接受总共9次的审议,前8次审议在加入后8年内每年进行;最终审议将在第10年或总理事会决定的较早日期进行。

为了兑现加入WTO的庄严承诺,①进一步深化改革开放,我国法律法规的翻译工作逐步提到议事日程,本着"谁出台谁组织力量翻译"的原则,全国人大常委会法制工作委员会确立了工作机构负责法律翻译审定工作,国务院法制办公室②成立法规译审和外事司,负责行政法规的翻译审定工作;国务院各部门都设立或指定了负责办理法规规章翻译的机构。为了做好组织翻译行政法规并推动法规规章翻译工作,国务院法制办起草了《国务院办公厅关于做好行政法规英文正式译本翻译审定工作的通知(草案)》。经国务院同意后,2003年2月国务院办公厅印发了《关于做好行政法规英文正式译本翻译审定工作的通知(以下简称"国办通知")》。③《国办通知》明确了翻译、审定工作职责和时限,规定了翻译审定工作组织和经费保障,规范了翻译、审定工作程序,并要求各地方、各部门做好其发布的规章翻译工作。④此外,国务院法制办分别于2004年和2011年召开地方法规规章翻译审定座谈会,不断推进法规规章翻译工作。许多地方通过政府规章或者规范性文件,将法规规章翻译工作作为本级政

---

① 1999年,我国政府送交世贸组织中国工作组180件法律和行政法规的英文译本,对其系统了解我国法律制度意义重大。
② 2017年政府机构改革,国务院组成部门重大调整,国务院法制办并入司法部,但职能不变,司法部国际合作局负责法规的译审工作。
③ 《国办通知》发出后,各地方对法规规章译审工作重视程度逐步提高,法规规章译审机构、工作队伍不断壮大。根据国务院法制办公室法规译审和外事司副巡视员张福透露的信息,当时全国已有28个省、自治区、直辖市政府法制机构设置了法规规章译审工作机构、配备了专职人员。有18个较大市的政府(原)法制机构也开展了法规规章译审工作。
④ 比如:江苏省(原)法制办就指定江苏省人民政府(原)法制办的法制研究中心负责全省的地方性法规译审工作。

府法制机构的工作职责。一些地方从自身实际出发，不断完善内部工作制度规范，使法规规章翻译工作做到了有据、有序、有效。

根据国务院国务院法制办公室法规译审和外事司副巡视员张福（2011）的研究：

> 截止到2011年，中国特色社会主义法律体系中，宪法以及230多件法律，已经由全国人大常委会法工委组织翻译成英文，并出版了22本英文法律汇编。中国特色社会主义法律体系中，700多件行政法规，已经由国务院法制办组织翻译成英文，并出版了21本《中华人民共和国涉外法规汇编（中英文对照）》。8025件地方性法规以及8309件规章，其中的4500多件地方性法规和政府规章已经由有关地方政府法制机构翻译成英文。①

许多地方政府的法制机构在开展地方性法规和政府规章翻译工作中取得了巨大的成就，如（原）上海市人民政府法制办，把所有发布的上海市地方性法规、政府规章和其他行政管理类规范性文件全部翻译成英文，并在其发布后的3个月内对外发布英文译本。截至2011年6月底，完成翻译地方性法规、政府规章和规范性文件500多件。江苏省人民政府（原）法制办不仅组织翻译本省地方性法规和政府规章，而且在《中华人民共和国立法法》修改前组织本省南京、苏州、徐州和无锡四个有立法权的市和其他不具有立法权的市、县政府法制机构，逐步开展重要规范性文件的翻译工作。经过10多年的不懈努力，江苏省的地方性法规规章翻译工作取得了巨大的成绩，不仅数量大、持续时间长，而且质量高，在法律法规翻译的统一和规范化方面也积累了许多独到的成功的经验。

做好法规翻译工作需要专家支持，专家支持是法制办做好法规翻译工作的成功经验，比如：江苏省人民政府（原）法制办高度重视与高校学者、专家的

---

① 地方性法规由地方人民代表大会或常务委员会通过，以"条例"为主要形式。地方政府规章是由地方人民政府以令等形式发布，具体名称以"办法、规定和实施细则"为多。规范性文件主要为地方政府、地方政府办公厅以及地方政府各委、办、局所发布的诸如通知、意见等。从法律效力来看，三者中法规最高，规章和其他规范性文件均不得与之相抵触。规章的效力又高于其他规范性文件。

合作，重视专家队伍建设，已经逐步建立起法律和语言专家相结合，一般和专门领域专家相结合，翻译和审校专家相结合的基本工作模式，形成了一支有梯队、分层次、多领域的专家队伍。[①]国务院（原）法制办也不定期举办法规翻译理论探讨，努力探索建立一套法律法规翻译基础理论，撰写了《法规翻译若干问题研究》，探讨了法规译审的基本原则、工作标准、基本方法和技巧等基础理论问题，提出了法规翻译遵循的原则和标准，从理论上回答了如何进行法规译审等一系列问题。国务院（原）法制办还在总结法规翻译工作实践经验的基础上，组织编写了《法规译审常用句式手册》，用于指导实践，并在实践中不断完善，为规范行政法规英文译本奠定了基础。[②]

二、国外法律法规翻译发展状况

无论是中国的近邻日本，还是欧洲或北美（加拿大魁北克省最为典型），都非常重视法律法规文本的翻译。本节主要通过对日本、欧洲翻译委员会在翻译，尤其是法律法规翻译方面的工作开展情况做简单的介绍，阐明法律法规翻译对国民经济发展及法治政府形象塑造的重要性。

（一）日本的法律法规翻译工作

伴随着全球化的进程与发展，日本政府从建设国家语言能力的高度重视法律、法规的外文翻译，尤其重视作为国际通用语言英语的翻译。日本法律法规翻译的主管机构是2004年11月26日日本内阁领导下成立的"相关省府推进法律、法规外文翻译联席会议"。此前，日本的法律、法规翻译一直处于无序状态。联席会议授权下成立了专家委员会，即所谓"推进日本法律、法规外文翻译研究小组"，研究小组成员包括数名法律翻译专家、法律专家以及相关省府的法律起草成员。专家委员会的主要任务有以下四个方面的内容，即：（1）确立法律法规翻译的基本原则；（2）推进法律法规翻译的方式，即确定法律法规

[①] 作者作为江苏省地方性法规译审的主要专家，一直参与并领导江苏省的地方性法规规章的译审工作。

[②] 从目前来看，《法规翻译若干问题研究》《法规译审常用句式手册》两本书内容和质量都有待提高，还不能满足我国法规规章的翻译需要。

翻译的次序及翻译的方式和程序；（3）如何科学地推广法律法规的成果，充分利用法律法规的成果，服务国民经济的发展；（4）确立法律法规翻译工作长久地、持续开展下去的人员、制度、资金保障等。

研究小组（专家委员会）最重要的成果是《法令用语日英标准对译辞书》。《法令用语日英标准对译辞书》是在2005年，由学者、律师组成的工作小组，名古屋大学情报研究部等团体和相关省府的配合下编纂而成的。《法令用语日英标准对译辞书》作为确保翻译一致性和可靠性的基本工具书，各相关省府法规翻译严格参照执行；同时，这本"标准对译辞书"也免费公布于众，供个人翻译者参照执行。

日本的法律法规翻译工作虽然启动不是很早，但是起点较高。主要有以下几个特点：

第一，政府高度重视，领导机构级别高，由日本政府内阁统一领导，政府就这一工作做出统一部署，并提供强大的人力、物力支持；同时，从国家层面规范翻译成果，明确法规、规章翻译成果的使用范围。

第二，规范化管理，翻译质量有保证。为了确保法律法规翻译的质量，日本政府各法令明确规定通过设定招标条件等方式确保翻译质量，省府委托社会力量进行法规翻译时，必须签署"委托翻译法令书"，"委托翻译法令书"由联席会议统一制定。此外，对于翻译的法律、法规，要通过网站等形式公布，并在主页上设置电子意见箱，收集公众的意见，组织专家认真研究这些意见，并将认定结果反馈给相关省府，做到翻译完成后质量有追踪。

第三，跟踪化管理，对法律法规的变动及时组织力量重译。日本政府高度重视需求程度高且重要的法律法规的英文翻译工作，严格控制包括基本法、经济法、税收法、知识产权法、行政程序法和劳动法等法律的翻译质量，并将这些法律的译本作为翻译的范本进行推广。为了保障国民经济建设和投资的需要，对法律法规的变动进行及时跟踪，先前翻译好的法律法规，如果制定了新的法律或进行了修订，及时组织力量进行翻译。

（二）欧盟多语立法翻译[①]

欧盟作为一个成员数量大的多边机构，其内部成员根据欧盟条约，欧盟功能条约等多部多边协议，构建了统一的法律体系，并开展了大规模的多语立法工作。欧盟的多语立法实质上可以视为是一种多语种的法律翻译工作，其翻译成果数量巨大，翻译质量获得成员国和国际社会认可，并构建了可持续发展的多语立法（翻译）体系。

1. 翻译机制和法律术语库构建

欧盟法律文本中充斥着众多的法律概念，这些概念通过各种语言形式表达出来，其中法律术语就是一个主要的方面。由于欧盟成员众多，成员间的不同法律体系有着不同的法文化传统和法律概念，法律术语也因之而无法进行简单的替换，开展术语翻译需要分析其不断变化的"使用环境变量"，从文本的微观角度探讨影响"翻译决定的宏观参数"，将这些变量纳入一个"通用的概念范式"，这对法律翻译带来了巨大的挑战。（Prieto Ramos，2014）在当前的法律翻译研究中，语境因素和比较法分析等已经受到研究者的重视，但是它们并未被有效地整合到翻译实践的操作模型中去，因此许多受过专业训练的译者依然缺乏方法指导，常常"依赖直觉"来确定翻译中的对等关系。（Šarčević，1997）在这种困境下，Prieto Ramos（2014）提出了包含多种交流环境因素的"适当性策略"（adequacy strategy），试图有效解决术语翻译中的问题。

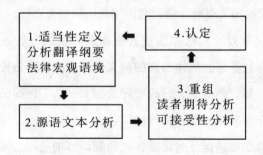

[①] 本节部分内容与李晋老师合作，详细内容见《外语教学理论与实践》2020（04），李晋：论欧盟多语立法翻译的系统性特征及对我国立法文本翻译的启示。

适当性策略的第一步是对适当性进行定义，根据目的论，将交流环境涉及因素如翻译目的、目的语读者、翻译时间因素等纳入该策略。（Nord，1997）在该步骤中，首先要明确翻译的纲要（brief），翻译活动的沟通情境，以此确定该翻译是工具翻译还是文献翻译。其次，要分析影响宏观语境的三个参数：法律体系、法律分支和法律文本类型，从而明确语言与法律，主题和规范，程序和话语之间的情境搭配。（Prieto Ramos，2011）这两项分析可以在微观文本层面帮助译者定位翻译行为，选择翻译技巧。第二步是对源语文本进行以翻译为导向的分析，辨明不同法系或文化中法律概念的准确意义，分析术语在文本中的法律功能，术语与法律体系和法律文化的紧密关系。第三步是为术语重组做两层分析：首先基于目的语读者的需要和期待，分析读者对于文化相关概念的理解能力，从而做出微观语言层面的决定。其次，在多种译法可选的情况下，通过比较法分析选择其中可接受性最高的选项。第四步是根据翻译质量标准等因素，对译文是否在达到目的的适应性方面做出认定，并最终决定译文。当然，经认定后的译文并非永远不变，当各项影响参数发生变化后，还需重新分析直至认定新的译文，因此适当性策略也具有可持续发展的特点。

适当性策略为法律翻译中的术语翻译提供了一套较为完善的解决方案。但是对于整个欧盟的法律文本来说，翻译量巨大，翻译时间紧迫，同时对于翻译的质量，如术语一致性等提出了很高的要求，适当性策略这个方案较为复杂，很难由译者个人来运用与完成。因此欧盟的翻译机构有专门的术语经理（terminology manager）来负责术语的收集、译文编辑和术语库的构建。这些经理与译者紧密合作，了解翻译工作的具体情境，掌握先进的语言处理技术，有利于充分应用适当性策略来做好术语翻译工作。欧盟现有的法律术语包含在IATE术语库中，该库中收录的法律术语及其译文具有三方面的特征：

第一，该术语库的建立体现了基于翻译目的和语境的术语共享概念。通常文献翻译类型的法律翻译，不需要替换源语中的文化标记，目的语读者通过目的语框架来进行理解，可以获得更加丰富的信息。（Biel，2009）而欧盟法律翻译属于工具型翻译，原文（起草文本）与各语种翻译文本可被视为是同等效力的同一文本，所以要通过调和机制来实现单一术语的概念共享。（Prieto Ramos，2014）但是我们都知道不同的语言和民族有着不同的法律文化，这是造成"概念间紧张"的原因。（Sandrini，1996）因此Šarčević（1997）教授指出如果译者要准确把握术语或概念的本质，就要将其置于目的语的法律体系中来研究。但是简单的寻找功能对等译文并不能解决问题，因为绝对对等是不存在的，对等只是接近对等，而接近的程度也无权威的认定。欧盟法律术语库在处理术语时采用了三种措施来实现概念共享：对欧盟机构（系统）内使用的特殊领域的术语赋予专门的共享概念，由专业人士在专门领域使用，如贸易领域的tariff escalation和对应西班牙语progresividad arancelaria；对某一成员国法律术语加以改造，表达欧盟特殊法律概念，如欧盟法律文本中的due process和对应法语procédure régulière与原普通法体系中的术语意义不同；对功能接近对等的词语赋予同等概念，如商业法律中的good faith和对应法语bonne foi（good faith缺乏bonne foi表达的客观含义）。（Prieto Ramos，2014；Ainsworth，2014）

第二，该库为术语供译者使用提供了系统性变量分析依据，以帮助实现适当性翻译。基于欧盟法律法规翻译语境的复杂性，试图找到普适性的和预制的对等译文是不可行的。在复杂的语境下，适当性策略要求给译者提供足够的宏微观变量参数，以便利用这些信息开展读者需求、接受度等分析。IATE术语库通常会给术语提供宏观语境信息，指出术语使用的法律文本类型法律体系和法律分支。此外，IATE 术语库还对术语给出法律比较和语言比较信息，对一个术语给出多种可能的译文，并指出各种译文使用的范围，使用结构和法律效力。最后IATE 术语库会给出以上信息的来源，以便译者了解各种译法的使用语境，为最终的翻译决定提供参考。

第三，IATE 术语库具有数字化和可持续发展的特点。一些传统的术语库，如我国《新编法律英语术语》，不仅语境信息不够丰富，而且以纸质的形式印刷出来供译者使用，非常不便于译者在翻译工作中查阅，而且当今的法律术语更新与增加速度很快，纸质的术语库无法更新，使用价值不高。IATE 术语库收录的术语以数字技术存储，可以在网络上调阅（http://eur-lex.europa.eu/，2022-

1-24检索），也可以以数字文档的形式在计算机终端上使用，与计算机翻译辅助软件配合之后，可大大提高翻译的质量和效率。数字化的术语库还便于译者和术语经理等随时对术语信息进行修订或增补，使得术语库能够持续发展并与翻译语境的变化相适应。

2. 欧盟法律翻译的队伍建设

欧盟法律翻译取得的成绩很大程度上与高素质的翻译者队伍有关，研究译者在欧盟法律翻译中的角色与相关机制可以为法律翻译提供有益经验。近年来，翻译研究越来越重视译者主体地位，但是译者的主体作用不是以排斥作者和读者为前提而孤立存在的。在伽达默尔的阐释理论与哈贝马斯的交往理论的基础上，翻译研究不再将翻译活动看作一种孤立的语言转换活动，而是一种主体间的对话，将研究聚焦于翻译的主体间性问题。翻译的主体间性研究涉及译者与原作者、译者与读者的双主体间关系。（许钧，2003）处理这些主体间关系，是成功完成翻译的基本前提。哈贝马斯在探讨人类交往行为时指出，达到理解为目的的行为是最根本的东西，而翻译作为一种交流行为，其作者主体的可认识性对于成功的翻译具有重要作用，译者是如何理解作者和文本需要深入研究。（杨恒达，2000）对于翻译来说，通常对于译者有一个要求就是忠实，也就是要忠于原作者的意图。其实这种思想表现出了客观主义的倾向，似乎译者只有保持这种客观性，才能真正理解作者和文本。事实上，在翻译的过程中，译者通常不能直接接触到作者，只能接触到文本。伽达默尔认为文本具有开放结构，对文本的理解绝不是一种复制行为，而是一种创造性行为，需要阐释者的不断投入和阐释，才能激活文本所具有的意义。（杨恒达，2000）在批判理解客观主义的同时，也不应过度坚持一己之见，走向理解主观主义的极端。主观主义的必然结果是无法融合作者和译者两者的视界，达不到沟通、交流与对话意义上的积极理解与阐释。（许钧，2003）为实现理解的客观性与主观性的统一，伽达默尔提出任何一个理解者，都不可避免地处于传统之中，传统和个人成见将理解与理解对象联系在了一起。通过将理解的主观性置于传统之中，为理解的主观性加入客观的成分，实现了翻译中多因素的和谐共存，也就是伽达默尔所说的视域融合。对于欧盟立法翻译来说，传统和译者成见是译者成功理解的重要因素。译者作为原文的独立阐释者，受到自身的兴趣、知识、经验、修养，甚至是信仰等因素的制约，这些是译者理解的主观因素，但这些主观因素的发挥还需要与文本的语境的配合，也就是说理解不仅基于译者自身的翻译水平，还要基于对翻译的语境的理解和把握。

欧盟立法文本主要基于欧盟成员国间达成的国际条约，这些条约组成了欧盟法律的主要框架，设定了基本法律概念和方法、程序、术语。（Robertson，2014）在这些条约之下，欧盟颁布了第二层级的法律文本，对条约中的规定事项进行详细的规定。根据欧洲联盟条约（*Treaty on European Union*）第55条，欧洲联盟运行条约（*the Treaty on the Functioning of the European Union*）第342和358条，以及1号条例（*Regulation No 1*）第4条，所有的欧盟立法文本都要用所有官方语言起草，并在欧盟官方期刊上公布。由于这些立法文本涉及24个成员国的语言，使得这些本应具有平等效力的文本的翻译变得十分复杂，这里面涉及语言、文化、立法体系等差别。为应对这种复杂的语境，颁布立法文本的欧盟机构，如欧盟委员会（European Commission）、欧盟理事会（Council of the European Union）、欧洲议会（European Parliament）和欧洲中央银行（European Central Bank），通过三方面措施来保证翻译中的理解的准确性。

第一，译者聘用机构在聘用翻译人员时，采取了特殊的措施。为保证译者的翻译水准，聘用机构通过欧盟人事办公室（European Personnel Office）发出招聘通告，对法律翻译工作的情况做出说明，并对聘用译者的等级等方面提出要求。欧盟人事办公室在挑选译者时采用竞争上岗的方式。只有在一系列翻译测试中得分最高者才能被吸收进入译者候选名单。而这些入选者并不能直接参与翻译工作，还需进一步筛选后才可能被聘用。

第二，欧盟招聘的翻译人员分为两类。一类是纯翻译人员，这部分人不需要专门的法律相关知识，只需要处理和文字相关的工作。另外一类人员是法律语言专家（lawyer-linguists），这部分人员不仅有较高的语言技能，还是法律专家，他们主要负责校对和确定术语，制定并不断修订立法文本的起草手册，以作为未来翻译人员的翻译参考资料。

　　第三，欧盟法律翻译人员不仅担任立法文本的阐释者的角色，同时也是立法文本的创作者，其对于欧盟法律的理解超越一般的译者。一般来说，译者和作者之间有着明确的界限，作者创作在先和译者翻译在后，两者互不重合。但是由于欧盟立法者通常不是用自己的母语来起草法律，所以文本质量较差，欧盟不得不发起清理表达迷雾（Fight the FOG campaign）的宣传活动。（Wagner，2002）2011年，欧盟委员会又发表了《如何清楚写作》（*How to Write Clearly*）的小册子，指导起草者（包含参与编辑的译者）正确措辞。（Robertson，2014）一些需要翻译的欧盟机构要求译者帮助编辑非母语者起草的英语法律文本，为文本发布和后续的翻译做准备，因此可以说译者常常主动扮演法律文本作者或者起草者的角色。（贺显斌，2007）另一方面，虽然欧盟在立法时用一种语言（通常是英语）起草，然后翻译为其他语言，但是起草语言版本并不具有优先权，其他语言版本并不被视为译本，而是有同等地位的法律文本。（Ainsworth，2014）而且立法过程相当复杂，从起草到最后公布需要经过多次讨论和修改，在这个过程中各个语言版本相互参考，互为原文和译文，因此译者们也就被动扮演了作者的角色。

　　在欧盟翻译中，不仅作者和译者的主体间性值得关注，译者和读者的主体间性也值得研究。根据伽达默尔的观点，翻译的结果是把"他人意指的东西重新用语言表达出来"，也就是用另一种语言将他所理解的东西向所设想的读者表达出来的任务。（洪汉鼎，2006）在这一译者和读者沟通的过程中，读者的期待对于译者的翻译成功具有重要的决定作用。但是译者无法直接接触到读者，只能基于假定的读者的需求因素来考虑翻译如何与读者的期待形成和谐的关系。从阐释学的角度来看，在译者和读者沟通的环节中，译者扮演了文本作者的角色，而读者扮演了阐释者的角色，要争取读者透彻理解译者，就要求译者充分考虑读者理解过程中的传统和读者的成见。在读者理解过程中，我们可以发现译文的表达是一个从"他"到"我"的转换过程，这一过程中语言、思维与现实的参照方式发生了变化。（许钧，2003）所以译文与读者理解间必然存在着冲突，译者不可能凭借着其居间性的借口来避免这种冲突。为了化解这种冲突，欧盟的翻译机构和译者采取了多种措施。第一，欧盟采取多语种平行立法，而法律文本读者的语言文化差异巨大，欧盟翻译机构在开展某一语种翻译时都是安排该语言的母语译者翻译。也就是说欧盟法律翻译都是由译者从外语向母语翻译。欧盟立法时，起草者的工作语言主要是法语，法律中的许多概念也是源于法国法律，但是英语是主要起草语言，超过90%的文本都是用英语起草的，因此欧盟法律既不是代表大陆法系，也不代表普通法系，而是一种具有杂交特征的欧盟话语。（Robertson，2014）在处理这种特殊欧盟英语时，各种母语的译者都没有特别的优势，由他们将欧盟英语译入本族语，则更能发挥其熟悉目的语文化和读者期待的优点。第二，为保证多语种读者对不同语种文本的理解趋于一致，欧盟翻译机构对起草文本和翻译文本的词、句、篇章、标点等施行标准化操作，欧盟出版署（Publication Office）为每个语种制定了相应的机构语言风格指导文件，如*the Commission Manual on Legislative Drafting*，*Interinstitutional Agreement 1998*，*Joint Practical Guide*等，供起草者和译者参考。通过这种标准化，各语种读者获得相同的信息，可以跨语言和文化开展相关交流。第三，欧盟译者运用计算机技术约束译者的主观性，保证译文的一致性。欧盟的法律体系不同于任何成员国，因此其中有大量的欧盟特殊法律术语，欧盟编制了专门的术语库IATE。译者们通常使用术语软件如Eurodicautom，multiterm，EC systran 和Euramis来处理术语，并在翻译过程中使用计算机辅助翻译软件（主要是塔多思）来保证术语译文的一致性。由于术语库比较完善，译者在翻译时更多的是对软件自动生成的文字进行编辑，这被欧盟翻译专家称为"乐高积木式"的翻译。（Robertson，2014）第四，译者为了使读者理解到立法的本意，其表达不仅基于原文（起草文本），还常常为避免回译错误而超越原文开展翻译。这里的回译错误主要是指由于起草者用非母语写作，如非英语为母语者用英语起草文本，导致表达中存在混淆，而混淆的表达在译入第三种语言时就会以讹传讹，造成回译错误。这就是为什么在欧盟的会议中，芬兰的代表往往不看本族语版本的译文，而直接看英文或法文版的文件。(Koskinen,2000)为避免回译错误,译者中的法律语言专家需要根据经验、语言知识、法律知识、欧盟法律文化传统和文本立法意图等来判断术语是否错在回译错误,并超越原文做出正确的翻译。

3.欧盟立法翻译的特点及启示

欧盟法律翻译工作取得的成绩得到欧盟成员国的肯定,有力推动了欧盟一体化的进程,这不仅仅是因为欧盟为法律翻译投入大量人力物力,使用各种先进技术手段和方法,更是因为欧盟法律翻译秉持着共同起草的原则,体现了各成员国之间在法律面前的语言权利平等。

首先,欧盟法律翻译从形式上努力体现出语言权利平等,包括译本的数量平等和译本的外观平等。欧盟由27个主权国家组成,这些国家不论大小和强弱,都是欧盟中的一员,有权要求得到平等待遇,因此欧盟的法律文本会全部翻译成各成员国语言的译本。前文曾提到在欧盟会议中,芬兰的代表更加信任英文和法文的译本,常常将本族语版本的文件束之高阁,尽管如此,欧盟的译者依然从未停止提供芬兰语版的文件译本。欧盟委员会中的英国委员Neil Kinnock曾提议为节省成本,只用英语公布委员会的文件,法、德两国外长联合致信时任欧盟委员会主席Romano Prodi,抗议该推行单语政策的计划。(Osborn,2001)由此可见在国际组织中,任何一个成员都积极地争取自己的平等权利,而在公布官方文本时拥有本族语版本的译文具有重要的象征意义,充分体现该成员国的存在感和平等地位。欧盟法律翻译还重视实现每个语种法律文本间的外观平等,各语言版本的法律文本的标题位置、段落数、语篇结构、标点等都一一对应,使所有的语言文本看起来像是一个文本。(Koskinen,2000)这种形式上的相同,从操作层面来说便于开展各语种间的比较、修改和更新,但实质上是由于各文本间是平行译本的关系,它们在起草或翻译时都要遵守同样的欧盟相关写作规范,如*Commissional Manual on Legislative Drafting*,*Council Manual of Precedents*和其他一些不公开的内部指导文件。从这个角度来看,外观等值与译本数量平等一样,超越了文本的信息和交际的功能,成为一种"纪念碑"和"平等的捍卫者"。(Koskinen,2000)

其次，为实现语言权利平等，欧盟法律翻译通过同等效力预设和使用"欧盟法律元语言"来保障共时性的文本间等值。（Ainsworth，2014）在欧盟的立法翻译过程中，总是要先用一种语言（如英语）来起草法律，然后再译为其他语言，从这一层面讲是有源语和目的语之分的。但是欧盟采取的是平行立法原则，需要实现译作与译作间的等值，因为如果不等值，那就表示欧盟在不同的成员国推行不同的政策。所以欧盟法律翻译给予所有译本同等效力预设，一旦翻译完成，就不存在原文和译文之分，在法律实践中任意语言文本效力一致。例如，在欧盟North Kerry Milk Producers Ltd. v Minister for Agriculture and Fisheries一案中，由于相关法律英文版中关于支付时间的表述和法文及意大利文版本不一致，欧洲法院（European Court of Justice）就拒绝采信任何一个版本，而从其他法律中寻找审判依据。再如Peterson v. Weddel & Co. Ltd.，一案中，由于只有相关法律的荷兰语版对于涉案物品性质解释比较明确，所以最后法院以荷兰语版本表述作为审判依据。此外，为避免欧盟各国文化历史语境差异对平行立法等值的影响，欧盟还不断增加使用"欧盟法律元语言"。一些翻译专家和学者曾经建议建立一套独特的欧盟法律元语言，通过在欧盟内推广这套体系，可以完全解决文化历史语境差异带来的影响。这一计划被批评为过于"懒惰并且可读性较差"，没有全面展开。（Buchin & Seymour，2002）但是我们在欧盟平行立法中可以看到越来越多具有元语言特征的词语，如acquis communautaire。

最后，欧盟对于法律翻译中因文字产生的争议设有解决制度。欧盟法律翻译不但要求语言功能上的对等，更要求法律功能上的对等。（董晓波，2015b）虽然欧盟的法律翻译被视为平行立法或共同起草，理论上各个语种的法律文本具有相同的地位，但是在翻译实践中，各语言、文化、法律体系等等都存在着时间和空间上的不对等，主要工作语言（如法语），起草语言（如英语）和其他目的语语种间必然会存在分歧。当遇到因语言产生争议或歧义时，如果仅仅依据文本作为仲裁或审判依据，那么就会进入一种死循环，导致各方争论不休。欧盟法律翻译为了保证争议中每一语种的公平地位，为争议提供了解决机制,这就是去文本化和立法本意优先。欧盟虽然视法律文本为司法的依据,但是对于法律文本的意义给予一定的限制,而赋予审判的法庭以自由裁量权和对于文本解释的权利,从而可以结合立法本意和实际需求来做出公平裁决。(Ainsworth, 2014)例如在Commission of the European Union v. United Kingdom of Great Britain and Northern Ireland一案中,英方辩称在捕鱼作业中,由非欧盟籍渔船下网再由其他欧盟籍渔船拖拽回港,符合欧盟相关法律各个语种版本中关于捕捞的规定,因为taken from the sea(英语), extraits de la mer(法语)等文本没有对下网行为做出规定和约束。但是,非欧盟船只在欧盟参与捕鱼显然违背了欧盟保护自身渔业资源的立法本意,因此欧盟法院绕开文本,以保护渔业的立法意图作为判决依据,最终判英方败诉。

自改革开放以来,我国法治建设取得了举世瞩目的成就,随着法治建设的深入和对外交往的扩大,我国立法文本的翻译工作面临巨大挑战。国内学者所做相关研究显示我国法律翻译总体质量不高,面临的困境主要是术语对等、人才培养、技术、策略等难以符合当前社会要求。(吴苌弘,2014b;董晓波,2014;赵军峰、郑剑委,2015;李晋、董晓波,2015)目前的研究虽然填补了翻译研究的空白,但是也有一定的不足之处,如多数研究的系统性不强,就问题论问题,不能全面把握我国的立法文本翻译的困境,并提出有效而全面的改进意见。国外法律法规的翻译经验,尤其是欧盟的实践对我国有重要的启示意义。

第一,语言政策是开展翻译的根本性指导,对保证译文质量有着宏观影响。欧盟的翻译语言政策可以说是贯穿整个翻译过程的,在上文的讨论中处处可以看到各种成文的政策和不成文的规定对于翻译行为的指导和约束,使得欧盟法律翻译处处有"法"可依。欧盟翻译语言政策还具有层次高的特点,许多政策文件本身就是法律,而且由欧盟最高领导机关颁布,对翻译的各方面约束力很高。此外,欧盟的法律翻译政策强调平等性,保障了公平正义,受到目的语读者支持。反观我国,翻译中的语言政策是我国开展法律文本翻译时长期忽视的一个方面。国内关于法律翻译的语言政策凤毛麟角,许多机构和译者开展翻译没有统一的指导,往往各自为政。主要关于立法文本翻译的政策来自国务院办公厅关于开展法律法规翻译的系列文件，相关政策以政府行政命令的形式颁布，其效力显然不如法律。此外，我国对外立法文本翻译的语种只有英语一种，而对于国内需要立法文本翻译的各个少数民族，则几乎未见相关机构系统性公布立法文本的各少数民族语言版本，未能很好地满足各类目的语读者的需求。未来，我国在法律翻译的语言政策上，还需要更多、更高层次的政策出台，以便能够更加有效、更加广泛地开展翻译工作。

第二，欧盟法律翻译重视译者主体性，采用复合型的译者队伍。目前国内外学者一致认为法律翻译要求复合型人才，要兼具语言、翻译和法律能力，但是这种人才在实践中是很难获得的。欧盟面对这种困境采取了创新的方式，由普通母语译者和法律语言学家搭档，充分发挥他们各自的优势，构建了一只高效高质的译者队伍。我国与欧盟面临着同样的问题，可以借鉴欧盟经验，在翻译队伍中加入母语语言专家和法律专家，形成团队力量。

第三，欧盟自20世纪90年代中期起就全面采用计算机辅助翻译（CAT），技术水平不断提高，翻译效率有较好的保障。（Dollerup，2002）我国从中央到地方，各级法律法规翻译鲜有使用CAT技术，主要依赖译者个人水平，效率很难突破人力极限。随着我国国际地位的提高，在可以预见的未来，我国的立法文本翻译量将出现井喷式增长，需要及时转换翻译方式，引入CAT技术，提高翻译效率，以适应全球化的进程。

第四，欧盟在多语言环境下根据适当性原则构建的IATE术语库为欧盟译者提供了宝贵的语料资源。我国自改革开放以来，积累了大量的翻译文本资源，但是未有机构系统开展术语整理和数字化工作。未来需要权威机构开展术语建库工作，使译者获得权威、便捷、高效的术语库。

第五，欧盟经验体现出翻译中机构的作用和力量。现代翻译正从传统的注重个人翻译的模式转向大规模、专业性的项目翻译，更加注重翻译环境建设和项目管理。（Giammarresi，2011）欧盟翻译机构在人员选拔、任务分配、相互协作、校对等环节扮演了积极的组织者、管理者的角色，为译者构建一个良好的工作环境。国内立法文本翻译在此方面还比较落后，许多机构将翻译任务外包给翻译企业或个人，对翻译缺乏监督和管理，常常导致翻译专业性失范（李晋、董晓波，2015）。我国未来在开展立法文本翻译时，应当充分发挥机构在翻译过程中的组织、管理作用，使翻译运行在一个规范的体系内。

第三节　国内外我国法律法规翻译研究的现状和趋势

我国法律法规翻译的规范化是新时期我国语言文字规范化研究中一个不可忽视的重要议题。改革开放以来，特别是加入WTO以后，法律法规翻译研究日益受到关注。根据国家图书馆、超星电子图书馆以及中国学术期刊网的文献检索结果，截至相关著作与论文已有九十多部（篇）。所取得的成果，主要体现在：①重视法律语言的特征对于法律翻译规范化的意义，如肖云枢（2001）、李剑波（2003）、董晓波（2005）、季益广（2006）、于银磊（2010）等从法律语言的词汇、句式、语篇角度探讨法律文本的文体特征，从文本类型的角度微观分析法律语言的特点与规范化翻译的关系。②在法律翻译的理论研究方面，张新红（2000）、杜金榜（2004）、宋雷（2011）、屈文生（2013）、张长明和仲伟合（2005）、董晓波（2011a）等开展的研究，不仅涉及立法语篇的言语行为分析以及文本类型与法律文本的理论探讨，而且还包括法律翻译实践中常见的归化问题，这是因为法系之间以及各国法制之间存在着巨大差异，在法律翻译实践中仅仅做到在语言学上的对等是绝对不够的，法律内容或内涵的对等才是最主要的。③近年来，随着全国人大、国务院原法制办和各省原法制办组织专门力量翻译法律、法规和规章，法律翻译中存在的问题及其对策研究方兴未艾，如金朝武和胡爱平（2000）、杜金榜、张福和袁亮（2004）、屈文生（2012）等都指出法律法规翻译规范化研究的重要性。在外国语言学界，杜金榜、张新红、廖美珍、刘蔚铭、宋雷、董晓波等人出版了《法律语言学》《法律文本翻译》等作品。在汉语界，姜剑云、王洁、陈炯、刘愫贞、李振宇等人出版了《法律语言：立法与司法的技术》等著作。在法学界，则有贺卫方、邓正来、朱苏力、徐国栋、米健、方流芳、何家弘、杨玉圣、王健等人热衷于法律翻译，并出版有《法学翻译与中国法的现代化》等著作。然而，语言学界与法学界的交流甚少,这点从这些学者各自泾渭分明的研究范围就可以看出。华东政法大学陈忠诚教授出版过《法窗译话》《法苑译谭》及《〈民法通则〉AAA译本评析》等,都与法律翻译的统一和规范化研究直接相关。此外,一些香港学者近几年也出版了《法律翻译:从实践出发》(陆文慧)、《法律翻译理论与实践》(李克兴)等。但时至今日,专门以"我国社会主义法律法规翻译规范化问题研究"命名的论文或著作仍鲜见。

法律翻译的统一与规范也是国外研究法律翻译的学者关注的问题,Henry Weihofen(1961)将"一致性和统一"视为法律翻译的"黄金法则",克罗地亚里耶卡大学Susan Šarčević教授出版的 *New Approach to Legal Translation* 一书中专门有一章从法律术语的角度谈法律翻译的统一和规范化问题,此书在我国法律翻译界影响甚大。此外,1992年12月,德国的哥廷根大学专门召开了一次"晚清西学译介国际研讨会"(International Conference on Translating Western Knowledge into Late Imperial China),大会专门讨论了"现代汉语法律术语翻译规范"问题。这次大会的成果丰富,很多学者的文章最后被翻译成中文发表在北京大学的重要学术刊物《中外法学》2000年第3期上。其中重要文章有《万民法在中国:国际法的最初含义兼论<海国图志>的编纂》等。国外法律翻译规范化研究主要侧重文本、等值和交际,译者的地位问题亦一直是讨论的焦点之一。Šarčević(1997)的"法律翻译交际论"认为,法律翻译是一个发生在法律制定者、译者和法律适用者之间的涉及两种法律文化的交际行为。一定意义上而言,国外相关研究虽然著述颇多,立论丰富,但不足之处在于至今还没有系统研究汉英两大法律文化体系下法律翻译的成果。遗憾的是,海外关于中国法律翻译规范化特别是近四十年来社会主义法律体系对外翻译的规范化的研究在数量上明显不足,甚至可以说是空白。

第四节　本书研究的目标、内容、方法及意义

一、研究目标

本书所依据的课题以"我国法律法规翻译规范化"为研究核心,在汉英平

行语料库的基础上，以法系、社会背景、历史和语境为主要参照，透视语言背后的文化本质及其语用价值，聚焦译文所达到的准确、对等和统一，建构我国法律法规英译研究的三维系统，为我国法律法规翻译中"国家关键话语"传播和新时期我国法律法规翻译的统一规范化研究提供理论依据和实践参考。研究理论框架如下图：

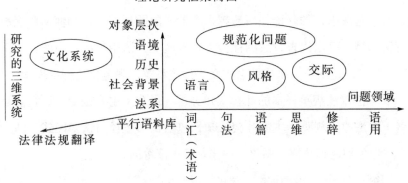

理论研究框架简图

本书的研究重点是我国法律法规翻译的典型案例分析以及翻译规律和方法的总结，尤其结合江苏省十多年地方性法规规章的翻译实践，系统总结法律法规常用法律术语和常用典型句式的翻译，提供地方性法规规章常用法律术语表和常用典型句式手册，以利于我国地方性法规规章规范化翻译研究和实践的进一步开展。

二、研究主要内容

社会主义法律体系主要由法律、法规、规章组成，以立法语言为主。本书所依据的课题主要研究规范立法语言的文本特征（是什么），分析影响汉英立法语言翻译转换的社会文化因素（为什么），调查社会公众（尤其是西方人士、外国投资者）对我国法律法规英译本的社会认知（怎么看）。主要包括以下五个方面的议题。

1. 汉英法律法规语料库建设。旨在对立法文本的语篇特征研究提供素材依据。

2. 汉英立法文本的语篇文本特征。描写汉英立法文本词汇（术语）、句式、修辞、语用以及风格和交际中体现的系列语篇特征，分析它们在法理与情理、主观性和客观性等维度上体现的语言特征与法律价值观、意识形态的关联。

3. 影响汉英立法文本语言转化的社会文化因素，即法律意识形态、法律传统文化。以法系、社会背景、历史和语境为主要参照，聚焦译文所转达的文化功能，探讨立法语言的翻译如何超越语言形式的微观层面，如何从深层次、多维度理解和转译汉语语言背后的社会文化本质及其语用价值，力图在案例分析的基础上展开理论研究，推出社会主义法律体系英译规范化的理论模型。

4. 我国法律法规英译本的社会认知分析。民众（主要是专家，重点是外国投资者）对法律法规英译本的社会认知，包括认知途径与认知图式，涉及"法治国家"形象构建、法律透明化、法律制度误读等问题。

5. 研究报告和常用法律术语表和常用典型句式手册。利用已建成的法律法规语料库，撰写"我国法律法规翻译问题及其对策"的调研报告，供决策机构参考；编撰常用法律术语表和常用典型句式手册供法律法规译者参考，从实践层面进一步推动我国法律法规翻译的统一与规范化。

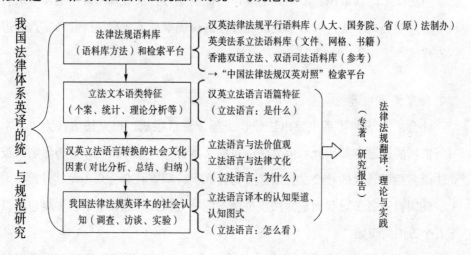

三、基本思路

本研究是一项集语料库建设、调查实证分析与理论探索和平台研发相结合的系统工程，将遵循"语料采集——调查、实证分析及理论探索——报告总结和平台建设"，即"实践→理论→实践"的基本思路，分阶段、分步骤展开研究，每后一阶段的研究要基于前一阶段的研究成果，平台建设可能需要较长时间完成。这也为本研究的可持续性奠定了基础。

四、研究方法

本研究根据不同的研究任务设计和采用相应的研究方法。

1. 语料库方法——根据语料库语言学的基本方法，广泛采集汉英立法语料，建设立法语言语料库，规模暂定在100万字。立法语言为共时语料。其中，汉英立法语言平行语料库以法律（全国人大常委会法制工作委员会公布的汉英译本）。法规（国务院（原）法制办、各省（原）法制办公布的汉英译本）、规章（各省（原）法制办公布的汉英译本）为主，①此外，将收集适量英美法系立法语料以及我国香港的双语立法、双语司法语料做参照语料。

2. 个案分析与实证分析相结合——从语料库中精选不同位阶的法律、法规汉英对照语料，观察、分析我国不同位阶的法律、法规英译状况，总结法律法规英译的一般规律和方法，为后期的"法律法规常用术语表"和"法律法规常用句式手册"的设计和编写奠定基础。此外，利用语料库总频统计，对比法系汉英译本语言特征在法理与情理、语言主、客观性维度上的体现。

3. 社会调查与访谈法——设计不同调查问卷与访谈，调查外籍人士不同阶层和年龄段的受众对我国法律法规英译本的理解、认知与评价。

4. 实验分析法——利用语言实验室、心理实验室和行为实验室对典型的法律法规文本特征、公众对法律法规的认知图式进行实验和测试，受试按不同年龄、性别、阶层、教育程度等分组。

---

① 地方性法规规章的语料主要以江苏省（原）法制办组织译审的法规规章中英文对照本为主，原因：江苏省省有十多年的译审实践，语料全，持续时间长，译审质量高。

五、基本观点

1. 法律法规翻译的规范化是新时期我国语言文字规范化研究中一个不可忽视的重要议题，需要从理论层面探讨其现实内涵和战略价值，应该融合多学科知识阐释和论证，构建有中国特色的法律法规翻译理论。

2. 翻译不仅是语言的转换，更是文化的转换。基于汉英平行语料库基础上的法律翻译三维系统开展法律法规翻译规范化研究，有利于透视语言背后的文化本质及其语用价值，使译文达到准确、对等和统一，能够为我国法律法规翻译中"国家关键话语"传播和新时期我国法律法规翻译的规范化研究提供理论依据和实践参考。

3. 法律翻译并不是用目的语中的概念和制度来替换原来的法律体系中的概念和制度的简单过程。法律翻译是一种法律转换（legal transfer）和语言转换（language transfer）同时进行的双重工作。法律翻译除了要求语言功能的对等以外，还应照顾到法律功能（legal function）的对等。

六、研究意义

本研究的意义主要体现在以下三个方面：

第一，研究我国法律法规翻译规范化具有鲜明的时代意义和现实价值。2011年3月，十一届全国人大四次会议宣布，中国特色社会主义法律体系已经形成，这充分展示了新中国立法成就。法治化是国家治理现代化的必由之路。（张文显，2017）法治国家、法治政府、法治社会的形式要件之一就是法律法规的透明化。我国与世界各国在众多领域的往来日益密切，法律法规翻译成为我国政府承诺的政务信息公开的重要一环，也是对外宣传我国法治化建设和规范外国公司、企业、组织及其外国来华人员行为的重要手段。

第二，研究我国法律法规翻译规范化有利于中国法律的对外传播，让世界了解社会主义市场经济法治的学理内涵，进一步提升国家的核心影响力和资源支配力，进而推进并完成人类历史上社会主义法治对资本主义法治的扬弃和超越。构建人类命运共同体、"一带一路"倡议顺应了世界多极化、经济全球化、文化多样化、社会信息化的历史潮流，对助推开放、包容、均衡、普惠的区域经济合作发展意义深远。中国作为新一轮全球化的引领者，为系统构建"一带一路"区域法律服务体系，我们应重视中国法律及其价值理念和法律文化的传播，为全球治理中的法治进步提供理性担当和中国智慧。（席月民，2018）从政治的角度而言，法律法规翻译的统一和规范化是国家文化软实力的重要组成，有利于东法西渐，展示改革开放四十多年来中国特色社会主义法律体系的立法成就，树立"法治国家"的良好国际形象，增强在国际事务中的话语权。从经济角度而言，促进法律法规翻译的统一和规范是社会主义市场经济发展的客观需要，也是我国加入WTO时对世界的庄严承诺，公正有效的法律机制是投资、经济往来的保障，研究法律法规译本的统一与规范势必会降低外国投资者对于中国特色社会主义法律制度误读的可能性，对社会主义市场经济的发展会做出一定贡献，也促进"一带一路"建设及人类命运共同体的构建。

第三，从学术层面来看，法律法规翻译的统一与规范化研究有助于法学、语言学、翻译学等相关学科的健康发展，这一研究势必会为以上学科的繁荣做出应有的贡献，并将打破现有的学科间壁垒，推动上述学科间的交互联系，有利于语言学研究、法律翻译研究及法学研究向纵深发展。

第一章　我国法律法规翻译的主要问题①

我国在政治、经济、文化等方面与世界各国的交往日益频繁，西方国家对我国法律法规透明度要求日益提高，中国立法文本的翻译成为中国对外法律交流和对外贸易等活动中的重要保障。首先，在社会主义法治建设的过程中，我们既需要借鉴国外的先进立法经验和立法技术，也需要向世界介绍中国的法治现状，展示我国社会主义法治建设的成就，树立"法治国家"形象。其次，作为中国改革开放政策的重要组成，立法文本的对外翻译也是我国兑现对世贸组织承诺，增强我国法律法规的透明化建设，更好吸引外资，促进中国发展。

法律翻译作为法律英语的技能之一，是一种专门用途技能。法律翻译作为一种代表性专门化翻译，横跨语言学、翻译学、法学三大学科的知识。法律翻译不仅仅是一种语言转换，更是一种法律文化的转换和解码。虽然我国社会主义法律体系基本形成（吴邦国，2011）。中国立法文本翻译也已经取得较大成果，但仍处于发展阶段，还没有形成规范化的翻译理论体系。现存关于法律翻译的论述多是从翻译技巧、遣词造句层面出发，尚未形成一套系统全面成熟的法律文本翻译理论体系，翻译水平不高，误译、错译现象较多。本章试图对我国近年来立法文本的英译出现的翻译错误进行分析、归纳和总结，并提出可行的翻译策略，旨在为后续针对性的研究奠定基础。

---

① 本章的主要内容曾以论文形式发表在《外语教学理论与实践》（CSSCI刊物）2014年第3期，题目"我国立法文本规范化英译若干问题探析"，作者为董晓波；"立法文本"就是指"法律法规规章"。

第一节　我国法律法规翻译的基本原则[①]

翻译是一种特殊的语言转换活动，在忠实原文的基础上，是一种语言解码另一种语言的过程。关于翻译的话题盘根错节，翻译普遍原则和标准也是层出不穷。综观中外历史，诸多法学学者、翻译家、语言学家提出了各式各样的翻译原则和标准，可谓众说纷纭，百家争鸣，无数学士达人为之呕心沥血。研究翻译原则和标准的重要目标之一就是要找到翻译的真谛和四海皆为认可的翻译普遍原则。但是由于时代的进步和经济飞速发展，翻译的原则和标准也在历史的变迁过程中发生了改变，那种企图找到一种可以指导一切翻译行为的普遍原则的梦想也最终成为黄粱一梦。虽然，梦想幻灭了，但这样的梦想也为一门学科的研究发展、生生不息奠定了研究的基础。我们现在所见到的具有普遍指导意义的翻译原则和标准就是在前人翻译原则否定之否定，不断提炼、升华的基础上融入新的时代特点和世界发展需要总结和传承下来的。而处在发展阶段的法律语言翻译研究，同样不能脱离普遍翻译原则的指导，必须在此基础上探索一套适合法律语言特点的翻译体系和特殊翻译原则和标准。

一、翻译的普遍原则和标准

翻译是一种语言再创造活动，它是有指导原则、衡量标准和操作规则的。翻译原则可帮助译者在翻译过程中解决和处理翻译问题，它也是译者主观思想的外化条款。翻译原则是译者翻译过程中应当遵守的准则（刘重德，1991：14），是历经千年的翻译理论发展的产物，是经过从实践到理论，再从理论到实践，不断去粗取精，去伪存真，由低级到高级的翻译实践活动和翻译思想中提炼、概括出来的行动准则，也是指导翻译实践和理论不断发展起来的行为规范，具有广泛的指导性和普遍的适用性（熊德米，2011b：97）。古往今来，中外翻译家们对翻译原则有过不少精辟的论述。在西方译界，从西塞罗的意译原则、贺拉斯的活译原则、昆体良的创胜翻译原则、哲罗姆的直译意译互补原

[①] 本书探讨的核心是法律语言的翻译，法律条文是研究的语料，为更好地讲解翻译的语言点，本书采用历时语言学研究法，法律条文并非都是最新的版本（旧版本已标明时间）。

则、到坎贝尔和泰特勒等人提出的不同翻译三原则、卡特福德和奈达等人提出的对等功能和等效原则、纽马克的文本中心原则、费道罗夫的等值性原则等都是前人孜孜不倦对翻译实践的贡献。在我国，古代玄奘在西行求经的悟道中，首创了求真与喻俗翻译原则，力求把西域各国的经书和文化忠实地带回中原。近代严复的信、达、雅原则和泰特勒的翻译三原则在翻译方法上有着异曲同工之效，两种理论都强调译文要传达出原文的思想内容，译文表达要通顺明白（董晓波，2016：156）。现代中国的翻译原则发轫于20世纪初，尤其是20世纪30年代以后的几十年里，是中国文学翻译原则的多产之秋，内容更加丰富，如朱生豪的传神、林语堂的"忠实、通顺、美"、鲁迅的丰姿、茅盾的意境、傅雷的神似、钱锺书的入化、刘重德的信达切、许渊冲的三美、三似等翻译原则。所有这些原则，不外乎都想说明翻译者是在反复斟酌和磋商中企图寻找的最佳解决方案（Gadamer，1975：348），其最终目的都是为了不折不扣地传达原文所提供的语言信息。

上述中所提出的翻译原则都是人们经过不断的实践和经验提炼而来，是普通的翻译原则。在翻译活动中既要遵循这些基本准则，同时也要根据语言的特点自由裁量的选取翻译指导思想。换句话说，以上所罗列的翻译原则只是所有翻译过程中的共性原则，是不具有强制作用的弹性原则，译者在翻译时，这些普通翻译原则不具有广泛的约束力和指导性。世界万物皆具有自己的特殊性，因此，任何翻译原则都不是通用的，都有一定的局限性，不可能一成不变、一劳永逸。姜治文、文军（2000：7）指出真正完全为译界所接受、为译者所公认的标准（原则）至今还没有。周仪、罗平（1999：38）也曾说过不存在一种普遍适用于任何两种语言之间移译的翻译理论。到了20世纪70年代，由于西方各国陆续将法律翻译纳入国家立法，有关法律翻译的特殊原则才有了法定意义，法律翻译原则也有了广泛的约束力。法律翻译原则源于翻译普遍原则，是翻译普遍原则特殊性的体现，属于普遍翻译原则的重要组成部分，只是在国家和政府的强制干预下才使普遍原则有了法律意义。普通翻译原则之所以层出不穷，百家争鸣，主要是因为翻译原则没有国家或者政府的干预，不受法治的约束，纯属个人经验和实践的总结；而法律规则作为一种法律制度约束人们的行为，成为天下之程式，万世之仪表。正是因为法律法规的这种独特性，让其翻译原则势必遵从其文体、语言特点。而且，更为重要的是，所译文字的差异（如英译汉）、文体的差异、题材的差异、译者认知水平的差异、译者心态的差异、译者所处社会背景的差异、译者生活水平的差异等等因素，都可能导致不同翻译原则的产生。由政府机关制定的法律翻译原则也不例外。

二、法律法规翻译的基本原则

法律语言是一种具有规约性的语言分支，因此在翻译中，综合翻译的总体标准同样适用于法律翻译，如严复的"信、达、雅"，奈达的"功能对等"及翻译界广泛接受的"忠实""通顺""流畅"等翻译标准，在法律翻译中都起着重要的指导作用。但是，与其他语言相比，法律语言最重要的特点是准确、严密。当然法律语言也注重文采，但当法律翻译中文采与准确不可兼得时，必须舍雅而求信；另一方面，好的译文应当能正确反映出原文的内容和风格，即语言功能对等。但法律翻译中更应当注重的是法律功能对等（legal functional equivalence），法律功能对等指原语和目的语在法律上所起的作用和效果的对等。

关于法律翻译原则，国内一些学者已有较早的探讨研究，比较有代表性的是邱贵溪（2000）和杜金榜（2004，2005）。邱贵溪（2000）曾总结出法律文本翻译的五项原则，即庄严词语的使用原则、准确性原则、精练性原则、术语一致性原则和专业术语的使用原则。杜金榜（2005）认为在进行法律交流时有三原则：（1）语言从法原则。语言与法律互为制约。（2）存异求同原则。法律交流不必追求完全的对等，差别的存在不可避免，只要交流中产生的差别能为交流者相互理解，交流即告成功。（3）比照补足原则。对于体制观念等的差异，交流者可以用目的法已有的相近观念进行比照，也可以用目的法律体系、体制、人们所熟知的异系（制）的相近观念进行比照，加上辅助性的解释如注解、同位、说明、类比等，即可基本传达这种陌生的观念。近些年，国内一些学者将法律翻译的基本原则进一步完善,总结出了一些特殊原则,使翻译原则更为具体化。张法连(2009b)认为法律文体翻译不同于其他的文体翻译,传统的翻译原则很难适应法律翻译的实践需要,由于法律语言自身的语言严谨性和表述规律简明扼要的特点,法律翻译的基本原则即准确严谨、清晰简明、前后一致、语体规范。熊德米、熊姝丹(2011)认为法律翻译的特殊原则主要体现在专业性、严谨性、准确性和等效性四个方面。屈文生(2012)从近年来我国法律术语译名规范化问题角度出发,也提出译者应遵守以术语译术语、约定俗成、相对的单名单译和系统性翻译的原则。

在国内外学者提出的原则基础上,我们将法律翻译的原则归纳总结如下:

(一)准确性与对等性原则

准确性是法律语言的生命,更是法律语言的灵魂。法律翻译处理法律语言材料时,必须固守准确性这一首要原则。如:reasonable person 是"行为能力人",而非"通情达理的人"。香港《遗产继承法》中的 personal representative 不能误译作"个人代表",而是指"遗嘱执行人",它包括 executor(男遗嘱执行人)、executrix(女遗嘱执行人)或遗产管理人,包括 administrator(男遗产管理人)、administratrix(女遗产管理人),都是由法庭指定管理死者遗产的人。

我国中文法律、法规、规章常用的体例名称有:法、(管理)条例、(具体/暂行/管理)规定、(实施/管理)办法、(实施/管理)细则等。其中,对法,我国英译本统一翻译为Law,如:*The Contract Law of the Peoples' Republic of China*,实例之多不胜枚举。然而,法律人的常识是,在英美国家,Law是较为广义的概念,不仅包括立法机关经立法程序通过的法律,还包括法理、法律原则、判例、习惯法等;Act一词才表示立法机关通过的成文法,若为编纂成法典形态的,则可以使用Code一词。英译本将作为单一法律文本的"中华人民共和国法"通译为Law of the People's Republic of China,实在是典型中国式法律英语的表达。再如,法治与法制两词在我国立法文本中出现频率颇为频繁,故在相当一段时间,孰为法治与法制两词的适格英译,是我们立法文本英译人员面临的问题。我们知道,法治通常相对于人治(rule of man)而言,宜译作rule of law。法制的涵义，视具体情况而定。就狭义而言，法制等于法律制度（legal system），故法制保障宜译成the guarantee of a legal system；就广义而言，法制（legality/justice）意指有法可依，有法必依，执法必严，违法必究，故社会主义法制可译作socialist legality/justice。

此外，在西方英文法律文本中，我们常常看到一些关键词通常采用同义词连用的表达方式，这主要是为了避免一词多义带来的分歧，同义词连用杜绝了协议双方故意按照自己需要的意思来理解文本条款的情况，影响合同的正确行使（尹全勤，2014：21）。因此，在翻译中文法律文本时，代表同一个意思的表述可以采用两个或两个以上的近义词来翻译，以确保条文条款陈述的准确性，维护法律语言公正不阿的权威性。

（二）一致性与同一性原则

统一，即一致。某些领域的翻译，特别是文学翻译中，为了使语言丰富、鲜活、生动，在用词选择方面较为灵活多样，同一意思在上下文中可以用几个同义词或近义词替换表达。而法律语言的准确性、严肃性和权威性决定了在法律文体翻译过程中，同一法律词汇或同一意思的表述形式，尤其是一些重要的法律术语、法律名称及法律概念在各种法律文本中或在同一法律文本的上下文中保持一致的原则。不得为求语言丰富、生动、灵活，而表述不一致，这是为了避免引起歧义，词语一经选定就必须前后统一。在法律翻译中只要认准并用准了某词语，就千万别怕反复使用该词语。

正如Henry Weihofen（1961：45）在其所著《法律文体》中所说的：

> Exactness often demands repeating the same term to express the same idea. Where that is true, never be afraid of using the same word over and over again. Many more sentences are spoiled by trying to avoid repetition and repetition.（如果您怕重复用同一个词表示同一个事物或概念有伤文采，那您肯定会牺牲法律的精确性。）

因此，一致性与同一性原则是指在法律翻译的过程中用同一法律术语表示同一法律概念的原则。法律语言翻译如果缺乏一致性和同一性，无疑会使法律概念混淆，也会使受众不必要地去揣测不同词语的差别，从而影响法律信息传递的精度和准确度。

比如：同样的道理，未成年人在英文中有infant和minor两个词，当我们在翻译同一材料时若选定infant，在下文中就不能随意用minor。英文中的minor offence既有轻罪，小罪之意，又有未成年人犯罪之意。若不注意术语的一致性，歧义在所难免。目前我国立法文本英译中有不少违背同一律的谬误。比如，在中国《民法通则》的英译本中，法律规定中的动词规定曾被译成stipulate（Art.72）、specify（Art.52）、prescribe（Art.64）、require（Art.65）以及provide等等。比如《中华人民共和国渔业法》中的"禁"字时而被译成shall be prohibited，时而被译成shall be forbidden。（董晓波，2011a：101）

（三）专业性与规范化原则

法律语言和日常用语有很大的区别，和文学语言、商务语言的区别也较大。法律语言一是讲究用词的准确性；二是要求法律英语句型的结构严谨，专业化。可以说这种严谨性要做到多一字不可，少一字不行的地步，不能有一点松动，力求做到无可挑剔、无懈可击，近乎完美。无论是立法文本，还是其他法律法规或者合同等法律文本，法律翻译都展现了语言和法律叙述之间超强的完整性和严密性。纵观法律文本的英译或者汉译，英语陈述或者汉语陈述都是完整的陈述句，一般不使用省略句。并且句子陈述时指向明确，指称直接，逻辑关系非常严谨，体现法律的专业性。如我国通常将醉驾翻译成drunk driving，含义模糊甚至严重歧义。其实西方法律规定里可以看到"醉驾"的专业英文表达：美国*Penal Code*的醉驾是drive in intoxication，加拿大*Penal Code*是drive in an alcoholic state。关于shall在法律翻译里的用法便更是泛滥，美国的法律文本中不用shall也比中国译本滥用shall更能展现法律的严谨性。事实上，shall是一个带有主观色彩和意愿的词语，没有任何机关、政府和群体可以要求国家（应该）shall做什么。[1]

---

[1] 关于"shall"在我国法律法规翻译中的滥用问题，后面有章节具体研究和探讨。

法律翻译专业性和规范化还体现在其法律英语句式的严谨上，即要求严格遵循翻译的目标语的语法规则和句型结构以准确无误传递源语言的篇章结构。英语思维呈线性，注重语言表述的形合，其语法结构也是主谓宾泾渭分明，时态、性、数、语态各种语法形式相互衔接，主次分明；而汉语思维呈非线性，关注意合和文章的整体统一结构，句型之间的主谓模糊，时态、性、数和语态等的相互关联较弱，对于文本的理解主要靠作者与读者长期形成的阅读习惯和从中获得的悟性。汉英法律语句转换上，译者的主要任务是独立于两种语言的影响和操控，还原本族语地道的表达方式。例如：

例1：

原　文：债务应当清偿。暂时无力偿还的，经债权人同意或者人民法院裁决，可以由债务人分期偿还。有能力偿还拒不偿还的，由人民法院判决强制偿还。　　　　——《中华人民共和国民法通则》第一百零八条

译文1：Debts shall be cleared. If a debtor is unable to repay his debt immediately, he may repay by installments with the consent of the creditor or a ruling by a people's court. If a debtor is capable of repaying his debt but refuses to do so, repayment shall be compelled by the decision of peoples court.

译文2：Debts shall be fully discharged. If a debtor temporarily unable to repay a debt he may, with the consent of the creditor or as a result of a ruling by the People's Court, repay the debts in installments.If he is capable of repaying the debt but refuses to do so, the People's Court shall issue a verdict to enforce the repayment.

译文3：Debts must be repaid. When [the debtor] is temporarily unable to repay, he may repay by installments, with the creditor's consent or a ruling of a people's court. [A debtor] who is able to repay but obstinately refuses to do so may be compelled to repay by a ruling of a people's court.

这三个不同的英译本摘自周赟（2008）对法律英语翻译句型严谨性和专业性的分析，三个译文分别体现了译者对原文理解角度和深度的不同导致译文

中句法安排的不同，反映了法律翻译句式的严谨性。本法条就汉语句子构造而言，共有三句。第一句译文1和译文2使用shall比译文3使用must更具权威性，译文3的must换成shall更加体现了"应当"在法律语句中的祈使命令作用。周赟（2008：13）认为：原文第二句的可以（be capable of）表明法律规定上的或然性，三个译文都在句法上体现出来；另外，人民法院是中国特有的表达形式，专有名词，应该大写。第二、三句汉语句法一样，都是让步—假设句，译文1和译文2译文还原为原文句法，都用了if引导的让步状语从句。但译文3用when引导句子，翻译原文的两个假设意义陈述句，when可以表示如果、假设，但语气比if弱，用陈述句代替，不仅有失严谨，原文的法律意义也有所流失，不如直接用法律英语中常用的if或where直接翻译更为清楚。

简而言之，随着人类社会的发展，行业的划分也越来越复杂和细致。在所有的行业中，法律行业对专业性有着很高的要求。首先，法官和律师要在法律方面拥有很丰富的知识和技能，同样，法律翻译者也是如此。因为法律翻译是法律专业和语言专业的结合。对于法律翻译者而言，同时掌握良好的语言能力和法律知识是一个很重要的标准。例如，"不可抗力"应该被翻译为"force majeure"，而不应该被翻译为"beyond human power""force controlled by god"或者"irritable force"；"包办婚姻"应该被翻译为"arranged marriage"，"unfair competition"不应该被翻译为"不公平比赛"，应当译成"不正当竞争"；"obviously unfair civil act"译成"显失公平的民事行为"，不译成"明显不公平民事行为"；"unjust enrichment"译成"不当得利"，不应该译成"不正义的致富"；"disturb the socio-economic order"译成"扰乱社会经济秩序"，比"搞乱社会经济秩序"更专业化；"pro-choice of abortion"译成"支持堕胎"比"赞同选择打掉孩子"更具法律的严肃性。

规范性是对语言最基本的要求，语言规范化原则就是指在法律英语翻译过程中使用官方认可的规范化语言或书面语，以及避免使用方言和俚语。虽然在法律文书的起草和翻译中有许许多多的清规戒律（如慎用被动语态、外来词、缩略词等等）。但有一点必须强调，那就是必须使用官方用词（语），尤其是现行法律中已有界定的词语。如"target"在法律上为"标的"（不译"目标"），"subject matter"为"标的物"（不译"主题"），"cause of action"为"案由"（不译"行为原因"），等等。即译文规范是指译文的词语选用、择句谋篇必须符合法律行业特性的基本范式及约定俗成（陈建平，2007：120）。法律语言在词法、句式及篇章等方面与非法律语言（普通语言）区别明显。一份规范的法律文本选用正式、书面化的词语；句式结构限于完整的陈述式句型；而篇章结构则讲究高度紧凑的程式化。假如一个译本词语选用口语体，随意使用其他句型，如省略句、感叹句、疑问句等，整体的译本便不合章法、结构混乱、表述尽显条理不清，与法律文本文体的规范化要求便相距甚远。

（四）精练性与简明性原则

法律语言学家认为法律英语之所以难以理解是因为它违反了人们使用语言的习惯，因此减少使用法律术语，避免复杂的语法结构，有助于人们理解法律语言。20世纪70年代，在美国由于银行本票条款所使用的语句冗长，且结构重叠、含义复杂，顾客根本看不懂，有些律师和法官对此也要退避三舍。因此，1977年纽约州首先通过了简明语言法，并于1978年实施。当时的美国总统卡特要求联邦政府各部门切实保证颁布的每项法令以简明易懂的英语撰写以使须依照有关法令办事的人都能看懂。这就是在美国发起的、提倡在文件中尽量使用易于理解的语言，避免不必要的冗词赘语的简明语言运动，法律英语的简明化运动对简化法律语言起到了积极的作用。

法律语言翻译应遵循精练性与简洁性的原则，即用最少的词语传递最大量的信息（Giving a lot of information in few words）。

我国某些立法文本的英译文有拖沓累赘、衍生歧义之弊，从某种程度上说，有损我法治之国的形象。

例2：

原文：女职工违反国家有关计划生育规定的，其劳动保护应当按照国家有关计划生育规定办理，不适用本规定。

——《女职工劳动保护规定》（1988年版）第十五条

原译：Labor protection of those women staff and workers that run counter to state stipulations concerning family planning should be treated according to State stipulations concerning family planning. The Regulations are thus inapplicable.

很明显，此译文冗赘笨拙，让人读来颇生烦累。原文本来是一句完整的话（主语为本规定，谓语为不适用，宾语为女职工违反国家有关计划生育规定），而译文却分为两句，因而不能明朗地表达原文内涵。拟译为：

These Regulations do not apply to any violation of state family-planning measures by a woman employee whose labor protection is regulated by the said measures.

第二节 我国法律法规英译失误分析

对照上述翻译的原则，现从词汇、句法、篇章三大方面对我国立法文本英译的一些翻译失误进行分析并提出初步的翻译策略。

一、词汇

词汇翻译的重点是法律术语，法律术语是构成法律语言的最具专业特色的词语，是法律语言的核心，也是法律语言和法学语言研究的主体。正是"一系列众多法律术语的存在，才形成了法律语言"（孙笑侠，2005：79）。各法律语言均有一系列专用术语，这些术语固化了相应的概念，每种法律语言的一套专用术语相对应的是一套法律概念系统。法律各分支学科如法理学、法律语言学、法律翻译学等都离不开法律术语的研究和阐释。法律翻译最重要的问题在于译者如何解读不同法律体系下法律术语在异域语言中的传达、创制，直到准确无误地将植根于异域民族法律文化的法律术语转化为译语法律文化读者所能接受的同等概念——目的语法律术语（熊德米，2011b）。与其他词语相比，法律专用术语更能体现某一法律体系或体制的典型特征。法律法规翻译的难题之一就是法律体系（或体制）间术语的不对应性，如法律汉语中的差额选举、等额选举、定罪量刑等在法律英语中就缺少对应的术语。（杜金榜等，2004）

（一）法律术语

目前，我国法律专业术语英译方面出现问题的原因是多方面的，主要有：

1. 望文生义，误将普通术语用作专门术语

法律语言是一种专业性很强的语言，具有严谨的行业规范性，强调词义确切、文意缜密、逻辑严谨、语体正式，体现了法律文本的庄重性和严肃性。在法律文本语言的翻译过程中，对于语言的选择必须从专业角度考虑译文词语的选择，切勿望文生义。比如，consideration，action，service，negligence，limitation，offer，acceptance等词语在日常英语中通常意思为"考虑""行动""服务""疏忽""限制""提供""接受"，但在法律英语中，上述词语可用作专业词汇，分别有"对价""诉讼""送达""过失""时效""要约""承诺（承兑）"的意思。

国务院（原）法制办公室和法规译审和外事司联合编写、1998年出版的《中华人民共和国法律法规汉英对照词语手册》将"物证"翻译成"material evidence"。此种译法中，"物证"的"物"恰好对应了英文中"material"；而"物证"中的"证"又与"evidence"相配。这种译法貌似正确，但实际上其表达的意思却与所要表达的意思相距甚远。根据 *Black's Law Dictionary*（Ninth Edition）对"material evidence"的解释，该词实际上是指"evidence having some logical connection with the consequential facts or the issues"，其意为与案件的事实或结果存在逻辑关系的证据，它既可能是言词证据也可能是实物证据。而汉语中的"物证"在英语中是另有专门的法律术语与之对应的，这就是"real evidence"或"physical evidence"。因此，"material evidence"中的"material"在此并非"物质"之义，其真正含义是"与案件有关的，且为证明案件真相所必需而非常重要的（证据）"。正是在这个意义上，应将"material evidence"译为"实质上的证据或实质性证据"，而非"物证"。再如，有的译者用"the third party"来翻译婚姻法文本中的术语"第三者"。其实"the third party"是"第三人、第三方"，而非"第三者"之意。"第三人"是指民事诉讼中在原、被告之外的，认为本案的审理结果与自己有利害关系，因此自行申

请或由法院追加进入原、被告之间已在进行的诉讼中的当事人。而"第三者"在中文里则是指介入、干扰和破坏别人合法婚姻的人，既可能是男性也可能是女性；既能是已婚的也可能是未婚的，因此，婚姻关系中"第三者"可译为"the other man（woman）"。

在法律法规翻译中，不少译者经常将"实际履行"译为"specific performance"。而"specific performance"则是一种违约救济，也就是在一方当事人没有自觉履行合同义务时，另一方则借助法院判决等司法强制力要求其按约实际履行。因此，"specific performance"应理解为"强制实际履行"或"强制履行"。"实际履行"主要是指当事人应自觉地履行合同约定义务，这是合同履行的基本原则之一，可译为"actual performance"。又如"判决"可英译为"judgement, decree, decision, sentence"，但这几个词在法律英语的用法上仍有区别。对于民事案件的判决，一般可用judgement，"民事判决"可译为"civil judgement"；decree以往主要用于衡平法院的判决，目前英美国家对于离婚案件的判决也经常使用该词；decision也可指判决，但正式程度仅次于judgement；而sentence主要用于刑事判决。另外，仲裁庭的"裁决"一般可用award；法院的裁定则可用ruling。在法律法规翻译中，"过失"与"过错"是最为常见的法律专业词汇，两者具有明显的区别。"过失责任"译为"fault liability"可被视为误译。从法理角度分析，如果是"过失"责任，那么行为人主观上通常不是故意的，主要因为疏忽大意（negligence）而导致的过错行为；但如果是"过错"责任，那么行为人主观上也可能是出于故意的（intentional）。由此可见，"过错"一词的外延要比"过失"广得多。因此，"过失"译为negligence较为妥当；而fault可直接限定为"过错"，这样两者之间在法律意义上的差别反而更为明确。

2. 缺乏对本国和对方国家法律文化和语言文化的了解，法律术语的翻译张冠李戴

语言交流的障碍可以通过翻译来解决，而不同国家语言文化和法律文化的差异却是法律翻译的一个重大难题。比如英美国家的律师有 solicitor和

barrister，香港将前者译为"律师"，而将后者译为"大律师"。这样让人们认为后者比前者地位高、水平也更高。而一般将前者译为"事务律师"或"诉状律师"，将后者译为"出庭律师"或"辩护律师"，这种译法从一定程度上反映了这两种律师分工的不同，但也不是绝对的。下面是维基百科对这两个词的英文解释：

<u>Solicitors</u> are lawyers who traditionally deal with any legal matter including conducting proceedings in courts. In the United Kingdom, a few Australian states and the Republic of Ireland, the legal profession is split between solicitors and barristers, and a lawyer will usually only hold one title. However, in Canada, New Zealand and most Australian states, the legal profession is now for practical purposes "fused", allowing lawyers to hold the title of "barrister and solicitor" and practice as both. The distinction between barristers and solicitors is, however, retained. Some legal graduates will start off as one and then decide to become the other.

A <u>barrister</u> is a member of one of the two classes of lawyer found in many common law jurisdictions with split legal professions. Barristers specialise in courtroom advocacy, drafting legal pleadings and giving expert legal opinions. They can be contrasted with solicitors — the other class of lawyer in split professions — who have more direct access with clients and who are in general office based. Barristers are rarely if ever hired by clients directly but instead are retained（or instructed）by solicitors to act on behalf of clients.（董晓波，2011a：234）

于是有学者另辟蹊径，采用音义结合的方式，将之分别译为"沙律师"和"巴律师"（周芝秀，胡雨：2007），但或许是由于念起来像是对某人的称呼的原因，因此似乎至今尚未得到普遍接受。顺便提一句，虽然lawyer 这个词在美国英语中使用的频率非常高，但是很少在律师的名片上使用，他们一般用attorney-at-law，而我国许多律师的名片用的都是lawyer，这也许是不了解美国的法律文化吧。

我国刑法有非法侵入他人住宅的罪名，如何将其译为英语？英语中有

burglary 一词，因为该词的词义中有 "the breaking and entering of the dwelling house of another person" 的含义，于是，有的译者便将我国刑法中的 "非法侵入住宅罪" 译为 "burglary"。但是殊不知 burglary 一罪，其犯罪构成的客观方面是行为人持刀撬窗入室后行窃的，类似我国认定的 "盗窃罪"。

《中华人民共和国中外合资经营企业法》第五条规定外国合营者如果有意以落后技术和设备进行欺骗，造成损失的，应赔偿损失。有的英文译本把该条译为：If it causes losses by deception through the intentional use of backward technology and equipment, the foreign joint venture shall pay compensation for the losses.

此种译文，译者没有仔细推敲损失在数量上的含义，忽视中国和英国的语言的差异，将中国法律中损失简单地翻译为 loss，我们知道，汉语没有名词单、复数之分，相反在英语中这种区分是很明显的。损失在汉语中既是单数也可能是复数，因此，用英语表达既可能是单数也可能是复数的损失时，就需要用 loss or losses。

又如："宣判日" 一词译为 Day of Judgment 或 Judgment Day 就是混淆了 Judgment 在对方国家法律文化和语言文化的不同含义。Day of Judgment 或 Judgment Day 并非指通常所说的 "宣判日"，而是指 "世界末日"。所以也有写成 Day of the Last Judgment 的。维基百科对其英文解释：

The Last Judgment, Final Judgment, Day of Judgment, Judgment Day, or Day of the Lord in Christian theology, is the final and eternal judgment by God of all nations. It will take place after the resurrection of the dead and the Second Coming of Christ (Revelation 20：12–15). This belief has inspired numerous artistic depictions.

可见，Day of Judgment 或 Judgment Day 与法院定期宣判的日子毫不相干。"宣判日" 该译为 date of the pronouncement of judgment 或 the date to pronounce a judgment 才是。（董晓波，2011a：234-235）

3. 违背法律术语内涵上的特定性，译名不统一

正如孟德斯鸠在其著作《论法的精神》中所言，"法律用语对每个人都能

唤起同样的观念"，这就是说，法律概念词或法律术语应强调一词一义，以避免不必要的歧义，具体来说，在同一规范性文件中，同一个概念尽量要用同一个词语来表达，不同概念不应当用同一词语来表达，而且不同的词语之间不允许存在相互替代的现象（朱力宇，2006：269）。这是法律语言准确性和严谨性特点的要求，对于立法语言尤其如此。有些译者英译时将立法文本中的不同法律概念用同一个英语法律术语来表述。比如在官方公布的《中华人民共和国刑事诉讼法》英文译文中：

例3：

原文：第28条　审判人员、检察人员、侦查人员有下列情形之一的，应当自行回避，当事人及其法定代理人也有权要求他们回避：

译文：Article 28　...a member of the judicial ... personnel shall voluntarily withdraw, and the parties ... shall have the right to demand his withdrawal:

作为《中华人民共和国刑事诉讼法》的基本原则之一，"回避"是一个典型的法律术语，指审判人员、检察人员等在具有法定情形时不参与案件审理以保障案件公正审理的制度。这一术语在刑诉中共出现12次，对应的译文为"withdraw"或其名词形式"withdrawal"。而"withdraw"一词同时在刑诉英文译文中作为"撤回"的意思出现了5次，如"……撤回告诉"："the complaint has been withdrawn"；"……撤回自诉"："...withdraw his prosecution"；"……撤回抗诉"："...withdraw the protest"等，作为"退庭"出现了一次，如第211条……未经法庭许可中途退庭的，按撤诉处理。...if he withdraws from a court session without permission of the court, the case may be considered withdrawn by him.

在同一篇法律文本中用"withdraw"一词来表达"回避""退庭""撤诉"等不同的法律概念，容易造成译文理解上的障碍。而且，能否用"withdraw"一词表示"回避"值得商榷。"withdraw"作为法律术语在 Black's Law Dictionary （Ninth Edition）中的定义包括：

（1） *vt.* to refrain from prosecuting or proceeding with（an action）；

（2）*vt.* to remove a juror;

（3）*vi*（of a lawyer）to terminate one's representation of a client before a matter is complete.

第（1）项意为"撤回"，如withdraw the charge 撤回指控，withdraw the petition for divorce 撤回离婚请求；

第（2）项意为"回避"，但对象是"陪审员"；

第（3）项意为律师中途退出代理，如withdraw from a case，这一术语专指因律师与委托人意见不一而退出代理，而非"撤诉"。

事实上，法律英语中用"disqualification"表示"回避"，其定义为："由于存在利益冲突而使审判人员或行政人员退出法律诉讼的行为（the act of abstaining from participation in an official action such as a legal proceeding due to a conflict of interest of the presiding court official or administrative officer）"，这一定义与我国刑诉中"回避"的概念基本相同，所以"回避"应译为disqualification或disqualify themselves（自行回避）。

至于"撤诉"，对应译文应为"discontinuance"，*Black's Law Dictionary*（Ninth Edition）对该词的定义为：a voluntary dismissal（dismissal：termination of an action or claim without further hearing, esp. before the trial of the issues involved），即开庭审理前主动撤回起诉或诉讼请求，即"撤诉"。而"撤回告诉"可译为withdraw the complaint，至于"退庭"，英文为leave from the court proceedings。

译者英译时将立法文本中的同一法律概念用多个不同的英语法律术语来表述在我国法律法规对外翻译中是常见现象。例如：《中华人民共和国著作权法》英文译本将对著作权的侵犯，时而译成prejudice，时而又译成infringe。但是，根据多本英文词典的词义和例句来看，infringe所强调的是对权利的侵犯，而prejudice则多指的是对人、物和利益的侵犯。1978年牛津大学出版社出版的《现代高级英汉双解辞典》关于infringe词条的用法举例是这样的：infringe a rule（an oath，copyright，a patent）。从该词条的用法来看，infringe一词主要是与知识产权意义上的权利搭配。而从词典第826页上关于prejudice一词的用法举例来看，prejudice一词则是指对于any existing right or claim的侵害。由此可以看出，infringe在意义上针对性更强，主要是指对知识产权意义上的权利的侵害，prejudice则有泛指的意义，它是指对人、物和任何意义上的权益的侵犯。

再如：连带责任与共同责任的翻译，依照民法的相关规定，共同责任是指两个以上的人共同实施违法行为并且都有过错，从而应共同对损害后果承担责任。共同责任主要分为连带责任和按份责任两种。连带责任是因违反连带债务或者共同实施侵权行为而产生的责任，各个责任人之间具有连带关系。这种连带责任是一种法定责任，不因责任人的内部约定而改变，权利人可以选择全部或部分责任人承担责任，每个责任人都有可能承担全部责任。而按份责任的各责任人之间没有连带关系，各自独立承担责任份额，如果法律没有规定或当事人没有约定，推定各责任人承担相同的份额。因此，连带责任应译为joint and several liability；共同责任应译为concurrent liability。

4. 法律术语英译的策略

法律语言的翻译很大程度上是法律术语的翻译（熊德米，2011b：176）。在对法律术语进行翻译时，首先要研究所要翻译的源语言法律术语的含义。译者在对所涉及的法律体系进行比较之后，必须在目标语言法律体系中寻找具有相同内容的术语，即必须在目标法律语言中发现源语言法律术语的对应词。如果由于法律体系的不相关性，译者找不到可以接受的对应词，可以使用下列解决办法：

· 使用源语言术语最初的或转录的译本（original transcribed version）；

· 使用解释（paraphrase）；

· 创造一个新语（neologism），即使用目标语言中并不构成现有目标语言术语的一部分的一个新术语，必要的话再附上解释性脚注。

由于法律制度和历史文化的差异，我国法律中许多术语和规范在英语中根本就不存在，就是说二者之间在翻译上没有对等性。比如，上面提到的"第三者"翻译成英语可能是"情人""情夫""情妇"或"婚外的恋人"之类的词语。但这些词在英语中并无褒贬色彩,有的词如"情人"甚至还近于褒义。但是在我国汉族的语言习惯中这类词却往往使人与"奸夫淫妇"产生联想。与此相关,还有一个词叫"插足"。"第三者"的"插足"显然有抢夺,甚至霸占他人配偶之义。就是说,"第三者"不仅仅是要在别人的家庭中伸进一条腿,而且要把本属于别人的婚姻家庭据为己有。就此而言,英语中的"put one's foot in"和"participate"以及"take part in"等词均不足以准确表达其意。在此情况下,较为可行的办法是在正确理解原词内涵的基础上,再在翻译上赋予其感情色彩。由于"第三者插足"所造成的后果是破坏、扰乱了别人的合法婚姻家庭关系,所以,我们认为用"step in"这一短语来翻译"插足"这个词较为妥当。因为"step in"本身就有"participate"(加入)和"intervene"(干扰)的双重含义。另外该词作为动词也恰到好处地表达了"伸腿"的动作。

此外,在翻译法律术语时,一定要联系上下文的特殊语境,准确理解原文中法律术语的意义,实事求是地进行翻译。切忌以偏概全,也不能"笼而统之"。以偏概全和"笼而统之"都不能揭示事物的本质特征。法律术语是法律制度中核心的部分,是在长时间的使用过程中逐渐析出并固定下来的。一个术语可能表示一种法律概念(如民法的"物""法人""无行为能力人"等),也可能表示一种法律制度(如"consideration"[约因]、"estoppel"[禁止翻供]等),甚至会链接特定的历史背景(如"sealed contract"),其含义不能单单从其构成的字词去理解。19世纪以来,人类在自然科学和社会科学方面取得了突飞猛进的发展,新产品、新工艺以及新思想不断涌现。科学的发展必然要在属于上层建筑领域的法律方面反映出来,伴随而来的就是新的法律术语的增加。例如:computer crime(计算机犯罪)、smuggling of drugs(毒品走私)、securities law(证券法)、"劳动教养"(reeducation-through-labor)、"承包经营责任制"(contract and responsibility system)、"人民调解"(people's mediation)等等。(肖云枢,2001)

（二）其他词汇

在文学作品翻译中，为了追求美感，避免枯燥，往往同一个意思都会用不同词语来表现。而法律文书以准确性为第一性，没必要也不应该用同义词来表达同一个意思。目前我国立法文本英译中违背同一律的谬误屡见不鲜。以《中华人民共和国海事诉讼特别程序法》（2003）的英译本为例：

例4：

原文：第二节　船舶的扣押与拍卖

　　　第三节　船载货物的扣押与拍卖

译文：Section 2 Arrest and Auction of Ships

　　　Section 3 Attachment and Auction of Cargo Carried by Ships

分析：同样表示扣押，译文却用了两个不同的词，显然有悖于以上准则。那么arrest和attachment到底哪个词更为妥当呢？根据Longman Dictionary of Contemporary English（Fifth Edition），arrest用于when the police take someone away and guard them because they may have done something illegal，而attachment则是a situation in which part of the money someone earns or money that is owed to them is taken by a court of law and used to pay their debts. 在Oxford Advanced Learners Dictionary of Current English（Fifth Edition）对attachment的解释则稍有不同，是指seizing sb's property, etc. with legal authority.

由此可见，arrest更倾向于指人的逮捕拘留，而attachment则是指法定财产上的扣押。因此建议将第二节拟改译为：Attachment and Auction of Ships。（刘霓辉，2009）

此外，我国立法文本较少使用古英语词汇。如：therein（在其中）、thereof（其）、thereto（附随）、herewith（与此一道）、whereas（鉴于）、thence（从那里）等等。我们知道，古词语在现代英语中已不再广泛应用了，而且逐渐在消亡，但是在法律英语中古词语的应用却十分普遍。正如David Crystal和Derek Davy（1969：222）所言：It is especially noticeable that any passage of legal

English is usually well studded with archaic words and phrases of a kind that could be used by no one else but lawyers.（任何一段法律英语都充满了某种古词语，只有律师们才会使用它们）。至于在译文中使用最具法律英语特色的拉丁术语几乎更是没有。①

二、文体、句式结构

法律英语结构严谨，用词考究，逻辑严密，文体较其他体裁更为正式、刻板，较多地使用被动语态，这是由法律本身的特质决定的。比如，shall在法律英语中是一个使用频率非常高的词，其语气往往较will和should强，带有法律强制性的意味。下例《中华人民共和国民法通则》文本中的shall be用得就不是很理想，不如改为is更符合原文的意思和文风。如：

例5：

原文：债是按照合同的约定或者法律的规定，在当事人之间产生的特定的权利义务关系。享有权利的人为债权人，负有义务的人为债务人。

——《中华人民共和国民法通则》第八十四条

译文：A debt represents a special relationship of rights and obligations established between the parties concerned, either according to the agreed terms of a contractor legal provisions. The party entitled to the rights shall be the creditor, and party assuming the obligations **shall be** the debtor.

从我国目前多数立法文本的英译本来看，译者的翻译较多体现了中国法律法规原文的风格，因而比较贴近普通英语，主要表现在习惯汉语思维，法律英语常见的句型使用不当。比如：有一些英译本中使用"whoever does...shall be..."的句式，描述一定行为及其引起的法律后果，虽然这样的句型在语法上完全正确，但这并非以英语为母语国家的典型表述。至于"subject to""without prejudice to""notwithstanding"和"save"等其他常见法律英语

---

① 法律英语词义的保守性是指词义的不易改变性。法律英语词义的保守性源于人们对权威标准的信仰。古英语时期（450—1100）和中古英语时期（1100—1500）这两个时期法律英语从拉丁语、法语和希腊语中借用的外来法律词汇70%仍沿用至今。

句式，使用的频率就相当低。

三、篇章方面

由于汉英两种语言体系、语言风格、语言结构的差异，汉英法律翻译都应在语篇形式上实现有效的转换，真正实现"法律翻译"到"翻译法律"的准确有效的移植，一直是法律翻译人员思考和研究的问题。每一种法律语言的衔接搭配方式背后所反映的，是该语言所承载的法律渊源、法律文化、法制体系以及法律思维方式等。（熊德米，2011b：242）法律英语立法语言和汉语立法语言的衔接手段都是一脉相承的，都源于普通语言语篇的衔接模式。Halliday & Hasan（1976）把衔接分为语法衔接、词汇衔接和逻辑衔接三类。其中，语法衔接又分为照应、替代、省略和连接；词汇衔接分为词语重复和词语搭配；逻辑衔接主要解决衔接词的选用。每一种语言都受到各自的语言形式规律的制约，英语和汉语也不例外，它们都受到各自的约定俗成的语言结构模式的限定。如英语语篇的统一主要通过语法衔接和逻辑衔接实现，并且在语篇中呈现显性，即该有的成分一个也不能少；而汉语语篇的统一则通过词汇衔接实现，注重词语搭配所呈现的意义，并且在语篇中呈现隐性，即有些词语成分在上下文逻辑关系清楚的情况下可以缺失。汉语的意合特征表明汉语语句之间的关系主要通过句子的内在逻辑关系衔接成语篇，而"英语的语句衔接方式多用形合法，即用连接词语将句子衔接起来"（王武兴，2003：108）。

篇章的处理是汉译英的又一环节，因为语言交际是以语篇的形式出现的，而语篇是通过衔接方式实现的，所以衔接的处理尤为重要。Halliday & Hasan（1976）把衔接分为语法衔接和词汇衔接两类。其中，语法衔接又分为照应、替代、省略和连接。

就语法的照应而言，一般说来，中文重形合而英文重意合，这在《中华人民共和国宪法》（以下简称《宪法》）序言的英译本中得到了较好的体现。

例6：

原文：教育、科学、文化等事业有了很大的发展，社会主义思想教育取得了明

显的成效。　　　　　　　　　　　　　　——《宪法》序言第六段

译文：Significant advances have been made in educational, scientific and cultural undertakings, while education in socialist ideology has produced noteworthy results.

至于词汇的衔接，可以通过对词汇的重复来完成。

例7：

原文：经济建设取得了重大的成就，独立的、比较完整的社会主义工业体系已经基本形成，农业生产显著提高。　　　——《宪法》序言第六段

译文：Major successes have been achieved in economic development. An independent and relatively comprehensive socialist system of industry has basically been established. There has been a marked increase in agricultural production.

此外，语篇连贯不仅是一个语言形式和命题内容的问题，而且还是一个言外之意的表达和理解问题。

例8：

原文：一八四〇年以后，封建的中国逐渐变成半殖民地、半封建的国家。

——《宪法》序言第二段段首

译文：After 1840, feudal China was gradually turned into a semi-colonial and semi-feudal country.

该句使用被动语态来保持话题一致以及调整已知信息和新信息的位置，使之与上下文在结构上衔接、语义上连贯，从而使语篇中的信息即"被迫沦为"精确地表达出来。这较好地实现了利用被动语态实现语篇衔接与连贯的功能，同时也是对翻译的"政治"的最好体现。（范晶波，2010）

与《宪法》的译文相比，其他立法文本的英译在篇章方面就值得斟酌。同样以《中华人民共和国海事诉讼特别程序法》（2003）的英译本为例：

例9：

原文：海事法院在发布或者解除扣押船舶命令的同时，可以向有关部门发出协助执行通知书，通知书应当载明协助执行的范围和内容，有关部门有义

务协助执行。海事法院认为必要，可以直接派员登轮监护。

——《中华人民共和国海事诉讼特别程序法》第二十六条

译文：While the maritime court issues an order for arresting of a ship, it may send a notice to relevant departments for assistance in execution of the order. In the notice shall be stated the scope and specific tasks of the assistance in execution of the order, and the relevant departments have the obligation to assist in the execution. When the maritime court deems it necessary, it may directly send officers to go aboard for purposes of supervision.

分析：汉语法律法规中存在大量的名词重复现象，为了避免不必要的冗词赘语，英译时常用照应，例如用代词代替重复出现的名词，以使译文简洁。但该译文用了三个it分别指代上文及下文提到的事物。读者可能需细读后才发现第一个和第三个it应指代上文中的The maritime court，第二个it指代下文中的直接派员登轮监护。如果将其中一至两个代词的指代对象直译出来，就会使译文显得较清晰易懂。因此，建议译为：

While issuing an order for arresting of a ship, the maritime court may send a notice to relevant departments for assistance in execution of the order. In the notice shall be stated the scope and specific tasks of the assistance in execution of the order, and the relevant departments have the obligation to assist in the execution. When deeming it necessary, the maritime court may directly send officers to go aboard for purposes of supervision.

再如：

例10：

原文：为维护海事诉讼当事人的诉讼权利，保证人民法院查明事实，分清责任，正确适用法律，及时审理海事案件，制定本法。

——《中华人民共和国海事诉讼特别程序法》第一条

译文：This law is enacted with a view to safeguarding the rights to litigation of the parties to maritime cases and ensuring that the people's courts shall ascertain the facts, establish the liabilities, properly apply the laws and promptly hearing and determining maritime cases.

分析：汉语在表现法中历来注重语法结构中的重复及对仗（刘宓庆，1992：268）。同时，汉语讲求意合。所谓意合是指不借助语言形式手段而借助词语或句子的意义或逻辑联系实现它们之间的连接。而英语则注重形合。形合指的是借助语言手段（包括词汇手段和形态手段）显示句法关系，实现词语或句子的连接（刘宓庆，2006：74）。汉语的并列结构，特别是多层次并列结构会给汉译英带来困难。原文有5个并列部分，而译文也将其一一平述，用and，or来连接，显不出句子的层次来。此外，"为了"译为"in order to""for the purpose of"和"with a view to"，其中"with a view to"的"目的"含义不如其余两种表达法充分，且在传统习惯上其后必须用"-ing"，致使译文拖沓（陈忠诚，2000b：21）。拟改译为：

This law is enacted in order to safeguard the rights to litigation of the parties to maritime cases so as to ensure that the people s courts ascertain the facts, establish the liabilities, properly apply the laws, thus promptly hearing and determining maritime cases.（刘霓辉，2009）

结语

我们认为，从本质上讲，法律翻译是法律转换和语言转换同时进行的双重工作，它不仅涉及作者（或说话人）、读者（或听话人）、译员本人的语言因素、交际目的，而且可能涉及两种法律体系、多种文化、不同的法律观念、复杂的法律行为等诸多未知、未定因素，其重要性不仅在于译员将法律文本（或话语）转换成不同的语言，更在于译员在面临很难寻求完全统一或对应的复杂条件下，消除原本和译本之间因法律文化差异而形成的交流障碍，以达到交际的目的（朱勇，2011）。

改革开放以来，随着经济全球化和法治国家的推进，我国的法律翻译研究已取得的一些成就，许多立法文本被翻译成英文，但总体而言，目前仍然存在着许多问题。从宏观层面而言，主要是缺乏系统性理论研究和学科独立意识。法律法规的翻译应在尽可能简洁的语句中清楚地表达法律文本的本来意思。法律文本译文的准确是法律文本翻译的根本，而翻译失真则是法律文本翻译的大患。在影响法律翻译的诸多因素中，交际目的、法律语言的文体特征和语用特征、不同法律体系与法律制度下的法律文化差异，对研究和把握法律翻译的原则、基本方法和评价标准至关重要。（董晓波，2011b）

第二章 法律法规的名称翻译

从本质上讲，法律翻译是法律转换和语言转换同时进行的双重工作，它不仅涉及作者（或说话人）、读者"或听话人"、译员本人的语言因素、交际目的，而且可能涉及两种法律体系、多种文化、不同的法律观念、复杂的法律行为等诸多未知、未定因素，其重要性不仅在于译员将法律文本（或话语）转换成不同的语言，更在于译员在面临艰难寻求完全统一或对应的复杂条件下，消除原本和译本之间因法律文化差异而形成的交流障碍，以达到交际目的。（董晓波，2014：90）法律法规名称翻译的统一和规范表面上看只是名称借由语言之间的转换，实际上却是两种文化之间的转换，名称翻译虽然只是整个法律法规翻译中的一个很小的部分，但是，透过这个小部分足以管窥到法律法规翻译的庞大性、复杂性，及其面临的问题。名称翻译要做到统一和规范，其前提是中文立法的名称要做到规范，译者在翻译时要做到统一和规范，而规范化工作要达成实际的效果，也涉及法律翻译学术界和实务部门凝聚共识，才能有效推进规范化工作朝着良性的方向发展。

第一节 中西法律法规名称比较研究

"标题是对整部法律内容和目的的高度概括，其主要特征是简洁、醒目、鲜明。"（张法连，2017：28）将我国法律法规名称翻译成英文，不只是中英两种语言之间简单地转换，也需要充分考虑到两种语言背后的文化、法律制度、读者的阅读习惯等。对比研究是做好翻译实践的前提，对中西法律法规名称进行比较，才能更深刻地了解不同法律制度下规范性文本制定的差异。明确西方法律法规名称的具体特征，对翻译出更加符合英美读者阅读习惯的名称有着重要的方向和指导意义，"只有重视研究英汉两种语言和中美法律文化的特点并对有关法学知识有一个准确的理解把握，才能准确、有效地进行法律英语翻译"（张法连，2009a：51）。

一、我国法律法规的名称

俗话说："看书先看皮，看报先看题。"在信息爆炸的时代，看完标题几乎就等于明白了文章写作的重点内容。《现代汉语词典》（第7版）中对"标题"的解释是："标明文章、作品等内容的简短语句。"（中国社会科学院语言研究所词典编辑室，2016：85）对"名称"的解释是："事物或组织机构的名字、称呼。"（中国社会科学院语言研究所词典编辑室，2016：911）名称（标题）是法律法规内容的集中概括，法律法规的名称一般包含了法律法规适用的范围、规范和调整的内容、以及法律法规的效力。适用范围一般以"中华人民共和国""某省、市"标明；法的内容要素反映出法的调整对象，法的效力通过体例词或格式词体现出来，我国的法律体例包括法律、行政法规、地方性法规、自治条例和单行条例等，比如，《中华人民共和国教师法》适用的范围是中华人民共和国，所规范和调整的对象是教师，体例词或格式词是"法"。

我国现代法的法律渊源比较复杂，宪法、法律、行政法规、国际条约、地方性法规、自治条例、单行条例、司法解释等都是法律的渊源。（1）《中华人民共和国宪法》是我国的根本大法，法律地位和效力最高，是国家最高权力的象征，是由我国最高权力机关——全国人民代表大会制定和修改的。（2）法律有广义和狭义之分，广义上来讲就是泛指一切规范性的文件，而狭义上是指全国人大及其常委会制定的规范性文件，有基本法律和非基本法律两类，基本法律是由全国人大制定和修改的刑事、民事、国家机构和其他方面的规范性文件，非基本法律包括全国人大及其常委会做出的具有规范性的决议、决定、规定、办法等。（3）行政法规是指国家最高行政机关即国务院所制定的规范性文件，其法律地位和效力仅次于宪法和法律，"一般以条例、规定、办法、实施细则命名，有时也以决定或命令命名"（张清，2018：34）。（4）地方性法规是由省、自治区、直辖市人民政府所在地的市和经国务院批准的较大的市的人民代表大会及其常委会在其法定权限内制定的法律规范性文件，"一般采用条例、规则、规定、办法等"（戚珊珊，董晓波，2013：41）。（5）全国人大做出的法律解释和最高人民法院做出的司法解释。

（一）法律法规

我国法律的标题大多是由国名"中华人民共和国"加上法律名称两部分，以《中华人民共和国XX法》的统一形式构成，比如，《中华人民共和国国家情报法》《中华人民共和国反恐怖主义法》《中华人民共和国精神卫生法》《中华人民共和国国防教育法》《中华人民共和国进出口商品检验法》《中华人民共和国国境卫生检疫法》《中华人民共和国英雄烈士保护法》《中华人民共和国人民陪审员法》《中华人民共和国农民专业合作社法》《中华人民共和国母婴保健法》等。

非基本法律包括决定、通知、答复、办法等，比如，《全国人民代表大会常务委员会关于中国海警局行使海上维权执法职权的决定》《全国人民代表大会常务委员会关于全国人民代表大会宪法和法律委员会职责问题的决定》《全国人民代表大会常务委员会关于国务院机构改革涉及法律规定的行政机关职责调整问题的决定》《全国人民代表大会常务委员会关于设立上海金融法院的决定》《全国人大常委会办公厅印发<关于争议较大的重要立法事项引入第三方评估的工作规范>的通知》《全国人大常委会法制工作委员会关于对被告人在罚金刑执行完毕前又犯新罪的罚金应否与未执行完毕的罚金适用数罪并罚问题的答复意见》《全国人大常委会办公厅印发<关于立法中涉及的重大利益调整论证咨询的工作规范>的通知》《中华人民共和国香港特别行政区选举第十三届全国人民代表大会代表的办法》《中华人民共和国澳门特别行政区选举第十三届全国人民代表大会代表的办法》等。

（二）地方性法规规章

地方性法规中常用的四种体例：条例、规定、实施办法、规则。其名称组成分别是《某某（地方）某某（主要内容）条例》《某某（机关）关于某某（事项）的规定》《某某（地方）实施<某某法>办法》《某某（地方或机关）某某（事项）规则》。（田成有，2004：191-193）

条例是由地方立法机关制定和批准的规定某些事项的法律文件，比如，《江苏省大气污染防治条例》《江苏省旅游条例》《江苏省农业综合开发管理条例》《江苏省公共文化服务促进条例》《江苏省劳动合同条例》《江苏省爱国卫生条例》《中国（浙江）自由贸易试验区条例》《上海市地下空间规划建设条例》《上海市未成年人保护条例》《上海市轨道交通管理条例》。

办法有对某一事项做出的管理办法，也有对上位阶的法的规定做出比较具体的、操作性较强规定的法规。比如，《江苏省大气颗粒物污染防治管理办法》《江苏省渔业安全生产管理办法》《江苏省机动车驾驶人培训管理办法》《江苏省著名商标认定和保护办法》《江苏省价格监督检查办法》《江苏省实施<中华人民共和国职业教育法>办法》《江苏省实施<中华人民共和国义务教育法>办法》《江苏省实施<中华人民共和国人民防空法>办法》《江苏省实施<中华人民共和国就业促进法>办法》《江苏省实施<军人抚恤优待条例>办法》《江苏省实施<中华人民共和国耕地占用税暂行条例>办法》《江苏省实施<中华人民共和国妇女权益保障法>办法》《江苏省实施<中华人民共和国国家通用语言文字法>办法》《上海市实施<中华人民共和国残疾人保障法>办法》《上海市实施<中华人民共和国邮政法>办法》《上海市实施<中华人民共和国食品安全法>办法》等。

规定一般是对某一方面的事项做出部分或者专项的决定。比如，《江苏省高层建筑消防安全管理规定》《江苏省沿海港口、船舶治安管理暂行规定》《江苏省失业保险规定》《江苏省企业最低工资暂行规定》《江苏省测绘市场管理规定》《江苏省规范性文件制定和备案规定》《上海市查处车辆非法客运若干规定》《上海市人民代表大会常务委员会关于市人民政府制定规章设定行政处罚罚款限额的规定》《上海市商品包装物减量若干规定》《上海市安置帮教工作规定》《上海市社区公共文化服务规定》。

规则或者细则是规定出来供大家共同遵守的制度或者章程。比如，《江苏省人民政府工作规则》《江苏省全面推进政务公开工作实施细则》《江苏省汽车运价规则》《江苏省计划生育条例实施细则》《江苏省物业管理条例实施细则》《江苏省科技型中小企业评价实施细则》《江苏省电力中长期交易规则》《江苏省食品经营许可审查细则》《上海市区县和乡镇人民代表大会代表直接选举实施细则》《上海市国有土地上房屋征收与补偿实施细则》《上海市旅馆业治安管理实施细则》。

地方人大常委会做出的决定，比如，《江苏省人民代表大会常务委员会关于在畜禽生产中禁止使用违禁药物的决定》《江苏省人民代表大会常务委员会关于促进农作物秸秆综合利用的决定》《江苏省人民代表大会常务委员会关于加强饮用水源地保护的决定》《上海市人民代表大会常务委员会关于修改<上海市人民代表大会常务委员会关于市人民政府制定规章设定行政处罚罚款限额的规定>的决定》《上海市人民代表大会常务委员会关于修改<上海市未成年人保护条例>的决定》。

此外，还有地方政府发布的意见、通告、公告、通知、指导意见、实施方案和工作规范等一系列规范性文件。比如，《上海市人民政府关于进一步加强本市农业和粮食生产的政策意见》《上海市人民政府关于加强食品安全管理的通告》《上海市人民政府关于加强本市建筑垃圾和工程渣土运输安全管理的通告》《上海市人民政府关于禁止生产经营食品品种的公告》《上海市人民政府办公厅关于进一步加强社区事务受理服务中心标准化建设的意见》《上海市政府办公厅转发市商务委等八部门关于进一步加快培育上海国有跨国公司实施意见的通知》《上海市人民政府关于本市建立行政处罚裁量基准制度的指导意见》《上海市人民政府办公厅关于印发市文广影视局等五部门制订的<中国（上海）自由贸易试验区文化市场开放项目实施细则>的通知》《上海市本市政府工作部门公共服务窗口延长服务时间进一步方便市民办事的实施方案》《上海市政府信息发布保密审查工作规范》《上海市政府信息公开监督保障工作规范》《上海市政府信息发布协调工作规范》等。

(三) 司法解释

最高人民法院做出的司法解释等，比如，《最高人民法院关于适用<中华人民共和国保险法>若干问题的解释》《最高人民法院关于适用<中华人民共和国民法总则>诉讼时效制度若干问题的解释》《最高人民法院关于发布第18批指导性案例的通知》《最高人民法院关于仲裁机构"先予仲裁"裁决或者调解书立案、执行等法律适用问题的批复》《最高人民法院关于上海金融法院案件管辖的规定》《最高人民法院关于依法妥善审理民间借贷案件的通知》《最高人民法院发布10起人民法院依法打击拒不执行判决、裁定罪典型案例》等。

总体而言，我国法律来源的多样性导致了法律法规的体例词、格式词的多样化，主要包括：法、条例（暂行条例、管理条例、工作条例）、办法（管理办法、试行办法、实施办法、暂行办法）、规定（暂行规定、管理规定、若干规定）、决定、决议、通知（通知、补充通知）、意见（实施意见、指导意见、若干意见）、公告、则（规则、工作规则、实施细则、通则）、规范、函件类（批复、函、复函）等。（陈小全，强凤华，2012：97）

二、英美法系法律法规的名称

《元照英美法词典》对title的解释第7种意思是："（法规、诉讼文书、书籍、文章等的）标题；题目；名称。"（2013：1345）*Black's Law Dictionary*（Ninth Edition）中对title的解释第3种意思（2009：1623）给出了3种不同的标题：

The heading of a statute or other legal document <the title of the contract was "Confidentiality Agreement".

general title. A statute's name that broadly and comprehensively identifies the subject matter addressed by the legislature. Cf. restrictive title.

long title. The full, formal title of a statute, usu. Containing a brief statement of legislative purpose.

"The first Acts of Parliament did not have titles. The first time that an

Act of Parliament was given a title was about 1495. Even when the long title came to be added to each Act of Parliament as a matter of course, as it did from about 1513, the long title was not regarded as part of the Act of Parliament itself. Today, however, the position is different: the long title is part of the Act of Parliament." ①

"Because Parliament's clerks, rather than Parliament, provided the titles of acts, the traditional rule has been that the title could not be used for interpretive purposes ... This is no longer the practice in most English-speaking jurisdictions, for the long title, and often a short title as well, are part of the legislative bill from the very beginning. In the United States, most state constitutions require the legislative enactment to have a title that gives accurate notice of the contents of the law." ②

short title. The abbreviated title of a statute by which it is popularly known; a statutory nickname.

根据*Black's Law Dictionary*（Ninth Edition）给出的注释，title是指制定法或其他法律文件的名称。最初的议会立法都没有名称，直到1495年才在第一次议会立法上使用名称。与我国法律名称不同的是，英美法系的法律法规的名称分为3种：general title，long title和short title。第一种是普通标题，第二种是长标题，第三种是简称标题，而第三种标题是制定法标题的简称形式。

（一）普通标题

美国法往往采取"主题词+Act/Law"的模式，比如：

American with Disabilities Act

Civil Rights Act

Copyright Act

---

① D.J. Gifford & John Salter, *How to Understand an Act of Parliament* 19（1996）.
② William N. Eskridge Jr. & Elizabeth Garett, *Legislation* 831（2001）.

Semiconductor Chip Protection Act

Vessel Hull Design Protection Act

Federal Food, Drug, and Cosmetic Act

纽约州的法律汇编Consolidated Laws of New York中的名称与我国法律的名称表述类似，大部分都是以Law为体例词[①]，比如：

Agriculture and Markets Law

Alcoholic Beverage Control Law

Arts and Cultural Affairs Law

Business Corporation Law

Civil Practice Law and Rules

Civil Rights Law

Civil Service Law

Cooperative Corporations Law

Criminal Procedure Law

Debtor and Creditor Law

Domestic Relations Law

Education Law

Election Law

Employers' Liability Law

Environmental Conservation Law

Estates, Powers and Trusts Law

General Business Law

Highway Law

Insurance Law

Labor Law

New York Limited Liability Company Law

---

① 来源：https: //en.wikipedia.org/wiki/Consolidated_Laws_of_New_York（2022-2-1检索）

Mental Hygiene Law

Multiple Dwelling Law

New York State Printing and Public Documents Law

Not-for-Profit Corporation Law

Parks, Recreation and Historic Preservation Law

英国法往往采取"主题词+Act+year"的模式，比如：

[①]Childcare Act 2016

Education and Adoption Act 2016

Enterprise Act 2016

Housing and Planning Act 2016

Immigration Act 2016

Psychoactive Substances Act 2016

Welfare Reform and Work Act 2016

Summer Budget – On-the-day briefing 2015

Queen's Speech – On-the-day briefing 2015

Serious Crime Act 2015

Infrastructure Act 2015

Deregulation Act 2015

Consumer Rights Act 2015

Criminal Justice and Courts Act 2015

Small Business, Enterprise and Employment Act 2015

Anti-Social Behaviour, Crime and Policing Act 2014

Children and Families Act 2014

Local Audit and Accountability Act 2014

The Transparency of Lobbying, Non-Party Campaigning and Trade Union Administration Act 2014

---

① 来源：http://www.local.gov.uk/legislation（2022-2-1检索）

Care Act 2014

Pensions Act 2014

Growth and Infrastructure Act 2013

Public Service Pensions Act 2013

Scrap Metal Dealers Act 2013

（二）长标题

长标题通常会对相关法律的立法范围和立法意图做详细的描述，作为解释立法目的的工具，一般采用长句的形式，多以"An Act..."开头，后面用"to amend..." "to make..." "for codifying" "for the purpose of..."等施为动词或词组来表示该法律的立法意图和立法范围。长标题也有长短之分，比如相对较短的有：

An Act respecting Procedure in Criminal Cases, and other matters relating to Criminal Law

An Act to authorize the making of collective agreements with a term of more than three years in the public and parapublic sectors

An Act respecting mainly the implementation of certain provisions of the Budget Speech of 26 March 2015

相对较长的有：

An Act for further promoting the Revision of the Statute Law by repealing Enactments which have ceased to be in force or have become unnecessary and for facilitating the publication of Revised Editions of the Statutes.（李克兴、张新红，2006: 514）

An Act to amend the law relating to hire-purchase and credit-sale, and in relation thereto, to amend the enactments relating to the sale of goods; to make provision with respect to dispositions of motor vehicles which have been let or agreed to be sold by way of hire-purchase or conditional sale; to amend the Advertisements（Hire-Purchase）Act 1957; and for the purposes concerned with the matters aforesaid.（李克兴、张新红，2006: 513）

An Act to prevent the unlawful training of persons for the use of arms, and the practice of military evolutions and to authorize Justices of the Peace to seize and detain arms collected or kept for purposes dangerous to the public peace（An Act further to amend the "Act to make further provision for the government of the North West Territories", Canada）.（张法连，2017：169）

还有更长的标题，英国和美国的立法中标题一般总是由"An Act"或"A Bill"开端，且必须全文使用大写字母，比如美国《统一商法典》的标题：

TITLE

AN ACT

TO BE KNOWN AS *THE UNIFORM COMMERCIAL CODE*, <u>RELATING TO</u> CERTAIN COMMERCIAL TRANSACTIONS IN OR REGARDING PERSONAL PROPERTY AND CONRACTS AND OTHER DOCUMENTS CONCERNING THEM, INCLUDING SALES, COMMERCIAL PAPER, BANK DEPOSTIONS AND COLLECTIONS, LETTERS OF CREDIT, BULKTRANSFERS, WAREHOUSE RECEIPTS, BILLS OF LADING, OTHER DOCUMENTS OF TITLE, INVESTMENT SECUTITIES, AND SECURED TRASACTIONS, INCLUDING CERTAIN SALES OF ACCOUNTS, CHATEL PAPER, AND CONTRACT RIGHTS; <u>PROVDING FOR</u> PUBLIC NOTICE TO THIRD PARTIES IN CERTAIN CIRCUMSTANCES; <u>REGULATING</u> PROCEDURE, EVIDENCE AND DAMAGES IN CEARTAIN COURT ACTIONS INVOLVING SUCH TRANSACTIONS, CONTRACTS OR DOCUMENTS; <u>TO MAKE UNIFORM THE LAW WITH RESPECT THERETO</u>; AND REPEALING INCONSISTNET LEGISLATION.

该长标题包含三个层次的内容：第一层次是本法的通用名称，即*THE UNIFORM COMMERCIAL CODE*；第二层次，是本法的调整对象和内容，分别用了"RELATING..." "PROVIDING FOR..." "REGULATING..."三个平行的分词结构；第三层次，是本法的立法宗旨和分词短语引导的补充性规定。（滕超、孔飞燕，2008：126）

（三）简称标题

英美成文法的标题通常都比较长，目的是满足各种形式上的要求。但是，在具体的法律活动中，这类标题引用起来极为不便，因而比较重要的制定法中多设有专门的简称条款。比如《统一商法典》第1-101条。

§ 1-101. Short Titles.

（a）This [Act] may be cited as the Uniform Commercial Code.

（b）This article may be cited as Uniform Commercial Code-General Provisions.

简称条款是为了弥补制定法标题实用性差的缺陷才应运而生的，所以为英美国家所特有，总是以"This Act may be cited as..."之类的句式。（滕超、孔飞燕，2008：129）

（四）分行标题

除了上述的标题之外，美国的相关部门发布的"条例""通知""规则"等还采取了相似的分行标题形式，比如：

例1：

NOTICES

ENVIRONMENTAL PROTECTION AGENCY

[EPA-HQ-OW-2012-0217; FRL-9955-27-OW]

Drinking Water Contaminant Candidate List 4-Final

Thursday, November 17, 2016

例2：

RULES and REGULATIONS

DEPARTMENT OF THE INTERIOR

Bureau of Safety and Environmental Enforcement

30 CFR Part 250

[Docket ID: BSEE-2016-0010; 17XE1700DX EEEE500000 EX1SF0000.DAQ000]

RIN 1014-AA30

Civil Penalty Inflation Adjustment

Thursday, November 17, 2016

这类分行标题是将复杂的标题按照一行一行分开，看起来更加清晰：第一行放的是法规的名称，且以大写的形式，紧接着是发布机构，随后是索引号，然后是法规名称，最后一行是发布日期。（张清，2018：38）当然，在具体的排列上，每一行放置什么，各个国家未必都是统一的。还有其他的形式：

Ministry of National Planning and Economic Development

Directorate of Investment and Company Registration

Announcement No. 1/2013

再如：

The Government of the Republic of the Union of Myanmar

Ministry of Labour, Employment and Social Security

Minister's Office

Notification No. 84/2015

Nay Pyi Taw, 2nd Waning Day of First Waso, 1377 M.E.

（July 3, 2015）

总体而言，英美等国的法律法规格式词数目相对较少，根据《现代英国法律制度》所附的"制定法一览表"（TABLE OF STATUES）和"制定法文件一览表"（TABLE OF STATUTORY INSTRUMENTS，用于制定法名称的只有Act，Regulation，Order和Rule四个格式词。（陈小全、强凤华，2012：97）

第二节 我国法律法规名称翻译存在的问题及对策[①]

"由于法律法规属于专业性极强的一种文体，且属于意识形态的一种，其中难免有不少各国特色的表述，而该表述在其他文本中难以找到完全对等的表达，故法律法规名称（包括条款名称）的英译极为棘手。"（王建，2013：

---

① 本节及下一节讨论法规名称的翻译，涉及法规名称较多；为方便读者法规名称统一不加书名号。

230）我国法律法规的翻译遵循谁立法谁组织翻译的原则，全国人大及其常委会制定的法律由全国人大及其常委会办公室负责组织翻译工作，国务院制定的行政法规由国务院（原）法制办公室负责组织翻译工作，而地方性法规规章的翻译则由地方政府（原）法制办公室组织翻译工作。负责法律法规翻译工作的部门繁多、各自为政，彼此之间未能形成沟通、协调的机制，也必然会导致翻译原则和标准缺乏统一规范，法律法规的名称翻译只是整个法律法规翻译中的"一隅"，但是，也足以起到"管中窥豹"的作用，透过名称翻译所存在的问题，可以窥探出我国法律法规翻译所存在的共性问题。

一、法律法规名称中"格式词"的英译现状及其争议

（一）现状

陈小全，强凤华在《法律位阶与汉语法律名称的英译》一文中对我国法律法规中较为流行的翻译进行了调查，调查数据来源于北京大学的法意数据库，调查涵盖了7926部全国性和地方性的法律、法规名称的翻译，并总结成表格，我们在该表的基础上也稍微做了一些补充。（2012：97）

法律、法规名称		不同的翻译方法
法		Law of...
条例	暂行条例	Regulation/Interim Regulation
	管理条例	Regulation on the Administration of...
	工作条例	Administrative Regulation on... Working Regulation on... Regulation on the Work of...
办法	管理办法	Procedures Administrative Measure Measures for the Administration of...
	试行办法	Trial Measures: Pilot Measures Trial Procedures
	实施办法	Measures for the Work on...
	暂行办法	Interim Measures/Tentative Measures

（续表）

法律、法规名称		不同的翻译方法
规定	暂行规定	Interim Provisions/Tentative Provisions
	管理规定	Standards; Provisions/Rules
	若干规定	Several Provisions/Measures
决定		Decisions
决议		Resolutions
通知	通知/通报	Notice; Circular
	补充通知	Supplementary Notice/Supplementary Circular
意见	实施意见	Implementation Opinions; Opinions on the Implementation of .../Suggestions
	指导意见	Guiding Opinions
	若干意见	Several Opinions
通告/公告		Announcements
公报		Bulletin
规则	规则	Rules
	工作规则	Working Rules
	实施细则	Rules for the Implementation of...
	通则	General Rules
规范	规范	Regulating/Regulations; Rules
	工作规范	Norms
实施方案		Implementation Program
函件类	批复	Reply/Official Reply
	批转	Approve and Transmit
	函	Reply/Letter
	复函	Letter
政府令		Decree

（续表）

法律、法规名称	不同的翻译方法
印发	Print and Distribute/Print and Promulgate/Print and Issue
转发	Transmit
发布	Promulgate

通过这个表格，可以看出我国法律法规的"格式词"极其丰富、多样，对格式词的翻译也不统一。有学者认为将"通知"翻译为"Notice"并不正式，"Circular"才更正式，其意思是"a printed notice intended for mass distribution"，"暂行"译为"Tentative"不可取，而"Interim"才更为忠实、贴切，将"印发"翻译为"Print and Promulgate"或"Print and Issue"，要比"Print and Distribute"更正式。（王文霞，2015：138）"规定"一词有的译成"rule"，有的译成"provision"，也有的译成"measure"；"办法"一词有的译成"rule"，有的译成"regulation"，也有的译成"procedures"；"条例"一词也译成"regulation"。反过来说，"rule"既可以是"办法"，也可以是"规定"；"regulation"既可以是"办法"，也可以是"条例"。（辛谷 2003：28）

除此之外，刘法公在《法规文件名称"管理办法"的英译探讨》一文中通过公开出版物、各级政府的门户网站，查阅比对中国各级政府的法规文件名称汉英文稿后发现"管理办法"主要有6种译法（2012：102）：
精神药品管理办法 Measures for the Control of Psychotropic Drugs
汽车金融公司管理办法 Administrative Rules Governing the Auto Financing Company
上海市出口加工区管理办法 Rules of Shanghai Municipality for Administration of Export Processing Zones
海上救捞潜水员管理办法 Regulations on Management for Divers to Drag under the Sea

陕西省组织机构代码 Procedures of Shanxi Province for Managing Organization Code

新化学物质环境管理办法 Provisions on the Environmental Administration of New Chemical Substances

可以看到，"管理办法"对应的6种译法分别为：Measures，Administrative Rules，Rules，Regulations，Procedures，Provisions。同一种意思，用6种不同的英文翻译，这足以表明法律法规名称翻译的复杂性，统一和规范任务的艰巨性。

（二）Law与Act之争

我国的法律名称基本上都是采用"中华人民共和国××法"的模式，一般在译成英文时均是用"Law"这个词，比如：

中华人民共和国安全生产法　Law of the People's Republic of China on Work Safety

中华人民共和国城市规划法　City Planning Law of the People's Republic of China

中华人民共和国道路交通安全法　Road Traffic Safety Law of the People's Republic of China

中华人民共和国反垄断法　Anti-monopoly Law of the People's Republic of China

中华人民共和国行政复议法　Administrative Reconsideration Law of the People's Republic of China

但是，关于"法"这个词的翻译，学者们有不同的看法，体现出现了两大阵营。对我国的翻译实践中一般用"Law"表示怀疑的学者认为，law所包含的范围广、外延宽泛，不仅仅指法律还含有法律、法令、条例、规则、决议、决定、命令、判例、惯例、规律、法则、法治、司法界等意思，并且一致认为，在英美法系中law作为法律法规名称的情况极为罕见，相反，英美国家法律法规的名称一般用act居多而非law。比如，Trading with the Enemy Act of 1917，Soldiers' and Sailors' Civil Relief Act of 1918，Selective Draft Act of 1917，Selective Training and Service Act of 1940 等。（宋雷、朱琳，1998：129；王建

2012：129；王文霞，2015：137）从法律位阶的角度考虑，中英法律的位阶总体而论依然趋同，汉语法律名称中的"法"应为Act或Code的对等说法。（陈小全、强凤华，2012：98）

对"law"并无反对之意，且觉得合理的学者则认为，law本身就可以用来表示具体的法规，脱离了立法的语境并无意义，英美法系中只有国会、议会通过的法律才冠之以"Act"，我国的立法是建立在人民代表大会制度上，我国根本不存在"国会"这一机构，法系不同的国家，经过不同的立法程序也不可能制定出内容和精神一致的法律体系，为什么非得要依照英美法体系的"Act"。（祁颖，2012：16）

无独有偶，张清（2018：38）通过选取纽约州的立法汇编却发现，纽约州大部分关于"法"的表述为"Law"，与中国相似，Law并非不可以使用。比如，纽约州法律汇编Consolidated Laws of New York中出现的：Racing, Pari-Mutuel Wagering and Breeding Law, Railroad Law, Rapid Transit Law, Real Property Law, Real Property Actions and Proceedings Law等。[①]

（三）Measure与Provision的合法性质疑

有关于地方性法规名称格式词的英译争议也颇多，地方性法规规章的翻译中喜欢将"办法"翻译成"measures"，将"规定"翻译成"provisions"，比如：

江苏省电信设施建设与保护办法　Measures of Jiangsu Province on the Construction and Protection of Telecommunication Facilities

江苏省实施《工伤保险条例》办法　Measures of the Jiangsu Province on the Implementation of the *Regulations on Work-related Injury Insurance*

江苏省社会救助办法　Measures of Jiangsu Province on Social Assistance

江苏省行政程序规定　Provisions of Jiangsu Province on Administrative Procedures

江苏省职工生育保险规定　Provisions of Jiangsu Province on Childbirth Insurance for Employees

---

① 来源：https://en.wikipedia.org/wiki/Consolidated_Laws_of_New_York（2022-2-1检索）

上海市查处车辆非法客运若干规定 Provisions of Shanghai Municipality on Investigation and Handling of Illegal Passenger Transport by Vehicles

上海市安置帮教工作规定 Provisions of Shanghai Municipality on the Placement and Education of the Released

上海市社区公共文化服务规定 Provisions of Shanghai Municipality on Community Public Cultural Services

上海市商品包装物减量若干规定 Provisions of Shanghai Municipality on Commodity Packaging Reduction

上海市人民代表大会常务委员会关于市人民政府制定规章设定行政处罚罚款限额的规定 Provisions of the Standing Committee of Shanghai Municipal People's Congress on Setting Penalty Ceiling of Administrative Punishment in Regulations of the Municipal People's Government

有学者质疑measure和provision的"合法性",即这两个词并不是属于专门的法律用语,"国外的法律法规几乎没有使用provision作为名称的情况,measures 不属于法律专门用语"(宋雷、朱琳,1998:129)。measure和provision 完全没有法律文件的语义。measure根本不是法律术语,而provision 只是协议、实质性条款的含义。由此可知,measure和provision 均不是法律名称的专门术语,建议用regulation或act来代替measure和provision。(顾维忱、张军英,2007:22)还有学者认为,地方性法规中的"条例""规定""办法"等可统一译为Ordinances,也有人认为,我国国务院出台的行政法规可译为State Ordinances,地方性法规则可译为Local Ordinances。(陈小全、强凤华,2012:99)当前,对中文法律法规名称中的"格式词"的英译真正呈现出了"百家争鸣"的局面,对格式词英译的统一和规范仍需深入讨论。

二、法律法规名称英译存在的问题

一些学者在文章中提到了法律法规翻译名称英译中存在着语法错误,诸如,冠词的不当省略、单复数形式混乱、介词误用等(王建,2012;祁颖,2012;胡波,2018),本书所关注的重点放在介词使用的不规范上。以下所出现的案例主要来自：（1）北大法律信息网"英文译本"栏目，见http://en.pkulaw.cn/；（2）江苏省法规规章选编（2014-2015）（2015-2016）；（3）上海法制信息网http://www.Shanghailaw.gov.cn/portal/index.html（中文版）和http://www. Shanghailaw.gov.cn/fzbEnglish/page/locallaws.html（英文版）[①]。

（一）名称英译"对号入座"，过于中国特色

无论是法律法规，还是地方性法规规章，在英译时都存在着"对号入座"的现象，即完全直译，依照中文的标题格式，不做任何变动和创新，不知"归化"，中文标题有多长，英文标题也就有多长，不仅看起来费劲，阅读起来也很拗口，英文的语法结构、从属关系也很复杂，不容易分辨清楚。比如：

财政部国家税务总局关于企业技术创新有关企业所得税优惠政策的通知
Notice of the Ministry of Finance and the State Administration of Taxation on the Preferential Policies for Enterprise Income Taxes of Technical Innovation Enterprises

全国人民代表大会常务委员会关于中国海警局行使海上维权执法职权的决定
Decision of the Standing Committee of the National People's Congress on the Exercising of the Marine Right Safeguarding and Law Enforcement Functions and Powers by the China Coast Guard

全国人民代表大会常务委员会关于全国人民代表大会宪法和法律委员会职责问题的决定
Decision of the Standing Committee of the National People's Congress on Matters concerning the Duties of the Constitution and Law Committee of the National People's Congress

全国人民代表大会常务委员会关于国务院机构改革涉及法律规定的行政机关职责调整问题的决定
Decision of the Standing Committee of the National People's Congress on Issues concerning Adjustments to Functions of Administrative Organs Prescribed by Laws as Involved in the Institutional Reform of the State Council

---

[①] 案例中的网址于2022-10-9检索。

全国人民代表大会常务委员会关于设立上海金融法院的决定

Decision of the Standing Committee of the National People's Congress on Forming the Shanghai Financial Court

全国人大常委会办公厅印发《关于争议较大的重要立法事项引入第三方评估的工作规范》的通知

Notice of the General Office of the Standing Committee of the National People's Congress on Issuing *the Working Rules for the Introduction of Third-Party Assessments of Material Legislative Matters in Significant Controversy*

全国人大常委会办公厅印发《关于立法中涉及的重大利益调整论证咨询的工作规范》的通知

Notice of the General Office of the Standing Committee of the National People's Congress on Issuing *the Working Rules for the Discussion and Consultation over Major Interest Adjustments Involved in Legislation*

全国人大常委会法制工作委员会关于对被告人在罚金刑执行完毕前又犯新罪的罚金应否与未执行完毕的罚金适用数罪并罚问题的答复意见

Reply of the Legislative Affairs Commission of the Standing Committee of the National People's Congress regarding the Joinder of a Fine on a Defendant Convicted of a New Crime before the Completion of Execution of a Prior Fine on the Defendant and the Remainder of the Prior Fine

全国人大常委会关于《中华人民共和国香港特别行政区基本法》第一百零四条的解释

Interpretation of Article 104 of *the Basic Law of the Hong Kong Special Administrative Region* of the People's Republic of China by the Standing Committee of the National People's Congress

全国人大常委会关于《中华人民共和国民法通则》第九十九条第一款、《中华人民共和国婚姻法》第二十二条的解释

Interpretation of the Standing Committee of the National People's Congress on

Paragraph 1 of Article 99 of the General Principles of the Civil Law of the People's Republic of China and Article 22 of the *Marriage Law of the People' Republic of China*

上海市人民政府办公厅关于转发市水务局等三部门关于深化本市乡镇水务管理体制改革意见的通知

Notice of the General Office of Shanghai Municipal People's Government on Transmitting the Suggestions on Deepening Institutional Reform of Town/Township Water Affairs Administration of This Municipality Made by Shanghai Water Authority and Two other Departments

上海市人民政府贯彻国务院关于解决城市低收入家庭住房困难若干意见的实施意见

Implementation Suggestions of Shanghai Municipal People's Government on Carrying out the Suggestions of the State Council on Solving Difficulties of Urban Low-income Families in Housing

上海市人民政府办公厅转发市住房保障房屋管理局等五部门关于贯彻国务院办公厅文件精神促进本市房地产市场健康发展实施意见的通知

Notice of the General Office of Shanghai Municipal People's Government of Transmitting the Implementation Suggestions on Promoting the Healthy Development of the Real Estate Market of This Municipality by Carrying out the Spirit of the Document of the General Office of the State Council Made by Five Departments Including the Municipal Housing Administration

标题对法律法规、政府公文来说非常重要，人们的阅读习惯一般是先看标题，标题的翻译必须开门见山，能够抓住读者的吸引力。英译过长是因为汉语表达本身就过长，汉语的表达中不仅包括了签发机构、转发机构，还包括签发、转发和通知文件的标题，自然会"拖泥带水"。从读者的角度来看，网络信息时代，人们习惯于浏览、捕捉相关的信息，而较长的译文一般占据了3—4行，读者很难在短时间内抓住主要的信息，阅读起来比较费劲，就必然会丧失阅读的兴趣，中文文件的英译本主要是给外国人看的，这就决定必须要对这些冗长的标题翻译大刀阔斧地调整，参照英美法系的标题格式，和英美法系国家的文件、国际通用文件的标题接轨，做好名称的翻译、转换。

（二）"格式词"的前置定语表述多样

一般而言，我国法律名称的翻译都是采取"Law of the People's Republic of China on..."的格式居多，Law的前面是没有前置定语的，比如：

中华人民共和国进出口商品检验法
Law of the People's Republic of China on Import and Export Commodity Inspection
中华人民共和国英雄烈士保护法
Law of the People's Republic of China on the Protection of Heroes and Martyrs
中华人民共和国人民陪审员法
Law of the People's Republic of China on People's Assessors
中华人民共和国农民专业合作社法
Law of the People's Republic of China on Farmers' Professional Cooperatives
中华人民共和国母婴保健法
Law of the People's Republic of China on Maternal and Infant Health Care

但是，也有一些翻译在Law的前面放了定语，比如：

中华人民共和国国家情报法
National Intelligence Law of the People's Republic of China
中华人民共和国反恐怖主义法
Counterterrorism Law of the People's Republic of China
中华人民共和国精神卫生法
Mental Health Law of the People's Republic of China
中华人民共和国国防教育法
National Defense Education Law of the People's Republic of China
中华人民共和国国境卫生检疫法
Frontier Health and Quarantine Law of the People's Republic of China

在地方性法规规章名称的翻译中，不管名称的长短与否，使用"格式词+of"开头的形式居多，格式词前面放置定语的比较少，比如：

江苏省统计条例　Regulations of Jiangsu Province on Statistics

江苏省高速公路条例　Regulations of Jiangsu Province on Expressways

江苏省农村扶贫开发条例

Regulations of Jiangsu Province on Property Alleviation and Development in Rural Areas

江苏省特种设备安全条例

Regulations of Jiangsu Province on Special Equipment Safety

江苏省企业技术进步条例

Regulations of Jiangsu Province on the Technical Advancement of Enterprises

江苏省测绘地理信息基础设施管理规定

Measures of Jiangsu Province on the Administration of Infrastructural Facilities of Surveying and Mapping Geographical Information

江苏省职工生育保险规定

Provisions of Jiangsu Province on Childbirth Insurance for Employees

上海市地下空间规划建设条例

Regulations of Shanghai Municipality on Planning and Construction of Underground Space

上海市华侨权益保护条例

Regulations of Shanghai Municipality on the Protection of the Rights and Interests of Overseas Chinese

上海市查处车辆非法客运若干规定

Provisions of Shanghai Municipality on Investigation and Handling of Illegal Passenger Transport by Vehicles

上海市未成年人保护条例

Regulations of Shanghai Municipality on the Protection of Minors

上海市电影发行放映管理办法

Procedures of Shanghai Municipality on the Administration of Release and Showing of Films

此外，也有少部分格式词前面会放置定语，比如：

北京市审计条例　　Audit Regulation of Beijing Municipality

江苏省旅游条例　　Tourism Regulation of Jiangsu Province

格式词前置定语是个细节问题，对于中文名称并不长的法律法规来说，直接翻译也并不影响人们对名称英译的理解，但是，从统一和规范的角度来看，我国法律法规的英译虽然运转了这么多年，取得了斐然的成绩，在细节方面的规范和统一恐怕还远远不够。

（三）介词搭配多样

张清（2018：36）梳理了《中华人民共和国法律汇编》（中英对照）和《中华人民共和国法律法规汇编》（中英文版）的名称翻译，结果发现格式词"Regulations"后接的介词总共有on，of和for三种，格式词"Provisions"后接的介词总共有to，of，on和concerning四种情况。我们分别来看国家法律、行政法规和地方性法规规章的一些例子：

中华人民共和国中小企业促进法

Law *of* the People's Republic of China *on* Promotion of Small and Medium-sized Enterprises

中华人民共和国公益事业捐赠法

Law *on* Donation *for* Public Welfare Undertakings

中华人民共和国香港特别行政区选举第十三届全国人民代表大会代表的办法

Measures *for* the Election of Deputies to the Thirteenth National People's Congress from the Hong Kong Special Administrative Region of the People's Republic of China

中华人民共和国澳门特别行政区选举第十三届全国人民代表大会代表的办法

Measures *for* the Election of Deputies to the Thirteenth National People's Congress from the Macao Special Administrative Region of the People's Republic of China

最高人民法院关于适用《中华人民共和国保险法》若干问题的解释
Interpretation *of* the Supreme People's Court *on* Several Issues *concerning* the Application of the Insurance Law of the People's Republic of China

北京高院关于审理继承纠纷案件若干疑难问题的解答
Answers *of* the Higher People Court of Beijing to Certain Difficult Problems *concerning* Trial of Cases Involving Succession Disputes

中共中央办公厅、国务院办公厅印发《关于建立"一带一路"国际商事争端解决机制和机构的意见》
Opinion *Concerning* the Establishment of the Belt and Road International Commercial Dispute Resolution Mechanism and Institutions

最高人民法院关于进一步规范近期执行工作相关问题的通知
Notice *of* the Supreme People's Court *on* Further Regulating Issues *Relating to* Recent Enforcement

国务院关于进一步做好新形势下就业创业工作的意见
Opinions *of* the State Council *on* Further Efforts *Relating to* Employment and Business Startup under the New Conditions

  从以上的例子可以看出，格式词后面有介词"of""on""for""concerning"，表示"关于"的介词有"on"也有"concerning"。

  在地方性法规规章中，格式词的后面紧跟的介词有"on"和"of"，"关于"的介词有"on"，也有"for"。

中国（浙江）自由贸易试验区条例
Regulation *on* China（Zhejiang）Pilot Free Trade Zone

北京市审计条例　Audit Regulation *of* Beijing Municipality

上海市华侨权益保护条例
Regulation *of* Shanghai Municipality *on* the Protection of the Rights and Interests of Overseas Chinese

江苏省实施《军人抚恤优待条例》办法

Measures *of* Jiangsu Province *for* the Implementation of Regulation of Regulations on Pensions and Preferential Treatment for Servicemen

江苏省实施《中华人民共和国母婴保健法》办法

Measures *of* Jiangsu Province *for* the Implementation of the Law of the People's Republic of China on Material and Infant Health Care

江苏省实施《工伤保险条例》办法

Measures *of* Jiangsu Province *for* the Implementation of the Regulations on Work-related Injury Insurance

江苏省特种设备安全条例

Regulations *of* Jiangsu Province *on* Special Equip-ment Safety

江苏省节约用水条例

Regulations *of* Jiangsu Province *on* the Economic Use of Water

江苏省职工生育保险规定

Provisions *of* Jiangsu Province *on* Childbirth Insurance for Employees

江苏省社会救助办法

Measures *of* Jiangsu Province *on* Social Assistance

　　陈忠诚（2000b：182）在《法律名称之英译》一文中总结了两类使用与不使用介词的情况："甲. 反映所调整的社会关系，其英译中不用介词或准介词而只用'noun phrase'或'adjective phrase'。乙. 反映所调整的社会关系的英译文中用介词或准介词（如concerning等）的，另属一类。但甲、乙两类之间没有不可逾越的是与非的鸿沟；有的是高低之别。"从语法的角度来看，法律法规名称英译中介词的使用并无对错之分，但是，如此多样化的翻译版本还是能够反映出我国法律法规名称翻译的不严肃和不规范。

三、名称英译问题背后的成因分析

（一）中文法律法规名称制定的特色化

　　我国的国名和国家最高立法机关的名称本来就比较长，并且凡是中华人民共和国的法律法规或者全国人大常委会的决定，都少不了要冠以"中华人民共和国"或者"中华人民共和国全国人民代表大会常务委员会"的开头字样。在地方性法规规章中，出现了不少以"转发""印发""实施""通知"为主题的规范文件，目的在于传达或者落实上位法、国家层面的规范性文件，而上位法、国家规范性文件的标题本来就过长，地方在制定实施细则时免不了要提及上位法的名称，这就造成了地方性法规规章中更长的名称。

（二）译者采用直译的方法，机械照搬

"译者过分强调'异化'和'信'，加之具有中国'特色'的法律文件原名较长，就使得译名看起来冗长烦琐。"（顾维忱、张军英，2007：22）直译的方法体现了奈达的形式对等和严复的"信"的翻译标准，反映了随着各国之间文化交流的加强，相同或相似信息的法律语言载体的相互融合，这样翻译的好处是，译本十分具体，在形式上与原语篇的措辞最为接近，能够传达出中国特色。但是，译文不免要落入冗长、烦琐的窠臼，而且其中的从属关系也较为复杂，并不能够直接看出其中调整的社会关系。究竟要不要直接对译，可不可以省略掉一些内容，"对诸如'管理'之类可有可无的文字是否一定要只字不漏地译出来呢？对诸如国名和立法机关的全名，是否一定要译其全称呢？"（顾维忱、张军英，2007：23）译者在翻译时能否进一步简化也是需要统一和规范的内容。

（三）法律法规翻译各自为政，没有形成统一和规范的机制

我国的法律法规基本上遵循谁制定谁负责组织翻译工作，而负责制定法律法规的部门繁多，法律来源广泛，全国人大及其常委会、国务院、地方人大及其常委会以及地方政府（原）法制办各自负责各自规范性文件的翻译，翻译工作本就是带有个性化的特征，译者不仅在对法律法规的理解上有差异，在表达方式诸如选词、造句和结构等语言层面也会有不同的选择方式，这势必会造成译本多元的情况。法律法规翻译的统一和规范化既有纵向、也有横向的问题，纵向是指上位法和下位法之间的统一，而横向是指不同地方之间的统一，不同的地方在翻译法规规章时，翻译工作组织的方式也各有不同，有的（原）

法制办专门招聘专职译员，有的借助于高校教师的力量，而有的交由翻译机构翻译，在翻译的组织管理上各不相同，地方之间的翻译版本也存在着差异。此外，地方在翻译政府法规规章时也未必会以上位法的译本作为参照，这也导致了上位法和下位法的译本之间出现不一致的情况。

四、法律法规名称英译规范的具体对策

（一）统一格式词的修饰词，适当采取"主题词+Law/Act"的模式

我国和英美国家虽然分属于不同的法系，英美法系对大陆法系并不具备直接的指导作用，但是，考虑到我国法律法规外译的读者对象以及国外读者的阅读习惯，以及语言表达、对外传播的效果，我们在法律法规的名称翻译上并不是不可以借鉴国外的表达方式。"在立法文本标题的翻译方面，我们应该移植英美法系国家、地区制定法的命名模式。我们翻译法律文本的目的就是满足英语国家、地区读者的阅读需求，直接依照他们的模式去翻译、命名，以迎合目标读者的阅读与理解习惯。"（张法连，2017：170）我们可以根据中文法律法规名称的长短及其调整的社会关系，改变"格式词+of"这种单一的翻译模式，适当统一采用"主题词+Law/Act"的模式，可以将前面所提到的一些名称改为：

江苏省统计条例　Statistics Regulations of Jiangsu Province

江苏省高速公路条例　Expressways Regulations of Jiangsu Province

中华人民共和国进出口商品检验法

Import and Export Commodity Inspection Law of the People's Republic of China

中华人民共和国英雄烈士保护法

Protection of Heroes and Martyrs Law of the People's Republic of China

中华人民共和国人民陪审员法

People's Assessors Law of the People's Republic of China

中华人民共和国农民专业合作社法

Farmers' Professional Cooperatives Law of the People's Republic of China

中华人民共和国母婴保健法

Maternal and Infant Health Care Law of the People's Republic of China

江苏省农村扶贫开发条例

Property Alleviation and Development in Rural Areas Regulations of Jiangsu Province

江苏省特种设备安全条例

Special Equipment Safety Regulations of Jiangsu Province

江苏省企业技术进步条例

Technical Advancement of Enterprises Regulations of Jiangsu Province

江苏省测绘地理信息基础设施管理规定

Administration of Infrastructural Facilities of Surveying and Mapping Geographical Information Measures of Jiangsu Province

江苏省职工生育保险规定

Childbirth Insurance for Employees Provisions of Jiangsu Province

上海市地下空间规划建设条例

Planning and Construction of Underground Space Regulations of Shanghai Municipality

上海市华侨权益保护条例

Protection of the Rights and Interests of Overseas Chinese Regulations of Shanghai Municipality

上海市查处车辆非法客运若干规定

Investigation and Handling of Illegal Passenger Transport by Vehicles Provisions of Shanghai Municipality

上海市未成年人保护条例

Protection of Minors Regulations of Shanghai Municipality

上海市电影发行放映管理办法

Administration of Release and Showing of Films Procedures of Shanghai Municipality

（二）较长的中文名称英译可以采取"分行标题"的形式

我国法律法规较长的名称和英美法系的长标题并不完全相同，英美法系的长标题一般表明立法的目的，而我国的法律法规有专门的目的条款。较长的中文名称在翻译时可以采取前面所举例说明的"分行标题"的格式,可以将中国特色的长标题调整,第一行放置体例词或是格式词,第二行为发布机构,第三行为发布内容,第四行为发布时间,即具体的日期,这样更加清晰明了:

例3:

财政部

国家税务总局关于企业技术创新有关企业所得税优惠政策的通知

Notice

Ministry of Finance & the State Administration of Taxation

Preferential Policies for Enterprise Income Taxes of Technical Innovation Enterprises

XX(month),XX(date),XXX(year)

例4:

全国人民代表大会常务委员会关于中国海警局行使海上维权执法职权的决定

Decision

Standing Committee of the National People's Congress

Exercising of the Marine Right Safeguarding and Law Enforcement Functions and Powers by the China Coast Guard

XX(month),XX(date),XXX(year)

例5:

全国人民代表大会常务委员会关于全国人民代表大会宪法和法律委员会职责问题的决定

Decision

Standing Committee of the National People's Congress

Matters concerning the Duties of the Constitution and Law Committee of the National People's Congress

XX(month),XX(date),XXX(year)

例6:

全国人民代表大会常务委员会关于国务院机构改革涉及法律规定的行政机关职

责调整问题的决定

Decision

Standing Committee of the National People's Congress

Issues concerning Adjustments to Functions of Administrative Organs Prescribed by Laws

as Involved in the Institutional Reform of the State Council

XX（month）, XX（date）, XXX（year）

例7：

全国人民代表大会常务委员会关于设立上海金融法院的决定

Decision

Standing Committee of the National People's Congress

Forming the Shanghai Financial Court

XX（month）, XX（date）, XXX（year）

例8：

全国人大常委会办公厅印发《关于争议较大的重要立法事项引入第三方评估的工作规范》的通知

Notice

General Office of the Standing Committee of the National People's Congress

Issuing the Working Rules for the Introduction of Third-Party Assessments of Material Legislative Matters in Significant Controversy

XX（month）, XX（date）, XXX（year）

例9：

全国人大常委会办公厅印发《关于立法中涉及的重大利益调整论证咨询的工作规范》的通知

Notice

General Office of the Standing Committee of the National People's Congress

Issuing the Working Rules for the Discussion and Consultation over Major Interest

Adjustments Involved in Legislation

XX（month）, XX（date）, XXX（year）

例10：

全国人大常委会法制工作委员会关于对被告人在罚金刑执行完毕前又犯新罪的罚金应否与未执行完毕的罚金适用数罪并罚问题的答复意见

Reply

Legislative Affairs Commission of the Standing Committee of the National People's Congress

Joinder of a Fine on a Defendant Convicted of a New Crime before the Completion of Execution of a Prior Fine on the Defendant and the Remainder of the Prior Fine

XX（month）, XX（date）, XXX（year）

例11：

全国人大常委会关于《中华人民共和国香港特别行政区基本法》第一百零四条的解释

Interpretation

Standing Committee of the National People's Congress

Article 104 of the Basic Law of the Hong Kong Special Administrative Region of the People's Republic of China

XX（month）, XX（date）, XXX（year）

例12：

全国人大常委会关于《中华人民共和国民法通则》第九十九条第一款、《中华人民共和国婚姻法》第二十二条的解释

Interpretation

Standing Committee of the National People's Congress

Paragraph 1 of Article 99 of *the General Principles of the Civil Law of the People's Republic of China* & Article 22 of *the Marriage Law of the People's Republic of China*

XX（month）, XX（date）, XXX（year）

例13：

上海市人民政府办公厅关于转发市水务局等三部门关于深化本市乡镇水务管理体制改革意见的通知

Notice

General Office of Shanghai Municipal People's Government

Transmitting the Suggestions on Deepening Institutional Reform of Town/Township Water Affairs Administration of This Municipality Made by Shanghai Water Authority and Two other Departments

XX（month），XX（date），XXX（year）

例14：

上海市人民政府贯彻国务院关于解决城市低收入家庭住房困难若干意见的实施意见

Implementation Suggestions

Shanghai Municipal People's Government

Carrying out the Suggestions of the State Council on Solving Difficulties of Urban Low-income Families in Housing

XX（month），XX（date），XXX（year）

例15：

上海市人民政府办公厅转发市住房保障房屋管理局等五部门关于贯彻国务院办公厅文件精神促进本市房地产市场健康发展实施意见的通知

Notice

General Office of Shanghai Municipal People's Government

Transmitting the Implementation Suggestions on Promoting the Healthy Development of the Real Estate Market of This Municipality by Carrying out the Spirit of the Document of the General Office of the State Council Made by Five Departments Including the Municipal Housing Administration

XX（month），XX（date），XXX（year）

（三）译者适当发挥创造性

"法律翻译工作者在翻译过程中应当根据自己对译入语语言文化的独特性和译文读者的期待的评估，充分发挥自己在语言文字方面的创造力，其译文不应当是对原文的简单复制，而应是既尊重原文法律规约又具有一定创造性的科学与艺术的结晶。"（李克兴、张新红，2006：18）法律法规翻译虽然有权威性、准确性、一致性的规约，但是，在专业术语的选取要做到绝对准确之外，译者也能够体现出一定的主体性，这主要表现在"适当调整原文本存在的语言问题、结构调整力求合理"等。（胡波，2017b：74）我们认为，译者在翻译法律法规时也可以发挥一定的创造性，这种创造性主要基于两个方面，一是原文本在立法技术上出现一些弊病，比如，译者在翻译时不必完全受到原文的束缚，完全可以做出些调整；二是在立法文本的结构安排上，不同的国家有不同的写作和阅读习惯，考虑到读者的接受习惯，也可以对原文的结构进行调整，"将英语的表达方式与中国的法律文化特点相结合，为中国法律法规找到相对应的英语名称"（张法连，2017：170），以适应目标读者的需要。

前面说过，我国法律法规翻译之所以冗长、烦琐，是因为中文立法本身就过于冗长，法律名称均出现了"中华人民共和国"或"全国人民代表大会及其常委会"，译者在翻译时也可以"删除全国人大及其常委会制定的法律名称中对'中华人民共和国'的翻译'of the People's Republic of China'，只保留对'……法'的英文翻译。但在一些特定的情形中，要表明是中国的法律时，可以在其后加上（PRC）。比如，Marriage Law（PRC）、Adoption Law（PRC）、Law of Succession（PRC）、Labor Law（PRC）"（张清，2018：38）。

还有一些立法技术上的问题，在法律法规中一般处罚条款都会出现"依法"二字，陈忠诚（2008：11）认为，"权利义务是法律所规定的，如何享受、如何承担也是法律规定的，不依法是不能成其事的。因此，'依法'是理所当然、不言而喻的。'依法'是立法者最常用的废话，必须删尽删绝，以正立法文风，法律英译者有义务不予译出。"换言之，立法文本中一些明显多余的词汇，译者是可以选择忽略，不必译出的，如果过分考虑"忠实"于原文，不过是进一步体现出原文的冗长、啰唆。再如，《中华人民共和国香港特别行政区基本法》，名称中的"基本"，不是法律名称术语，而是政治术语。译者完全没有顾及上述法律名称翻译准则，译为"The Basic Law of the Hong Kong Special Administration Region of the People's Republic of China"。结果是英语国家和非英语国家的国际人士看了后都感到困惑。实际上，我们完全可以译为 Act of Hong Kong，既省去了 The Basic Law 中的令人困惑的 Basic 一词，又符合了严谨、准确。（顾维忱、张军英，2007：24）译者之所以照搬照抄原文，还是在翻译的原则与思想上受到传统翻译原则"忠实观"的影响，不敢越雷池一步。

译者的创造性还体现在对法律法规的结构安排上，译者也可以按照目标读者的阅读习惯适当做出调整。"有时译者可能认为原文标题过泛、过长，用直译法的译文不符合目标语读者的阅读习惯。这时要求译者采用必要的手段，增强译文标题的可读性。这种方法主要适用于长标题的翻译，但应注意把握保留和突出原文标题的中心句词和力求简洁醒目的原则。"（张法连，2017：170）

再以美国《统一商法典》的长标题翻译为例：

AN ACT

To be known as the Uniform Commercial Code, Relating to Certain Commercial Transaction in or regarding Personal Property and Contracts and other Documents concerning them, including Sales, Commercial Paper, Bank Deposits and collections, letter of credit, bulk transfers, warehouse receipts, Bill of lading, other documents of Title, Investment securities, and Secured transactions, including certain sales of accounts, chattel paper, and contract rights; Providing for public notice to third parties in certain circumstances; Regulating procedure, evidence and dangers in certain court actions involving such transactions, contracts or documents; To make uniform The Law with respect thereto; and repealing inconsistent legislation.（——Uniform

Commercial Code）

推荐译文：

> 涉及动产、合同和有关动产与合同的其他单据的特定商事交易，包括买卖、商业票据、银行存款与托收、信用证、大宗转让、仓单、提单、其他所有权凭证、投资证券及担保交易（包括特定应收账款、动产契据以及合同权利的买卖）；规定在特定情形下向第三人公示；规范有关此类交易、合同或者单据的特定法庭诉讼的程序，证据及损害赔偿金；从而统一与此相关之法律；并废止相互抵触之立法，可称为《统一商法典》的法律。（滕超、孔飞燕，2008：127）

学者王建认为，上述译文在逻辑结构和术语的处理上都存在一些值得商榷之处。我国法律中没有类似的表述结构，但从某些法律的前言或序言部分（因序言中常表明立法宗旨）可得到一些启示。不妨将简称、调整的范围和内容，以及立法宗旨部分单独排列，以使结构更合逻辑，试译：

> 本法可引称为《统一商法典》，旨在对下列动产、合同及其他与此相关文件的特定商业交易进行规范：买卖、商业票据、银行存款和托收、信用证、大宗转让、仓单、提单、其他所有权凭证、投资证券和担保交易，包括对某些账债、动产文据与合同权利的买卖进行规范；在某些特定情况下向第三方发布公告；涉及上述交易、合同或文书的诉讼中的程序、证据及损害赔偿金；

本法旨在为上述事项做出统一规定，并废除与此相抵触的所有立法。（王建，2013：220）

"由于英语和汉语的表达习惯、句子结构和词的搭配关系均有差异，在翻译中往往难以做到词性和表现方法一致。为了适应译文语言的表达习惯和语法规则，在法律文本翻译中必须运用词类和表现方法的转换技巧。"（董晓波，2015a：64）当我们将英美法系的法律法规翻译成中文时，要充分考虑到中文读者的阅读习惯，同样道理，如果要将我国的法律法规翻译成英文时，也需要了解英美法系国家法律法规在结构、格式上的安排，而不是完全受到原文本的束缚。采用直译的方法虽然保留了原文本立法技术的文化特征，但是，在阅读和传播的效果上也会打折扣。"现在之所以鼓励译者发挥语言的创造性，不是为了改善语言本身而是为了达到期望的法律效果。"（苏珊·沙切维奇，2017：94）

第三节　我国法律法规名称翻译的统一和规范

法律法规的翻译表面上是语言转换的问题，背后更是法律文化、制度的差异问题，而整个翻译过程又涉及翻译工作的组织、管理、协调等问题，法律法规名称英译的规范化不仅要聚焦微观层面，分析和讨论具体的翻译策略，更应该上升至宏观层面，从翻译的全过程，从"原文本—译者—译文"及其背后所处的法律环境、工作程序等充分考虑。

法律是一个多层次、效率有高低、调整范围有大小的体系，这样一个体系需要不同层次的立法主体制定出多层次、多元化的法律法规文本，这就决定法律法规翻译的统一和规范化是个系统的工程，必须成为一种常态化的工作：在工作层面上，既涉及法律、政府规范性文本制作者，也涉及译者，在法律结构的层次上，既涉及上位法的统一和规范，也涉及下位法的统一和规范，还涉及上位法与下位法之间的协调一致；在立法的领域和范围上，即涉及国家、中央部委立法的统一和规范，也涉及地方性法规规章的统一和规范。如果说国家、中央部委的立法其翻译能够做到一定的规范性、指导性和参照性，目前更需要规范的是地方性法规规章的翻译，各省市、自治区以及经济特区的法规规章翻译"各自为政，有些法规文件则由翻译公司翻译，因为快捷所以忽视了译品的质量。要解决这个问题需要法律工作者、译者以及政府有关部门等多方长期的努力"（王文霞，2015：139）。

一、相关部门提高认识，引起高度重视

目前，国内对法律法规译名的统一和规范化出现了两股力量，一是实务部门以国务院（原）法制办和地方政府（原）法制办的译审部门的主动探索，二是学术界的理论探讨，不少学者通过撰文对法律法规的统一和规范表达看法和观点。1998年，我国国务院（原）法制办公室法规译审和外事司正式出版了《中华人民共和国法律法规汉英对照词语手册》（以下简称"对照手册"），"对照手册"对行政法规名称常用语英译给出了规范化英译。除了"对照手册"外，国务院（原）法制办公室法规译审和外事司于2005年又编译了《法规译审常用句式手册》（内部交流）。从地方来看，上海市（原）法制办行政法治研究所译审外事室对统一译词进行了探索，并通过《法规翻译》（内部刊物，2002年创刊）发布，上海市开启的规范化工作影响力较大，也被国务院（原）法治办公室网站定期转载。

  但是，这两个层面所做出的努力和探索并没有充分、持续地坚持。"这些标准没有及时更新补充，随着社会的高速发展，地方性法规规章中新的词汇和句式不断涌现，原有的翻译标准已经难以满足当前翻译工作的需要，译员依然缺少全面、权威、具体的译文标准，在一定程度上为地方性法规规章翻译中的一系列问题埋下了隐患。"（李晋、董晓波，2015：229）这些年，地方性法规规章的翻译的范围不断扩大，单是江苏省就有南京、苏州、无锡、徐州四个地级市开启了法规规章的英译工作，地方性法规规章涉及的内容不断更新，随着社会与经济的不断发展，新词汇、性概念不断涌现，然而，相对应的对照标准没有及时跟进。国务院（原）法制办公室网站能够浏览到的上海《法规翻译》截至2013年之后便不再更新，上海政府法制信息网（英文版）公布的法规规章英译本至2014年之后也不再继续更新。（胡波，2018：143）从当前所做的探索可以看出一些存在的问题：

  （1）法律法规翻译一般是由谁负责翻译也当由谁负责规范，负责译审的部门应当承担起相关的责任。一方面，当前规范化的力量还是较小，并且出现各自为政的局面，没有形成聚合的影响力，另一方面，规范化的工作并没有持续进行，使得规范的效力并没有充分彰显。

  （2）规范化的工作既需要自上而下的推动，也需要地方自下而上的主动探索，形成中央和地方的联动机制。一定意义上来说，全国人大常委会（原）法制工作委员会办公室编译的《中华人民共和国法律汇编》（中英对照）和国务院（原）法制办公室编译的《中华人民共和国法律法规汇编》（中英文版）具有其权威性和参照性，值得地方性法规规章在翻译时借鉴和参照。而地方也需要发挥积极主动性，对本地区的法规规章的翻译进行规范，制定规范标准。

（3）"长期以来，中国翻译界的实践与研究处于分离状态，致使翻译实践没有得到翻译理论的有效支持，同时，系统的翻译理论也难以形成。"（杜金榜等，2004：75）规范化的过程中出现理论探讨和实践相脱节，学术界对法律法规翻译的研究成果不断地更新，但是，这些理论探讨多是学术界的自说自话，并不能够和政府法制实务部门有效地沟通，使得这些研究成果并不能形成一种系统的规范性、指导性文件，得以充分落实。要有效解决理论与实践脱节的问题，需要：①建立翻译实务部门与学术研究的合作机制；②专门建立一支规范化的研究队伍；③将学术研究成果及时转化指导翻译实践。

法律法规的翻译是对外交流、传播我国法律法规价值的重要手段，而法律法规的名称英译更是交流的窗口，"法律文件名称的译名缺乏一致性，必然混淆法律概念，破坏法律的严肃性，影响法律内涵的准确性。"（刘法公，2012：102）然而，"我国的法律术语规范化的成就远落后于我国法律法规外译取得的成就，相关部门对法律术语译名规范化工作的重视程度显然还不够高，认识还不够清楚。"（屈文生，2012：71）法律法规译名的统一和规范，还需要引起政府实务部门的重视，与学术界形成合力，协同助力统一化和规范化的工作。

二、提高中文立法水平，加强中文立法统一和规范

"源语文本的功能是决定法律翻译策略的主要因素。"（屈文生，2013：237）脱离了原文本的翻译就不能称其为翻译，甚至是一种创作。换言之，翻译是要受到原文本的束缚，翻译是"戴着脚镣的舞蹈"，翻译的标准是信、达、雅，所谓信就是要忠实于原文，译者在忠实原则的约束与指导下，很容易将原

文视作"圭臬",对原文亦步亦趋,否则就被翻译评论家视为"冒天下之大不韪"。如果原文本存在着不够规范、不够简明的问题,也势必会影响到译文的规范、简明。中文立法的冗长、不够简明是造成译文冗长、不够简明的直接原因。"我国制定的法律个别的本身就冗长啰唆,缺乏法律语言应有的简捷和严谨,比如关于土地所有权、土地开发利用和保护等方面的法律,其名称是《中华人民共和国土地管理法》,本来称之为《土地法》便足以说明问题,偏要加上'管理'二字。"(顾维忱、张军英,2007:23)在原文与译文之间彼此相互牵制、影响的情况下,对我国法律法规应译名的统一和规范,就不仅仅是英文表达的水平问题。翻译是"原作者—原文—译者—译本"之间的互动和对话,就必须上升到中文的层面,从总体上考虑和把握,提升中文立法水平,加强中文立法的统一和规范,是法律法规英译名统一和规范的前提与基础。

  立法语言要做到简明和准确,这是最基本的、也是最高的标准要求。所谓简明,有两个层面的意思:一是语言表达的凝练、简洁,必要的话一个字也不能少,而不必要的话一个字也不能多,"施粉则太白,施朱则太赤",不啰唆,不重复,用最少的字来表达最充分、最完善的意思;二是语言表达要通俗易懂,不使用含有歧义、模棱两可的语言。"法律之目即为'定纷止争',作为法律外在形式的法律语言其法定原则就是语言的准确性"(董晓波,2015a:167)。所谓准确就是立法要用准确无误的词语表达准确法律法规的内容,法律法规的质量、权威正来源于语言表达的准确、科学与规范。"目前,我国立法语言的失范现象是普遍存在的,失范的数量也是巨大的。由于立法文本的语言表述违反语言科学规律和相应规则,造成语法错误、语义分歧、逻辑失恰、分类混乱、风格失调、混合交叉等多种谬误"(董晓波,2016:9)。

  富有中国特色的冗长的译文,主要原因在于富有中国特色的冗长的中文立法名称。比如,《中华人民共和国法官法》翻译过来就是Judges Law of the People's Republic of China,如果不加国名,就可以直接简称为Judges Law,而考察英美法系国家的法律也并未冠之以国名,所以法律法规的名称看起来更加简洁一些。有学者认为我国"行政法规、政府规章名称有的冠以国名,有的却不冠,在一定程度上造成了我国法律命名的混乱,又造成了法律名称过长,影响了法言法语所要求的简洁、明了。"(申海平、韩冰,2006:32)事实上,法律名称不冠以国名也并不会产生不利的影响,要不要冠以国名也需要立法部门进一步讨论,以达成共识。

此外,在我国的立法过程中还存在着一些不规范的地方,这表现在法律法规的名称中出现了"试行""暂行""若干"等具有模糊性和争议性的词汇:

"我国立法实践中,有的法律、法规和规章的名称中还带有'试行'、'暂行'的字样。所谓'试行',是指立法者对其制定的规范性法律文件中所要调整的社会关系的认识和判断或对法规规定的措施等还存有疑惑,因而规定该法只是'试行',表明还要在适当的时机对其进行修改;所谓'暂行',是指立法者认为其所制定的规范性法律文件解决的问题或者法规规定的措施是暂时性的,因而该法会在施行一段时间后失去其存在的意义,所以规定该法只是'暂行'。但实际上,很多'试行条例'试行了20多年,直到今天还在继续'试行';而很多'暂行规定'在规定了多年后也仍在'暂行'。这种结果影响了法律的权威性,也与法律的稳定性不相协调,甚至使人对法的尊严产生过怀疑。这种表述是特殊历史背景下的产物。在20世纪80年代初,我国法制尚不健全,而社会的快速发展又需要相关法律、法规的尽快出台,由于立法技术尚不成熟等原因,'试行''暂行'的现象有其存在的价值。而在强调立法质量的今天,再使用这两种称谓就不太妥当了。"

"还有的法规,其名称中有'若干'字样。不管是在法的名称中,还是在内容中,都不应当使用'若干'这个词。因为:第一,'若干'的本意有两个:一个是疑问,即'多少';另一个是数量不明、不定量。而法律的重要特点之一是准确,用'若干'显然是与法律所要求的'准确'相矛盾的;第二,名称中使用'若干',对人们理解法规的内容和条文的数量没有任何帮助;第三,法规正文中条文的数量和规定的内容是明确的、一定的、而非模糊的,所以,法规名称中的'若干'字样没有必要。"(田成有,2004:193-194)

翻译是涉及两种语言转换的交际活动,中文立法中一些不规范的现象也是造成英译文中不规范的一大原因,祛除英文翻译中不规范和不统一的现象,不只是英文翻译的问题,也需要从根源上发现问题,译者与规范性文本的制作者同样都要各自反思,同步调整。

三、建立协同机制,译者需要立法机关的专业支持

法律翻译的复杂性决定需要建立协同机制。一方面,语言与文化是密不可分的,法律翻译传统的观点认为,法律翻译者是介于"文本制作者"与"文本接受者"之间的一个"信息传递者",这无异于将译者孤立于文化与语境之外。事实上,法律法规的翻译表面上是文字、文本的处理,而背后实则是超越法律文化、法律制度的语言文字之间的转换,翻译过程的复杂性决定不可能不去考虑不同的翻译语境、目标对象,"翻译工作者处理的是个别之词,面对的却是两大片文化"(王佐良,1989:125)。法律文本、规范性文件的制作都是在不同的国家、不同的法律制度下产生的,适用于不同的对象和范围,呈现出不同的文化特色。"法律翻译不是单纯的翻译行为,更多的是源语法律环境与目的语法律环境之间进行沟通的桥梁。"(潘庆云,2017:301)

另一方面,法律翻译具有跨学科性、交叉性的特征,"法律翻译横跨语言学、翻译学、法学三大学科。"(董晓波,2016:203)理想地讲,从事法律翻译的译者必须具备法学、翻译学的知识,既对我国的法律法规有着深刻的了解和把握,又有翻译的实践经验,具备翻译的技能。然而,实际上来看,能够真正从事法律翻译,尤其是对外翻译,将我国的法律法规翻译成英文的专门人才少之又少,法律翻译是个门槛高、专业性强的活动,单凭译者孤军奋战、单打独斗,未必能够达成法律翻译准确性、规范性的高标准的要求。

翻译的传统观点认为译者就是原文、原作者最忠实的"仆人",译者居于被动性的地位,译者的主动性、主体性凸显则是随着翻译学科的发展、在人们对翻译学不断研究的过程中逐步转变的。就法律翻译而言,传统的法律翻译也是一种单向的交际行为。法律文本的制定和翻译是两个有着先后、分开的关系的活动,译者只是文本信息的传递者。"法律翻译不仅仅是一种语言转换,更

是一种法律文化的转换。"（董晓波，2016：203）"法律词语意义的确定受特定语言的制约，也受法律文化的影响。因此法律翻译寻求的不是语言间词语的一一对应，而是基于法律体系的框架内寻找近似的词语，由使用法律语言的双方认可。"（张法连，2009a：48）随着法律翻译的文化转向，译者主体性凸显，"大多数现代翻译理论家不再把翻译视为从一种语言转码成另一种语言的机械过程，也不是'一连串单词和句子结构转换成一连串对等词'的文本"（Snell-Hornby，1988：75）。

在一些西方国家，法律翻译者在20世纪时逐渐摆脱了原来的被动地位。"一些西方法律翻译理论认为，法律翻译者应当是具有某种权威和责任的'文本制作者'，而Susan Sarcevid则进一步认为，自20世纪70年代开始，由于加拿大开始立法改革并进入了新的双语起草模式，法律翻译者的地位自此发生了革命性的变化，法律翻译者的身份朝着具有广泛决定力的'共同起草人'的转变。"（屈文生，2013：235-236）译者身份的变化，这对法律翻译而言都是极为重要的影响，不仅提升了译者的主体地位，也使得法律翻译者和文本制作者之间建立了一种动态关系，法律翻译成了文本制作者和译者一道与读者的开放式交际活动。

在我国当前的法治进程形势下，译者作为"共同起草人"的跨度还是比较大。在我国，法律法规的制定在前，翻译在后，一般是由法律法规制定或管理的部门自行负责翻译，译本并不具备中文版本的法律效力，法律翻译的译者来源是多样的，有的配备了专门的译员，有的则是交由高校教师翻译，还有的则是交由专业的翻译机构或者翻译公司，翻译相较于法律文本的起草则是相对独立的活动，译者参与翻译的过程并不具备"共同起草人"的"双向协商"（苏珊·沙切维奇，2017：77）的特征。但是，由于法律法规翻译的专业性，并不是所有的译者都可胜任，缺乏专业知识和背景的译者就需要法律文本制定者的帮助，这种帮助体现在文本及其术语的解释等具体的翻译事项上，这就需要建立译者与立法机构的沟通机制，取得专业立法机构的支持。

"地方性法律法规翻译工作的机制建设，需要获得来自立法相关机构的专业支持。但在目前的情况下，译员能够获得的这种专业支持非常有限，多数地区在开展地方性法规规章翻译时，还未建立起译员和立法相关机构的联系机制。对于地方性法规规章翻译来说，其翻译质量受到地方性法规规章本身的立法意图、上位法的立法意图和官方翻译传统的影响。现代社会专业化程度不断加深，法律立法工作具有极高的专业性，法律条文（包括译文）的含义和立法意图等往往复杂精深，有时立法机构还需要另外做出专门的司法解释。但是在翻译工作中，译员通常无法参与立法过程（或上位法官方译文翻译过程），不少译员也缺乏足够的法律专业知识，因此他们要全面理解法规规章条文的立法意图并做出准确翻译，就需要与地方性法规规章和上位法的立法机构以及相关法律条文的翻译负责机构建立沟通渠道。在缺少立法相关机构专业支持的情况下，仅靠翻译主体构成和翻译过程中的译审项目管理，还无法从根源上保证翻译的准确性和规范性，译文必然受译员的个人专业水平限制而存在诸如曲解立法意图等各类失范问题。"（李晋、董晓波，2015：228）

四、凝聚共识，形成系统化的规范标准

近些年来，对法律法规名称翻译规范化研究的学者也有不少，但是，对于名称的翻译尤其是"格式词"的翻译还普遍存在着争议，一方面，在规范与统一与否的本身就存在着不同的看法，多数学者都认为应该进一步规范和统一，并且给出了相应的理由，比如，"法律法规文件名的翻译必须遵守法律翻译的严肃性和同一性原则，不容许文件名称译名的'多元化'"（刘法公，2012：104）。而有的学者认为，"我国成文法法律法规名称的用词和格式已经为国际社会逐渐接受，且在使用上并不存在硬伤，保留其名称及格式的现有状态而不要照搬别国模式进行改变，这样更加符合我国有靠近大陆法系但又带有独特社会主义特色的特点"（祁颖，2012：16）。

另一方面，目前支持规范和统一的学者，所讨论的内容多以案例分析的形式，所研究的成果并不具备系统性，大多数的研究成果多是选取一定的翻译案例和样本，指出其中存在的问题，比如，陈忠诚在《法律名称之英译》一文中总结了法律法规名称英译的5点规则："（1）法律英译必须言简意赅，这对法律名称的翻译来说，更为重要；（2）法律名称英译的最大难点应定为在其所调整的社会关系的表达上；（3）解决上述难点的铁的法则是：可不用介词时，该部分的译文中要绝对不让一个多余的介词冒出来——严禁使用'-ing'form而徒然使译文累赘不堪；（4）非使用介词不可时，必须使用尽可能短小的介词，特别是'on'；（5）很少——几乎从未——见到法律名称在英语中有用'about'的。因此，法律名称之英译以不用'about'为当。"（陈忠诚，2000b：184-185）辛谷围绕Report of the Working Party on the Accession of China 的两个中文版本不规范的翻译实例展开分析，认为"凡翻译我国的法律法规名称及法律法规条文时，应力求还原；凡翻译条约、协定或国外法律、法规时，则应完全忠实于原文或等同于国家的正式版本"（辛谷，2003：25）。陈小全、强凤华（2012）从法律位阶对比的视角出发，对我国法律名称英译的现状进行梳理并提出建议。张清（2018）提出了我国法律法规英译名存在主要三大问题。总体而言，所讨论的一些问题到目前也并没有真正达成一致，规范与统一的标准也亟须严格界定，而且，所要规范和统一的问题并不成系统。我们认为，我国法律法规名称英译在以下几个方面亟需达成共识，形成系统化的成果：

（一）对格式词的规范

当下，学者们对格式词的统一和规范都有了不少的学术探讨和总结。比如，陈小全、强凤华（2012：100）从法律位阶的视角对我国法律法规名称翻译提出了建议：

中国法律法规来源	中国法律名称	翻译建议
全国人大及其常委会	宪法	Constitution
	法	Acts/Codes
	通则、条例、规则	Acts
	各种规定、决定、办法等	NPC Rules
全国人大及其常委会	解释	NPC Legislative Interpretations

（续表）

中国法律法规来源	中国法律名称	翻译建议
国务院及其部委的行政法规和部门规章	条例、实施细则、规定、办法……	Regulations, Orders, Rules
省（自治区、直辖市）和设区的市人大及其常委会	地方性法规；条例，办法……	Local Bylaws
省（自治区、直辖市）和设区的市政府	规章；政府令，规定，办法……	Regulations, Orders, Rules
司法解释	意见	Opinions
	解释	Judicial Interpretations
	决定	Decisions
	通知	Notices

王建（2013：233）认为应该根据法律的效力及其制定部门选择表示法律法规效力级别的术语，并给出了规范的参照：

基本法	国务院条例或地方条例	司法解释的意见；批复；办法、决定	通知、转发、批转、印发、发布
act	regulations; ordinance; by-law	opinion; approval; rule 或decree; decision	notice; transit; approve and transmit; print and distribute; promulgate

我国法律法规的来源多样性，决定了法律法规的名称中"格式词"的多样性，而这些"格式词"的翻译方法也不止一种，学者们对其翻译的方法也未达成一致。我们认为，法律翻译的统一和规范化，并不在于学者们各抒己见，提出了多少种不同的看法，更在于能否真正达成共识，单靠学者个人的力量只会取得"百家争鸣"的效果，有必要通过权威机构组织专家、学者立足于现有的翻译成果，对这些"格式词"重新进行大规模地梳理、讨论，"认真对比英语立法文件名称'格式词'的不同含义，例如：law, act, code, ordinance, regulation, rule, interpretation, decision等"（张法连，2017：170）。共同商定这些"格式词"对应的翻译，确定权威、规范的统一标准，拿出一致的方

案，分类总结成册，然后向社会公布，才能真正达成规范、一致的效果。

（二）对格式词前置定语的规范

"格式词"英译要不要采取前置定语，这在当下的翻译文本中并不统一，不管是有没有有前置定语，译本在意思的传达和理解上并无高下之分，但是，细节往往是凸显译者对整个翻译工作过程保持严谨、规范原则的理解和坚持，无论如何，"精益求精，越译越好，这是符合事物发展规律的"（陈忠诚，1984：27）。

（三）对格式词后的介词使用的规范

对法律法规名称英译的总结发现，介词的使用以"on""of""for"三种居多，还出现了"concerning""relating to"等，介词选择使用的余地相对较大，但是，在具体何种情况下适合哪一种介词，也需要适当归类。"如果将具有不同格式词的法规，制定了一致的结构标准，也就可以避免出现格式词后所接介词混乱使用的情形。"（张清，2018：39）

（四）形成系统的规范标准

1998年，我国国务院（原）法制办公室法规译审和外事司正式出版了《中华人民共和国法律法规汉英对照词语手册》（后面简称《对照手册》），《对照手册》对行政法规名称常用语英译给出的规范化英译如下表所示：（国务院（原）法制办公室法规译审和外事司，1998：124—125）

行政法规名称用语英译规范化简表

中文行政法规名称用语	规范化英译用语
条例	Regulations
实施条例	Regulations for the Implementation of ...
暂行条例	Interim Regulations
令（命令）	Decree
通令	Circular Decree
施行（实施）细则	Rules for the Implementation of ...

(续表)

中文行政法规名称用语	规范化英译用语
规则	Rules
规定	Provisions
暂行规定	Interim Provisions
办法	Measures
暂行办法	Interim Measures
实施办法	Measures for the Implementation of ...
国务院关于批转……的通知	Circular of the State Council on Its Approval and Transmission of ...
国务院办公厅关于转发……的通知	Circular of the General Office of the State Council on Its Transmission of ...
通告	Announcement
通则	General Rules
暂行通则	Interim General Rules
批复	Official Reply
简则	Basic Rules

国务院（原）法制办牵头组织名称翻译的规范化，本身就体现出了一种权威性，但是，《对照手册》所列出的"格式词"并不充分，随着我国法律法规翻译事业的不断壮大，地方性法规规章翻译的兴起，法律法规名称中的"格式词"远不止这些，我们在前面翻译现状一节也总结了不少"格式词"及其英译的对照，《对照手册》也需要与时俱进，逐步完善，并囊括格式词的规范、格式词前置定语的规范、格式词后的介词使用的规范等，形成系统性的规范标准，为法律法规的翻译提供指导性。另一方面，总结规范的翻译成果之后，并不是代表规范化就此结束，进而束之高阁，也需要及时地对外发布、宣传，呼吁各地法规规章的翻译能够遵照《对照手册》开展翻译活动，并组织相关的译审工作，严格监督检查机制，力求翻译活动能够以此为规范的样本。

五、提升译者素质，保障译文质量

译者素质是保障译文质量不可或缺的环节。法律法规的翻译属于应用型翻译的范畴，不同于文学翻译，法律法规的翻译具有专业性，不掌握专门的法律法规的相关知识，根本无法胜任法律法规翻译。"一般而言，所有专门用途语言（LSP）的翻译本质上都是跨学科的。因此，除了翻译技巧以外，专业译者也需要具备特定领域的专业知识，如果译者想做语言和法律方面的决定，他们必须具备翻译和法律两方面的能力。"（苏珊·沙切维奇，2017：90）

董晓波（2016：202）认为法律翻译首先要遵循精英化的原则，我国法律法规的译文的阅读对象是国外的政府实务部门、律师、外资企业、进出口公司以及法律研究者、学者，这些精英群体对翻译的准确性要求极高，而法律法规语言本身的准确性也决定了法律法规的翻译具有较高的技术难度。在一定意义上，法律翻译人才也是社会精英人才。

中外法律法规存在着差异性，导致中外法律法规术语之间并不存在准确的对应关系。要做好法律法规的翻译，并不是直接将词典中查找的单词照搬照抄，必须熟悉两种法律文字背后的文化、制度等因素，通晓法律和中外语言，只懂外语却不懂法律专业知识，或者只懂法律专业知识而外语翻译能力不强的学习者都不能很好地完成翻译工作，法律法规翻译的专业化也决定了译者必须专业化。在翻译法律法规名称时，译者的专业素质体现在三个方面：

第一，翻译是两种语言之间的转换，做好翻译必须要对两种语言的基本特征有着深刻的把握和了解，"汉英翻译必然要进行汉英对比（自觉或不自觉的）"（陈忠诚，1992b：210）。专业、熟练的译者必然是要对汉英对比有着自觉的意识，只有通过比较才能了解语言文化之间的根本差异，从而在语言表达上使用符合目的语读者阅读习惯的表达方法。

第二，在直译与意译中做出适当选择。"由于中英法律文化的重大差异和法律专业的特殊性，当法律文本无法直译时，就应该采取意译。有时为了更加符合汉语习惯，在译文信息缺失的情况下，还应适当补译。"（董晓波，2016：204）译者的专业素质不在于机械式复制原文的表达，而是要在译法的选择中体现出一定的创造性，译本需要由原文本的语境进入目的语的语境，需要在不同的语境中实现转换。

第三，勤查法律英语工具书和参考书。"工欲善其事，必先利其器。"做好法律法规翻译之前必须要做好充分的准备，这包括语言知识、法律知识的准备，但是，人非圣贤，并不是对所有的知识都能完全掌握，更需要借助工具书的作用，对专业词汇的表达进行深度揣摩和理解，"有经验的、资深的译者均十分重视译前的准备工作，包括基础工具书、各类地图和英译姓名手册、法律专业书籍和参考资料、大型工具书和套书等"（夏登峻，2008：44-47），"需要特别注意的是，在进行具体研究时，应当主要参考英语原文的法律专业词典、法律著作、文献，而不是只依赖普通的英汉词典、英汉法律词典等间接的书籍、文献"（张法连，2017：170）。

六、加强译审项目化管理

项目是为"创造独特的产品、服务或成果而进行的临时性工作。项目的'临时性'是指项目有明确的起点和终点"（项目管理协会，2013：3）。法律法规的翻译就是临时性的工作，译者往往需要在规定的时间内完成翻译工作。随着现代社会的不断发展，翻译行业也面临着巨大的挑战，翻译需求广、业务量大、翻译的语种丰富，大型、专业的翻译机构面对客户、公司企业的需求，逐渐形成了完善的业务流程，以保证翻译质量。"手工作坊式的传统翻译服务，强调以个人经验、能力和信誉来保证质量，遇到大批量的工作时，往往采取简单的人海战术，由于缺乏有效的组织、协调与管理，以及缺失相应的质量保证体系和措施，很难充分发挥每个人的能力，越来越不能满足现代商业对质量和效率的严格要求。"（王华伟、王华树，2013：5）

与翻译机构面向的客户不同，法律法规的翻译面对的是政府机构。尽管对象不同，但是对翻译流程的监控也是一样的。"项目管理是一种思维，是一种标

准化的工作方式，需要借助一套合理的项目管理步骤。"（胡波，2017a：73）①

七、规范化是个常态、持续的过程

之所以说法律法规英译的规范和统一是个常态、持续的过程，有以下三个方面的原因：

第一，法律法规翻译工作的组织部门不一，为规范和统一带来不少的困难。"我国法律法规翻译遵循谁立法谁组织翻译的原则，全国人大及其常委会制定的法律由全国人大常委会法制工作委员会办公室负责组织翻译正式译本，国务院制定的行政法规由国务院法制办公室负责组织翻译正式译本。"（张清，2018：34）如今，地方性法规规章的翻译也在如火如荼开展，翻译工作的规范化既要考虑纵向，即国家、中央部委颁布的法律法规、规范性文件的翻译和地方性法规规章的翻译之间的统一，也需要考虑横向不同的地方之间法规规章翻译的统一性，这是个庞大的工程，需要建立统一的沟通部门和机制，协调好不同翻译部门之间的工作关系。

第二，法律法规翻译的统一化并不是一劳永逸的事情，法律法规带有时代的特征，社会的发展处在不断变化之中，法律法规所调整的社会关系也是在不断变化，经过一段时间旧有的法律法规就需要调整、修订，甚至废止，而新的

---

① 不同的地方，由于法律法规翻译起步的时间并不一样，比如，上海市自20世纪80年代就开始了地方性法律、规章和规范性文章的翻译工作，而一些地方近些年才刚刚起步。在翻译的业务量上，各个地方所面临的情况也各不相同，一线城市、发达地区对外交流的机会和需求较多，面临的翻译任务较为繁重，如果单纯靠译者个人的力量去翻译、审阅、校对，在专业性、翻译质量上未必能够保证，这就要求地方性法律法规的译审也亟须建立一套有效的流程。从2005年起，江苏省（原）法制办贯彻落实《国务院办公厅关于做好行政法规英文正式译本翻译审定工作的通知》，就如何进一步开展本省地方性法规、政府规章的翻译工作进行了探讨和布置。经过多年的努力和积累，江苏省的法规规章的英译工作取得了不少成绩，多次受到国务院（原）法制办和省政府的表彰。"江苏省地方性法规规章翻译工作自2011年开始起，参照译审项目管理制度的要求，组织翻译经验丰富的译员组成了初译组，聘请了多位具有高级职称的法学专家组成专业校审组，并由省（原）法制办精通英文和法律的专业人员担任终审。江苏省（原）法制办还派出了一位行政人员担任项目经理的角色，在译审过程中进行组织协调。整个译审项目过程一般需三至五个月，虽然程序复杂，时间较长，但是保证了译文的质量，受到涉外单位和外资企业的好评，在全国法制工作会议上也得到国务院相关部门领导的肯定。江苏省地方性法规规章翻译工作取得的较好效果，在翻译过程中确立的'初译—行业评审—终审'+'项目管理'+'立法机构专业支持'新型工作机制，可为其他省市开展规范化的地方性法规规章翻译工作提供参考借鉴，促进全国的地方性法规规章翻译工作走上专业化道路。"（李晋、董晓波，2015：231）

现象、社会关系也需要由新的法律法规来调整和规范。无论是国家还是地方，规范性的文件可谓是层出不穷，这也就要求相应的翻译工作永不停歇，翻译的规范化工作也就会一直进行下去，为翻译质量保驾护航。

第三，法律法规翻译的规范化本身也是一个需要不断努力、精益求精的事业。消弭争议、达成共识，并非一蹴而就的事情，而是需要经过不断地讨论、磋商的过程。规范化工作也是需要不断提升水平和质量的任务，"低水平、重复性的编词典、建数据库是徒劳无益的，他们解决不了大问题，他们或许能在部分程度上解决方便翻译的问题，却很难实现法律术语译名的规范化和统一。显然，规范化了的英译法律术语还需进一步规范化。组织专家对现有的规范化成果进行更新、补充，才是解决问题的根本之计。"（屈文生，2012：75）比如，前面提到的《中华人民共和国法律法规汉英对照词语手册》中将"物证"翻译成"material evidence"，这种译法貌似正确，但是，实际上表达的意思与所要表达的意思相距甚远。其真正意思是"实质上的证据或实质性证据"，而"物证"对应的英译是另有专门的法律术语与之对应，即"real evidence"或者"physical evidence"。（董晓波，2014：86）

作为法律法规翻译中一个微小的部分，名称的翻译透露出了法律法规翻译工作的专业性、复杂性，法律法规翻译不仅仅是语言的转换，而是要基于对不同的法律体系、文本特征、读者阅读习惯等了解的基础之上，在各种冲突和矛盾中寻求良性的平衡。统一化和规范化是翻译质量的重要保障，规范之路应该亮起"长明灯"，鉴于当下法律法规翻译所取得的成就，法律法规翻译涉及诸多部门、千头万绪，法律法规名称翻译的规范依然任重道远。"除了传统的人与人之间的沟通外，还要有效地与其他机构进行沟通，让警方、法院、检察院等司法实践部门了解、认识、认可和接纳法律翻译工作。"（潘庆云，2017：301）法律法规翻译的统一和规范化需要相关部门重视起来，发挥主体作用，主动牵头组织，也需要立法者、译者、学者、法制部门、宣传部门共同努力，为规范化工作贡献一己之力。

第三章　法律法规翻译中"shall"的使用[①]

在日常英语中，shall是一个比较罕见的词汇，但是在法律英语和法律翻译中，shall是"一个最主要的词汇"，它通常搭配第二人称和第三人称，"表示命令、义务、职责、权利、特权和许诺"。（李克兴，2007a）在法律英语和法律翻译中，shall常常被滥用，对此国内外许多专家、学者都提出了批评的意见（陈忠诚，1992a；Kimble，1992；Garner，1995；Wydick，1998；许国新、孙生茂，2003；李克兴，2007a；陈小全，2011；王子颖，2013；郭淑婉，2015），取得了一些共识和成果。但是纵观我国当前的法律法规翻译，已有研究对于改进翻译实践的成效都不大，shall的使用依然大行其道。其原因在于：

第一，目前对于shall的研究存在着研究面太广，研究对象或案例过杂的问题，这些研究中的法律英语和法律翻译涵盖了合同、票据、法律、法规、规章等，针对性不强，也忽视了各行业和领域的特征与差异。

第二，现有的关于shall的研究过多地注重文本的研究，从文本阐释的角度进行批评，没有能够对于问题进行更加系统和理论化的分析，从规范化的角度开展研究，从而引起相关部门与人员的重视。（李晋、董晓波，2015）

第三，现有研究的作者较少的参与法律文本翻译的过程，研究成果基于已有的翻译文本，不能动态地分析翻译过程和译者因素对翻译的影响。

第四，部分学者虽然发现了问题并提出了解决方案，但是在翻译实践中却

[①] 本章的主要内容与李晋老师合作完成。

几乎未被采纳，因此我们需要考虑如何提高解决方案的可行性的问题。本研究将关于shall的研究缩小到立法文本（即法律法规）这一领域，提高其针对性，并根据法律文本所具有的"规范性"这一特征，从翻译规范理论的角度来分析shall的使用问题，从而更加透彻全面地展现shall的问题，为解决问题指明方向。（Cao，2007：13）

第一节　我国法律法规翻译中"shall"的使用现状

根据 *Black's Law Dictionary*（Ninth Edition）的释义，现代法律文本中shall的用法只有"has a duty to; more broadly, is required to"这一表示"命令"的意义才是标准的用法。根据这一明确的定义，英语立法文本中shall的使用本应当具有严格的范围，但是在实际使用过程中，大量的法律工作者将"shall看作是具有法律权威的一种象征"，没有意识到shall的多变性，常常随意地使用它，shall成了一种律师痞子语言。（Frederick，1989）在英语立法文本中的shall的泛滥"为读者埋下许多陷阱"，它损害了法的确定性和可预见性，可能导致法庭对shall进行任意解读，同时也导致我国立法文本翻译受到其影响，在译文中滥用shall一词。（Wydick，1998：66-67）

表3.1

	BNC法律英语语料库	自建立法文本翻译语料库
总字数	228万	221万
shall出现次数/频率	1348/0.06%	45284/2.26%
must出现次数/频率	3852/0.17%	2632/0.13%
may出现次数/频率	7528/0.33%	10208/0.51%
should出现次数/频率	5467/0.22%	304/0.01%

我们收集了国家、江苏和上海等不同等级的法律法规官方译本共200万字，建立了一个小型语料库。通过使用wordsmith6.0软件，对比分析BNC Law（英国国家语料库法律文本子库）[①]和自建立法文本翻译语料库，可以发现我国立法文

[①] BNC Law是英国国家语料库的法律文本子库，访问地址为http://lextutor.ca/conc/eng/（2022-2-1检索）。

本翻译中shall的使用有三个特点。

第一，我国立法文本翻译中，shall的使用频率非常高，处于垄断地位，而should的数量少得几乎可以忽略。在原生英语法律文本语料中，shall的出现频率与其他情态动词相比，总数偏少。（见表3.1）

第二，我国立法文本翻译中shall的程式语搭配情况比较混乱，搭配功能词汇的频率和数量远远高于原生法律英语语料库。这与以往针对普遍翻译文本研究的结论相悖，却与某些学者提出的特殊翻译文本中的搭配可能比原生文本中的搭配还要丰富的结论不谋而合。（武光军，2012；宋丽珏，2015）

第三，在我国立法文本翻译中，shall所表达的含义多样，译者往往随意使用shall来充当谓语，可能导致译文有多种解读可能，使读者曲解原文的法律概念。比如：

例1：

本规定自2008年5月1日起施行。

——《上海市政府信息公开规定》第三十七条

These Provisions shall become effective as of May 1, 2008,

在例1中，原文并未明确通过文字表现出该"规定"与"生效"之间的关系是"义务"还是"将来"。但是根据立法的惯例，通常立法文本都是在生效日期之前起草完毕，经相关机构通过并向社会公布，因此此处的shall显然不是表述生效的责任，而是描述未来的生效时间点，该处shall的用法等同于will，这种不常见的用法就与立法文本中shall的常用含义产生冲突，容易造成歧义。我国目前的立法文本翻译中，shall的使用极其随意，违反了立法文本翻译的重要原则——"规范化原则"，这将导致严重影响文本的"专业性"，降低译文的质量。（董晓波，2016：164）

第二节 我国法律法规翻译中"shall"的失范分析

对于翻译的规范，早期的学者主要从语文学和比较语言学角度出发，关注如何按照特定标准来产生正确的文本，但是这种规定性翻译规范缺乏系统的理论和整体的分析，忽略了翻译在"译语文化或语境下的交际功能及其与社会文化意识形态的关联"（严明，2009：169）。芬兰学者Chesterman（1998）在总结图瑞和赫曼斯两人理论的基础上，把翻译活动中的规范分为两大类：一类为期望规范（expectancy norms），一类为专业规范（professional norms）。期望规范包括了图瑞所提出的操作规范（operational norms）和初始规范（initial norms）的内容，它是由译文读者对译作的期望组成的，比如对译文在语法、接受性、风格等方面的期待，它受到译语文化中的翻译传统、经济、意识形态、权力关系等因素的影响。切斯特曼提出的翻译规范还包括了专业规范，它是职业译员在翻译行为中，被译文读者认为是有能力的专业译员，从而确立的一种过程规范，由专业译者制定，主要包括义务规范（accountability norms）、传意规范（communication norms）和关系规范（relation norms）三种。以下从操作规范、传意规范和关系规范三个方面讨论立法文本译文中shall使用的失范。

一、shall的传意规范失范分析

翻译的传意规范要求译员作为源语和目的语之间的沟通者，应根据翻译场合、对象等具体要求，使目的语文本的传意效果最优化（Chesterman，1993）。就法律法规翻译而言，如翻译中使用shall，就需要保证该词的使用能够达到使广大目的语读者感觉通俗易懂的目标。然而，在译文中该词的大量使用，不仅不能准确地传达源语的含义，还会阻碍读者的理解。

第一，在翻译过程中，译者是源语话语的阐释者，译者对于话语的理解是词汇意义与语用推理之间互动作用的一个过程。译者在立法文本翻译中滥用情态动词shall，是对于立法文本原文进行语用充实过程中的失误，其带来的加工与生成过度将导致目的语读者对于译文的理解偏离原文所要表达的命题意义。（郭淑婉，2015）关联论者基于认知心理学提出，字面意义往往无法充分表达言者所想表达的意义，字面意义仅为听话人构造话语所表达的命题提供了一个模板（template），听话人必须通过认知推理对话语进行充实，通过调适（modulate）词汇以及填补未言说成分（unarticulated constituents）两种手段来介入命题的构造，推导出判断真假的完整命题。（Carston，2012：169）立法文本中的情态动词的情态意义具有多义性和认知复杂性，这使得译者的语用充实过程极具复杂性和挑战性。前文数据显示我国立法文本中shall的使用频率远远高于法律文本中的其他情态动词should，must 和may。而在某些立法文本中，甚至出现了shall处于垄断地位，完全取代其他情态动词的情况。这些现象都暗示了在立法文本翻译中，译者对于源语中情态动词的调适或填补未言说成分存在一定的问题。在语用推理过程中，译者的关联期待对推理过程和发展方向形成合理制约，规避生成过度。（Carston, 2012：169）在法律法规翻译中，译者的关联期待一般基于立法者立法的价值判断及目的，以及立法语言的特色语言形式。然而在实践过程中，并不能保证译者和立法者具有"共享认知语境"，从而把握立法语言的特点。（Witczak-Plisiecka, 2009：208）例如：

例2：

公民申请代理、刑事辩护的法律援助，应当向法律援助机构提交下列材料。——《江苏省法律援助条例》第十九条

Any citizen applying legal aid of agency or criminal defense shall provide the following materials to the legal aid institution.

在例2中，译者在译文中用shall来译"应"的做法看似无可厚非，因为我国"专门从事法律翻译的资深专家似乎在重要的法律实践中逐渐达成共识，并正在约定俗成一条规矩：即让must 以及be required to 与汉语中的'必须'对等；让shall 与'须''应''应当'对等。"（李克兴，2007a：59）然而这样的"规矩"显然是基于僵化的对等观念，忽视了文字表面意义无法充分决定言者意图这一事实。在法律文本语境中，"应"字对应shall的这种语境假设仅仅是为该条款所表达的命题提供一个模板，还需译者在具体语境中做出合理的调适。在本条款的语境假设中，"应"所指内容不是公民的义务，而是法律对他们获得某项服务给出的指导性建议。此处译者应当对"应"的字面意义进行语用调试，用should来译"应"，以降低其意义中的强制性程度。

例3：

香港特别行政区行政长官任期五年，可连任一次。

——《中华人民共和国香港特别行政区基本法》第四十六条

The term of office of the Chief Executive of the Hong Kong Special Administrative Region shall be five years. He or she may serve for not more than two consecutive terms.

在例3中，源语并未明确"任期"和"五年"之间的谓语动词，使用了"隐性的、无标示语的法律施为行为"，需要译者对未言说成分做合理的填补（语用推理），来决定法律条文所表达的命题。（张新红，2000：289）通过观察译文，我们可以发现译者选择补充shall一词来连接"任期"和"五年"，从语法和逻辑上来看似乎没有太大问题。但是通过仔细分析源语，我们就会发现主语"任期"并非有灵主体，也非实际的施事主体，它与"五年"之间不是命令（mandatory duty）的关系。此处真正的施事主体是行政长官，他的任职时间长短是一个法定的许可，而不是他的责任。在法定的范围内，他可以决定自己任期长短，可能因某些原因提前离职，也可能干满任期。

以上两例中，译文中shall的用法不当显示出译者语用推理时发生了错误，这与其缺乏与立法者的共享认知语境有关，导致译者无法有效通过适当的关联期待来制约语用推理。根据关联论的解读，在这种缺乏关联期待的情况下，译者作为阐释者将沿着最小认知努力方向获取认知效果，根据可及性顺序来验证话语理解的正确性。因此当他们在面对复杂的立法语言时，非常容易受到律师痞子语言（lawyerism）的影响，选择使用立法文本中占主流地位，可及性更强的shall作为译文。

第二，传意规范要求译文的传意效果良好，这里的效果是针对广泛的目的语读者而言的，而不是个别或部分的读者，所以该效果的获得是基于译文所用语言表达语义的稳定性和可获取性，而在目前立法文本的译文滥用情态动词shall的情况下，shall的使用无法保证目的语读者稳定地获得其所表达的概念。传统的语义组合原则认为在复杂表达式中的各个成分具有恒定的语义值，语义由编码概念赋予。关联论者提出了不同的观点，他们认为理解是一个语用的过程，需要综合语用、词汇编码意义和语法等多种因素，才能决定命题的真值条件。（Recanati，2004：138）然而这些理论均认为词汇与人脑中的概念——对应，每个概念都指向记忆中的特定区域，无法对不同年龄阶段的人掌握语义和概念做出普遍合理解释。在最近的研究中，语义观学者Carston（2012）彻底否定了词义编码概念的存在，认为词义具有非概念性特征，是一种"记忆踪迹集合"，不能通过抽象概括获得，某一词义是否适用要在具体的语境下确定。读者在遇到新的语言情景时，将通过比对新情景和历史情景，判断其相似度，决定词汇意义的适用条件。读者在生活中不断积累词汇适用的历史情景从而形成源情景，这些源情景将决定语义潜势。在比对的过程中，读者会遇到许多随机信息，导致无法形成稳定的词义，因此读者必须依赖"杂物包"模型来完成该过程。（Rayo，2013）在杂物包中，读者存储有各种回忆镜像、百科知识、零散信息等等，这些内容帮助读者在比对过程中凸显出某个对象的特征。"杂物包"模型采用局部语境观（localism），主张能够正确划分与断言目的密切相关的可能性断言为真。读者的断言将影响语境集范围，语境集中至多包含一种能被实现的可能性。如果这种影响能够将实现可能性留存于语境集中，则认为该断言为真，而如果这种影响能够将实现可能性排除于语境集，那么则认为该断言为假。所以如果某断言为真，那么相对于该断言性语境的句子也为真，而反之亦然。（Rayo，2013：13-14）以立法文本翻译中的shall为例，因为其在立法文本中的滥用情况，在导致了shall在立法文本语境中的语义潜势极为复杂，影响读者对于shall的概念的构建。读者的情况可以分为两类。第一类是对法律文本特征不熟悉的普通读者。这部分读者很少接触法律文本，他们关于shall的杂物包中包含很少的具有法律文本特征的信息，如"义务""权利""许可"等，而是包含基于普通语言知识的"将要""委婉语""征求意见"等信息或甚至由于shall在现代英语中的不常用而缺失相关杂物包。这部分读者在遭遇译文中的shall时，将只能在部分语境集中找到实现的可能性，从而无法准确获知语义。比如

例4：

　　本省行政区域内的爱国卫生工作及其监督管理，适用本条例。

——《江苏省爱国卫生条例》第二条

These Regulations shall apply to the patriotic public health work as well as the supervision and administration thereof within the administrative region of this Province.

在例4中,"适用"强调了立法文本与其约束对象之间的恰当性,明确了法律使用的范围,而不是强调该立法文本的"责任"或"义务",所以shall的使用显然导致立法文本和约束对象间的关系发生了错位。普通读者在面对该例时,其杂物包将使读者认为该法律将于未来用于某领域,导致对于法律的误解。对于熟悉法律文本特征的专业读者来说,他们具有的杂物包中装有更加完整的信息,其所积累的丰富历史情景有助于他们在各个语境集中寻找实现的可能性。但是由于shall的滥用导致其语义潜势十分复杂,专业读者在进行比对时也可能产生失误,造成语义理解错位。比如

例5:

撤销权自债权人知道或者应当知道撤销事由之日起一年内行使。

——《中华人民共和国合同法》第七十五条

The right of rescission shall be exercised within one year from the day on which the creditor is aware or ought to be aware of the matters for the rescission.

在例5中,债权人行使撤销权是基于法律赋予的权利,而不是履行其担负的法律责任,债权人在法律规定的时间内可以自由决定是否行使该权利。在译文中用shall来连接"行使……权利",使得该权利变成了一种债权人不得不履行的义务,显然混淆了责任和权利的边界。在面对例5时,有的读者可能关注到限时使用撤销权这一信息,激发了杂物包中"规定""必须"等信息,将shall理解为一种义务等同于must,也有读者可能基于文本中出现"权"一词,而将shall理解为获得权利和许可,等同may。因此,由于shall自身具有极为复杂的语义潜势,杂物包中包含的信息过多,在读者构建概念的过程中,无法保证读者形成稳定的概念。

二、shall 的关系规范失范分析

翻译中的关系规范是一种涉及两种语言之间关系的规范，主要指译员必须确保译文和源语之间能够建立并保持一种适当的相关类似性（Chesterman，1993）。制约关系规范的价值观不再是忠实与等值概念，因为完全的等值是不可能的，译文应当再现原文的"真实"，即原文"命题与事物状态之间的关系的质量"，因此译文是译员根据翻译活动的具体场合、委托人的要求、作者的意图、翻译的目的和读者的接受等因素综合而定的。（韩江洪，2004，47）这一规范的特点与Vermeer（2000）等人提出的翻译目的论不谋而合，采取了相对主义的立场，强调了翻译的目的决定翻译的手段。从"真实"的性质差异角度来看，立法文本的翻译可以分为两类，一类是权威性翻译（authoritative translation），另一类是非权威性翻译（non-authoritative translation）。立法文本的权威性翻译是国家立法机关通过并生效的立法文本译本，该立法方式大多被多官方语言的国家和地区采纳，如加拿大和新加坡。立法文本的权威性翻译是同一部立法文本的平行译本（parallel text），其本身具有相同的法律效力，因此译本高度重视译文的法律功能，力求实现译文和原文的法律功能统一。非权威性法律文本翻译通常是指为了宣传交流等目的所作的翻译，不具有法律效力，译文主要功能是向外传递法律信息。我国的立法文本翻译的目的比较复杂。从形式上看，有关机构在正式公布立法文本译本时，都会加注上"本翻译是……的正式英文译本，如英文文本与中文文本有歧义，以中文文本为准"，可见我国的立法文本翻译通常不具有法律效力，属于非权威性法律文本翻译。但是我国目前的立法文本翻译是根据我国加入WTO时所做的信息透明化承诺，由官方机构（人大或政府机构）组织进行的官方翻译（official translation），代表着国家的形象和意志，在涉外法律事务中具有一定的法律效力。另外，我国的个别立法文本译本也有被作为平行文本的特例。如根据《中英联合声明》和《中华人民共和国香港特别行政区基本法》，香港以中英文双语立法，那么在香港施行的《中华人民共和国宪法》和《香港基本法》的译本对大陆而言是官方译本，而对香港来说就是具有同等法律效力的平行文本。因此，我们认为我

国的立法文本翻译是一种特殊的高权威性译本，就其目的和功能而言，一是实现法的功能，明确法律效力，起到定纷止争的作用，实现功能对等，其作用二是对外宣传法治建设的成果，为来华外国人提供法律信息，需要提高目的语读者的接受度，确保外宣的效果。

在明确和实现法的功能方面，立法文本译文中shall的滥用造成了其功能的歧义，导致法的生效出现困难。立法语言要实现其法的功能，就要保证该文本的法律功能的确定性，明确其使用范围和适用对象。美国法律起草之父Reed Dickerson（1986：15—16）指出，法律起草必须遵守"表达一致"原则，即用同一种方式表达相同的意义，用不同的方式表达不同的意义，保证在重复使用同一个词或术语时其意义一致，避免用同一个词表达一个以上的意义"。香港学者李克兴（2007a）也指出法律文本和文学作品不同，它不追求语言的变化和生动，而是要保持概念的同一性。立法文本需要保持表达的一致性，那么译本为了追求实现原文的"真实"也应当追求表达的一致性。然而在我国立法文本译文中，shall的使用情况非常复杂，造成其使用范围的扩大，功能的不确定，导致目的语的法律功能与源语的法律功能的产生错位。

例6：

如以后发现有的法律与本法抵触，可依照本法规定的程序修改或停止生效。　　——《中华人民共和国香港特别行政区基本法》第一百六十条

If any laws are later discovered to be in contravention of this Law, they shall be amended or cease to have force in accordance with the procedure as prescribed by this Law.

在例6中，原文中"可依照……"被译为"shall be ...by ..."，属于用shall来译"可"的比较少见的现象。李克兴（2007a：57）认为此处的"可"字属于立法者的误用，译者在翻译时使用shall是对原文的纠正。笔者认为此解释不妥，因为基本法是香港地区最重要的法律，地位仅次于宪法。香港使用英语为官方语言，该译文属于法律的平行文本，具有同等法律效力，一定是经过相关部门仔细斟酌的，译者应该不会擅自做出修改。且笔者观察自基本法中文和英文两

个版本颁布以来,并未就此处表述进行修法,可见此处的原文和译文在法律界并未受到质疑。另外,在法律文本中,shall 等于may 的情况有先例可循,美国的法院就曾裁决法律文本中的shall具有"指导性建议"的意义。(陈小全,2011:44)在例6中,英文译本中的shall具有原文中"可"所表达的建议的功能,从而使法的实施具有更多的转圜空间,在未来发现与基本法相抵触的法律时,可以有更多的选择来灵活处理问题。但是同时shall也有表达命令的作用,法的阐释者可以据此要求法的实施受到严格的限制,要求与基本法相抵触的法律均按规定的模式处理,从而扩大了法的效力,但也有可能造成未来处理问题时已有规定无法适应未来发展的情况。此处shall的使用容易造成法律生效过程中产生歧义,与立法定纷止争的目的背道而驰。

我国立法文本翻译还是对外宣传我国法治建设成果,对外提供法律信息的重要手段,应当关注译文在目的语读者中的接受度,然而译文中shall的使用为目的语读者的认知过程带来了"陌生化"感觉,降低了目的语读者的接受程度。立法文本译文中的shall所对应的源语通常是"应"或"应该",这种对应关系对于熟悉法律英语的律师、法官等法律相关人员中是一种惯例,无需多加说明。但是立法文本及其译本的读者群是不固定的目标群体,对于非法律专业群体来说,"应"或"应该"很好理解,但是shall却是一个比较陌生的词。通过查阅韦伯斯特词典,我们发现shall来自中世纪英语的"shal"和古英语"sceal",现代用法同will但是不如will常用。布赖恩·加纳(2005)在其关于法律文书写作的著作中提出shall在日常英语使用中,特别是在美国,非常罕见,即使使用也会使人感到古怪。与立法文本中另一常用词should相比,在译文中使用shall的译法给读者带来"陌生化"的感觉。Fowler(1996:58-71)在其以系统功能语言学为框架的语言学批评理论中指出"陌生化"最早由俄国学者Viktor Shklovsky提出,指通过使物体变"陌生",让形式变难,增加感知的难度及所需的时间,从而体现艺术的感染力。而在语言学中,"陌生化"是通过采用某些语言策略,引起读者对特定语境中的某一语言形式的注意,促使他们考量使用该语言形式背后的意义。在立法文本的译文中使用shall会给读者造成陌生感，进而引起读者的注意甚至是联想，导致读者更加关注shall而不是其之后的具体的法律内容，显然不利于读者顺利地去理解和获取法律信息，这与我们通过开展立法文本翻译工作进行对外宣传的目的背道而驰。

三、shall的操作规范失范分析

在讨论翻译规范时，图瑞（Toury，1995）提出了操作规范（operational norms）的概念，主要指译员在翻译活动中各种微观抉择，主要包含词语、句子、语篇结构等方面的各种翻译技巧的使用。操作规范是一种起限制作用的模式，它允许译员采取某些选择而禁止其他选择。这与后期切斯特曼提出的期望规范（expectancy norms）相似，受目的语读者对译文的期望约束，涉及的因素有目的语文化中的翻译传统、经济、意识形态、权力关系等，因此译者为获得读者的认可总是力争翻译文本在语言上更加符合目标语的形式及使用风格。（Baker，1993：11）在我国，立法文本的译者长期受到法律英语中滥用shall的痞子律师语言的影响，认为使用shall能够体现出译文的法律英语特征，使我国立法文本的译文接近原生法律英语，更加符合目的语读者的期待。而事实上，我国法律文本的译者在译文中过度使用shall，是对法律英语本身特点的误读，难以符合目的语读者的期望。

首先，与原生法律英语比较，我国立法文本译文中存在着shall使用过度的问题，表现为shall的使用具有垄断性和排他性。从BNC原生法律语料库的统计数据看，原生法律英语中shall的出现频率为0.06%，shall，must，may，should等4个情态动词的比例约为1：2.9：5.6：13.2，可见shall的使用并不具有排他性，其他情态动词的数量甚至超过shall。这些情态动词在法律英语文本中各司其职，有利于使法律的效力得到清楚明确的表达。而与原生法律英语语料库对比，我国立法文本译文语料库中的shall的出现频率为2.26%，约是原生语料库的38倍。并且shall与must，may，should等其他情态动词的比例约为161：9.3：36.4：1，这一情况与NBC的情况大相径庭，shall的使用频率远超其他情态动词，导致几乎将should挤出了译文，或者说shall部分替代了其他情态动词。我国立法文本翻译中，should的缺位现象特别明显，多数译者不喜欢用这个词。李克兴（2007a）甚至认为在立法文本中，should局限在各种合同文本的条件句中，表示if的概念。这种shall一家独大的现象不仅可能导致法律功能的缺失，而且将使我们的译文和原生法律英语文本间产生了巨大的风格差异，可能会导致目的语读者对译文的接受度下降。

其次，与原生法律英语相比，我国立法文本翻译中shall搭配了更多的功能词汇，使用搭配出现复杂化倾向。搭配研究的实质是"研究共现词汇之间关系"，可以揭示语言运用倾向。通常学界认为，母语和翻译文本中的搭配存在较大差异，而恰当的搭配是区别母语与非母语的重要语言标志。（武光军、王克非，2011）。翻译界学者认为通常翻译文本的搭配数量要小于原生文本，但是通过对比NBC语料库和自建翻译语料库，可以发现我国立法文本译文中shall的搭配在类连接种类和搭配类符合语义内涵范围上均高于原生语料库，这一结果符合某些学者（武光军，2012）关于特殊文本译文搭配丰富度高于原生文本的论断。

例7：

特种设备安全工作应当坚持安全第一、预防为主、节能环保、综合治理的原则。——《中华人民共和国特种设备安全法》第三条

The special equipment safety work shall adhere to the principles of safety first, giving priority to prevention, energy conservation and environmental protection, and broad-based control.

例8：

建筑工程依法实行招标发包。——《中华人民共和国建筑法》第十九条

A contract for a construction project shall be let through bid inviting according to law.

在以上两例中，shall的搭配方式在NBC语料库中均无发现，可以视为非常规搭配或非典型性搭配，这些搭配方式潜伏着或多或少的问题，可能影响译文的常规化程度。（Baker，1993）比如，在例7中，作为抽象名词的work只是句中形式上的主语，说某项工作具有某种责任或义务是不妥的，真正被赋予责任或义务的应该是句中未指明的某个施事主体，所以如果要用shall来表示责任，

则应该译为"the parties that carry out the special equipment safety work shall adhere to the principles of ..."。在例8中，使用shall加上被动语态来表示发包这一行为过程看似符合语法，但是句中仍然将合同这一无灵物体作为有"责任"或"义务"的施事者，并不符合法律英语中shall的使用规则。

最后，立法文本的翻译需要遵循目的语文化中法言法语的使用习惯，然而我们不能忽视这一习惯不是一成不变的，如果我们在翻译时不能与时俱进，就会造成我们译出的目的语文本成为过时的译本，被目的语读者怀疑或抵制。在法律英语中，受到法律英语简明化运动的影响，许多学者都提出要求废除或限制shall在法律英语中的使用（Asprey，1992），这些呼吁在英语系国家正在逐步成为现实。陈小全和刘劲松（2011）指出，在主要英语国家，法律英语简明化运动导致shall的使用率快速下降，英国、澳大利亚和加拿大的立法文本已经"融入不使用shall的潮流"了，美国多个州法律中也在全部清除shall。下面以英国2004年至2016年间颁布的全国性法律（UK Public General Acts）为例来说明英语立法语言驱逐shall的情况（见表3.2）。

表3.2

年份	立法文本数量	总字数	shall的数量	shall的出现频率	不用shall的文本数量	比例
2004	38	732957	1401	0.1911%	6	15.79%
2005	34	556628	1045	0.1877%	5	20.83%
2006	55	1151766	2185	0.1897%	12	21.82%
2007	31	624896	747	0.1195%	8	25.81%
2008	33	582724	775	0.1330%	7	21.21%
2009	27	743141	386	0.0519%	11	40.74%
2010	41	605566	127	0.0210%	25	60.98%
2011	24	398224	114	0.0286%	12	50.00%
2012	22	388016	77	0.0198%	15	67.18%
2013	33	325354	100	0.0307%	20	60.61%

（续表）

年份	立法文本数量	总字数	shall的数量	shall的出现频率	不用shall的文本数量	比例
2014	30	520884	123	0.0326%	18	60.00%
2015	37	434096	57	0.0131%	24	64.86%
2016	25	484358	88	0.0182%	15	60.00%

表3.2对英国2004年至2016年13个年份的立法文本统计显示，英国立法文本中shall使用率从2004年的0.1911%下降到2016年的0.0182%。特别是2006年至2010年期间，shall的使用率几乎是直线下跌（见图3.1）。不使用shall的立法文本比例从2004年的15.79%上升到2016年的60.00%，几乎是之前的4倍。其中2008年至2010年间，不使用shall的立法文本比例几乎是直线上升（见图3.2）。英国立法文本中shall使用率下降和不使用shall的立法文本比例上升，说明这一时期的立法文本起草者注意到了shall使用中的问题，并着手解决这一问题。这一进步显然与同时期诸多学者（Asprey，1992）的不断研究和呼吁有着密切的联系，也符合陈小全（2011）等学者对于法律英语简明化运动的影响的论述。但是，我们从图3.1和图3.2可以看出，在2010年后，英国立法文本中shall使用率虽然较低，已经接近可忽略不计，但是不使用shall的立法文本比例上升到60%左右后，就基本保持在该水平，没有继续上升。可见英国立法文本中shall的使用并没有完全被禁止或者取消，这与早前陈小全等学者的论述有部分出入。

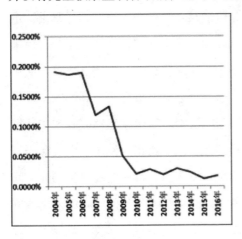

图3.1

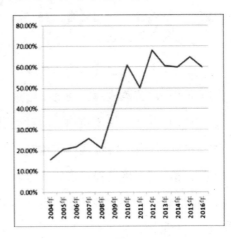

图3.2

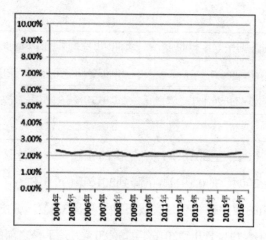

图3.3

通过对依然使用shall的立法文本做进一步分析，我们发现2010年后多个立法文本中出现的shall均是用于引用并修改以往法律条文，而不是出现在新制定的法律条款中。这是由于在简明化运动影响立法文本书写的同时，英美等国也在开展了法律英语改写运动，用简明的语言改写原法律文本，或在新法中修订原有法律中部分条款。如果在统计时，将用于法律改写的shall剔除，那么不使用shall的立法文本比例还将进一步上升。另外，目前依然使用shall的立法文本呈现出系列化现象。比如，2004年至2016年间，涉及finance或crime的立法文本几乎都在继续使用shall。对于同一系列立法文本长期使用shall的问题，笔者认为这与立法习惯有一定联系。在立法中，可能某一系列的立法文本通常由特定人员来起草。这部分人员如果没有意识到shall的使用问题，依然根据其习惯来起草立法文本，就会导致该系列立法文本中shall继续存在。随着法律英语简明化运动和法律英语改写运动的不断进行，这部分起草人员必将受到影响，最终放弃在立法文本中使用shall。面对英语国家立法文本简明化运动，我国在开展立法文本翻译时，各级翻译机构是否积极跟上，减少shall的使用，以确保语言特征变化被读者接受呢？本研究选取了国家、江苏、上海三方2004至2016年间的法律法规译文，发现其中所有文本均使用shall，且各年份间shall的使用频率在2%左右波动，并未有显著的变化（见图3.3）。可见我国立法文本翻译工作没有能够积极跟随法律英语简明化运动的脚步，减少立法文本中shall的使用，这将导致我们的译本与主流英语国家的立法文本产生较大的差异，降低目的语读者的接受度。

第三节　我国法律法规翻译中"shall"的统一和规范

我国法律法规翻译中长期大量的使用shall，对于翻译的质量造成了负面影响。虽然近几年来，一些学者也提出了质疑，但是总体上来说并未引起相关部门的重视，也未能提出有效的解决方案。因此我们不仅需要指出shall的使用失范，还要更深一步地挖掘其问题长期存在的原因，并对症下药，提出更加有效的解决方案。

shall的滥用问题长期存在，首要原因在于译者。从外部因素来看，我国法律文本的译者的主体地位很难得到充分发挥。无论是全国性的法律文本，还是地方性的立法文本，其译文的译者都是为相关机构工作的，他们受到比较严格的横向制约和纵向制约。横向制约指的是译员在开展翻译时通常要和其他译员和校对者合作，即使个别译员指出shall的使用问题，也常常会由于其他人员的意见而放弃，导致继续使用shall。纵向原因指的是在翻译过程中，由于考虑到立法文本的一致性，翻译文本的译者往往在翻译过程中参考以前译本，从而导致shall的使用被继承下来，一旦有译员放弃使用shall，就会被认为是破坏了文本的一致性。从内部原因来看，译者也对于shall的滥用负有很大责任。我国各级立法文本的译员队伍建设还很不完善。除全国人大、国务院（原）法制办和个别省市有专业立法文本翻译队伍，很多地方都是临时拼凑非专业人员或外包翻译任务，由于翻译人员缺乏专业知识，导致shall的滥用愈演愈烈。而目前在专业立法文本翻译队伍中，译员的专业培训和学习机会也不足，许多译员长期坚持传统译法，忽视对于法律英语的规律和发展情况的学习，导致我们的译文质量原地踏步，无法进一步提高质量。

shall的问题久拖不决的另一个主要原因在于国内的立法文本翻译参与的部门和人员众多，但是没有确立具有权威性的规范译法，各部门和各译者自行其道。国务院（原）法制办曾在十多年前发行过《法规译审常用句式手册》，供各级各地法律文本翻译工作人员使用，但是其中案例有限，且不乏一些译法有待商榷之处，且该手册以例句形式编写，并未明确指出shall的相关使用规则，参考时译者也无法辨别如何使用shall。除此之外，国内再无权威的规范了。因此，要解决shall的滥用问题，应当采取自上而下的方式，由国务院相关部门出台权威翻译规定，以便各地各级翻译部分参照执行。

如果要制定详细的规则来约束shall的使用，那么如何来制定合理的规则成为下一步我们面临的挑战。对于规范shall的用法，专家学者有不同的意见。一部分学者认为，应该严格限定shall的使用范围，根据法律强制性的强弱，将shall与"须""应""应当"对应，将must与"必须"对应。（李克兴，2007）另一些学者则认为，shall的滥用问题非常严重，应当完全将shall驱逐出立法文本，才能彻底解决其带来的各种歧义和误解。（陈小全、刘劲松，2011）笔者认为现阶段最佳的方案是完全清除shall，用must，should，may和will四个情态动词。

第一，这是与法律英语的习惯相接轨。前文中我们看到英美等国的立法中已经逐渐减少shall的使用，我们可以借鉴他们的做法。

第二，完全去除shall才能彻底解决shall滥用的遗毒。根据Hall（1992：23-35）对于交流模式的解释，文本的意义的实现依赖"编码—解码"的过程，读者的解码最终决定文本的意义。规范立法文本翻译中shall的使用，只是从编码这一环节进行了纠正。长期受到shall滥用的影响的读者，依然有可能按照旧的思维模式去解读shall，使读者对于立法文本的误解继续下去。只有全面替换shall才能解决问题。

第三，规范shall的使用不利于实现法的定纷止争的作用。比如按照李克兴（2007）所说，在使用shall的时候，可以用must来替换，以验证shall的使用是否准确。这就说明在立法文本中must和shall的作用没有本质区别，都是表示一种命令。既然是一种命令，那么施为的对象就应当无条件接受和执行。如果shall的力度低于must，那么是否认为该法条的命令可以不被执行，或有条件的被执行呢？这显然与shall表示命令的概念相违背。另外李克兴（2007a）认为shall应与"须""应""应当"对应，强制性低于must，但是其中差别也相当难以界定。Garner & Bryan（2003）指出shall的强制性的高低往往引起争议，有时甚至需要在司法判据中由法院来做出认定。因此我们应当选择功能划分更加清楚合理的情态动词，如用must来表示命令的概念，用should来表示指导性建议，用may来表示权利和许可。

第四章 法律法规中术语的翻译[①]

法律语言是司法公正的载体，法律语言区别于普通语言之处正在于其专业术语。法律专业术语"是法律语言中特有的词汇成员，正是由于它们的存在，才使法律语言具有了不同于一般语言的专业色彩"（杨淑芳，2003：37）。近些年来，随着文化"走出去"战略深入推进，法律文化在国际交流中扮演着越来越重要的角色，法律翻译为法律文化交流架起了一座沟通的桥梁，法律翻译也逐步走向翻译研究的舞台和中心，而法律法规专业术语的翻译也一直是术语翻译中的研究重点。翻译界、学术界之所以对法律专业术语研究倍加重视，一方面，在法律法规对外翻译的进程中，专业术语翻译不规范的现象还一直存在，专业术语翻译的规范化始终是常谈常新的话题，术语翻译规范的实践问题不解决，学术上的讨论与交流自然也不会停息；另一方面，随着比较语言学、中西法律语言与文化对比研究领域的深入拓展，人们对法律语言、法律专业术语的认识也愈加深刻，学者们对于术语翻译的不同声音也一直不绝于耳，一些专业词汇因为法律体系、国情制度、社会文化的差异，在翻译上还无法达成定论与共识。当然，学术争论的出发点都是为了法律文化交流取得更好的效果，总结过去法律翻译的得与失，为未来的法律翻译提供经验指导。我们相信，真理是越辩越明的，法律法规术语的规范化翻译也正是需要在讨论中逐步达成一致，在实践中借由多方的合力逐步推进。法律术语翻译是法律翻译的核心内

[①] 本章的部分内容曾发表在《西安外国语大学学报》2015年第3期，题目为"论英汉法律术语的'对等'翻译"，作者为董晓波。

容,"法律翻译者具备的核心素养就在于其具备的术语对应能力"(屈文生,2017:206),深入研究法律专业术语的翻译,对提高不同法律文化之间的表达效果和交际职能,具有非常重要的意义。无论如何,在法律文化交流愈加频繁、我国法律法规对外翻译需求越来越旺盛的时代背景下,法律法规专业术语的翻译都是法律翻译所应关注的焦点,值得更加深入、系统地研究。

第一节 法律法规中术语的概念、分类和特征

进入21世纪,术语研究越来越受到诸多学科的重视,术语与语言学、逻辑学、分类学、本体论、情报学等密切相关,几乎所有学科的专家都有必要关心术语学的问题。在应用语言学的各个分支学科中,还没有哪一门学科能够像术语学这样引起众多其他学科专家的注目和关切。无论是自然科学,还是社会科学,通过术语可以管窥学科的总体特征,术语也是区分学科差别的显著代表,法律专业术语也概莫能外。

一、法律法规术语的概念

在英美法系中,专业术语有不少同义词的表达方式,如"term, term of art, word of art, jargon"等,*Black's Law Dictionary*(Ninth Edition)对"term"的解释:"1. A word of phrase; esp., an expression that has a fixed meaning in some field<term of art>. 2. A contractual stipulation <the delivery term provided for shipment within 30 days >."(Garner, 2009:1608)对"term of art"的解释:"1. A word or phrase having a specific, precise meaning in a given specialty, apart from its general meaning in ordinary contexts. 2. Loosely, a jargonistic word or phrase. —Also termed *word of art*."(Garner, 2009:1610)《元照英美法词典》对"term of art"的解释是:"特定术语;特定用语。某一用语在特定的环境下有特殊的含义,法律领域中使用大量的特定用语。如'double jeopardy'在普通用法中指导致双重风险的情势,而在法律中则指同一罪行不受两次审判。将某一用语归入特定用语的行列将会产生法律上的后果。"(薛波,2003:1336)

《现代汉语词典》（第7版）对"术语"的定义很简单，即"某一学科中的专门用语"（中国社会科学院语言研究所词典编辑室，2016：1216）。按照推理，法律法规术语就可以定义为法律学科中的专门用语。然而，这样的定义还是略显宽泛，并不具备专业性，不触及法律专业术语的核心内涵。相较于词典给出的定义，学者们对术语也有更为详细的认识、理解和总结，比如，"术语是在特定学科领域用来表示概念的称谓的集合，是通过语音或文字来表达或限定科学概念的约定性语言符号，是思想和认识交流的工具。术语可以是词或词组，用来正确标记生产技术、科学、艺术、社会生活等各个专门领域中的事物、现象、特性、关系和过程"（王华伟、王华树，2013：119）。

法律作为一门科学，同其他科学一样，拥有自己专门的术语，这些专门术语表示法律科学所特有的事物（现象）和相应的法学概念。按照《法学大辞典》的解释，"法律专门术语"是法律工作者自理论和立法、司法等实践中所使用的、按照法学家的意愿形成的一种可与医学或工程学的词汇相比的精确的技术词汇，以有助于进行明确的思维和推理并提高法律效能。（邹瑜、顾明，1991：1039）《中华法学大辞典》对"法律专门术语"的解释是："法律专门术语是法律文件文本中表述某一概念的文字（词或词组），是创设规范、规范性文件的基本材料，专门法律术语属法律技术，有其特殊的涵义，是说明法的内容的技术手段，法律术语在法律技术中具有普遍的、基本的、不可少的意义，是在法律上反映立法者意志的初始环节。"（孙国华，1997：118）对法律专业术语进行定义，也需要凸显法律的专业化，触及法律语言的本质属性。

二、法律法规术语的分类

学术界在早期对法律专业术语的分类较为简单，比如，姜剑云（1994：35）着眼于词语的内部结构和外部功能，法律术语可以区分为"词"和"短语"两大类。随着语言学以及对比语言学的研究不断发展，学术界对法律术语的研究涉及的层面已经较为广泛，对其本质特性认识愈加深刻，既包括宏观性、概括性的理论研究，也包括微观性、非常细致的个体术语分析，对法律术语的分类研究的成果也较为丰富多样，比如：

潘庆云（1997：190）认为立法语言所用的词语不外乎两类：法律词语和普通词语，法律词语都有特定的含义和特定的适用范围，不能随意引申或用其他词语去取代。

李振宇（1998：22）认为法律词语包括法律术语和非法律术语，法律术语有完全法律术语和准法律术语之别，非法律术语有习惯语和文言词之分，法律词汇包括法律专有术语、借之于普通词汇的法律用语、形成法律语体特征的习惯用语。

刘跃敏（1999：39）将法律术语分为两类，一类是专用法律术语，只适用于法律事务和与之有关的场合，在其他场合不易出现的词语，一类是通用法律术语，既适用于法律事务及与之有关的场合，也适用于其他场合的法律术语。

刘蔚铭（2003b：13-14）将法律英语术语分为四类：（1）普通术语，已渗透到日常生活中，并逐步与一般词汇融合；（2）排他性术语，亦称"次术语"，排斥与法律概念无任何联系的普通涵义而保留特定的法律专门涵义；（3）专用术语，亦称"纯术语"，表示单一的法律概念，专业性最强，符合术语的单义性、准确性和所表达的概念严格分化三个基本特征；（4）借用术语，相关领域的专用术语大量涌入法律术语之中，许多已经站稳脚跟，占有非常固定的一席之地。

王力（2004：19-20）认为，法律专业词汇一般可以分为四类：（1）严格术语，指仅限于法律科学范围内使用的，意义精确、语义单一的语汇。它们构成了法律文书的骨干词汇成分。（2）赋义术语，指那类法律上赋予来自其他学科领域的术语以法律意义的术语。（3）限制性术语，指那些被有限制条件地吸收进法律文书中，用于丰富、补充文书形象化色彩及表达法律丰富感情的语汇。（4）兼用术语，是指在法律领域和其他社会领域都能兼用的语汇。

王东海，王丽英（2010：113-114）基于原型范畴对法律词汇进行分类，法律词汇按照本域专用术语（单义或复义）——边缘本域复义术语——典型借域通用术语——边缘借域通用术语——法意表达功能词——普通语篇词——全民词（或其他专科语域词）的顺序排列，呈现法律专业性减弱而全民性（或其他专科专业性）增强的梯度特点（见图4.1）。

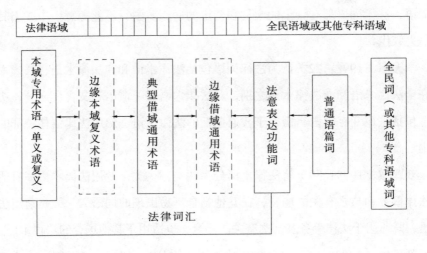

图4.1 法律术语原型范畴

三、法律法规术语的特征

（一）系统性

法律语言体系是法律文化的符号系统，法律文化是法律语言的成长背景。当今世界主要有大陆法系和英美法系两大法系，我国的法律体系是在成文法系基础之上形成的中国特色社会主义法系，既立足于中华法系的文化传统，又充分吸收大陆法系、英美法系的元素，兼容并包，兼收并蓄。"各法律语言均有一系列专用术语，这些术语固化了相应的概念，每种法律语言的一套专用术语相对应的是一套法律概念系统。与其他词语相比，法律专用术语更能够体现某一法律体系或体制的典型特征。"（杜金榜等，2004：73）法律术语的背后体现的是一整套法系的文化、制度以及思维方式，不可能孤立地存在于法系之外，我国的法律渊源包括宪法、法律、行政法规、地方性法规、民族自治法规、经济特区的规范性文件、规章、特别行政区的法律、国际条约、国际惯例，涉及"法""条例""办法""规定""决定"等基本法律形式和内容，而西方法律中并没有这些细分项，"法律术语代表的是完整的法律概念，这一法律概念是一系列元素经过长时间的积累沉淀，经过演变、淘汰，最后凝缩而成。法律概念又是法律系统的基本组成部分,某一概念与其他概念存在有机的联系,他们相互依存,相互制约。因此,理解和使用法律术语必须以整个法律系统为参照,以法律概念为支撑"(杜金榜,2004:87)。

(二)专业性

法律语言的专业化是指法律以专业语言表述的状态。(宋北平,2012:171)法律语言部分是由特定法律意义的词组成,部分是由日常用语组成。具有特定法律意义的词,在日常用语中即使有也很少使用,如"预谋""过失""非法侵害"等。除了具有特定法律意思的词外,很多在日常生活中普遍应用的词汇,一旦到了法律文本中,便具有了区别于日常意义的法律意义,这也就是我们常说的法律词汇的"专业性"。(董晓波,2015a:146)比如:

英语单词	日常意义	法律意义
adverse	相反的	非法的
battery	电池	伤害,人身攻击
condemn	谴责	判刑,定罪
declaration	声明、宣言	申诉书
exhibit	展出	物证
hear	听见	听审
immunity	免疫力	豁免权
leave	离开	休庭
proceed	进行	起诉
report	报告	揭发
sentence	句子	判决
undo	解开	勾引,诱奸
vacation	假期	休庭期
warrant	保证	拘捕令

……

法律作为具有强制功能的社会规则，需要一套表现其特征的语言，这就是法律专业语言。如果没有这样一套专业语言，就不能标明法律的属性，法律语言就与社会其他语言没有区别，法律也就不能称其为法律了。尽管法律语言专业化是法律得以成立的内在要求，但是，并不意味着越专业越好，过度专业化也会适得其反，与大众的距离只会越来越远，法律语言保持着专业化与大众化之间的距离平衡。"如果以数字比例显示，专业语言应该控制在10%至20%之间，即最低应不小于10%，最高应不大于20%，如果小于10%，基本上大众化了，法律语言的特征会基本消失；如果大于20%，公众会难于理解法律，法律的价值不易于实现。"（宋北平，2012：174）

（三）精确性

法律术语是中性词，不掺杂主观的感情色彩。准确性或精确性可以说是法律语言的生命与灵魂。（张法连，2017：70）所谓准确性，就是一个法律术语能够尽可能精确、简练地将其所反映的法律概念最直接地表述出来，而且要符合其所蕴含的法律事务或者现象的本质特征。法律语言务必要清晰明确，不模棱两可，以达到明确各方权利、义务的要求。比如，《中华人民共和国刑法》第九十二条规定，本法所称公民私人所有的财产，是指下列财产：（一）公民的合法收入、储蓄、房屋和其他生活资料；（二）依法归个人、家庭所有的生产资料；（三）个体户和私营企业的合法财产；（四）依法归个人所有的股份、股票、债券和其他财产。法律术语的准确性就在于其术语表达概念明确，语义界限明晰。法律是一门科学，科学性、准确性是客观性的前提，这就决定法律专业术语也具有客观性的一面，法律专业术语必须准确而又严密地用科学的语言反映法律学科领域事务的特点。

（四）单义性

"单义性是法律词汇最重要的特点，作为法律词语，在任何地方，都只能有一种理解，不能异地异义。"（李振宇，1998：18）作为法律词汇的核心部分，法律术语更具有单义性。一般而言，法律术语形成后，便有了特定的使用群体，含义相对固定，形成了形式上的确定性。即使一些形成时不很准确的术语，如果其内涵已经为人们熟知，也不宜再随意改动，法律术语的词义必须单一而固定，任何人在任何情况下必须对其有同一的解释，不仅法律专门术语要求词义单一，由民族共同语转化而来的法律词汇也必须表达单一的法律概念。（董晓波，2015b：108）法律语言，尤其是在立法中，要强调一个词语应当只有一个义项而不能有两种或多种含义，要强调意义固定，不能作多种解释，如"缓刑""假释""正当防卫"等术语，在刑法中有其固定的含义。

第二节 法律法规术语翻译存在的问题及其对策

尽管法律术语并不是法律语言的全部，但是，法律术语在法律法规中的地位至关重要，法律术语的翻译直接影响到法律文件翻译质量的高低，如果法律术语翻译出现偏差，有时将会导致读者曲解整条法律法规，从大处来说，会造成严重的法律纠纷，影响法律文化交流的效果与质量。当前，我国法律法规术语翻译还存在着不少问题，概括起来主要有以下几个方面：（1）术语翻译错误；（2）术语翻译有失准确性；（3）术语翻译不一致。

一、术语翻译存在的问题

（一）术语翻译错误

例1：物权法

国务院（原）法制办公布的《中华人民共和国物权法》英译本中，将"物权法"翻译为property law。（国务院（原）法制办公室，2009：53）比如：

第二条 本法所称物权，是指权利人依法对特定的物享有直接支配和排他的权利，包括所有权、用益物权和担保物权。

Article 2　The property right mentioned in this Law means the exclusive right enjoyed by the oblige to directly dominate a given thing according to law, which consists of the right of ownership, the usufruct and the security interest on property.（国务院（原）法制办公室，2009：54-55）

根据《元照英美法词典》，property的含义是：

"（1）所有权，一个人对某项财产享有的独占性支配权，由对财产的占有、使用和以出租、出借、设定担保、转让、赠与、交换等方式予以处分等'一束权利'。（2）财产，即所有权的客体，包括一切有金钱价值的物与权利，大体上可以分为有形财产与无形财产两类，前者指一切以物理形态存在的物体，如土地、房屋、家具、粮食等有形物；后者为各项财产性权利——如继承权、知识产权、损害求偿权等——及其他不以物理形态存在的事物。"（薛波，2003：1107）

由此可见，property的含义已经超出了"物"的范畴，而且，英语中Law of Property Act 对应的是英国的《财产法》（薛波，2003：791），"物权法"和"property law"之间并不对等。

那么，"物权法"究竟该如何翻译？我们不妨先弄懂"物权"的含义。

《精编法学辞典》对"物权"的解释：

> 可直接对物进行控制、利用和支配并排除他人干涉的权利。物权的特征：（1）内容只能由法律规定和创设；（2）客体是物；（3）客体须为特定物，种类物在未具体制定前只能为债权的标的，不得为物权的客体；（4）是支配权，权利人对其标的物可直接行使其权利，故又称对物权；（5）是绝对权或对世权，其义务主体为不特定人；（6）有排他性，在同一物上不能同时成立两个完全的所有权或两个性质不相容的物权；（7）有追及效力，即物权的标的物无论辗转于何人之手（如遗失、被窃等），权利人均可追随其物对占有人主张其权利；（8）客体是已经存在并已特定化的财产。（曾庆敏，2000：672）

《精编法学辞典》对"财产权"的解释：

> 具有一定物质内容或直接体现某种物质利益的权利。可分为有体财产权和无体财产权两大类。前者是以在自然界占有一定空间并能为人力所控制和利用的物为客体的权利，具体包括物权、债权和继承权。后者是以人类无形的精神产品利益为客体的财产权，即知识产权。财产权的主要特点

是：一般均无严格的人身性，可以依法自由转让；具有直接的经济内容，可以通过金钱进行衡量；受到不法侵害时通常应通过财产责任的方式进行补偿。财产权不但存在于民事关系领域，而且也存在于婚姻、劳动等法律关系中，如家庭成员间的扶养、抚养、赡养请求权，基于劳动关系而产生的劳动报酬、退休金请求权等。财产权是物质资料的具体分配形式在法律上的体现，不同社会有不同性质的财产权。（曾庆敏，2000：480）

事实上，"财产权"的含义已经超出了"物权"的范畴。再以一个例子说明，似乎更有启示意义：1998年出版的《中华人民共和国法律法规汉英对照词语手册》将"物证"翻译成"material evidence"。此种译法中，"物证"的"物"恰好对应了英文中"material"；而"物证"中的"证"又与"evidence"相配。这种译法貌似正确，但实际上其表达的意思却与所要表达的意思相距甚远。根据 Black's Law Dictionary（Ninth Edition）对"material evidence"的解释，该词实际上是指"evidence having some logical connection with the facts of consequence or the issues."（Garner，2009：638）其意思为"与案件的事实或结果存在逻辑关系的证据"，它既可能是言词证据也可能是实物证据。而汉语中的"物证"在英语中是另有专门的法律术语与之对应的，就是"real evidence"。根据 Black's Law Dictionary（Ninth Edition）对"real evidence"的解释，"physical evidence（such as clothing or a knife wound）that itself plays a direct part in the incident in question. — Also termed physical evidence"（Garner，2009：639），因此，"material evidence"中的"material"在此并非"物质"之义，其真正含义是"与案件有关的，且为证明案件真相所必需而非常重要的（证据）"。正是在这个意义上，将"material evidence"译为"实质上的证据或实质性证据"，而非"物证"。（董晓波，2015b：109）

既然"物证"应该翻译成"real evidence"，那么，再回到"物权法"的翻译，是不是可以用"real right law"来表达呢？根据 Black's Law Dictionary（Ninth Edition）对"real right"的解释："Civil law. A right that is connected with a thing rather than a person. Real rights include ownership, use, habitation, usufruct, predial servitude, pledge, and real mortgage."（Garner，2009：1437）再根据《元照英美法词典》，real right指的是"（大陆法）物权；对物权，其拉丁文为'jus in re'，指可以直接行使于物上的财产权，从而与人权（personal right/ jus ad rem）相对，后者只能要求债务人履行一定义务（债务），或在不履行一定义务（债务）时要求赔偿"（薛波，2003：1150）。

综上所述，我们认为可以将"物权法"译为"Real Right Law"。

例2：损害

第十九条　……异议登记不当，造成权利人损害的，权利人可以向申请人请求损害赔偿。　　　　　　　　　　　——《中华人民共和国物权法》

Article 19　If damages are caused to the oblige due to inappropriate registration of disagreement, the oblige may request the applicant to make compensation.

（国务院（原）法制办公室，2009：58-59）

在一般法律英语教材的术语案例分析中，damage和damages这两个词的区别经常会被拿来作为讨论的经典例子。根据*Black's Law Dictionary*（Ninth Edition）对"damage"的解释："loss or injury to person or property<actionable damage resulting from negligence>。"对"damages"的解释："money claimed by, or ordered to be paid to, a person as compensation for loss or injury <the plaintiff seeks $ 8,000 in damages from the defendant. >。"（Garner，2009：445）《元照英美法词典》对damage的解释是："*n.* 损害；伤害；破坏；损失。因为过失（negligence）、故意（design）或意外事故（accident）而非法侵害他人人身、财产等合法权益所形成的损失或伤害。"（薛波，2003：363）对"damages"的解释是："*n.* 损害赔偿；损害赔偿金；损害赔偿额。源于拉丁文'damnum'，意指一方当事人的行为致使另一方当事人的人身、财产或权益受损害，从而由前者向后者支付的用以作为赔偿或补偿的金钱。该词可用于指因侵权行为或违约行为而支付的损害赔偿金。"（薛波，2003：364）

所以，该例中之所以将"损害"翻译成为"damages"，或许是考虑到了损害的复数形式，但是，却忽视了"damages"作为法律专业术语，有其专门的内涵，即"损害赔偿金"。

例3：赡养费、扶养费、医疗费

第九十七条　人民法院对下列案件，根据当事人的申请，可以裁定先予执行：

（一）追索赡养费、扶养费、抚育费、抚恤金、医疗费用的；

……

——《中华人民共和国民事诉讼法》（2007年10月28日第十届全国人民代表大会第三十次会议《关于修改〈中华人民共和国民事诉讼法〉的决定》第一次修正）

Article 97　The people's court may, upon application of the party concerned, order advance execution in respect of the following cases:

（1）those involving claims for alimony, support for children or elders, pension for the disabled or the family of a decedent, or expenses for medical care;（国务院（原）法制办公室，2007：1245）

……

《精编法学辞典》对"赡养"的解释：

成年子女或晚辈为父母或长辈提供必需的生活资料和费用以及在生活上的帮助和照料。属广义的扶养。一切有负担能力的子女，不分男女、已婚或未婚，在父母需要赡养时，都应依法履行这一义务。子女对父母的赡养扶助义务，不仅发生在婚生子女和父母之间，而且也发生在非婚生子女与生父母之间、养子女与养父母之间，继子女与履行了抚养教育义务的继父或继母之间。赡养义务的期限到父母死亡为止。根据我国刑法的规定，对于有赡养义务和能力而拒绝赡养、情节恶劣的，应追究刑事责任。（曾庆敏，2000：1195）

然而，alimony是什么意思？*Black's Law Dictionary*（Ninth Edition）对其解释："A court-ordered allowance that one spouse pays to the other spouse for maintenance and support while they are separated, while they are involved in a matrimonial lawsuit, or after they are divorced. Alimony is distinct from a property settlement. Alimony payments are taxable income of the receiving spouse and are deductible by the payor spouse; payments in settlement of property rights are not."（Garner，2009：85）"指离婚或分居后或在离婚诉讼期间，配偶一方付给另一方的费用，通常由男方付给女方。美国有时对未婚或分居的配偶之间也判决给付生活费、扶养费；虽然通常意义上扶养费不包括付给子女的费用，但个别案件的判决中也将给子女的费用列入扶养费。"（薛波，2003：60）

《精编法学辞典》对"扶养"的解释：

> 通常由广狭两义。广义指一定亲属间一方基于身份关系，对无生活能力的另一方在物质上和生活上的帮助好照顾。包括平辈之间的扶养、长辈对晚辈的抚养以及晚辈对长辈的赡养。狭义专指夫妻之间在物质上和生活上的帮助和照顾。非亲属关系间也能产生"扶养"，如公民可以与扶养人或集体所有制组织签订遗赠扶养协议。（曾庆敏，2000：463）

"抚育费"自然就好理解一些，"是父母对未成年的或不能独立生活的子女的养育和照料"。综合我国法律法规的语境考虑，"赡养"是指子女对父母的关系，"扶养"是夫妻之间的关系，而"抚育"则是父母对子女的关系。在英美法系中，"child support"就是法律词汇，在 *Black's Law Dictionary*（Ninth Edition）中，其意思是"1. A parent's legal obligation to contribute to the economic maintenance and education of a child until the age of majority, the child's emancipation before reaching majority, or the child's completion of secondary education. 2. In a custody or divorce action, the money legally owed by one parent to the other for the expenses incurred for children of the marriage."（Garner，2009：274）所以，"赡养费""扶养费""抚育费"三组词汇所对应的英译文应当做出调整，即expenses for supporting parents, alimony, and expenses for child support。

《精编法学辞典》对"抚恤金"的解释：

> 国家发给伤残人员和死者家属具有慰问性和帮助性的费用。在我国，抚恤金主要分为：职工残废抚恤金，职工死亡抚恤金，革命工作人员伤

亡、病故抚恤金，革命军人牺牲、病故抚恤金，革命伤残军人抚恤金，民兵、民工伤亡抚恤金等。发放抚恤金有两种方式：（1）一次性抚恤金（一次发给）；（2）定期抚恤金（每月发给）。（曾庆敏，2000：463）

《元照英美法词典》对"pension"的解释中除了"养老金；退休金"的含义之外，第4条"<美>抚恤金，向已逝军人的遗孀、子女或被抚养人支付的费用"。同样，在英国也有"抚恤金申诉法庭（pensions appeal tribunal），专门受理战争抚恤金申诉案件的法庭"。（薛波，2003：1041）由此可见，中国的"抚恤金"所包含的意思要比英美法系的pension要广一些，对象不仅包括军人，也包括职工、民工、民兵等，原译"pension for the disabled or the family of a decedent"翻译出了这种概括性的含义，是可取的，毕竟要想做到面面俱到，囊括每一个细节的含义，必然会导致译文的烦琐，有失简洁，只好尽量做到近似对等。

最后，将"医疗费用"翻译为"expenses for medical care"有失简洁性。事实上，英美法中有对等的法律术语"medical expense"，*Black's Law Dictionary*（Ninth Edition）对其注释是："1. An expense for medical treatment or healthcare, such as drug costs and health-insurance premiums. 2. In civil litigation, any one of many possible medical costs that the plaintiff has sustained or reasonably expects to incur because of the defendant's allegedly wrongful act, including charges for visits to physicians' offices, medical procedures, hospital bills, medicine, and recuperative therapy needed in the past and in the future."（Garner, 2009：659）《元照英美法词典》对"medical expense"的解释是："医疗治理或保健护理所需的费用，可依纳税人的收入予以一定程度的减免税。一般做复数时，即指在民事诉讼中，原告因所诉称的被告的非法行为，所承受的任何可能的医疗费用，包括交通费、医疗费用、医院账单、药物费和恢复性治疗所需费用。"（薛波，2003：906）

例4：驳回

第三十八条　……异议成立的，裁定将案件移送有管辖权的人民法院；异议不成立的，裁定驳回。

——《中华人民共和国民事诉讼法》（2007年10月28日第十届全国人民代表大会第三十次会议《关于修改〈中华人民共和国民事诉讼法〉的决定》第一次修正）

Article 38　If the objection is established, the people's court shall order the case to be transferred to the people's court that has jurisdiction over it; if not, the people's court shall reject it.（国务院（原）法制办公室，2007：1245）

第一百五十三条　第二审人民法院对上诉案件，经过审理，按照下列情形，分别处理：

（一）原判决认定事实清楚，适用法律正确的，判决驳回上诉，维持原判决；

……

——《中华人民共和国民事诉讼法》（2007年10月28日第十届全国人民代表大会第三十次会议《关于修改〈中华人民共和国民事诉讼法〉的决定》第一次修正）

Article 153　After trying a case on appeal, the people's court of second instance shall, in the light of the following situations, dispose of it accordingly:

(1) if the facts were clearly ascertained and the law was correctly applied in the original judgment, the appeal shall be rejected in the form of a judgment and the original judgment shall be affirmed;

……　　　　　　　　　　（国务院（原）法制办公室，2007：1265）

这里将"驳回"翻译成为"reject"，而reject只是一个普通词汇，表示"拒绝；异议"的意思，英美法中"驳回"对应的单词为dismiss，意思为："1. 解雇；免职；开除 2. 驳回（起诉）；（未经开庭审理而）终结诉讼。"（薛波，2003：421）其名词形式则为"dismissal"，意思为："1. 终结诉讼；撤诉；驳回起诉，指未经进一步的审理，尤其是对所涉争议事项开庭审理之前终结诉讼或撤回请求。若原告在诉讼中未能维持其起诉，法庭可以驳回其起诉；在原告

举证之后，被告可以原告无救济请求权为由申请法庭驳回原告的起诉。"（薛波，2003：421）

例5：回避

第十二条　当事人在价格争议调解处理中享有下列权利：

（一）有权依法申请调解员<u>回避</u>；

……

第十四条　调解员有下列情形之一的，应当自行<u>回避</u>：

……

——《江苏省价格争议调解处理办法》

Article 12　The parties concerned in the mediation settlement of price disputes are entitled to the following rights:

（1）applying for the <u>withdrawal of mediators</u>;

...

Article 14　Under any of the following circumstances, the mediator shall <u>withdraw from the case on their own initiative</u>:

...

（江苏省人民政府（原）法制办公室，2018：398）

《精编法学辞典》对"回避"的解释：

<u>诉讼中与案件或案件当事人有直接或间接利害关系或者可能影响公正处理案件的司法人员及其他有关人员</u>，不得参加该案件的诉讼活动的制度。通常分为两类：一类是自行回避，另一类是申请回避。此外，在有的国家的司法实践中，还有决定回避，如我国，对于应当回避的人员，本人没有自行回避，当事人和他们的法定代理人也没有申请回避的，法院院长或者审判委员会有权决定其回避。而在有的国家，称其为职权回避。各国诉讼法均确立了回避制度，规定回避的情形、程序及有关事宜。但不同的国家，具体情况有别。（曾庆敏，2000：332-333）

Black's Law Dictionary（Ninth Edition）对"withdraw"的解释："*v.* 1. To take back（something presented, granted, enjoyed, possessed, or allowed）. 2. To retract（one's words）. 3. To refrain from prosecuting or proceeding with（an action）4.（of a lawyer）To terminate one's representation of a client before a matter is complete 5. To remove a juror 6. To leave or retire（from a community or society）7.（of a condition or immaterial thing）To vanish, depart."（Garner, 2009: 1739）《元照英美法词典》对"withdraw"的解释是："v. 1. 搬走 2. 从……取走 3. 从银行中提款 4. 从竞争或申请中退出。"对"withdrawal"的解释是："n. 1. 提取；支取；提款，尤指从银行或其他金融机构提走现金或有价证券。2. 撤回；撤销，如合同法中要约、承诺的撤回等。"（薛波，2003: 1421）可见，withdraw及withdrawal并不是"回避"的对等词。

那么，英美法中哪一个词更合适来翻译"回避"？根据 Black's Law Dictionary（Ninth Edition）对"disqualification"的解释："n. 1. Something that makes one ineligible; esp. a bias or conflict of interest that prevents a judge or juror from impartiality hearing a case, or that prevents a lwayer from representing a party."（Garner, 2009: 540）《元照英美法词典》对"disqualification for interest"的解释是："因利害关系而丧失资格，任何人如果与诉讼标的有任何直接的利害关系，他就丧失了参与审判的资格；如果他参与了审判，其参与将导致诉讼程序无效；除非他的这种利害关系已向诉讼各方宣告或已被诉讼各方知晓，且诉讼各方放弃了反对权。"（薛波，2003: 423）

由此可见，"disqualify v. 使……不适格；使……不适合；取消……的资格"（薛波，2003: 423），这个词更能体现出因利害关系受影响而不合适的意思。

（二）术语翻译有失准确性

术语翻译有失准确性，主要体现在四个方面：（1）以普通词汇翻译术语，并没有发现在英美法系中也存在着一些对等或者近似对等的术语；（2）术语选择不准确，或是选择了一个近义词，意思上并没有传达出术语的核心概念，或是并非最为准确的法律专业术语；（3）冗余性翻译，即本可以用一到两个对等的词汇直接表达出核心概念，却画蛇添足，或是使用了较长的短语对术语进行阐释性翻译，导致译文有失准确、简洁；（4）对拉丁词的术语不熟悉，在翻译时基本不会使用拉丁词，导致译文不够准确、简洁。

1. 以普通词汇翻译术语

语言是法律的载体，法律内容的表达受语言形式的制约，而法律是法律语言的实质存在，法律语言必须为法律内容服务，法律交流需要遵从"语言从法原则"，应在语言的各个层面得到体现，如用词、用句、谋篇布局、定义、解释、描述等。（杜金榜，2004：209）

例6：停留

第二条　中国公民出境入境、外国人入境出境、外国人在中国境内停留居留的管理，以及交通运输工具出境入境的边防检查，适用本法。

——《中华人民共和国出境入境管理法》

Article 2　This Law is applicable to the administration of exit and entry of Chinese citizens, entry and exit of foreigners, stay and residence of foreigners in China, and the exit/entry border inspection of transport vehicles.[①]

《中华人民共和国出境入境管理法》的英译文将"停留"译为"stay"这个普通词汇。根据 Black's Law Dictionary（Ninth Edition），"stay"在法律英语中的含义是："1. The postponement or halting of a proceeding, judgment, or the like. 2. An order to suspend all or part of a judicial proceeding or a judgment resulting from that proceeding— Also termed *stay of execution*; *suspension of judgment*."（Garner，2009：1548）"v. 中止，延迟，暂缓。n. 停留；中止；诉讼中止，可以是中止整个诉讼的进行，也可以只是中止诉讼的某一阶段，如中止对判决的执行。如stay of action诉讼中止，stay of execution 执行中止。"（薛波，2003：1293）

"'stay'一词在其英译中取其日常含义，却要上升到法律术语的高度，但在英美法系中，却很明显具有其他的法律释义。这一翻译术语的选择，违反了法律术语单义性的特点，会在法律文化交流和借鉴的过程中产生歧义。"（赵鹏荣，2017：46）在法律英语中，另有"sojourn"这个专业术语可以用

---

① 英译文来自国家移民管理局网站http://www.mps.gov.cn/n2254996/n2254998/c4221559/content.html（2022-10-9检索）。

来表示"停留",根据 Black's Law Dictionary(Ninth Edition)其意思为:"A temporary stay by someone who is not just passing through a place but is also not a permanent resident<she set up a three-month sojourn in France>."(Garner, 2009:1519)"sojourn v. 逗留;旅居 sojourning n.逗留;旅居,指短时间内的居住,不同于长久居住,但要比旅行[travel]的含义更宽泛。"(薛波,2003:1269)

例7:笔录

第六十三条　证据有下列几种:

……

（七）勘验笔录

——《中华人民共和国民事诉讼法》(2007年10月28日第十届全国人民代表大会第三十次会议《关于修改〈中华人民共和国民事诉讼法〉的决定》第一次修正)

Article 63　Evidence shall be classified as follows:

...

(7) records of inspection（国务院（原）法制办公室,2007:1234-1235）

第七十三条　勘验人应当将勘验情况和结果制作笔录,由勘验人、当事人和被邀参加人签名或者盖章。

——《中华人民共和国民事诉讼法》(2007年10月28日第十届全国人民代表大会第三十次会议《关于修改〈中华人民共和国民事诉讼法〉的决定》第一次修正)

Article 73　The inspector shall make a written record of the circumstances and results of the inspection, which shall be duly signed or sealed by the inspector, the party concerned and the participants requested to be present.

（国务院（原）法制办公室,2007:1236-1237）

《精编法学辞典》对"笔录"的解释:

记载诉讼活动的文书。是司法机关固定证据和保存诉讼资料以备检查诉讼活动的合法性的必要手段。适用的范围很广，如司法人员询问当事人、证人，进行勘验、检查、扣押、搜查，审理案件、执行死刑等，依法都要制作笔录，以文字记载实施诉讼活动的全部情况。笔录是案卷材料的重要组成部分，具有证据作用。笔录必须在与其他证据印证、核实后，才能作为证据使用。通常在实施诉讼行为中当场制作，并要严格遵循法律规定的程序。例如在讯问被告人、询问证人时制作的笔录要向被告人、证人宣读，或交其本人阅读，允许他们改正或补充。经确认无误后，应让其签名或盖章。最后要由有关人员签字盖章，注明日期。经签字或盖章的笔录，司法人员不得随意删减或增加内容。（曾庆敏，2000：948）

事实上，英美法律中跟"笔录"直接对应的词汇是"transcript"，根据 Black's Law Dictionary（Ninth Edition）："A handwritten, printed, or typed copy of testimony given orally; esp. the official record of proceedings in a trial or hearing, as taken down by a court reporter."（Garner, 2009：1636）"（1）抄本；誊本；副本；（2）庭审记录，由法庭记录员对庭审或听审过程所作的正式记录，也称'report of proceedings'；（3）证言笔录。"（薛波，2003：1353）

例8：优先购买权

第一百零一条　按份共有人可以转让其享有的共有的不动产或者动产份额。其他共有人在同等条件下享有优先购买的权利。

——《中华人民共和国物权法》

Article 101　A co-owner who shares ownership of the immovables or movables shall have the right to transfer his own share. The other co-owners shall have the priority to purchase under equal conditions.

（国务院（原）法制办公室，2009：78-79）

用"the priority to purchase"来翻译"优先购买权"，其实是用普通词汇解释术语，而不知道法律英语中有"preemption"这个专门的术语。《元照英美法词典》对"preemption"的第一个解释："<美>优先购买权；先买权；（通过抢先占用等取得的）公共土地优先购买权。"（薛波，2003：1077）根据 *Black's Law Dictionary*（第九版）对"preemption"的解释："1. The right to buy before others. 2. The purchase of something under this right. 3. An earlier seizure or appropriation. 4. The occupation of public land so as to establish a preemptive title."（Garner，2009：1297）对"right of preemption"的解释是："A potential buyer's contractual right to have the first opportunity to buy, at a specified price, if the seller chooses to sell within the contracted period."（Garner，2009：1439）

例9：注销登记

第四十六条　企业法人终止，应当向登记机关办理注销登记并公告。

——《中华人民共和国民法通则》

Article 46　When an enterprise as legal person terminates, it shall cancel its registration with the registration authority and publicly announce the termination. （陈忠诚，2008：53）

以"cancel its registration"来翻译"注销登记"，也是用普通词汇来解释术语，而不知道英美法系中还有"deregister"这个术语。根据 *Black's Law Dictionary*（Ninth Edition）对"deregistration"的解释："The point at which an issuer's registration under section12 of the Securities Exchange Act of 1934 is no longer required because of a decline in the number of holders of the issuer's securities. Deregistration is triggered when the number of holders falls below a certain number or when required by an administer order. —deregister, vb."（Garner，2009：508）《元照英美法词典》对"deregistration"的解释："<美>撤销注册，根据1934年《证券交易法》第12条的规定，注册的证券发行人，若其证券持有人降至一定数量，不再需要注册，则撤销对该证券发行人的注册。"（薛波，2003：404）

所以，原句的翻译就可以改为：In the event of its termination, an enterprise-juristic person shall get itself deregistered and its termination announced.（陈忠诚，2008：53）

总之，不同于一般语言，法律语言具有相当的权威性和约束力，从而自成完整的体系。只有尽量运用法言法语,才能使所译法律术语真正融入目的语法律文化,轻易使用一般语言,例如,弃置英美法律术语"administrative agent",却将"行政机关"译成"administrative organ"等,这些生硬堆砌的词汇很难为英美法律文化所接受。(滕超、孔飞燕,2008:63)

2. 术语选择不准确

例10:从物、从合同

第一百一十五条　主物转让的,从物随主物转让,但当事人另有约定的除外。

——《中华人民共和国物权法》

Article 115　Where the principal part of a thing is transferred, the ancillaries shall be transferred long with it, except where the parties concerned agree otherwise.　　　　(国务院(原)法制办公室,2007:80-81)

法律英语中主从关系一般就用"principal"和"accessory"。"ancillary"只有形容词的词性,其意思为"supplementary; subordinate"(Garner, 2009:101)而"accessory"本身即可以作为名词,《元照英美法词典》的注释是:"附属物;从物。作为装饰或使其更完美而结合在另一物之上的物;作为附属或从属而与另一物结合在一起的物。"(薛波,2003:11)"principal"作为名词,并没有"主物"的意思,只有"主犯"。(薛波,2003:1090)原译将"主物"翻译成为"principal part of a thing",回译过去则成为"物的主要部分",我们建议将"主物"译为"principal thing",将"从物"译为"accessories"。再如:

第一百七十二条　……担保合同是主债权债务合同的从合同。

——《中华人民共和国物权法》

Article 172　A guarantee contract is an ancillary contract of the principal claim-debt contract.　　　　(国务院(原)法制办公室,2007:94-95)

这里将"从合同"翻译为"ancillary contract",ancillary的确有"辅助的;补充的;附属的;从属的"(薛波,2003:72)意思,却不知道法律英语中有专门的"accessory contract",根据 Black's Law Dictionary (Ninth Edition),其意思为"A contract entered into primarily for the purpose of carrying out a principal contact. The principal types are suretyship, indemnity, pledge, warranty, and ratification."（Garner，2009：366）《元照英美法词典》对其解释为："从合同，为确保主合同得以履行而订立的从属性合同，该合同与主合同的当事人可以是相同的人也可以是不同的人，如保证合同、担保合同、抵押合同。"（薛波，2003：12）

例11：委托

第三十二条　犯罪嫌疑人、被告人除自己行使辩护权以外，还可以委托一至二人作为辩护人。──《中华人民共和国刑事诉讼法》（2012年修正）

Article 32　In addition to defending himself or herself, a criminal suspect or defendant may retain one or two defenders.[①]

第四十三条　在审判过程中，被告人可以拒绝辩护人继续为他辩护，也可以另行委托辩护人辩护。──《中华人民共和国刑事诉讼法》（2012年修正）

Article 43　At trial, a defendant may refuse to continue retaining a defender and may retain another defender.[②]

第二十条　鉴定机构统一受理鉴定委托。

──《江苏省司法鉴定管理条例》

Article 20　Appraisal institutions shall be entrusted for appraisal in a unified way.

（江苏省人民政府（原）法制办公室，2018：78）

第二十一条　委托人不得就同一鉴定事项同时委托两个以上鉴定机构进行鉴定。

──《江苏省司法鉴定管理条例》

Article 21　The client shall not entrust over two appraisal institutions at the same time for one appraisal item.

（江苏省人民政府（原）法制办公室，2018：80）

[①] 英译文来源于北大法宝，英文栏目http://www.pkulaw.com/english/。（2022-10-1检索）
[②] 英译文来源于北大法宝，英文栏目http://www.pkulaw.com/english/。（2022-10-1检索）

《精编法学辞典》对"委托代理"的解释：

依其代理的性质可分为民事活动中的委托代理、行政活动中的委托代理等。委托代理人的代理权取决于委托人的授权行为。术语单方的法律行为，仅凭受托人的单方意思表示即可发生授权的效力，毋需取得代理人的同意。在委托人实际授权之前双方通常应先行签订委托合同。委托合同的无效或撤销，在委托授权未被撤销的情况下，并不影响代理人同第三人所实施行为的效力，被代理人对该代理活动所产生的法律后果仍应负责承受。（曾庆敏，2000：676）

由其定义可以看出，"委托"的核心内涵在于"授权"，而"retain"的意思是"v. 保持；保留；聘用（顾问、律师）。"（薛波，2003：1193）根据 *Black's Law Dictionary*（Ninth Edition）对"entrust"的解释是："To give (a person) the responsibility for something, usu. after establishing a confidential relationship."（Garner，2009：613）所以，retain与entrust这两个词所含有"授权"的意思并不明显。

与"授权"同等的法律英语词汇有"authorize"，根据 *Black's Law Dictionary*（Ninth Edition）对"authorize"的解释："v. 1. To give legal authority; to empower <he authorized the employee to act for him>. 2. To formally approve; to sanction<the city authorized he construction project>."（Garner，2009：153）《元照英美法词典》对"authorize"的解释："1. 授权，委托，2. 认可，委任，批准，审定。"（薛波，2003：120）而"authority"还有"3. 代理权；授权；许可，指某人授予另一人从事某种行为的权限和权力。被授权者成为代理人[agent]，授权者称为本人或被代理人[principal]。"（薛波，2003：119）

例12：传讯

第六十九条　被取保候审的犯罪嫌疑人、被告人应当遵守以下规定：

　　……

　　（三）在传讯的时候及时到案；

第七十五条　被监视居住的犯罪嫌疑人、被告人应当遵守以下规定：

……

（三）在传讯的时候及时到案；

——《中华人民共和国刑事诉讼法》（2012年修正）

Article 69　A bailed criminal suspect or defendant shall comply with the following provisions:

...

（3）appearing before court in a timely manner when summoned;

Article 75　A criminal suspect or defendant under residential confinement shall comply with the following provisions：

...

（3）appearing before court in a timely manner when summoned;①

第一百一十七条　对不需要逮捕、拘留的犯罪嫌疑人，可以传唤到犯罪嫌疑人所在市、县内的指定地点或者到他的住处进行讯问，但是应当出示人民检察院或者公安机关的证明文件。对在现场发现的犯罪嫌疑人，经出示工作证件，可以口头传唤，但应当在讯问笔录中注明。

——《中华人民共和国刑事诉讼法》（2012年修正）

Article 117　A criminal suspect for whom an arrest or detention is not necessary may be summoned to a designated place in the city or county where the criminal suspect resides or his or her residence for interrogation, but credentials from the people's procuratorate or public security authority shall be produced. A criminal suspect discovered on the scene may be verbally summoned after a work pass is produced，but it shall be noted in the interrogation transcript.②

---

① 英译文来源于北大法宝，英文栏目http://www.pkulaw.com/english/2022-1。（2022-10-1检索）
② 英译文来源于北大法宝，英文栏目http://www.pkulaw.com/english/。（2022-10-1检索）

这里的译文将"传唤"与"传讯"均翻译为"summon",并未做区分,但是,第一百一十七条中出现了"传唤……进行讯问",则翻译为"summon...for interrogation"。

根据《精编法学辞典》对"传讯"的解释:"司法机关传唤犯罪嫌疑人、刑事被告人按照指定的时间到达指定的场所接受讯问的措施。"(曾庆敏,2000:337)对"传唤"的解释:

> 司法机关指定诉讼当事人或其他有关人员在指定的时间到达指定的场所接受讯问或者询问的措施。具有一定的强制性。在古罗马,传唤是原告或法院通知被告于指定的日期诉讼的程序。在"法定诉讼"时期,原告欲起诉被告,应亲自传唤被告。在"程式诉讼"时期并未废止原有传唤的规定,但实际上对拒绝出庭的被告已改由大法官处以罚金,如被告仍置之不理或隐匿不出,则由原告请求大法官裁定准其占有被告的财产,并于必要时出卖。大法官法还规定,传唤时原告应告知被告起诉的内容和证据,以便被告决定和解或准备应诉。在"非常诉讼"时期,传唤已由自力救济逐步过渡到公力救济,由法院办理。在现时,传唤当事人时,通常使用传票,并依法先期送达。许多国家法律规定,被传唤的人,无正当理由不接受传唤,可以对其进行拘传。在我国刑事诉讼中,传唤的对象是当事人。
> (曾庆敏,2000:338)

根据 Black's Law Dictionary(Ninth Edition)对"summon"的解释:"to command (a person) by service of a summons to appear in court."(Garner,2009:1574)《元照英美法词典》对"summon"的解释:"*v.* 传唤;送达传票,指告知被告人已有人向他提起诉讼,并要求其在指定时间和地点对控告作出答复的行为。"(薛波,2003:1310)

Black's Law Dictionary(Ninth Edition)对"interrogation"的解释:"The formal or systematic questioning of a person; esp. intensive questioning by the police, usu. of a person arrested for or suspected of committing a crime."(Garner,

2009：895）《元照英美法词典》对"interrogation"的解释："*n.*（刑事）讯问，通常指警察通过向被逮捕的或被怀疑有犯罪行为的嫌疑人提问来查明其是否真正犯有罪行的程序。在英国，讯问一般按法官规则[Judges' Rules]进行。警察决定指控某人时，应在讯问或进一步讯问之前告知其有保持沉默的权利，如果犯罪嫌疑人回答，其陈述将被记录下来，并可能在庭审时作为证据提出。在美国，最高法院确立了一系列规则以规范对犯罪嫌疑人的讯问，如米兰达规则[Miranda Rule]。"（薛波，2003：722-723）

所以，为了区别"传讯"和"传唤"，我们建议将"传讯"翻译为"summon for interrogation"。

例13：司法鉴定

第二条　本条例所称司法鉴定，是指在诉讼活动中鉴定人运用科学技术或者专门知识对诉讼涉及的专门性问题进行鉴别和判断并提供鉴定意见的活动。　　　　　　　　　　　　——《江苏省司法鉴定管理条例》

Article 2　The judicial appraisal as mentioned in these Regulations refers to the activity of an appraiser who uses science and technology or special knowledge in a lawsuit to verify or judge a special issue involved in the lawsuit and provides his appraisal opinions.

（江苏省人民政府（原）法制办公室，2018：72）

江苏省（原）法制办公室对"司法鉴定"给出的英译本是"judicial appraisal"，这个英译本是不是就传达出了"司法鉴定"的含义？

根据《精编法学辞典》对"鉴定"的解释：

司法机关指定或者聘请具有专门学识和经验并与案件无关的人，运用专门知识和科学技术，鉴别和评定有关案件的某些专门性事项的措施。是查明案情、辨别和确定与案件有关事实真伪的手段之一。在刑事诉讼中，适用鉴定的范围较广。凡是与刑事案件有关的、有可能证明犯罪嫌疑人、被告人有罪或无罪的各种物品、痕迹、尸体、文件等都是鉴定的对象。如为了确定被害人的死因、死亡时间等，可进行法医学鉴定；为了确定犯罪嫌疑人、被告人是否患有精神病，可进行司法精神病学鉴定；还可根据具体需要鉴定笔迹、指纹、毒物、账目等。各国法律规定的需要鉴定的事项大同小异。有的国家对于鉴定规定得比较详细。在鉴定时，依法应当向鉴定人提供鉴定需要的材料，告知具体要求等。一般在侦查阶段由侦查人员决定鉴定，在审判阶段由审判人员决定鉴定。鉴定人鉴定后，应当写出鉴定结论，并签名。用作证据的鉴定结论，应当告知当事人。当事人有权要求鉴定人回避，对于鉴定结论可以提出异议，申请重新鉴定或补充鉴定。在法庭审理中，当事人和辩护人都可以申请重新鉴定。在民事诉讼法和行政诉讼法中有关鉴定的规定的精神，同刑事诉讼法大致相同。<u>在民事审判和行政审判中常见的鉴定有：技术鉴定、文书鉴定、医学鉴定、化学鉴定、对行为能力的鉴定、会计鉴定等。</u>（曾庆敏，2000：1137）

而根据 *Black's Law Dictionary*（Ninth Edition）对"appraisal"的解释："1. The determination of what constitutes a fair price; valuation; estimation of worth. 2. The report of such a determination."（Garner, 2009: 117）《元照英美法词典》对"appraisal"的解释："*n.* 1.鉴定；评估；估价。<u>对各种资产，如房屋、文学作品等，或对负债、义务的价值进行鉴定评估</u>。鉴定评估过程中要考虑无利害关系的专家的意见，而不是受明显的市场交易影响。在公司法中，为保护小股东利益，在小股东对公司兼并等重大交易有异议时，法院可通过估价程序对小股东股份进行估价，公司应按法院确定的价款以现金对股东进行支付。2. 评估报告；估价书。"（薛波，2003：85）

由此可见，我国法律法规中的"司法鉴定"涉及的范围较广，而appraisal的指向性很明确，主要是各种财产、价值的评估，这与"司法鉴定"需要鉴定的范围并不对等。

那么，还有没有其他表示"鉴定"的英文词汇？我们在北大法宝的英文栏目中（http://en.pkulaw.cn/2022-2-1检索）以"司法鉴定"为关键词搜索，发现相应的英译文有judicial appraisal, forensic identification, forensic assessment, judicial authentication, judicial experts（司法鉴定人），"judicial expertise"

(司法鉴定机构)等。对这些词汇具体的比较如下:

"forensic *adj.* 关于法庭的;属于法庭的;司法的。如,forensic engineering 司法工程学,forensic hypnosis 司法催眠术,forensic linguistics 司法语言学,forensic medicine 法医学,forensic pathology 司法病理学,forensic psychiatry 司法精神病学,forensic science 司法鉴定学,等。"(薛波,2003:568)

"judicial *adj.* 1. 法院的;司法的;审判的;2. 法庭上的;3. 法律上的;合法的;4. 判决上的。"(薛波,2003:748)

"identification *n.* 鉴定;识别;认定同一;辨认;验明。证明某个被指控犯有某项罪行的人确是该罪犯或某项被提交到法庭之物正是该存在争议之物或诉讼所涉之物,或认定两种笔迹同一,以及查明诉讼中涉及的某人的身份等的过程。比如,identification of instrument 文件的鉴定。"(薛波,2003:657)

"authentication *n.* 1. Broadly, the act of proving that something (as a document) is true or genuine, esp. so that it may be admitted as evidence; the condition of being so proved<authentication of the handwriting>. 2. Specif., the assent to or adoption of a writing as one's own."(Garner,2009:151)"(证据法)鉴定,认证。指确认法律、记录或书面文件等的真实性或权威性,从而使其可以作为证据被采纳。"(薛波,2003:119)

"assessment *n.* 1. 估价;评定 2. 估定(份额)3. 派缴额外股款 4. 损害赔偿的确定 5. 土地补偿的确定 6. 追征金 7. 环境影响评价。"(薛波,2003:105)

"expert *n.* 专家 通过教育或经验而获得在某一领域普通人所不具有的专门知识或技能的人。expert evidence <英>专家证据 指具有专门知识或技能的人,如医生、精神病专家、药物学家、建筑师、指纹专家等,依据其知识或技能对案件中的有关问题提供的意见证据。专家不一定是该专业方面的权威,但在该专业方面必须具备一定的经验和资格。在只有专家意见才能帮助法官或陪审团解决争议问题的情况下,专家意见是可以被采纳为证据的。另外还有 expert testimony(专家证言),expert witness(专家证人)。"(薛波,2003:515)

还有,《精编法学辞典》对"鉴定人"的解释:

被指派和聘请运用专门知识或技术分析、研究、鉴别案件中的专门性事项并作出判断结论的人。鉴定人通常应具备的条件是：（1）具有专门知识或是掌握一定技能。（2）与案件本身没有利害关系。在有些国家，鉴定人成为专家证人，是证人的一种。在有些国家，鉴定人与证人有区别。在我国，鉴定人和证人都是诉讼参与人。他们的区别是：（1）<u>鉴定人必须具有解决案件中某一专门性事项的知识和技术，在未被指定或聘请为鉴定人以前，毋需了解本案情况</u>；证人必须是直接或间接了解案件情况并具有证人资格，但毋需有专门知识和技术。（2）鉴定人不是案件事实决定的，可以任选、更换；证人是案件事实决定的，不可以任选，具有不可替代性。（3）诉讼权利和义务不完全相同。鉴定人在法定情形下，应当依法回避，而证人毋需回避。确定鉴定人，通常是由司法机关依法指派或者任选。鉴定人依法参加诉讼活动，享有一定的权利和履行一定的义务。鉴定人的权利是：要求告知需要鉴定的内容和提供鉴定材料，可以自行决定采用何种鉴定方法和手段。我国法律规定，鉴定人在鉴定后，应当写出鉴定结论并签名。（曾庆敏，2000：1137-1138）

通过以上比较可以发现，"英美在使用'司法鉴定'词意时，多侧重于科学分析的'forensic'表示'司法'，而不用'judicial'，以强调证言为专家证人证言，属于经过科学分析的证言。在我国，已有相关法律将鉴定意见明确归为证据中的一类，并将提交鉴定相关事项作为法律程序的一环，可将'司法鉴定'中的'司法'以为'judicial'，强调其具有法律性以及鉴定意见的法定性，而非一般意义上的科学鉴定"（左勇志等，2014：109）。

在表示"鉴定"的概念上，"appraisal"多是财产的鉴定、评估，"assessment"也以"评估、评价"为核心意义，"authentication"主要是侧重于真实性或权威性，这些词可以说都是需要"鉴定"内容的其中一部分，并不能完全表达出"鉴定"的全部意义，然而，"identification"的内涵相较于其他几个单词的涵义稍微广泛一些，judicial identification可以作为"司法鉴定"的近似对等词。至于"鉴定人"被翻译成为"judicial expert"，而回译过来就成了"司法专家","鉴定"之意消失殆尽,我们建议,将"鉴定人"翻译为"judicial identification expert"(司法鉴定专家)。

例14:采信

第四十二条　投诉事项具有下列情形之一的,司法行政部门不予受理:

　　(一)投诉事项已经司法行政部门处理,或者经行政复议、行政诉讼结案,没有新的事实和证据;

　　(二)对人民法院采信或者不予采信鉴定意见有异议;

……

——《江苏省司法鉴定管理条例》

Article 42　The judicial administration department shall deny the complaint under any of the following circumstances:

　　(1) where the complaint has been handled by the judicial administration department or the case of administrative reconsideration or administrative lawsuit is closed and there are no new facts and evidences;

　　(2) having objection to the fact that a people's court accepts or denies the appraisal opinions; ...

——江苏省人民政府(原)法制办公室,2018:88

《现代汉语词典》(第7版)对"采信"的注释是:"相信(某种事实)并用来作为处置的依据,比如,被告的陈述证据不足,法庭不予……/ 这组数据不提准确,不宜……"(2016:120)在法律语境中,采信的是"证据",采信必须和证据相关。而accept和acceptance在法律英语中的意思并不是证据。《元照英美法词典》对"accept"的解释是:"v. 1.接受;保留;收受,其含义不仅指收到[receive],而且有保留的意图。它也可指同意执行某项条款。2. 承认;认可;同意;答应;3. 承兑。"(薛波,2003:10)"acceptance"除了有"接受;同意;赞同"这样的普通意思之外,在商务合同语境下则是"1. 受领;接受货物 2. 承诺 3.承兑 4. 已承兑汇票 5. 承保"之意。(薛波,2003:10) *Black's Law Dictionary*(第九版)对"acceptance"的注释是:"1. An offeree's assent, either by express act or by implication from conduct, to the terms of an offer in a manner authorized or requested by the offeror, so that a binding contract if formed. 2. A buyer's assent that the goods are to be taken in performance of a contract for sale. 3. The formal receipt of and agreement to pay a negotiable instrument. 4. A negotiable instrument, esp. a bill of exchange, that has been accepted for payment."（Garner, 2009: 13）

法律英语中"采信"的对等词是什么？《元照英美法词典》对"admissibility"的解释是："*n.*（证据的）可采性。指具有在庭审、庭审或其他程序中被允许作为证据提出的品质或状况。证据的可采性部分取决于有关法律或诉讼规则的规定，部分取决于证据本身与待证事实是否具有相关性。同一证据可能为此目的具有可采性，而为另一目的则不具有可采性。错误地采信或排除证据可构成上诉的理由。""admissible"的意思是："*adj.* 可采纳的；可采信的；可接受的"。（薛波，2003: 37）*Black's Law Dictionary*（Ninth Edition）对"admissibility"的解释："The quality or state of being allowed to be entered into evidence in a hearing, trial or other official proceeding." 对"admissible"的解释："1. Capable of being legally admitted; allowable; permissible <admissible evidence>. 2. Worthy of gaining entry or being admitted <a person is admissible to the bar upon obtaining a law degree and passing the bar exam>"。（Garner, 2009: 53）而且，admissible evidence 也是一个固定的法律短语，其意思为："可采纳的证据；可采信的证据。指具有相关性，并且依其性质（如非传闻、不存在不公正的偏见等）法庭或法官应予接受的证据。"（薛波，2003: 499），"Evidence that is relevant and is of such a character（e.g. not unfairly prejudicial, based on hearsay; or privileged）that the court should receive it. —Also termed competent evidence; proper evidence; legal evidence."（Garner, 2009: 635）

由此可见，法律词典中对admissible解释一般使用的是"admit; allow; permit; receive"这些普通词汇，体现出证据的"可信"并"采纳"。所以，"采信"这个术语用"admissible"或"admissibility"更为准确一些，表示否定的"不予采信"的则用"inadmissible"或"inadmissibility"。

例15：行为

第六条 犯罪的<u>行为</u>或者结果有一项发生在中华人民共和国领域内的，就认为是在中华人民共和国领域内犯罪。

——《中华人民共和国刑法》

Article 6　When either the <u>act</u> or consequence of a crime takes place within PRC territory, a crime is deemed to have been committed within PRC territory.①

《元照英美法词典》对"act"的解释："*n.* 1.行为，活动。该词通常仅仅限于指身体行为，即行为人意志的外部表现。该词可以与'act of omission'连用，例如，'act of omission'，即指不作为的行为，而在'act of omission'中，'act'仅指作为。"（薛波，2003：18）*Black's Law Dictionary*（Ninth Edition）对"act"的解释："1. Something done or performed, esp. voluntarily; a deed —Also termed action. 2. The process of doing or performing; an occurrence that results from a person's will being exerted on the external world. The term act is one of ambiguous import, being used in various sense of different degrees of generality."（Garner，2009：27）

在我国的刑法中，所谓的"犯罪的行为"，其形式包括作为、不作为及持有，而"act"所指是否包含不作为的情形，仍有歧义，所以，将之译为"criminal conduct"似乎更佳。（滕超、孔飞燕，2008：244）*Black's Law Dictionary*（Ninth Edition）对"conduct"的解释："personal behavior, <u>whether by action or inaction</u>; the manner in which a person behaves."（Garner，2009：336）

例16：追究

第十条 凡在中华人民共和国领域外犯罪，依照本法应当负刑事责任的，虽然经过外国审判，仍然可以依照本法<u>追究</u>，但是在外国已经受过刑罚处罚的，可以免除或者减轻处罚。

——《中华人民共和国刑法》

---

① 英译文来源于北大法律信息网英文译本栏目http://en.pkulaw.cn/（2022-10-1检索）。

Article 10　Any person who commits a crime outside PRC territory and according to this law bear criminal liability may still be <u>dealt with</u> according to this law even if he has been tried in a foreign country; however, a person who has already received criminal punishment in a foreign country may be exempted from punishment or given a mitigated punishment.①

"追究"刑事责任是何意？实际上，是指向法院提起诉讼以确定行为人的罪责。（胡云腾，2004：12/16）《精编法学辞典》对"追究刑事责任"的解释是：

<u>司法机关依照法定刑事诉讼程序，对被告人依法定罪、处刑的活动</u>。凡被告人实施的行为是刑法规定的犯罪行为，并应当给予刑事惩罚的，司法机关应当依照刑事诉讼法的规定追究刑事责任。在追究刑事责任中，如果发现有法定不追究刑事责任的情形，应及时终止刑事诉讼。在我国，刑法规定的各种应当承担刑事责任的并在法定追诉时效内的犯罪，司法级机关应当立案、侦查、起诉和审判，追究被告人的刑事责任。（曾庆敏，2000：872）

原译文中用了一个"deal with"的普通词汇来翻译，并没有传达出其真正的法律含义，不如译成"prosecute"更为妥当。*Black's Law Dictionary*（Ninth Edition）对"prosecute"的解释："1. To commence and carry out a legal action. 2. To institute and pursue a criminal action against（a person）. 3. To engage in; carry on."（Garner，2009：1341）"1. 实行；进行；执行 2. <u>提起公诉；进行刑事诉讼</u>。"（薛波，2003：1109）

3. 冗余性翻译

前面将"医疗费用"翻译为"expenses for medical care"就是典型的冗余性翻译，"medical expense"即可表达。除此之外，还有不少例子：

例17：起诉状

第一百一十三条　人民法院应当在立案之日起五日内将<u>起诉状</u>副本发送被告，

---

① 英译文来源于北大法律信息网英文译本栏目http://en.pkulaw.cn/（2022-10-1检索）。

被告在收到之日起十五日内提出答辩状。

——《中华人民共和国民事诉讼法》（2007年10月28日第十届全国人民代表大会第三十次会议《关于修改〈中华人民共和国民事诉讼法〉的决定》第一次修正）

Article 113　The people's court shall send a copy of the statement of complaint to the defendant within five days from the date of docketing the case, and the defendant shall file a statement of defence within 15 days from the date of receipt of the copy of the statement of complaint.

（国务院（原）法制办公室，2009：1236-1237）

"起诉状"这里被翻译成了"the statement of complaint"，有些画蛇添足，一个complaint即可。《元照英美法词典》对"complaint"的注释为："1.<美>民事起诉状，根据民事诉讼规则或法律开始一项民事诉讼的文书，起诉人应在其中简要说明法院具有管辖权的根据并阐明要求获得法律救济的请求。2.<英>民事起诉状，在治安法院开始一项要求被告付款的民事诉讼的文书，原告在诉状中述明案件事实，原告也可以口头起诉。"（薛波，2003：270）

例18：征兵

第一条　为了加强国防建设，确保征兵工作顺利进行，根据《中华人民共和国国防法》《中华人民共和国兵役法》和《征兵工作条例》等法律、行政法规，结合本省实际，制定本条例。

——《江苏省征兵工作条例》

Article 1　These Regulations are formulated in accordance with the Law of the People's Republic of China on National Defence, the Military Service Law of the People's Republic of China, the Regulations of the Recruitment of Soldiers, and other relevant laws and administrative regulations, in light of the specific situations of this Province and for the purposes of strengthening national defense construction and ensuring the smooth procedure of the recruitment of soldiers.

（江苏省人民政府（原）法制办公室，2017：74）

不仅是《江苏省征兵工作条例》，其上位法《征兵工作条例》中的"征兵"也都被翻译成"recruitment of soldiers"。事实上，英美法系中有专门的术语来表示"征兵"，即conscription。《元照英美法词典》对"conscription"的注释为："n. 征兵；征集，强制公民依法服兵役的制度，通常规定征兵人数和年龄。古埃及人、罗马人与现代欧洲多数国家均实行征兵制。英国曾长期根据《民兵法》[Militia Acts]征兵。第二次世界大战后，曾一度按国民服役制[National Service]继续征兵。"（薛波，2003：287）

在我国，"征兵"也是一项公民应尽的义务。《中华人民共和国兵役法》第三条规定，中华人民共和国公民，不分民族、种族、职业、家庭出身、宗教信仰和教育程度，都有义务依照本法的规定服兵役；第十二条规定，每年十二月三十一日以前年满十八周岁的男性公民，应当被征集服现役。所以，"征兵"是可以用"conscription"来翻译的。

例19：养老服务

第二条　本条例所称<u>养老服务</u>，是指为老年人提供的<u>生活照料、健康管理、康复护理、精神慰藉以及紧急呼叫与救援等服务</u>。

——《江苏省养老服务条例》（2015年版）

Article 2　The <u>supporting services for the aged</u> specified in these Regulations refer to those provided for the aged such as <u>life care, health management, rehabilitation nursing, mental comfort, emergency call and aid</u>.

（江苏省人民政府（原）法制办公室，2017：102）

"养老服务"原本只是一个普通词汇，但是，在地方性法规中就上升为一个法律专业术语，在这里被翻译成"supporting services for the aged"，冗余，有失简洁性。事实上，在《习近平谈治国理政（第二卷）》一书中《下大力气破解制约如期全面建成小康社会的重难点问题》一文就涉及该词汇，其对应的英文翻译如下：

对1.3亿多65岁以上的老年人，要增加<u>养老服务</u>供给、增强医疗服务的便利性……

For more than 130 million senior citizens at and above 65 years old, we must increase our supply of elderly care and make medical services more convenient.

再来看看维基百科对"elderly care"的解释：

Elderly care, or simply eldercare（also known in parts of the English speaking world as aged care）, is the fulfillment of the special needs and requirements that are unique to senior citizens. This broad term encompasses such services as assisted living, adult day care, long term care, nursing homes（often referred to as residential care）, hospice care, and home care. Because of the wide variety of elderly care found nationally, as well as differentiating cultural perspectives on elderly citizens, cannot be limited to any one practice. For example, many countries in Asia use government-established elderly care quite infrequently, preferring the traditional methods of being cared for by younger generations of family members.①

维基百科对"elderly care"内涵的解释与《江苏省养老服务条例》中对"养老服务"的概念、内涵解释近似对等，因此，"养老服务"可以更简单地翻译为"elderly care"。

例20：审计人员

第五十一条　审计人员滥用职权、徇私舞弊、玩忽职守，或者泄露所知悉的国家秘密、商业秘密的，依法给予处分；构成犯罪的，依法追究刑事责任。　　　　　　　　　——《江苏省审计条例》（2011年版）

Article 51　Where the auditing officers abuse power, practice favoritism or dereliction of duty, or divulges state secrets and commercial secrets, punishment shall be imposed. If a crime is constituted, the criminal liabilities therein shall be investigated into according to law.②

Black's Law Dictionary（Ninth Edition）对auditor的注释："A person or firm, usu. an accoun-tant or an accounting firm, that formally examines an

---

① 来源见https://en.wikipedia.org/wiki/Elderly_care（2022-10-1检索）。
② 译文来源于江苏省政府法制网"江苏省法规规章中英文对照版"栏目。（2022-10-1检索）

individual's or entity's records or status."（Garner，2009：150）auditor这个词本身既包含"审计人员"也包含"审计公司"对个人或实体的会计记录或财政状况等的正式检查。将"审计人员"翻译成"auditing officers"实则是在逐字对译，并不如"auditor"更简洁一些。

4. 对拉丁词术语不熟悉

当代法律英语的基础是普通法。普通法的基础是中世纪罗马教会施行的罗马法，而罗马法是用拉丁文写成和实施的，故当今的法律英语留下许多拉丁词是不足为奇的。拉丁语在法律语言中处于权威地位，拉丁词语具有言简意赅、约定俗成、表达更为标准的特点。（张法连，2016：58）一些常见的拉丁语单词：

ab hoc	专案，特定	actus reus	犯罪行为
ad litem	诉讼期间	alibi	不在犯罪现场
arguendo	为争论起见	bona fide	善意，诚实信用
de novo	重新	ex parte	偏袒一方的
force majeure	不可抗力	habeas corpus	人身保护令状
inter alia	在其他事物中	nil	（什么都）没有
prima facie	初步的，表面的	stare decisis	遵循先例
ultra vires	越权行为	versus	诉，对

……

这些拉丁词在进行法律法规翻译的时候，几乎没有被使用，一方面，是因为译者对不少拉丁词并不熟悉；另一方面，我国法律法规的翻译本身是用英语进行翻译，并不习惯使用拉丁语，导致拉丁词在法律法规的翻译中出现的概率就很小。

例21：自始；从……开始

第五十八条　无效的民事行为，<u>从行为开始起就没有法律约束力</u>。

第五十九条　被撤销的民事行为<u>从行为开始起无效</u>。

——《中华人民共和国民法通则》

Article 58   Civil acts that are null and void shall not be legally binding from the very beginning.

Article 59   Rescinded civil acts shall be null and void from the very beginning. （陈忠诚，2008：67-70）

"从……开始"被译为"from the very beginning"，殊不知法律英语中还有"ab initio"这个拉丁文。*Black's Law Dictionary*（Ninth Edition）对"ab initio"的解释："[Latin] From the beginning<the injunction was valid *ab initio*>."（Garner，2009：5）"ab initio <拉> 自始。"（薛波，2003：4）所以，陈忠诚教授建议将以上译文改为：

A void civil activity is void ab initio.

A revoked civil activity is void ab initio. （陈忠诚，2008：67-70）

例22：所在地法律

第一百四十六条   侵权行为的损害赔偿，适用侵权行为地法律。当事人双方国籍相同或者在同一国家有住所的，也可以适用当事人本国法律或者住所地法律。   ——《中华人民共和国民法通则》

Article 146   The law of the place where an infringing act is committed shall apply in handing compensation claims for any damage caused by the act. If both parties are citizens of the same country or have established domicile in another country, the law of their own country or the country domicile may be applied.

对于"住所地法律""侵权行为地法律"，原译都是在使用普通词汇进行解释性翻译。事实上，"住所地法"有非常简洁的法律术语，即lex domicilli：The law of domicile. In private international law. The law of the country of domicile determines such matters as...

A Concise Dictionary of Law

"侵权行为地法律"可以是lex loci delicti commissi：The law of the place in which a delicti（tort）is committed. In private international law as applied in most countries in Europe, this law governs liability for torts. A Concise Dictionary of Law Lex loci delicti commissi applies in handling payment of damages for a tortious act. Both parties being citizens of, and domiciled in, the same country, however, the law of that country may also apply.（陈忠诚，2008：168-170）

再如：

第一百四十九条　遗产的法定继承，动产适用被继承人死亡时住所法律，不动产适用不动产所在地法律。

——《中华人民共和国民法通则》

Article 149　In the statutory succession of an estate, movable property shall be bound by the law of the decedent's last place of residence, and immovable property shall be bound by the law of the place where the property is situated.

陈忠诚（2008：171-172）建议改为：

In the case of intestacy, movables are governed by lex domicilii of the deceased and immovables lex loci situs.

Black's Law Dictionary（Ninth Edition）对 "lex domicilii" 的解释："1. The law of the country where a person is domiciled. 2. The determination of a person's rights by establishing where, in law, that person is domiciled."（Garner，2009：993）"lex loci domicilii <拉> 住所地法（= lex domicilii）。"（薛波，2003：839）

Black's Law Dictionary（Ninth Edition）对 "lex loci delicti" 的解释："[Latin] The law of the place where the tort or other wrong was committed. —Often shortened to *lex delicti*. — Also termed *lex loci delictus*; *lex loci delicti commissi*; *place-of-wrong rule*; *place-of-wrong law*."（Garner，2009：995）"lex loci delictis <拉>犯罪地法；不法行为地法；侵权行为地法。Lex loci delictus <拉> 犯罪地法；侵权行为地法。通常较详尽的表达语是lex loci delicti commissi；较简洁的表达语是lex loci delicti或lex delicti。"（薛波，2003：838）

再如：

第一百四十七条　中华人民共和国公民和外国人结婚适用婚姻缔结地法律，离婚适用受理案件的法院所在地法律。

——《中华人民共和国民法通则》

Article 147　The marriage of a citizen of the People's Republic of China to a foreigner shall be bound by the law of the place where they get married, while a divorcer shall be bound by the law of the place where a court accepts the case.

（陈忠诚，2008：170）

"婚姻缔结地法律"在国际私法和冲突法上的用语是lex loci celebrations，"受理案件的法院所在地法律"适用"lex fori"。

Lex loci celebrations is applicable to a marriage between a PRC citizen and a foreigner, whereas lex fori is applicable to a divorce case. （陈忠诚，2008：170-171）

Black's Law Dictionary（Ninth Edition）对"lex loci celebrations"的解释："[Latin "Law of the place of the ceremony"] The law of the place where a contract, esp. of marriage, is made. This law usu. Governs when the validity of a marriage is at issue."（Garner, 2009：995）"lex loci celebrations <拉>婚姻缔结地法；缔约地法。"（薛波，2003：838）

Black's Law Dictionary（Ninth Edition）对"lex fori"的解释："The law of the forum; the law of the jurisdiction where the case is pending<the *lex fori* governs where the death penalty is a possible punishment for a first-degree-murder conviction.> —Also termed *lex ordinandi*."（Garner, 2009：993）"lex fori <拉>法院地法；诉讼地法；审判地法。在冲突法中，对于诉讼程序、证据规则和所采用的法律救济作出规定的诉讼所在地的法律。（=law of the forum；lex ordinandi）"（薛波，2003：837）

此外，我国立法文本的译本中也较少使用古英语词汇，如therein（在其中）、thereof（其）、thereto（附随）、herewith（与此一道）、whereas（鉴于）、thence（从那里）等。虽然古词语在现代英语中已不再广泛应用了，而且逐渐在消亡，但

是在法律英语中古词语的应用却十分普遍。（董晓波，2014：88）

（三）术语翻译不一致

美国法律起草之父里德·迪克森（Reed Dickerson）指出，法律起草最重要的原则就是"表达一致"，认为"称职的法律起草人必须保证，在重复使用同一个词或术语时必须保持其意义一致。法律起草人必须小心谨慎，避免用同一个词表达一个以上的意义，……简而言之，法律起草人必须用同一种方式表达相同的意义，用不同的方式表达不同的意义"（Dickerson，1986：15-16）。法律翻译应该遵循一致性、译名遵守"同一律"已经成为法律文本翻译中的一条"金科玉律"。（仲人，吴娟，1994：13）但是，在我国公布的一些法律法规的英译本中还存在一些译名、专业术语翻译不一致的情况。

例23：法定代理人

第十二条　十周岁以上的未成年人是限制民事行为能力人，可以进行与他的年龄、智力相适应的民事活动；其他民事活动由他的法定代理人代理，或者征得他的法定代理人的同意。

不满十周岁的未成年人是无民事行为能力人，由他的法定代理人代理民事活动。——《中华人民共和国民法通则》

Article 12　A minor aged 10 or over shall be a person with limited capacity for civil conduct and may engage in civil activities appropriate to his age and intellect; in other civil activities, he shall be represented by his agent ad litem or participate with the consent of his agent ad litem.

A minor under the age of 10 shall be a person having no capacity for civil conduct and shall be represented in civil activities by his agent ad litem.

（陈忠诚，2008：14）

第十三条　不能辨认自己行为的精神病人是无民事行为能力人，由他的法定代理人代理民事活动。

不能完全辨认自己行为的精神病人是限制民事行为能力人，可以进行与他的精神健康状况相适应的民事活动；其他民事活动由他的法定代理人代理，或者征得他的法定代理人的同意。

——《中华人民共和国民法通则》

Article 13 A mentally ill person who is unable to account for his own conduct shall be a person having no capacity for civil conduct and shall be represented in civil activities by his agent ad litem.

A mentally ill person who is unable to fully account for his own conduct shall be a person with limited capacity for civil conduct and may engage in civil activities appropriate to his mental health; in other civil activities, he shall be represented by his agent ad litem or participate with the consent of his agent ad litem. （陈忠诚，2008：15）

第十四条 无民事行为能力人、限制民事行为能力人的监护人是他的法定代理人。

——《中华人民共和国民法通则》

Article 14 The guardian of a person without or with limited capacity for civil conduct shall be his agent ad litem. （陈忠诚，2008：16）

第六十四条 代理包括委托代理、法定代理和指定代理。

委托代理人按照被代理人的委托行使代理权，法定代理人依照法律的规定行使代理权，指定代理人按照人民法院或者指定单位的指定行使代理权。 ——《中华人民共和国民法通则》

Article 64 Agency shall include entrusted agency, statutory agency and appointed agency.

An entrusted agent shall exercise the power of agency as entrusted by the principal; a statutory agent shall exercise the power of agency as prescribed by law; and an appointed agent shall exercise the power of agency as designated by a people's court or the appointing unit. （陈忠诚，2008：75）

在《中华人民共和国民法通则》的英译本中，"法定代理人"共出现8次，前7次分别在第十二条、第十三条、第十四条出现，都被翻译成agent and litem，第8次出现在第六十四条，被译为statutory agent。在上述四个不同的法条中，"法定代理人"的含义完全相同，翻译时却进行了不必要的换词，明显违反"译名同一律"，应该使用同一个术语。（范慧茜，2014：88）

例24：担保物权

"担保物权"在官方公布的《中华人民共和国物权法》英译本中，出现了三个不同的译本：

第二条　本法所称物权，是指权利人依法对特定的物享有直接支配和排他的权利，包括所有权、用益物权和<u>担保物权</u>。

Article 2　The property right mentioned in this Law means the exclusive right enjoyed by the oblige to directly dominate a given thing according to law, which consists of the right of ownership, the usufruct and the <u>security interest on property</u>.　（国务院（原）法制办公室，2009：54-55）

第四编　<u>担保物权</u>

Part Four　<u>Security Interest in Property</u>

（国务院（原）法制办公室，2009：94-95）

第一百七十二条　设立<u>担保物权</u>，应当依照本法和其他法律的规定订立担保合同。

Article 172　For creation of a <u>security interest</u>, a guarantee contract shall be concluded in accordance with the provisions of this Law and other laws.

（国务院（原）法制办公室，2009：94-95）

同一部法律文本中，"担保物权"的英译本就出现了三种："security interest on property" "security interest in property" 和 "security interest"。先不说其译文准确与否，单是三种不同的翻译方法就违背了译文同一律的原则。（金晓燕，2016：70）

例25：撤销

同样是《中华人民共和国物权法》英译本，"撤销"在不同的地方出现了三个不同的译本：

第六十三条　集体经济组织、村民委员会或者其负责人做出的决定侵害集体成员合法权益的，受侵害的集体成员可以请求人民法院予以撤销。

Article 63　Where a decision made by a collective economic organization, or villagers' committee or by the leading person of the organization or committee encroaches on the lawful rights and interests of the members of the collective, the said members may apply to a people's court for <u>reversing</u> such decision.

（国务院（原）法制办公室，2009：68-69）

第七十八条　业主大会或者业主委员会作出的决定侵害业主合法权益的，受侵害的业主可以请求人民法院予以撤销。

Article 78　If a decision made by the owner's assembly or the owner's committee infringes on the lawful rights and interests of an owner, the said owner may apply to a people's court for <u>voiding</u> of the decision.

（国务院（原）法制办公室，2009：72-73）

第一百九十五条　协议损害其他债权人利益的，其他债权人可以在知道或者应当知道撤销事由之日起一年内请求人民法院撤销该协议。

Article 195　If such agreement undermines the interests of other creditors, they may apply to the people's court for <u>cancellation</u> of the agreement within one year from the date they come to know or should have known the cause for cancellation.　（国务院（原）法制办公室，2009：102-103）

上述三个"撤销权"既为同一法律术语，其对应的英文术语理应保持一致，却分别使用了"reverse""void"和"cancellation"三种译法，一"语"多"名"，会严重影响目的语读者对法律概念的理解。（金晓燕，2016：74）

例26：受理

第三条　人民法院受理公民、法人之间、其他组织之间以及他们相互之间因财产关系和人身关系提起的民事诉讼，适用本法的规定。

——《中华人民共和国民事诉讼法》（2007年10月28日第十届全国人民代表大会第三十次会议《关于修改〈中华人民共和国民事诉讼

法〉的决定》第一次修正）

Article 3　In dealing with civil litigation arising from disputes on property and personal relations between citizens, legal persons or other organizations and between the three of them, the people's courts shall apply the provisions of this Law. （国务院（原）法制办公室，2009：1219）

第三十六条　人民法院发现受理的案件不属于本院管辖的，应当移送有管辖权的人民法院，受移送的人民法院应当受理。

——《中华人民共和国民事诉讼法》（2007年10月28日第十届全国人民代表大会第三十次会议《关于修改〈中华人民共和国民事诉讼法〉的决定》第一次修正）

Article 36　If a people's court finds that a case it has entertained is not under its jurisdiction, it shall refer the case to the people's court that has jurisdiction over the case. （国务院（原）法制办公室，2009：1225）

第一百零八条　起诉必须符合下列条件：

……

（四）属于人民法院受理民事诉讼的范围和受诉人民法院管辖。

——《中华人民共和国民事诉讼法》（2007年10月28日第十届全国人民代表大会第三十次会议《关于修改〈中华人民共和国民事诉讼法〉的决定》第一次修正）

Article 108　The following conditions must be met when a lawsuit is brought：

...

（4）the suit must be within the scope of acceptance for civil actions by the people's courts and under the jurisdiction of the people's court where the suit is entertained. （国务院（原）法制办公室，2009：1251）

"受理"是对起诉材料的初步接受，可译为"accept"。如In fact, the（US Supreme）Court accepts between 100-150 of the more than 7,000 cases that it is asked to review each year.（事实上，每年提请美国联邦最高法院审查的案件超过7000件，但它只受理其中的100到150件。）（金晓燕，2013：69）

例27：审计人员

在《江苏省审计条例》中，"审计人员"总共出现4次，而每次翻译的英文都不一样，分别有"auditing personnel""auditor""audit staff""auditing officer"。事实上，在前面"冗余性翻译"部分我们已经谈到，"审计人员"翻译成"auditor"即可。

第九条 审计机关及其审计人员办理审计事项，应当依法行使职权，坚持客观公正、实事求是、廉洁奉公、保守秘密。

审计人员依法执行职务，受法律保护，并依法接受监督。

Article 9　The auditing organs and auditing personnel shall exercise their powers according to law and perform in an objective and impartial, pragmatic and realistic, clean and dedicated, and secret-keeping manner while handling audit matters.

The auditors shall perform their duties according to law and be protected by law and subject to supervision according to law.

第三十条 依法属于审计机关审计监督对象的单位，应当按照国家有关规定建立健全内部审计制度，并可以根据内部审计工作的需要，设立内部审计机构或者配备内部审计人员，参加依法成立的内部审计自律组织。审计机关可以通过内部审计自律组织，加强对内部审计工作的业务指导和监督。

Article 30　The units belonging to the audited targets according to law shall establish a sound internal audit system in accordance with relevant state regulations, and establish an internal auditing organ or assign the internal audit staff according to the needs of the internal audit work, and participate in self-regulatory organization of the internal audit according to law. The auditing organs shall strengthen guidance and supervision of internal audit work through internal audit self-regulatory organization.

第五十一条 审计人员滥用职权、徇私舞弊、玩忽职守，或者泄露所知悉的国家秘密、商业秘密的，依法给予处分；构成犯罪的，依法追究刑事责任。

Article 51　Where the auditing officers abuse power, practice favoritism or dereliction of duty, or divulges state secrets and commercial secrets, punishment shall be imposed. If a crime is constituted, the criminal liabilities therein shall be investigated into according to law.①

总之，法律法规术语翻译只有坚持"译名统一"的原则，才能实现法律语言的"准确性"，维护法律的尊严，没有"译名统一"，法律译文就无法准备传递原文信息和寓意，法律概念必然模糊不清。（刘法公，2013：86）

二、术语翻译的原则

翻译原则历来为学者所津津乐道，文本翻译都会存在着一些共性，一般翻译的原则如"信、达、雅"也可以指导法律文本的翻译，但是，由于法律文本具有系统性、专业性、准确性、严密性和一致性等特征，这意味着法律翻译需要构建单独的翻译原则来指导法律翻译的实践。法律翻译的原则也一直是学者们所讨论的焦点，我们将相关的翻译原则总结成表4.1。

表4.1　法律翻译原则总结

时间	作者	法律翻译的原则或标准	页码
1998	王青，冯伟	准确、规范、通顺	79
2000	邱贵溪	使用庄严词语的原则、准确性原则、精练性原则、术语一致性原则、使用专业术语的原则	14
2004	杜金榜，张福，袁亮	将法律的表达作为主要的目的、尽量遵从法律英语的表达规范、译者积极参与、重视翻译诸因素及其相互作用（准则：译文符合原文精神、译文符合法律目标、译文完整体现原文）	74-75
2005	杜金榜	语言从法原则、存异求同原则、比照补足原则	12

---

① 以上译文均来源于江苏省政府法制网"江苏省法规规章中英文对照版"栏目。

（续表）

时间	作者	法律翻译的原则或标准	页码
2006	李克兴，张新红	准确性及精确性、一致性及同一性、清晰及简练、专业化、语言规范、集体作业	200
2008	熊德米	准确性、对等性、适格性、专业性	58
2009b	张法连	准确严谨、清晰简明、前后一致、语体规范	72
2011	熊德米，熊姝丹	专业性、严谨性、准确性和等效性	128
2012	宋北平	文化背景差异释明原则、法律制度差异阐释原则、文本语境相同推定原则、词语篇章的本土化原则	320-332
2014	董晓波	准确性与对等性、一致性与同一性、专业性与规范性、精练性与简明性	84-86
2017	潘庆云	法律对等原则、语用对等原则、法律交流原则（语言从法、求同存异、比照补足）、静态对等原则、符合原文的文本类型原则	290-293

由于法律翻译中出现很多法律专业术语，而法律法规中也会出现行业、专业词汇，针对术语的翻译也有学者专门提出了单独的翻译原则，如表4.2所示。

表4.2 法律术语翻译的原则

时间	作者	术语翻译的原则	页码
2002	朱定初	正确理解源词在上下文中的确切意义，尽量寻求在本国法律中与源词对等或接近对等的专门术语，无对等词的翻译，含混对含混、明确对明确	65
2005	江丹	准确（译文必须符合法律语言的特征和目标文本的语言习惯，在法律内涵上和原文保持一致）	62
2011	郑亚楠	准确、严密、前后一致、语言规范化	241
2012	屈文生	遵守"以术语译术语"的原则、遵守"约定俗成"或"遵循先例"的原则、遵守相对的"单名单译"原则、遵守系统性翻译原则	74

通过比较表4.1和表4.2中涉及的内容，我们可以总结出一些常见的高频词

汇，如对等、准确、简练、一致等。对翻译原则的总结，是学者们基于对法律语言的认识、理解以及在法律翻译实践过程中对经验的升华，均属于个性化的阐释。学者们所提出的法律翻译的原则虽然花样繁多，但是，其共核的部分和精髓还是统一的，彼此之间并没有出现太大的差异。也必须指出的是，提出翻译的原则也并不代表在实践中就完全能够遵照执行，即使是严复提出了"信、达、雅"的翻译原则，他自己本人也未必能够完全遵守或是达成目标。毕竟，翻译活动是个复杂的脑力活动，法律专业术语的翻译则是超越了语言层面，进而上升至法律文化、国家制度之间的沟通和交流，也正如宋北平（2012：320）所言："似乎人们都乐意制定标准、规则、规范之类的东西让别人去遵守，而其本人未必有能力去身体力行。"说到底，翻译原则是我们应该努力去实现，但又未必能够完全实现得了的一种理想化的规约、准则和规范。

三、术语翻译的策略和方法

近些年来，"对等""等值"等观念一直是法律专业术语翻译研究的重要指导思想。

长期任欧盟法律翻译负责人的苏珊·沙切维奇结合翻译实践的经验和翻译理论，提出了法律翻译功能观，将法律翻译视为法律机制下的交际行为，她在早期的著作中把功能对等定义为在译入语法律制度中与源语法律制度特定概念具有相同功能的概念或制度的术语，并提出了术语翻译的近似对等、部分对等以及不对等的分类。（苏珊·沙切维奇，2017：206）苏珊·沙切维奇的理论对国内法律翻译研究影响较大，成为国内法律翻译研究的学者所频繁引用的对象。

杜金榜（2004：88）认为，法律术语的概念基础使不同法律体系、不同语言之间法律术语的翻译成为难题，这种跨文化的法律术语翻译的难点就在于无法找到目标语的对等法律术语。既然法律文化不同，一种法律文化的法律术语凝聚的法律概念往往与另一种法律文化的术语也有所不同。因此，有些看似对等的法律术语，如果不从法律概念的角度仔细考察，就有可能铸成翻译错误。以"陪审"为例，尽管中国大陆实行了人民陪审员制度，由于法律体系和法律制度都不相同，"陪审"这一概念与英美法系的"陪审"概念完全不同。如果简单地用人民陪审员去翻译英美法庭上的陪审团成员，就会导致对两种概念的混淆和歪曲。

滕超、孔飞燕（2008：58-61）认为传译法律术语是法律文化交流的起点，跨越法律文化传译法律术语无非有两种情况：原法律术语在目的法律文化中存在概念对等的术语，原法律术语在目的法律文化中没有概念对等的术语。

在追求"对等"的翻译思想的观照下，还有学者着重讨论了不同的翻译方法。包克纪（2011）在分析英汉法律术语不对等的前提下提出采取直译法、解释性翻译法、借用/替换法、新词法、不译法以及意译法等。董晓波（2015b）根据Sarcevic对等理论，针对源语术语与其目的语对应词语在语言功能和法律功能上的对等程度，概念对等时使用确切对等词；接近对等、部分对等时使用功能对等词；完全不对等时使用释义、中性词、借词或新词。董晓波（2016：177）认为，法律术语的翻译不仅要求语言的词语间要基本对应，而且还要求做到译出的法律术语与原文本的法律术语在法律功能（legal function）上基本对等，即法律术语的翻译不仅要进行语言的转换，而且要涉及法律思维、法律理念的变化、协调和衔接。吴苌弘（2016）以法律术语翻译的等值建构为视角，重新检视法律术语译名的规范性问题，法律术语译名的形成是翻译问题，但又不仅仅是翻译本身的问题。赵亘（2018）认为，法律术语翻译过程中原文和译文之间的"等"应当是一种二元结合的模式，即形式与语义双方面的有机结合形成的"等值"效应。

我们认为，讨论我国法律法规术语的对外翻译，无非要针对"对等"和"不对等"两种情况而开展：

其一，原法律术语在目的法律文化中存在概念对等的术语，那么就要尽可能去寻找对等词，以确保法律术语翻译的准确性；

其二，原法律术语在目的法律文化中没有概念对等的术语，就需要采取解释性翻译、译借和创造性翻译等方法做出补偿。

（一）寻找对等词——准确是第一要务

准确无误是法律语言的生命（潘庆云，2004：22），同样，准确性也是法律术语翻译的首要原则，这已成为学者们的共识。"准确、精当是法律术语翻译的生命与灵魂。"（刘瑞玲，2010：125）"在法律翻译中，对术语进行准确的转化是保证法律文本严肃性与权威性的基础。"（屈文生、石伟，2012：162）"法律法规的外译质量关乎中国法律对外交流的效果，也影响着我国依法治国的国际形象的树立，必须保证翻译的准确性，避免在国际上引起不必要的误解乃至纠纷。"（范慧茜，2017：103）从前面对当前法律法规翻译术语翻译中所存在的不准确的案例分析来看，多数问题还是在于对"术语"本身的概念和内涵认识不清，对于英语中对等的法律词汇掌握不够，法律术语翻译要做到准确性，就必须要努力做到以下四个方面。

1. 多查阅专业性的法律辞典

专业术语的翻译必须要做到精益求精。辞典是从事翻译工作最基本的工具书，而专业性的法律辞典是我们从事法律翻译最直接、最有效的工具。翻译涉及两种语言之间的转换，从事法律法规的翻译，不仅要查阅英语的法律辞典，也要查阅汉语法律辞典，汉语辞典是我们理解汉语专业术语的前提，而英语辞典是我们找到英语对等词的基础。辞典的使用要做到丰富、多样，尽可能查阅多个辞典，因为同样一个词，在普通的词典与法律专门词典中的解释充分与否，是不一样的。例如，"扶养"在《现代汉语词典》（第7版）中的注释是："养活：把孩子~成人。"（2016：399）而《精编法学辞典》对"扶养"的注释就更加丰富："通常由广狭两义。广义指一定亲属间一方基于身份关系，对无生活来源的另一方在物质上和生活上的帮助和照顾。包括平辈之间的扶养、长辈对晚辈的抚养以及晚辈对长辈的赡养。狭义专指夫妻之间在物质上和生活上的帮助和照顾。非亲属关系间也能产生'扶养'，如公民可以与扶养人或集体所有制组织签订遗赠扶养协议。"（曾庆敏，2000：463）再如，"采信"并没有收录在《精编法学词典》中，在《现代汉语词典》（第7版）中的注释是："相信（某种事实）并用来作为处置的依据：被告的陈述证据不足，法庭不

予~/这组数据不提准确，不宜~。"（2016：120）

英文的术语也是如此，同样是英美法词典，*Black's Law Dictionary*（Ninth Edition）对identification这个词就没有专门的注解，而在《元照英美法词典》中的注释则是："*n*. 鉴定；识别；认定同一；辨认；验明。证明某个被指控犯有某项罪行的人确是该罪犯或某项被提交到法庭之物正是该存在争议之物或诉讼所涉之物，或认定两种笔迹同一，以及查明诉讼中涉及的某人的身份等的过程。"（薛波，2003：657）

有些词在这个辞典中查不到，在另外一本辞典就有可能解释得非常详尽，使用不同的辞典可以做到资源互补，而专业性的法律辞典又比普通的辞典更具专业优势。在翻译法律专业术语时，必须要弄清楚每个术语的核心意思，在核心意义上尽量从两种不同的语言体系中找到对等的词汇。"尽管在译入语法律制度中，某些自然对等词在概念层次上与源语术语相同，但由于术语在不同的法律制度中具有内在的不一致，我们不能指望法律译者能够使用这些自然对等词。话虽如此，我们仍可要求他们使用译入语法律制度中'最为接近的自然对等词'，也就是最能够表达源语术语法律意义从而达到预期结果的对应词，这种要求合情合理却在应用中困难重重。"（苏珊·沙切维奇，2017：204）

2. 多阅读专业性的英文法律报纸和期刊

阅读英文的法律报纸或期刊的目的在于摆脱辞典只是对单词注释的窠臼与限制，积累更丰富的法律语言材料。毕竟，语言的使用是鲜活的、流动的、动态的，辞典的编纂是固定的，甚至总是落后于语言的最新发展步伐，词汇也因为语境的不同，其使用的范围也在变化之中。"在精确科学中，术语学家主要依靠单语词典中的定义确定概念的构成特征，但要确定法律概念中的构成特征，仅靠法律单语词典往往是不够的，其中的一个原因是，这些词典给出的定义，通常仅列出构成术语内涵的特征，而忽略了其外延特征。一般而言，读者在查阅单语词典时应当小心谨慎，因为术语不一致的情形不仅存在于内涵定义层面，而且也存在于外延定义层面。"（苏珊·沙切维奇，2017：208）

通过阅读时下的报纸或期刊的目的在于，一者，注意术语在具体语境中的使用，匹配不同文化中孤立的意义单位只是翻译过程的前奏，因为译者接触的概念总是出现在上下文中，只有根据语境才能为之选择适当的语言表达形式（Baker，2004：251）；二者，为了让译文的目标读者更好地接受，"确定功能对等词只是烦琐流程的第一步。虽然功能对等词与源语概念具有相同的功能，但并不必然意味着它在翻译中是可接受的"（苏珊·沙切维奇，2017：205），中国法律法规英译本的对象是英语国家和非英语国家的读者，法律文本的翻译最终要考虑到目标对象的接受程度，而目的语环境中时下的英文报纸或期刊就是最适合于目标读者阅读的文本，也是译者需要仔细阅读、学习、总结和模仿的语言范本。

3. 系统考虑相关文本中术语的译法

法律法规术语翻译要做到规范化，就必须要有系统性的思维，这种系统性思维主要体现在两个方面：

第一，要遵照"约定俗成"的理念。比如，我国的法律名称英译都是以Law来翻译的，《中华人民共和国刑法》被译为Criminal Law of the People's Republic of China，尽管在学术界有不少反对的观点，认为应该将这里的"法"译为"Act"，但是，鉴于这样的译文已经使用了很长时间，已经逐渐被译者、读者所接受，虽然说在理论探讨上允许有不同的意见和看法，但是，在具体的实践上，还是应该遵从前人的翻译方法。再如，《中华人民共和国民法通则》、我国的三大诉讼法（民事、刑事、行政）都有"单位"这一术语，并且都被翻译为unit，包括《中华人民共和国民法通则》另外两个分别由澳大利亚和美国专家翻译的英译本，也将该法中的"单位"译为unit。（陈忠诚，2008：18-19）暂且不论这一译法是否十分贴切，已为世人所公认，一般不轻易改动。（方梦之，2004：92）

第二，要系统考虑相关文本中的术语翻译。"为使法律发挥效力时，语言一致原则不仅对翻译中的文本适用，对所有相关文本也均适用。因此，选择对等语时，译者必须考虑其他文件中使用且已具有效力的术语。由于作准文本被认为是最终确定的文本，其中的语言就具有先例的作用。"（苏珊·沙切维奇，2017：94）比如，《江苏省发展新型墙体材料条例》第一条提到其上位法《中华人民共和国循环经济促进法》，译员初译时没有查找到上位法官方译文，便直接译为"the Law of the People's Republic of China on Circular Economy Promotion"，这与官方颁布的译文"the Circular Economy Promotion Law of the People's Republic of China"不一致，必然会给译文读者带来一定的困惑，有损法律的权威和整个法律体系的一致性。"法律术语译名统一与规范化的对象，不应限于某一门类。立法文本、警察、边防、海关使用的行政执法术语译名、检察院起诉书和法院判决书、辩护词、律师函、公证文书中的术语……实体法、程序法、国际法、国际经济法等各部门的术语译名都要规范化。法律术语的译名应成体系。"（屈文生，2012：74）

4. 接受相关专家的协助

新时代的法律翻译工作处在了信息爆炸、国际交流比以往任何时候都要频繁的时代背景中，随着对比语言学、中西法律语言与文化比较研究的深入开展，学术界对法律翻译的准确性要求越来越高，法律翻译的专业性、复杂性也越来越凸显，从事法律翻译的译者也需要获得更多的专业支持，以保证译文的质量和效果。"翻译作准文本时，译者必须参阅诸多参考资料和法律材料；但实际上，对于功能对等词的对等程度，译者甚少有时间进行必要的研究。基于种种原因，译者应当接收术语学家的协助，最好是能够开展比较法研究的法律语言学家。"（苏珊·沙切维奇，2017：206）

对于我国法律法规的翻译，当下主要需要接受的协助应该是来自立法相关机构的专业支持。然而，"多数地区在开展地方性法规规章翻译时，还未建立起译员和立法相关机构的联系机制。对于地方性法规规章翻译来说，其翻译质量受到地方性法规规章本身的立法意图、上位法的立法意图和官方翻译传统的影响。现代社会专业化程度不断加深，法律立法工作具有极高的专业性，法律条文（包括译文）的含义和立法意图等往往复杂精深，有时立法机构还需要另外做出专门的司法解释。但是，在翻译工作中，译员通常无法参与立法过程（或上位法官方译文翻译过程），不少译员也缺乏足够的法律专业知识，因此他们要全面理解法规规章条文的立法意图并做出准确翻译,就需要与地方性法规规章和上位法的立法机构以及相关法律条文的翻译负责机构(如国务院(原)法制办)建立沟通渠道"(李晋、董晓波,2015:228)。

总之,准确性是法律术语翻译的第一要务,译者首先要尽可能去寻找对等词,或者近似对等词,不能轻易地放弃,进而随随便便自行创造新的翻译方法。要做到准确性,就应该保证能够在以上四个方面做出努力,不仅要"从概念界定入手,厘清术语背后的历史轨迹和学科概念系统"(余静,2016:86),还要将要翻译的术语嵌入其相应的概念系统之中,建立起中外(不仅限于中英之间,还包括中日、中法、中德甚至中俄之间)术语、新旧术语、不同领域术语、同一法律部门术语以及不同法律部门术语之间的联系。将单个的术语置于中国乃至世界法律体系内,通过准确定位术语所在的坐标,最终做到规范翻译。(范慧茜,2017:102)要做到准确性,这无疑是对译者提出了更高的要求,译者不仅要有严谨、认真的做事风格,也更要深度、专业的法律知识和翻译素养。

(二)解释性翻译

对于无法在目的语国家找到对等的词汇,或者是具有中国特色的术语,并不能在英语中找到内涵相同的词,就需要采取解释性的翻译方法。"从法律角度而言,补偿术语不一致最有效的方法可能是使用中性的、能够为全世界律师所理解的语言阐明预定的含义。"(苏珊·沙切维奇,2017:218)比如,《中华人民共和国物权法》中出现的"宅基地"一词就是典型的中国特色词汇。

第一百五十三条 宅基地使用权的取得、行使和转让,适用土地管理法等法律和国家有关规定。   ——《中华人民共和国物权法》

Article 153 Such laws as the Land Administration Law and the relevant State regulations shall be applicable to the obtaining, exercising and transferring of the right to the use of <u>house sites</u>. (国务院(原)法制办公室,2009:91)

这里将"宅基地"翻译成"house site",中文意思也就是"建造房屋的地方"。《汉英词典》对"宅基"的翻译是："the foundation of a house; the site of a house"。(北京外国语大学英语系词典组,1997:1580)该词典采用的也是解释性翻译,毕竟,在英美法系中无法找到对等的词汇,然而,这样的翻译是否就传达出了"宅基地"所包含的内容?根据《现代汉语词典》(第7版)对"宅基地"一词的注释:"我国公民个人依法取得农村集体所有的用于建造房屋并有居住使用权的土地。"(2016:1643)该词汇的核心内涵关键在于"农村""集体所有",这与美国的情况不同,美国是全世界私人住宅拥有率最高的国家之一,全国65%的住户拥有自己的住房。(张庭伟,2001:31)这种国情差异很难在词汇上达成对等,house site也没有传达出这种差异,要让美国人完全了解中国的宅基地所有权人是集体,就必须采用解释性的翻译方法,"house site of collective land in rural areas",不仅要加上集体的概念,而且需要补充是在农村地区。

(三)译借

法律翻译过程是一个法律交流、法律移植和法律发展的过程,中国的法律术语也在翻译中不断丰富,译借法功不可没。有些中国特有的词汇术语传统术语,在汉语法规中的使用很固定,也已有对应的权威翻译,译者不妨在对源词意涵正确理解的前提下,借用现成的译名即可,不必另行"创译"。(刘法公2013:87)比如:

第二条 公民、法人或者其他组织认为具体行政行为侵犯其合法权益,向行政机关提出行政复议申请,行政机关受理行政复议申请、作出行政复议决定,适用本法。 ——《中华人民共和国行政复议法》

Article 2 This Law is applicable to a citizen, legal person or any other organization who considers that his or its lawful rights and interests have been infringed upon by a specific administrative act, and applies for administrative reconsideration to an administrative organ which accepts the application for administrative reconsideration, and makes a decision of administrative reconsideration.①

尽管英美国家也各自建立了解决行政争议的救济制度，但其名称、规则及程序迥然不同。既然没有对等概念，译者就应当优先考虑表达近似概念的法言法语。熟悉普通法文化的译者，必然会联想到英美国家的议会法术语"reconsideration"。*Black's Law Dictionary*（Ninth Edition）对reconsider的注释是："To discuss or take up (a matter) again. Under parliamentary law, a motion to reconsider sets aside a certain vote already taken and restores the motion on which the vote is being reconsidered to its status immediately before the vote occurred. Making a motion to reconsider suspends a vote already taken until the assembly decides whether to reconsider it."（Garner，2009：1387）《元照英美法词典》对"reconsideration"的注释是："*n.* 重新考虑；重新审议，比如reconsideration of bill意思是1. 对起诉的重新审议 2. 对议案的重新审议。"（薛波，2003：1158）

"行政复议"这一术语的构成根据法律学者的解释，"复"即重新或再次，"议"即审议并决定；前冠"行政"，表明由行政机关对行政争议进行复核、审查。（应松年、刘莘，1999：1）因此，将"行政复议"翻译为"administrative reconsideration"，不仅浅显易懂，也符合目的法律语言的习惯。（滕超、孔飞燕，2008：63）

（四）创造性翻译

对术语进行创造性翻译并非我们想象的那样简单，尽管苏珊·沙切维奇（2017：92）提出了法律翻译要"摆脱约束性，发挥创造性"，但是，这种"创造性"是有限制的，法律翻译"比其他翻译更具局限性"（苏珊·沙切维奇，2017：132）。欧盟委员会的律师语言学家考特斯维特斯认为，译者的创造性仅限于法律文本中其称为"自由"的部分，即"不遵守专业术语和标准格式的文本部分"，鼓励译者选择译入语中最能表达源语文本意义的词语、表达方式和语法结构。（苏珊·沙切维奇，2017：94）

杜金榜（2004：159）也认为，创造性翻译也不是随心所欲的行为，"语

---

① 英译文来源于北大法律信息网英文译本栏目http://en.pkulaw.cn/（2022-10-1检索）。

言变体间、法律体系间、文化传统间均存在着空档,存在着无法一一对应的概念、观点、价值标准、语言表达等方面的差别甚至矛盾。要解决这些差别和矛盾,有时很难找到可以效仿的先例,译员不得不发挥自己的主观能动性,施展自己的创新能力,在源语和目的语所代表的观念之间寻求结合点,或是在目的语中寻找足以表达源语概念的表达方式。在此情况下,不是译员主观武断地进行创新,而是为了适应法律交流的需要而主动采取某些策略。由此看来,法律翻译又是一个创新过程,是一个囿于法律、语言、文化等因素构成的框架内的积极而有限的创新过程。"

在"西法东渐"的进程中,即法律英译汉中,已经出现了不少"创译"的结果,比如,英美法系里非常注重诉讼程序,因而诉讼程序上很多概念在我国司法制度中空缺,如plea bargain, plea agreement"辩诉交易、辩诉协议"。还有,pension warrants"年金支付通知",share warrants"认股权证书",fidelity insurance"职工忠诚保险"等都已被我国司法实践中接受。但是,法律汉译英的情况却有所不同。

我们认为,创造性翻译需要经受目的语读者的考验,与英译汉不同,汉语的语境是我们所熟悉的,对汉语创造新词语的接受情况,我们也能够很好地把握与衡量,但是,将我国的法律法规翻译成英文要进入英文的语境中,并且经受英语读者的认同,具体如何去考察与衡量,这并非易事。"新词的变化不是任意的,每一新词语的增加都经历了至少以下步骤:产生、社会使用、普通法律语言使用和法律法规使用,况且并非所有词都需要进入最后的层次。新词的法律使用也遵循一定的规律,受制于原有法律语言体系的制约,被赋予特定的含义。"(杜金榜,2004:81)

随着国际化进程的加速,在古典文学、哲学等外译的领域,国际协同翻译也越来越受到翻译界的重视,国际汉学家、相关领域的研究者、翻译者越来越受到翻译活动的青睐。毕竟,这些英语本土人士才是将中文翻译成英文的最好的实践者和守门员。值得借鉴的是,将我国的法律法规术语进行创造性翻译,更有可能需要取得目的语国家的法学家、语言学家的支持与协助。易言之,将中国的法律法规术语进行目的语国家本土化，进行创造性翻译，还需要"本土"译者的共同参与。

第三节　法律法规术语翻译的统一与规范

法律术语的翻译是法律法规规范化翻译的核心工作。从法律文本翻译的实际情况看，就翻译质量而言，存在的问题最为严重的就是法律术语翻译的随意与不规范，进而影响法律文本的严肃性与权威性。（许多，2015：62）法律术语翻译有失规范的原因是多样的，对法律法规术语翻译进行规范化，既需要译者本身提升专业水平，也需要法律法规翻译的组织部门主动牵头，更需要法学、语言学、翻译学相关的专家共同努力，深入研究和讨论。

一、译者需要不断提升自身的专业知识

法律翻译作为一种代表性专门化翻译，横跨语言学、翻译学、法学三大学科的知识，要做好法律翻译，同时需要通晓法律和中外语言，法律翻译主要面向精英群体，质量要求高、技术难度大，在一定意义上，法律翻译人才也是社会精英人才。译者是把守翻译过程的第一道关卡，是两种语言转换的守门员，法律专业术语翻译的准确与否，与译者的水平直接相关。"对法律专业术语进行翻译只是比较法研究中的一部分，但是，精确的法律术语翻译表达需要译者不但通晓法律知识，还要整体把握不同国家法律制度，对每个术语都仔细推敲、字斟句酌，全面考虑术语的内涵和外延，这样的术语翻译才会是精确而经得起实践检验的。"（聂莉斌，2013：44）译者要想准确翻译法律术语，就必须要增强法学知识的储备，让自己更加专业化，同时，打好英汉对比语言学的基础，从多学科、多层面对法律英语和法律汉语进行对比，研究它们在语言本体、社会文化、习俗惯例、法律制度等不同领域中各自彰显的特征及异同，寻找两种语言之间互相转换的规律和方法。

二、构建术语翻译库

法律术语的标准化、规范化直接影响到立法、守法、执法、司法等法律运行的过程,信息化时代,建立术语数据库是实现法律术语专业化、标准化、统一化和规范化的重要手段,根据我国有关国家标准的要求,有必要通过建立法律术语库的途径来实现法律术语的标准化。(向前进,2006;贾丽娟,2007)同样,构建统一的数字化法律翻译标准平行语料库也是实行法律法规术语翻译规范化的重要手段:"建立汉英平行法律语言库的子语库——汉英平行法律术语库,对每一个拟收入该术语库的汉英法律术语,由国家成立一个权威机构,组织一流的汉语和英语语言学家、法学家以及计算语言学家举办联席专家讨论会,由他们进行论证、鉴定,最后定稿入库。"(张琛权,2010:123)"现代社会已经进入了数字化的时代,缺乏数字技术的辅助,完全基于人力的翻译标准查阅的效率将非常低。西方学者 Hasselgard 的研究发现,借助计算机数据库技术建立平行语料库可以大大提高翻译研究的效率。"(李晋、董晓波,2015:231)

我们认为,构建术语翻译库也是在对语言资产进行有效的管理。所谓语言资产,"是指过去的交易、事项形成并由企业拥有或控制的语言资源,该资源会给企业带来经济效益。针对语言服务的主要特点,语言资产可以分为两大类:术语和翻译记忆"(王华伟、王华树,2012:118)。当然,与翻译企业或公司所承接的翻译项目有所不同,我国法律法规一般是由谁制定就由谁负责组织翻译工作(如国务院(原)法制办、地方政府(原)法制办等),翻译的目的不在于经济上盈利,而在于法律文化交流,翻译法律法规而生成的语言资产的使用权和控制权也都属于政府法制部门。"翻译记忆的首要功效在于消除翻译人员的重复劳动,从而提高工作效率。使用已有的原文和译文,通过将文本句段存储为翻译单元,可以建立起一个或多个翻译记忆库。"(王华伟、王华树,2012:120)因此,对这些语言资产加强管理,可以将对语言资产利用效率提升至一个新的高度,使得法律法规翻译走上更加规范化、标准化的轨道。术语翻译库的建立,应由国家立法机关或国家级法制部门(如国务院(原)法制办)牵头组织各地法规规章翻译部门对标准译文进行汇编,并随着时代发展不

断更新和增加其内容。(李晋、董晓波,2015:231)①

三、对术语翻译库进行再规范

建立起术语翻译库,也只是法律法规术语翻译规范化的第一步,仍然需要对术语翻译库加强管理和研究。一方面,"术语管理的流程包括分析和收集现有数据,提取术语,翻译术语,术语使用,术语维护。"(王华伟、王华树,2012:122-123)任何事物都是不断发展变化的,建立术语翻译库并不代表就一劳永逸,已经建立的术语翻译库还需要不断进行维护,也需要与时俱进,定期更新,淘汰已失效的术语,吸纳新的术语,保持术语库的生命力。另一方面,对术语翻译库仍需要进行规范化建设,不断提升术语翻译库的"含金量",术语翻译的提取本身就是建立在原始的语料库基础之上,这些术语仍然需要经过专家的深入讨论,在术语翻译的准确性上需要继续下一些功夫,"低水平、重复性的编词典、建数据库是徒劳无益的,它们解决不了大问题,它们或许能在部分程度上解决方便翻译的问题,却很难实现法律术语译名的规范化和统一。显然,规范化了

---

① 江苏省地方性法规规章的英译工作已经取得了不少的成绩,多次受到国务院(原)法制办和省政府的表彰,从2005年起,江苏省(原)法制办为贯彻落实《国务院办公厅关于做好行政法规英文正式译本翻译审定工作的通知》,就如何进一步开展本省地方性法规、政府规章的翻译工作进行了探讨和布置。译审人员主要由经验丰富的高校专家组成,成员中有教授、副教授和讲师,成员学科背景包含法学、语言和翻译学,成员组成合理。为确保译文质量,省(原)法制办多次组织召开全省法规规章译审座谈会解决翻译质量问题,以及邀请国务院法律翻译专家进行专业指导。通过十多年翻译工作的经验积累,江苏省法规规章翻译质量已经逐步稳定,译文定期通过网站和纸质印刷版向外公布,获得国务院领导和社会各界的肯定。
与此同时,江苏省已经开展了词库建设,以加强法律翻译的实践和理论研究。2017年,江苏省人民政府(原)法制办公室向社会公开公告政府法制课题研究委托项目,其中就包括《建立地方性法规规章翻译库法律术语研究》以及《建立地方性法规规章翻译库句式研究》两大项目。
截至2018年,江苏省地方性法律法规术语翻译库建设已经完成,由江苏省人民政府(原)法制办公室组织编写的全国第一本地方性法规译审术语和句式手册——《江苏省法规规章译审术语和句式手册》也于2018年12月完成,对外印刷出版。2018年,江苏省司法厅法治研究中心主办的《法治时代——政府法制研究》(专辑一)(由南京大学出版社出版)全文刊发了南京审计大学李晋老师和南京师范大学董晓波教授共同撰写的近二万字的研究报告——《论地方性法规规章翻译中法律术语翻译的问题与法律术语翻译库构建》,作为全国第一个地方性法律法规术语翻译库,其建立必将极大地推动我国地方性法规英译工作。
江苏省建立的法律法规术语翻译库所用的语料取自约150部江苏省法规规章的官方译本,共约200万字,18925个句子,最终通过电子软件筛选出3000个术语及其权威译文。

的英译法律术语还需要进一步规范化,组织者专家对现有的规范化成果进行更新、补充,才是解决问题的根本之计"(屈文生,2012:75)。

  法律法规术语的翻译是法律翻译中的核心,也是难点,只要术语翻译的问题解决好了,其他问题也自然会迎刃而解。当前,鉴于我国法律法规术语翻译还存在种种不规范的现象,法律法规术语的翻译也大有讨论的空间和切磋的余地。但是,限于能力我们无法对庞杂浩繁的法律术语翻译进行全局性的探讨,本章也只是节选了部分法律法规中常见的术语翻译作为例子,希望能够抛砖引玉,以小见大,以点带面,给法律术语的翻译带来一点启示性的参考,希冀推动术语翻译的批评性研究,引起从事法律翻译工作的组织者、研究者和译者们的共同重视和努力。"法学研究中术语的争议和不统一是客观存在的,也是允许的,只有通过讨论研究才能推动理论的不断发展。"(贾丽娟,2007:91)我们认为,法律法规专业术语翻译中的争议和不统一也是一种客观存在,正是因为这种争议的存在,也给法律法规术语翻译的研究带来了更多的议题和活力。比起这些争论来说,已经翻译完成的术语在英文世界里的接受程度如何,或许也更值得未来研究者们的关注。当然,立足于眼前和当下,术语翻译仍需要学术界更多深入的讨论,并由政府法制部门、法律实务部门等牵头组织,在实践上进行统一化、标准化,逐步推动我国法律法规术语翻译规范化向前发展,以期在未来取得更加显著的成绩。

第五章　法律法规中词语的翻译

在语言交际中，词语担负着十分重要的作用。这是因为所有大于词语的语言单位都由词组成。词组成短语，组成句子，组成话语，组成语篇，而组词造句的过程又产生句子规则或句法。英国著名语言学家Wilkins（1972：11）认为，"没有语法，人们能说的话很少；没有词汇，人们一句话也说不出"。Celce-Murcia和Rosensweig（1979：242）认为，"掌握了最低量的结构但拥有大量的词汇，比掌握了几乎所有全部结构但只有少量词汇的人，在阅读理解和最基本的语言交际中更为有利"。Vermeer（1992：147）曾指出，"认识词是理解与被理解的关键。学习一门新语言主要在于学习生词。语法知识不能产生很高的语言水平"。McCarthy（1990：iii）认为，"无论学生语法学得多么好，无论语音掌握得多么好，没有词汇表达众多的意义，不可能发生任何有意义的二语交际"。作为法律语言基本要素音、形、义的统一体，法律词汇一直以来是语言研究的基本内容和主要领域，是贯穿于整个法律语言学习和运用全过程的核心组成部分。在法律法规的英语翻译中，译者对法律英语词语的广度及深度的把握直接影响其法律语言能力和翻译水平。

第一节　模糊词语的翻译

法律语言作为规约性语言的分支，有其独特的语言风格，其中最重要就是语言的准确性。但是，世界变化之快，有限的法律法规难以包罗万象，这就使得模糊词语在法律文本中的运用无可避免。语言学家威利姆斯在其名著《法律与语言》就曾指出:"构成法律条文的语言,或多或少总有不明确之处,语言的核心部分,其意义固甚明确,但越趋边缘则越模糊。语言边缘之处的边缘意义一片朦胧,极易引起争议,而其究竟属该语言外延之内或之外,亦难断定。……此非立法者的疏忽,而系任何语言所难避免。"(刘蔚铭,2003a:31)他的这一段话非常精确地论述了法律语言中模糊性的客观存在。法律的模糊性是指某些法律条文或法律表述在语义上的不能确定性,是法的类属边界和状态的不确定性,一般用于涉及法律事实的性质、范围、程度、数量无法明确的情况。(陈红桔,2006:114)在法律条文中以及司法实践中,法律语言运用模糊词语的现象俯拾皆是。

一、法律语言模糊性的原因

模糊性是法律语言客观存在的属性,它贯穿于立法、司法、执法的各个环节。法律语言模糊性的表现方式多种多样,其形成的原因也错综复杂,既有客观上因素,也有主观上根源,主要包括以下几个方面:

(一)客观事物的无限性和认知水平的局限性

客观世界里的事物纷繁复杂、无穷无尽,人类有限的认知能力对很多客观事物和客观现象只能窥见一斑,难以用语言将其完全描摹清楚,不管人类对客观事物的认识如何深入,这种语言的不完全概括性也无法消除。

法律所调节的是社会生活中各种各样的社会关系,但由于人们认知水平上的局限,立法者在制定法律时很难将所有的社会关系及其所涉及的法律现象包揽无遗、逐条列出,这就不免造成法律上的缺漏和不完善。为扩大法律的包容性,保证法律的稳定性,立法者需要借助模糊词语以缓和人类的有限认知水平与无限复杂法律现象之间的矛盾。

(二)自然语言的本质属性

法律语言的模糊性主要源于自然语言本身的不确定性。英国著名法哲学家赫伯特·哈特认为一个词语既有"核心意义",也有"边缘结构"。在"核心意义"里,词语的意思是明确的;在"边缘结构"里,词语的意思则不受约

束,完全开放,而语言的模糊性就来自于语言的这种"边缘结构"。(哈特,1996:129)

语言是法律思想的载体。就法律与语言的关系,英国哲学家大卫·休谟认为:"法与法律制度是种纯粹的语言形式,法的世界肇始于语言,法律是通过语词订立和公布的……"(舒国滢,1995:348)由此可见,法律语言的问题追根溯源很大程度上就是语言自身的问题,法律语言的模糊性客观上主要是由自然语言的不确定性所决定的。

(三)法律原则的概括性

法律具有普遍性和概括性,这意味着法律的适用对象绝不是具体的个人和组织,它可以被反复适用而绝不仅适用一次。为保证法律的普遍适用性,立法者在制定法律时往往会借助模糊词语来扩大法律的涵盖范围。例如《中华人民共和国刑法》第五十三条规定,"由于遭遇不能抗拒的灾祸等原因缴纳确实有困难的,经人民法院裁定,可以延期缴纳、酌情减少或者免除"。由于现实生活中造成罚金无法按时缴纳的原因有很多,立法者无法一一完全表述清楚,所以这里用"其他"来涵盖另外可能出现的原因。如此一来,该条文的表述更加严密,适用范围也更为广泛。

现实生活中的法律现象千差万别、多种多样,人类无法用语言对所有的法律现象进行量化,也无法用确切的语言来表述。面对这些现象,要在进行抽象、概括、归纳、判断、推理的基础上,制定具有普遍指导意义的法律条文,就必须借助概括性强的模糊语言。(杨德祥,2006:70)

二、法律模糊词语的功能

法律的作用在于"定分止争",这就要求法律的语言必须具备高度的精确性,尽量避免表达上的含糊其词,但这并不意味着法律语言排斥使用模糊词语。相反,在法律语言中,模糊词语占了很大的比重,并有其独特的法律功能:

(一)保证法律的严密性

法律现象复杂多变,想要将各种各样的行为对象、行为动机、行为方式、行为结果等在法律条款中完全体现出来,无疑是天方夜谭。因此,为了保证法律规范的周密性与完备性,立法者不得不使用模糊词语以求能最大程度的包容无法确定之物。比如,《中华人民共和国国家安全法》第二十二条规定:"任何公民和组织对国家安全机关及其工作人员超越职权、滥用职权和其他违法行为都有权向上级国家安全机关或者有关部门检举、控告。上级国家安全机关或者有关部门应当及时查清事实,负责处理。"由于立法者无法列举出所有有关的情况,所以在列举出几个主要的违法行为后,用"其他"一词概括,既突出了重点,又涵盖了一般,使法律表述疏而不漏,实现最大限度地打击犯罪。

(二)提高司法的灵活性

培根曾说:"最良之法律,有最小的余地,以供判官伸缩之用也。这就表明法律要具备一定的张力和弹性,为法律的适用留有余地。"(Fowler,1996:18)模糊词语外延界限不明确,有很强的伸缩性和包容性,它的这种特征正好能满足法律语言所要求的灵活性。

例如,法官在对违反《中华人民共和国刑法》第三十五条中规定,"司法工作人员利用职权,与他人共同实施前三款行为的,从重处罚……"的犯罪人员定罪时,由于该法条中"从重处罚"表述的模糊性,法官可根据案情,给予该犯罪人员在法定刑幅度内的"从重处罚"。由此可见,法律条文中的模糊语可以赋予司法人员以及司法机关一定的自由裁量权,使他们能够发挥主观能动性,遵循"自由、公平、秩序、效率"的原则,根据具体的情况准确定罪,从而维护法律的公平性与公正性。

(三)体现法律的人文精神

法学的本质是人学,法律在适用过程中必须注意到法律本身对人的尊重和关怀。(袁华平,2009:186)法律覆盖社会生活的方方面面,但在涉及国家机密以及个人隐私这类敏感话题的时候,法律既有责任将其表述清楚,又有义务不将其完全公之于众,为了体现法律的人文关怀,此时模糊词语的使用就显得极其必要。例如,在表述强奸、侮辱、诽谤、猥亵等严重侵犯公民人身权利案件的情节时,表述情节时可以适当模糊,既保护当事人的个人隐私,维护了社会公共道德,又通报了案情,维护了法律的尊严。

三、法律模糊词语的英译策略

美国学者大卫·梅林科夫指出:"法律语言可以被描述为一种充满了概括性、模糊性和灵活性表达的语言。"(Mellinkoff,1953:12)这种观点证明了模糊词语在法律文本中不可替代的地位,其翻译的重要性也就不言而喻。具体说来,法律法规中的模糊语可以有以下几种处理方法:

(一)直译:模糊对模糊

模糊语的直译是指两种语言间模糊语的直接转换。有时,立法者出于某种目的会故意在起草法律时使用模糊语,在此情形下,直译最能反映立法者的意图,保证原有模糊信息不丧失。请看下例:

例1:

第六条　国家安全机关在国家安全工作中依法行使侦查、拘留、预审和执行逮捕以及法律规定的其他职权。　　——《中华人民共和国国家安全法》

Article 6　The State security organs shall exercise, in the work of State security, the functions and powers of investigation, detention, preliminary examination and execution of arrest according to law and other functions and powers as stipulated by the law.

例2:

第一百一十八条　当事人一方因不可抗力不能履行合同的,应当及时通知对方,以减轻可能给对方造成的损失,并应当在合理期限内提供证明。　　——《中华人民共和国合同法》

Article 118　Either party that is unable to fulfill the contract due to the force majeure shall notify the other party in time in order to reduce losses possibly inflicted to the other party, and shall provide evidence thereof within a reasonable period of time.

例3:

第八十七条　县级以上各级人民政府有关部门在各自职责范围内,对用人单位遵守劳动法律、法规的情况进行监督。

——《中华人民共和国劳动法》

Article 87　Relevant departments of people's governments at or above the county level shall, within the scope of their respective duties and responsibilities, supervise the implementation of laws, rules and regulations on labor by the employing units.

例4：

第三百五十三条　引诱、教唆、欺骗他人吸食、注射毒品的，处三年以下有期徒刑、拘役或者管制，并处罚金；情节严重的，处三年以上七年以下有期徒刑，并处罚金。

——《中华人民共和国刑法》

Article 353　A person who lures, aids and abets, or cheats another person into drug ingestion or injection shall be sentenced to fixed-term imprisonment of not more than three years, criminal detention or public surveillance and concurrently to a fine; and if the circumstance is serious, to fixed-term imprisonment of not less than three years and not more than seven years and concurrently to a fine.

以上例子中的"其他""合理""有关""以上""以下"都是模糊语，都未能给出十分清晰的界限和范围。以"合理期限"为例，究竟在何种期限内才算是合理，每个人的主观想法都不尽相同，这样的模糊表达也就扩大了法律的适用范围，保持了法律条文在执行时的灵活性，给执行法律留下足够的空间。在此情形下，译者应当采用"模糊对模糊"的翻译策略，以完整、准确传达出原文的意思。

（二）意译：化模糊为精确

如果直译不能实现原文与译文间形式和语义上的对等，使目的语读者获得同源语读者同等程度的效果与感受，译者可根据原文的精神实质，对原文的模糊词语进行适当处理，将目的语中的模糊信息转换成相对的精确语言，以保留原文内涵不丧失。例如：

例5：

第一百四十八条　扶养适用与被扶养人有最密切联系的国家的法律。

——《中华人民共和国民法通则》

Article 148　Maintenance of a spouse after divorce shall be bound by the law of the country to which the spouse is most closely connected.

例6：

第一百零五条　送达传票、通知书和其他诉讼文件应当交给收件人本人；如果本人不在，可以交给他的成年家属或者所在单位的负责人员代收。

收件人本人或者代收人拒绝接收或者拒绝签名、盖章的时候，送达人可以邀请他的邻居或者其他见证人到场，说明情况，把文件留在他的住处，在送达证上记明拒绝的事由、送达的日期，由送达人签名，即认为已经送达。

——《中华人民共和国刑事诉讼法》

Article 105　Summons, notices, and other court documents shall be served upon the addressee personally; or, if the addressee in absent, may be received on his or her behalf by an adult member of his or her family or a responsible person of his or her employer.

If the addressee or a recipient on his or her behalf refuses to receive or refuses to sign or seal such documents, the process server may request the addressee's neighbors or other witnesses to be present, explain the situation to them, leave such documents at the addressee's residence, record the fact of refusal and date of service on the service acknowledgement, and sign it, and such documents shall then be deemed served.

《中华人民共和国民法通则》第一百四十八条谈及涉外民事关系法律适用中抚养关系的法律适用。原文中的"被抚养人"是一个模糊的概念，但在转换成英文时却不能盲目地"模糊对模糊"。根据《中华人民共和国民法通则》第一百四十七条规定"中华人民共和国公民和外国人结婚适用婚姻缔结地法律，离婚适用受理案件的法院所在地法律"，这里的"被抚养人"应当是指离婚后夫妻的一方，因此译者在处理时将其译为"spouse after divorce"以防止给目的语读者传递错误信息，避免在司法实践中就法律适用范围产生争议。同理，对于《中华人民共和国刑事诉讼法》第一百零五条中的"他"这个模糊概念，在翻译成英文时也应当根据上下文对其进行清楚的界定，帮助目的语读者准确理解原文，避免误读。

（三）增词

译者在将模糊语译成目的语时，可以适当对其进行补充，使译文表义更为完整，且更忠实、通顺地传达原文内容。请看下例：

例7：

第四十四条　海上货物运输合同和作为合同凭证的提单或者其他运输单证中的条款，违反本章规定的，无效。　——《中华人民共和国海商法》

Article 44　Any stipulation in a contract of carriage of goods by sea or a bill of lading or other similar documents evidencing such contract that derogates from the provisions of this Chapter shall be null and void.

例8：

第六条　凡在中华人民共和国领域内犯罪的，除法律有特别规定的以外，都适用本法。　——《中华人民共和国刑法》

Article 6　This Law shall be applicable to anyone who commits a crime within the territory and territorial waters and space of the People's Republic of China, except as otherwise specifically provided by law.

例9：

第二十一条　当事人对国境卫生检疫机关给予的罚款决定不服的，可以在接到通知之日起十五日内，向当地人民法院起诉。逾期不起诉又不履行的，国境卫生检疫机关可以申请人民法院强制执行。

——《中华人民共和国国境卫生检疫法》

Article 21　If a concerned party refuses to obey a decision on a fine made by a frontier health and quarantine office, he may, within 15 days after receiving notice of the fine, file a lawsuit in a local people's court. The frontier health and quarantine office may apply to the people's court for mandatory enforcement of a decision if the concerned party neither files a lawsuit nor obeys the decision within the 15-day term.

例1中的"其他运输单证"是一个模糊的概念，译者在翻译时增添了"similar"使其表意更加明确。《中华人民共和国刑法》第六条中提到了"中华人民共和国领域"，这里的领域应当指我国境内的全部领域，包括领陆、领水、领空三个部分，所以译者在翻译时绝不能直译为"the territory of People's Republic of China"，而应将其补充完整，即"the territory and territorial waters and space of the People's Republic of China"。又如《中华人民共和国国境卫生检疫法》第二十一条，"逾期不起诉又不履行"后面实际隐含了之前提到的"十五日内"，因此在这里增译了具体时间，使表述更加具体。

（四）省略

对于一些在原文中没有实际意义的或者是为了不留漏洞、起防患于未然作用的模糊表达，在翻译中可以省略不译，以避免赘述。请看下例：

例10：

第四十三条　……海关查问违法嫌疑人或者询问证人应当制作笔录，并当场交其辨认，没有异议的，立即签字确认；有异议的，予以更正后签字确认。　　　——《中华人民共和国海关行政处罚实施条例》

Article 43　When interrogating a person suspected of violating the law or questioning a witness, the Customs shall take a record thereof and show him such record on the spot for him to identify. If there is no dissent, such record shall be confirmed with signature; if any dissent arises, such record shall be corrected and confirmed with signature.

例11：

第二十五条　政府指导价、政府定价的具体适用范围、价格水平，应当根据经济运行情况，按照规定的定价权限和程序适时调整。

——《中华人民共和国价格法》

Article 25　The specific applicable scope and price level of the government-guided prices and government-set prices shall be adjusted at an appropriate time in the light of the economic performance and in pursuance of the pricing authority and procedures provided for.

例10中的"立即"是一个表示时间的模糊词，没有具体的含义，删去不译并不会对原文意思造成影响。例2中的"情况"属于中文里的范畴词，Joan Pinkham（2000：3-45）指出"范畴词尽管在汉语中各司其职，但是出现在英文句子中除了增加句子长度外，并无任何意义或表达上的增色……"因此"情况""行为""状态"等常在法律法规中出现的范畴词也就常常省去不译。

第二节　中国特色法律术语的英译

中华人民共和国成立以来，特别是改革开放40多年来，我国立法工作取得了举世瞩目的成就，建立起了以宪法为核心，以宪法相关法、民法、商法等多个法律部门的法律为主干的中国特色社会主义法律体系，并且随着时代发展，在制度供给、理论创建、学说传播、法律实践等方面均取日趋完善，形成了自身的法律义理和规范形式。（席月民，2018）在此情形下，让中国走向世界，使世界了解中国，促进中国特色法治文化在世界的传播、为全球法治进步贡献中国智慧就显得尤为重要，而要实现这一目标，我们必须要依赖翻译这一桥梁。《国务院办公厅关于做好行政法规英文正式译本翻译审定工作的通知》中就提道："准确、及时地将行政法规翻译成英文，对于宣传我国社会主义法治建设取得的成就，方便国内外各方面更加全面、系统、准确地了解我国的法律制度，履行我国加入世界贸易组织所作的有关承诺，具有重要意义。"中国法律法规翻译是展现我国法治成就的重要窗口，高质量的法律法规翻译工作对塑造我国政府良好形象、增进国际社会对我国的了解和认识、在国际交流中维护我国合法权益、提高我国国际话语权具有积极作用。

中国特色法律体系是我国社会发展的产物，它的形成取决于我国的文化传统、政治制度和立法体制等因素，与我国的国情紧密相关，这意味着它其中的很多表达具有中国特色，为我国法律所特有。中国特色法律术语是我国法律语言的核心成分，反映了我国法律体系的典型特征，它的翻译不当会导致国际社会对我国的方针政策产生曲解或误解，因此，做好我国法律法规的翻译工作首先要把控法律术语的翻译质量。

中国特色法律术语在翻译时应当遵循三大原则，即准确性、灵活性和时代性。准确性是法律文本翻译的灵魂。法律文体相当正式和严谨，术语作为构成法律文本的基本成分，其翻译更不能有任何偏差，否则会直接影响整个文本的规范性。灵活性表现在术语的翻译要完整传递原文内涵，在体现中国特色的基础上符合国外读者的思维习惯。时代性是指术语的翻译要与时俱进。中国特色社会主义法律体系呈现出动态、开放的发展要求，将随着我国经济社会的发展不断完善。在这过程中，新的法律术语会产生，原有术语的译法也可能会有改动，所以术语翻译必须不断更新。

一、中国特色法律术语策略

中国特色法律术语翻译质量的好坏直接关系到我国的对外法治形象，但由于法律体系和理解的差异，对外传播中这些中国特色法律用语有时很难翻译，因找不到完全对应的外文词汇造成的翻译不到位等情况也在所难免。（曹音，2017：123）因此，译者在翻译时务必要做到灵活处理，在保证准确性的前提下根据具体交际目的和语境的不同采取归化、异化或二者结合的翻译手法。

（一）异化

基于中国特色社会主义法律术语的特殊性，我国对其的翻译以异化为主。翻译的异化是指以源语为重心，保留原文的语言和文化差异，以源语的表达方式来传达原文的内容，表现在翻译手法上就是音译和直译，其中直译是中国特色法律术语常用的翻译方法。中国特色法律术语反映的是中国特有的法律制度、法治思想和法治精神,采用异化的手法可以最大限度保留词汇的文化特色,避免意义偏差,促进"中国特色"更好走出去。请看下例:

中国特色社会主义法律制度

the socialist system of laws with Chinese characteristics

全国人民代表大会　the National People's Congress

地方政府　local people's government

人民法院　people's court

人民调解　people's mediation

公安部　ministry of people's security

……

不难看出以上中文表达在英文中没有等值的概念,因此在翻译时建议采取直译的方法保留其语言形式和文化内涵,整个过程相当于创造一个新词。这些"中国式翻译"忠实于原文,能真正成为国际社会了解中国法治建设的一个窗口,是一种既符合英语基本规范,又具有中国特色的国际语言,因此不管是中国媒体还是外国媒体都倾向采用异化的译法。

这种以原文读者为中心的异化策略有其积极作用,但并非所有的"异化"翻译都能达到预期效果。例如,中文法律的"死缓"制度。死缓是中国特有的一种死刑执行方式,有些文本将其直译为 suspension of execution for death sentence,这个翻译看似妥当,但究竟何为死缓,它并未做出解释,所以是缺少实质意义。"死缓"是指对那些应当判处死刑,但又不是必须立即执行的犯罪分子,在判处死刑的同时宣告死缓执行,对其实行劳动改造,以观后效,所以可以解释译法:stay of execution, death sentence with a two-year reprieve and forced labour。由此可见,"异化"的翻译策略固然有效,但并不能解决所有的翻译难题,所以"归化"就显得极为必要。

（二）归化

就中国特色法律术语的性质而言，我们强调其翻译应以"异化"为主，其目的是使以中国特色法律术语为代表的中国法律文化更好地在世界传播。但从文本翻译的角度上看，翻译的实质是一种迎合外国读者的归化行为（于鑫，2015：40），一切翻译活动都必须考虑目标读者的表达习惯和需求。当"异化"的术语生硬难懂、未能达到宣传的目的时，译者就宜采用归化的翻译策略。例如，"事业单位"指由政府利用国有资产设立的，从事教育、科技、文化、卫生等活动的具有一定公益性质的社会服务组织，所以按其意思应当译为public institutions，这个翻译也就远比某些文本中的business entities要好。又如动词"扭送"不能单纯直译为seize and deliver，而是需要补充宾语译为seize and deliver a suspect to the police以保证译文的接受性。尽管"归化"不可避免地会损害原文的"原汁原味"，但在形式与意义不能两全的情况下，译文的可读性应先于形式的完整性。

在中国法律特色术语的翻译中，异化先于归化，归化是对异化的有益补充，单纯用异化或用归化的一刀切的翻译方法是行不通的，译者必须具体情况具体分析，不能一概而论。

二、中国特色法律术语翻译的规范化

法律术语翻译的规范化是指对法律领域中专业概念翻译的标准化、统一化活动。在我国法律法规的翻译中，有很多中国特色法律术语翻译存在失范现象，主要表现在法律术语自身翻译的不恰当以及同一法律术语在不同文本或在同一文本翻译的不一致。法律术语译名的混乱极易引起歧义，从而极大损害法律严肃性和稳定性，因此有必要对其翻译进行统一界定。何海波（2011：18）波就指出中国法律术语外文翻译的精确和统一是中外法律交流新形式的要求。

我国重视对法律术语的规范化工作，迄今已取得一些成果。例如，我国国务院（原）法制办公室法规外审和外事司分别在1998年和2005年出版了《中华人民共和国法律法规汉英词语对照手册》和《法规译审常用句式手册》，这两

本手册后来成为法律法规译者的指南书。此外，上海市（原）法制办行政法治研究所译审外事室所发行的《法规翻译》中也设有"译文规范"栏目为法律译者的翻译实践提供指导。（屈文生，2012：68）尽管成果显著，但不可否认的是，法律法规的规范化工作仍然任重而道远，一方面国家要继续加强术语翻译的规范化工作，另一方面译者要有意识地选用标准化专业术语。

第三节　法律法规中的常用词翻译

法律法规中的常用词是指那些在法律文本中出现的频率较高的词汇，它们同样也是法律法规中最具代表性的词汇，把握好这些词语的翻译从某种程度上为一部法律或法规的正确翻译奠定了基础。在长期的翻译实践过程中，这些常用词形成了其惯有的一个或多个译法，其中的有些译法被证明是可行的，有些译法则有待商榷，因此对其进行统一规范十分必要。本节即以此为出发点，重点阐述了以下九个法律法规常用词的翻译。①

（一）制定

法律的制定是指对法律的创立，又称为"立法"。我国法律法规中的"制定"主要有两个译法：formulate和enact。例如：

例12：

第一条　为了发展社会主义商品经济，促进技术进步，改进产品质量，提高社会经济效益，维护国家和人民的利益，使标准化工作适应社会主义现代化建设和发展对外经济关系的需要，制定本法。

——《中华人民共和国标准化法》

Article 1　This Law is formulated with a view to developing the socialist commodity economy, promoting technical progress, improving product quality, increasing social and economic benefits, safeguarding the interests of the State and the people and suiting standardization to the needs in socialist

---

① 这九个常用词是语料库中使用频率最高的。

modernization and in the development of economic relations with foreign countries.

例13：

第一条　为了加强对档案的管理和收集、整理工作，有效地保护和利用档案，为社会主义现代化建设服务，制定本法。

——《中华人民共和国档案法》（2016年修正）

Article 1　This Law is enacted with a view to strengthening the management, collection and arrangement of archives and effectively protecting and using archives in the service of socialist modernization.

目前国内法律文件中，凡提及"制定法律"常用到的表达就是formulate law，各文件相互参照，似乎formulate已成为惯用法。（傅伟良，2003：67），但实际上将"制定"译为formulate并不太妥当。根据《牛津高阶英语词典》的定义，formulate主要有两个意思①to create or prepare something carefully, giving particular attention to the details；②to express your ideas in carefully chosen words，《朗文当代高阶词典》还针对formulate的第一个意思列举了常见的几个搭配：formulate a policy/plan/strategy etc。可见formulate在中文里表示"构想、规划或清楚地阐明"，后常接政策/规划/战略，它并不等同于"制定"。

法律中表示"制定（法律法规）"更为正式的表达应当是enact。《朗文当代高阶词典》对enact的第一个定义就是"to pass a law"。*Black's Law Dictionary*（Ninth Edition）给出的定义也是"to make into law by authoritative act；to pass"，所以"制定法律"应译为enact law，"制定法条"则是enact clause。由此可见，"制定"应译为enact并非formulate。①

---

① 由于"formulate"使用频率很高，在各级法律法规翻译中普遍使用，也逐渐被接受。目前，一般"formulate"和"enact"同时使用。我个人认为，如果制定主体是立法机构，建议用"enact"，制定主体是部门、单位，建议用"formulate"，也就是说，法律、地方性法规建议用"enact"，行政法规、规章建议用"formulate"。

（二）公布

我国法律法规常用"公布"表示对法律、行政法规等的宣布，此时"公布"相当于"颁布"。请看下例：

例14：

1988年9月5日第七届全国人民代表大会常务委员会第三次会议通过 1988年9月5日中华人民共和国主席令第六号公布自1989年5月1日起施行。

——《中华人民共和国保守国家秘密法》

Adopted at the Third Meeting of the Standing Committee of the Seventh National People's Congress on September 5, 1988 and promulgated by Order No.6 of the President of the People's Republic of China on September 5, 1988.

这里的公布表示政府机关将拟定的法令规章等的公之于众，所以应当用promulgate，表示announce a law officially and publicly。但需要注意的是，promulgate用法较官方正式，其所接的主语应当是法律、法令或法规。当"公布"表示将情况、结果、事实等向公众说明，用promulgate翻译就稍显生硬，有"用力过猛"之嫌。在这种情况下，用publish，announce等词反而更显妥帖，请看以下几个例子：

例15：

第二十八条　城市规划经批准后，城市人民政府应当公布。

——《中华人民共和国城市规划法》

Article 28　The plan for a city shall be announced by the people's government of the city after it is approved.

例16：

第三十三条第三项　宣传食品卫生、营养知识，进行食品卫生评价，公布食品卫生情况。　　——《中华人民共和国食品安全法》

Article 33 Item 3　...to disseminate knowledge of food hygiene and nutrition, provide appraisals of food hygiene and publicize the existing situation in food hygiene.

例17：

第三十六条　审计机关可以向政府有关部门通报或者向社会公布审计结果。

审计机关通报或者公布审计结果，应当依法保守国家秘密和被审计单位的商业秘密，遵守国务院的有关规定。

——《中华人民共和国审计法》（2006年修正）

Article 36　Audit institutions may issue circulars about their audit results to the relevant government departments or publish such results to the public.

Audit institutions shall, in circulating or publishing and it results, keep State secrets and business secrets of the auditees in accordance with the law and observe the relevant regulations of the State Council.

例18：

第二十四条　政府指导价、政府定价制定后，由制定价格的部门向消费者、经营者公布。　　　　　——《中华人民共和国价格法》

Article 24　After the government-set and guided prices are determined, they shall be made public by the price departments.

（三）遵守

法律赋予人们应当享受的权利，同时又规定人们应当履行的义务。在表述义务性条款时，常用到的词语就是"遵守"。"遵守"在我国法律法规中出现频率很高，根据主语和具体情况不同，其有多种译法，请看下例：

1. 主语是人

我国法律法规中"遵守"前面的引导词大多是人或组织，此时"遵守"可译为abide by或是observe。abide by 相较于observe用法更为正式，语气更重，因此在法律法规的英译本中abide by的译法更为常见。请看下面两个例子：

例19：

第七条　现役军人必须遵守军队的条令和条例，忠于职守，随时为保卫祖国而战斗。　　　　　——《中华人民共和国兵役法》（2011年修正）

Article 7　Active servicemen must abide by the rules and regulations of the army, faithfully discharge their duties and always be ready to fight for the defense of the motherland.

例20：

第九条　供电企业和用户应当遵守国家有关规定，采取有效措施，做好安全用电、节约用电和计划用电工作。

——《中华人民共和国电力法》

Article 9　Power supply enterprises and users shall both observe the relevant regulations of the State by adopting efficient measures to achieve the safe, economical and planned use of power.

2. 主语是物

当主语是法律、规划、项目等的事物时，"遵守"的译法包括observe，comply with，conform to，in compliance with和in conformity with。请看下例：

例21：

第2条　制定和实施城市规划，在城市规划区内进行建设，必须遵守本法。

——《中华人民共和国城市规划法》

Article 2　This Law shall be observed when the plan for a city is being formulated or implemented, or when construction is being carried out within a planned urban area.

例22：

第十三条　新建、改建、扩建的建设项目，必须遵守国家有关建设项目环境保护管理的规定。　——《中华人民共和国环境噪声污染防治法》

Article 13　Every project under construction, renovation or expansion must conform to the regulations of the State governing environmental protection.

例23：

第二十条　固定资产投资工程项目的设计和建设，应当遵守合理用能标准和节能设计规范。　——《中华人民共和国节约能源法》

Article 20　The fixed assets projects for investment shall be designed and constructed in conformity with the standards for rational use of energy and for energy conservation design.

例24：

第三十一条　核动力船舶和载运放射物质的船舶，排放放射性物质，必须遵守本法第十九条的规定。

——《中华人民共和国海洋环境保护法》（1982年版）

Article 31　The discharge of radioactive substances from nuclear-powered vessels or vessels carrying such substances must be conducted in compliance with the provisions of Article 19 of this Law.

（四）规定

法律中的"规定"既可以作名词，也可以作动词。作名词讲时译为provision，作动词讲时大致有三种译法：prescribe，provide for/provide，stipulate。prescribe在 Black's Law Dictionary（Ninth Edition）中的第一个定义是"to dictate, ordain, or direct; to establish authoritatively（as a rule or guideline）"，它是指权威性地确立、确定（法律），侧重"立""命"，带有命令的意味。provide/provide for有"提供"的隐含意思，相较于prescribe更为中性客观，表示"某某条款规定……"stipulate主要用在合同或协议中表示"约定"，但也可用在法律法规中"约定"或"规定"。总而言之，这三者都可以表示（法律法规）规定，有差别但差别细微，请看以下几个例子：

例25：

第四十七条　……行政长官的产生办法由附件一《澳门特别行政区行政长官的产生办法》规定。

——《中华人民共和国澳门特别行政区基本法》

Article 47　The specific method for selecting the Chief Executive is prescribed in Annex I *Method for the Selection of the Chief Executive of the Macao Special Administrative Region*.

例26：

第五条　卫生计生行政部门实施卫生行政许可必须严格遵守法律、法规、规章规定的权限和程序。——《中华人民共和国卫生行政许可管理办法》

Article 5   The administrative departments of health and family planning shall strictly abide by the power and procedure as prescribed by laws, regulations and rules when implementing sanitary administrative license.

例27：

第十三条   ……婚前保健工作规范和婚前医学检查项目由国务院卫生行政部门规定。　　　　　　　——《中华人民共和国母婴保健法实施办法》

Article 13   ...The work norms of pre-marital health care and the items of pre-marital medical examination shall be provided for by the administrative department of public health under the State Council.

例28：

第三条   ……除法律特别规定的以外，其他任何机关、团体和个人都无权行使这些权力。　　　　　　　——《中华人民共和国刑事诉讼法》

Article 3   ...Except as otherwise provided for by law, no other authority, organization, or individual shall exercise such powers.

例29：

第十一条   招用人员简章应当包括用人单位基本情况、招用人数、工作内容、招录条件、劳动报酬、福利待遇、社会保险等内容，以及法律、法规规定的其他内容。

——《就业服务与就业管理规定》

Article 11   The employment brochure shall include basic information about the employer, number of workers to be employed, types of work, qualifications for employment, labor remunerations, welfare treatments, social insurance, etc., as well as other contents stipulated in laws and regulations.

例30：

第三条   民事活动中的合同或者其他文件、单证等文书，当事人可以约定使用或者不使用电子签名、数据电文。

——《中华人民共和国电子签名法》

Article 3   The parties may stipulate to use or not to use electronic signature or data message in the contract or other documents and documentations in civil activities.

(五) 批准

法律中的"批准"是指有关机关依据法定权限和法定条件，对当事人提出的申请、呈报的事项等进行审查，并决定是否予以准许。我国法律法规中常见的搭配有两个："报……批准"和"经/由……批准"，前者常被译为be submitted to...for approval，后者较为正式的译法是be subject to the approval of...，当然也不乏译者将其译为be approved by...。请看下例：

例31：

第二十一条　省、自治区、直辖市的土地利用总体规划，报国务院批准。

——《中华人民共和国土地管理法》（2004年版）

Article 21   The overall planning for land utilization of the provinces, autonomous regions and municipalities directly under the Central Government shall be submitted to the State Council for approval.

例32：

第十四条　县道规划由县级人民政府交通主管部门会同同级有关部门编制，经本级人民政府审定后，报上一级人民政府批准。

——《中华人民共和国公路法》

Article 14   Plans in respect to provincial roads shall be formulated by the transportation departments of People's Governments of provinces, autonomous regions and municipalities together with the People's Governments of a lower level along the lines and submitted to the People's Governments of the respective provinces, autonomous regions and municipalities for approval and to the transportation department under the State Council for record filing purposes.

例33：

第八十条　逮捕犯罪嫌疑人、被告人，必须经过人民检察院批准或者人民法院决定，由公安机关执行。

——《中华人民共和国刑事诉讼法》（1996年版）

Article 80　Arrests must be approved by a people's procuratorate or decided by a people's court and must be carried out by a public security organ.

例34：

第十四条　根据国家有关规定经批准招收适龄儿童、少年进行文艺、体育等专业训练的社会组织，应当保证所招收的适龄儿童、少年接受义务教育；自行实施义务教育的，应当经县级人民政府教育行政部门批准。

——《中华人民共和国义务教育法》

Article 14　For the social organizations which enroll school-age children and adolescents for professional training of art and literature, physical education, etc., they shall ensure that the children and adolescents enrolled therein receive compulsory education. If they carry out compulsory education by themselves, they shall be subject to the approval of the administrative departments of education of the people's governments at the county level.

例35：

第十一条　监狱的设置、撤销、迁移，由国务院司法行政部门批准。

——《中华人民共和国监狱法》

Article 11　The establishment, abolition or move of a prison shall be subject to the approval of the department of judicial administration under the State Council.

（六）实施

"实施"是我国法律法规中另一出现频率高的动词，它表示贯彻落实（法令、政策等），通常被译为implement, conduct, carry out 或者put into practice,

它们均可以表示make sth. that has been started to happen，可以根据语境互相替换。例如：

例36：

第十五条　有关部门依法将纳税人、扣缴义务人遵守本法的情况纳入信用信息系统，并实施联合激励或者惩戒。

——《中华人民共和国个人所得税法》

Article 15　The relevant departments shall, in accordance with the law, include information on the compliance of taxpayers and withholding agents with this Law in their credit information systems, and implement joint incentives or sanctions.

例37：

第七条　国务院生态环境主管部门对全国土壤污染防治工作实施统一监督管理；国务院农业农村、自然资源、住房城乡建设、林业草原等主管部门在各自职责范围内对土壤污染防治工作实施监督管理。

——《中华人民共和国土壤防治污染法》

Article 7　The ecological and environmental department of the State Council shall conduct uniform supervision and administration of the prevention and control of soil pollution across the country; and the agriculture and rural affairs, natural resources, housing and urban-rural development, forestry and grassland, and other departments of the State Council shall conduct supervision and administration of the prevention and control of soil pollution within their respective competence.

例38：

第十五条　高等学校、高级中学和相当于高级中学的学校学生的军事训练，由学校负责军事训练的机构或者军事教员按照国家有关规定组织实施。军事机关应当协助学校组织学生的军事训练。

——《中华人民共和国国防教育法》

Article 15   The military training of a higher education institution, high school or school equivalent to a high school shall be organized and carried out by the department responsible for the military training of the school (institution) or by the military teachers in accordance with the relevant provisions of the state. The military organ shall assist the school (institution) to organize the military training of students.

例39：

第三条　国家建立并实施重点海域排污总量控制制度，确定主要污染物排海总量控制指标，并对主要污染源分配排放控制数量。具体办法由国务院制定。　　　　　　　　　　——《中华人民共和国海洋环境保护法》

Article 3   The State shall establish and put into practice a system of controlling the total sea-disposal pollution discharge for the key sea areas, determine the standards for controlling the total sea-disposed main pollutants discharge and shall assign controlled pollution discharges to key pollution sources. The specific measures therefor shall be formulated by the State Council.

（七）强制

"强制"在我国法律法规中有三种译法：compulsory，mandatory以及coercive。这三个词语虽然都有"强制"的意思，但并非没有差别。*New Oxford English-Chinese Dictionary*给出的这三个词语的定义是：① compulsory：required by law or a rule；obligatory（e.g. compulsory military service）②mandatory：required by law or rules；compulsory（e.g. wearing helmets was made mandatory for pedal cyclists）③ coercive：relating to or using force or threats。可见，关于compulsory和mandatory，*New Oxford English-Chinese Dictionary*并未划定十分明确的界限，但它清楚指出了coercive与前两者的不同之处，即coercive表强制程度更深，有强迫的意味。《元照英美法词典》对compulsory和mandatory的不同之处作了说明，前者表示法律或法律程序所强制要求的，后者更强调是一种"命令的、有义务的行为"。根据以上分析，请看下面例子：

违反本条例规定生产、储存、运输、经营、携带、使用、销毁易燃易爆危险物品的，由公安机关消防机构责令停止违法行为，可以对易燃易爆危险物品采取查封、扣押等强制措施。 ——《中华人民共和国消防法》

In case of the violations against the provisions of these Regulations in manufacturing, storing, transporting, operating, carrying, using and/or destroying dangerous flammable or explosive goods, the fire department of the public security organ shall order the violator to stop such illegal acts, and may take such coercive measures as sealing up and/or seizing the dangerous flammable or explosive goods, etc.

以上句子列举了"强制措施"的相关手段，与coercive意思中的relating to or using force相吻合，因此这里用coercive表示"强制"是符合语境的。

关于三者的常见搭配，*Black's Law Dictionary*（Ninth Edition）给出了比较详细的列表：compulsory appearance（强制出庭应诉），compulsory arbitration（强制性仲裁），compulsory condition（强制性条件），compulsory counterclaim（强制性反诉），compulsory insurance（强制保险），compulsory process（强制性传票），mandatory order（强制性命令），mandatory penalty/mandatory punishment（强制处罚），mandatory sentence（强制判决），mandatory statute（强制性制定法），coercive relief（强制性救济），coercive measures（强制措施）。

（八）转让

"转让"是法律法规中的高频词。"转让"的对象既可以是自己的财产，也可以是自己的合法权益或权利等。根据转让物品性质的不同，"转让"大致有三种译法：transfer, assign, negotiate。《元照英美法词典》中对于这些词语的定义分别是：

①transfer（所有权的）让与（把一个人的权利转让给另一个人）、（物权、产权等）转让；

②assign：让与，动产转让，尤其指转让属人财产或动产。

③negotiate：由一人向另一人转移汇票或其他流通证券，从而使受让人成

为票据持有人。

根据上述定义可以得出结论：transfer是一个宽泛的概念，泛指一切"转让"；assign同negotiate则分别强调财产方面和票据的转让，因此译者在翻译时根据被转让物体的性质需要采用不同的词语。以下三个例子体现了这三个词语在我国法律法规中的正确用法：

例40：

第二十四条 国有不可移动文物不得转让、抵押。建立博物馆、保管所或者辟为参观游览场所的国有文物保护单位，不得作为企业资产经营。

——《中华人民共和国文物保护法》

Article 24 State-owned unmovable cultural relics may not be transferred or mortgaged. A state-owned protected historical and cultural site, on which a museum, preservation institute is established or which is used as a tourist site, may not be operated as the assets of an enterprise.

例41：

第四十八条 中标人应当按照合同约定履行义务，完成中标项目。中标人不得向他人转让中标项目，也不得将中标项目肢解后分别向他人转让。

——《中华人民共和国招标投标法》

Article 48 The bid winner shall perform duties and complete the bidding project, as specified in the contract. The bid winner shall neither assign the project to any other person nor dismember the project and then assign the project in part to other persons.

例42：

第一百九十五条 按照规定可以背书转让的票据持有人，因票据被盗、遗失或者灭失，可以向票据支付地的基层人民法院申请公示催告。依照法律规定可以申请公示催告的其他事项，适用本章规定……

——《中华人民共和国民事诉讼法》

Article 195 The holder of an instrument negotiable by endorsement according to the relevant provisions may, if the instrument is stolen, lost or extinguished, apply to the basic people's court at the place of payment of the instrument for an announcement to urge declaration of claims...

（九）以上、以下和……以上……以下

我国法律法规中，关于"以上""以下""……以上……以下"的译法多种多样，但并非所有译法都恰当，例如：

例43：

第一百五十二条　惯窃、惯骗或者盗窃、诈骗、抢夺公私财物数额巨大的，处五年以上十年以下有期徒刑；

——《中华人民共和国刑法》（1979年版）

Article 152　Habitual thieves, cheats, or those who steal, cheat, or rob a huge amount of public or private property shall be sentenced to imprisonment between five to ten years;

例44：

第二十六条　经营者违反本法第十三条规定进行有奖销售的，监督检查部门应当责令停止违法行为，可以根据情节处以一万元以上十万元以下的罚款。　　——《中华人民共和国反不正当竞争法》

Article 26　Where an operator makes sales with prizes attached in contravention of the provisions of Article 13 of this Law, the relevant control and inspection authority shall order it or him to desist from the illegal act and may, according to circumstances, impose on it or him a fine of more than RMB 10, 000 yuan and less than RMB 100, 000 yuan.

我国法律法规中，如若不做特殊规定，"以上"或者"以下"一般都包含了本数。between... and 和more than...less than...表示"在……之间"和"大于……小于……"，相较于"……以上……以下"缩小了范围，因此在上述例子中用它们翻译"……以上……以下"是不准确的。此外，就"以上"和"以下"的翻译，常见的错误译法还包括用over，beyond等词表示"以上"，用under，below等词表示"以下"。

"以上""以下"准确且比较统一的译法分别是not less than 和 not more

than；"……以上……以下"则是"between not less than ... and not more than..."和"not less than... but not more than ..."。not less than and/ but not less than的意思是"不超过……且/但不少于……"。从意义上来说，它们对译了汉语法律条款中"……以上……以下"。请看下面正确例子：

例45：

第四十八条　违反本法第十一条规定，建设项目的大气污染防治设施没有建成或者没有达到国家有关建设项目环境保护管理的规定的要求，投入生产或者使用的，由审批该建设项目的环境影响报告书的环境保护行政主管部门责令停止生产或者使用，可以并处一万元以上十万元以下罚款。　　——《中华人民共和国大气污染防治法》

Article 48　Whoever, in violation of the provisions of this Law, discharges pollutants to the atmosphere in excess of the national or local discharge standards shall make treatment thereof within a time limit, and shall also be imposed upon a fine of not less than 10, 000 yuan but not more than 100, 000 yuan by the administrative department of environmental protection under the local people's government at or above the county level.

第四节　法律法规中的近义词辨析及翻译

准确性是法律翻译的灵魂，法律的权威性与严肃性正是通过语言的准确性所体现。为保证法律翻译的准确性，译者在翻译过程中的合理选词尤为重要。法律法规中存在大量的近义词，这些近义词三两个一组，在意义和用法上有许多相似之处，若不仔细区分，难免会造成词与词之间翻译的混淆。

本节列举了法律法规易混的六组词，并在对每组词语意义进行仔细辨析的前提下探讨其正确的译法，以期为法律法规翻译的深化研究提供思考和借鉴。

（一）罚款VS罚金

罚金是人民法院判处犯罪人或判罪单位向国家缴纳一定数额金钱的刑罚方法，是一种刑事处罚。罚款既指人民法院在民事、行政诉讼中责令妨害诉讼地人或单位缴纳一定数额金钱的强制措施（简称司法罚款），也指行政机关决定对违反行政法规的人或单位要求缴纳一定数额金钱的处罚方式（简称行政罚款）。二者都表示有关国家机关责令特定人员在一定期限内向国家缴纳一定数额的金钱。

法规、规章和规范性文件中的翻译中关于"罚金"和"罚款"英文表达主要有fine和penalty。通过对我国法律法规英译本的分析可以发现，当"罚款"与"罚金"以单个形式出现时，fine一般指罚金，penalty可指罚金也指罚款；当二者出现在同一句子时，一般fine指罚金，penalty指罚款。请看下例：

例46：

第二百一十四条 公司违反本法规定，应当承担民事赔偿责任和缴纳罚款、罚金的，其财产不足以支付时，先承担民事赔偿责任。

——《中华人民共和国公司法》（2005年版）

Article 214 Where a company violates any provision of this Law, it shall bear the corresponding civil liabilities of compensation, and shall pay the corresponding fines and pecuniary penalties; if the property thereof is not enough to pay for the compensation, it shall bear the civil liabilities first.

例47：

第二十八条 第一项 处罚款、罚金、追缴、没收财产或者违反国家规定征收财物、摊派费用的，返还财产。

——《中华人民共和国国家赔偿法》

Article 28 Item 1 In case of imposition of a fine or penalty, recovery or confiscation of property, or expropriation of property and article, or appointment of expenses in violation of the provisions of the state, the property shall be returned;

用fine表示罚金，penalty表示罚款并非只是文件之间相互照应所导致的惯常做法，其也有理论支撑。根据*Black's Law Dictionary*（Ninth Edition），fine是指为满足刑事惩罚的需要而支付一定数额的金钱，这一解释同我国法律中关于

"罚金"的定义相吻合。(陈太清,2012:116)《元照英美法词典》里载明fine既可以作"罚金",又可以作"罚款",但表示"罚款"时它是指俱乐部、互助会等社会团体对其成员因行为不当、过失所作出的经济上的处罚,这个定义并不适用于我国法律法规中的"罚款"。由此可见,我国法律法规中的"罚金"就应当对应fine。penalty在广义上是指人身的或金钱的、民事的或刑事的各种形式和性质的处罚,狭义上指因未实施的或做出禁止的行为而强令其支付的一定数额的金钱的处罚,从定义上讲,penalty表示"罚金""罚款"均可。

(二)过失VS过错

"过错"是指行为人在疏忽、轻信或故意乃至恶意的主观心态支配下实施的可归责的应受非难的行为。"过失"是指应当预见自己的行为可能发生危害社会的结果,因为疏忽大意而没有预见或者已经预见但轻信能够避免。在法律上,"过失"与"过错"都属于行为人主观方面的错误,"过错"范围较大,包括"过失"和"故意"两个概念,"过失"只是"过错"中的一种表现形式。"过错"的多数情况只需要负民事责任,"过失"则需要负刑事责任。在我国法律法规译本中,与"过错"有关的词是fault,"过失"则是negligence。

例48:

第二十六条　劳动合同依照本法第二十六条规定被确认无效,给对方造成损害的,有过错的一方应当承担赔偿责任。

——《中华人民共和国劳动法》

Article 26　Where a labor contract is confirmed invalid under Article 26 of this Law and any damage is caused to the other party, the party at fault shall be liable for compensation.

例49:

第五十八条　合同无效或者被撤销后,因该合同取得的财产,应当予以返还;不能返还或者没有必要返还的,应当折价补偿。有过错的一方应当赔偿对方因此所受到的损失,双方都有过错的,应当各自承担相应的责任。——《中华人民共和国合同法》

Article 58　The property acquired as a result of a contract shall be returned after the contract is confirmed to be null and void or has been revoked; where the property can not be returned or the return is unnecessary, it shall be reimbursed at its estimated price. The party at fault shall compensate the other party for losses incurred as a result therefrom. If both parties are fault, each party shall respectively be liable.

例50：

第四十三条　财产代管人因故意或者重大过失造成失踪人财产损失的，应当承担赔偿责任。　　　　　　　　——《中华人民共和国民法总则》

Article 43　Where the property custodian causes damage to the absentee's property intentionally or with gross negligence, the custodian shall assume compensatory liability.

例51：

第五十四条　清算组成员应当忠于职守，依法履行清算义务，因故意或者重大过失给农民专业合作社成员及债权人造成损失的，应当承担赔偿责任。　　　　——《中华人民共和国农民专业合作社法》

Article 54　A member of a liquidation team shall be devoted to his/her duties, perform his/her liquidation obligations according to the law and be liable for the loss caused to any member or creditor of the farmers' professional cooperative by his/her intentional or gross negligence.

（三）执业人员VS从业人员

我国法律中的"执业人员"是指符合法律规定的条件，依法取得相应执业证书，并从事为社会公众提供服务的人员，例如持有律师证的律师，持有从医资格证的医生等。而"从业人员"则表示从事某行业工作或服务的人员，二者最大的差别就在于是否持有相关执业证书，倘若在某个领域工作的某人未取得相关领域的执业证书，他/她即为该领域的从业人员，反之则为执业人员。基于以上认知，我国法律法规译者常将执业人员译为practitioner，将从业人员定义为

"员工、职员"，译为employee或者staff。请看以下例子：

例52：

第十六条　公证员是符合本法规定的条件，在公证机构从事公证业务的执业人员。

——《中华人民共和国公证法》

Article 16　A notary shall be a notarial practitioner who meets the conditions as prescribed by this Law and is working in a notarial office.

例53：

第二条　本法所称律师，是指依法取得律师执业证书，接受委托或者指定，为当事人提供法律服务的执业人员。

——《中华人民共和国律师法》

Article 2　A lawyer as mentioned in this Law shall refer to a practitioner who has acquired a lawyer's practicing certificate according to law and accepts authorization or appointment to provide legal services for a client.

例54：

第四十一条　从业人员有依法接受职业培训和继续教育的权利和义务。

——《中华人民共和国教育法》（2009年版）

Article 41　Employees shall have the right and obligation to receive vocational training and continuing education according to law.

例55：

第七十八条　邮政企业及其从业人员、快递企业及其从业人员在经营活动中有危害国家安全行为的，依法追究法律责任；对快递企业，并由邮政管理部门吊销其快递业务经营许可证。

——《中华人民共和国邮政法》

Article 78　Where a postal enterprise or express delivery enterprise or any staff member thereof commits any act compromising the national security in the process of business operations, it/he/she shall be subject to the relevant legal liability. For an express delivery enterprise, the postal administrative department shall revoke its express delivery business permit.

(四)抵押VS质押

抵押和质押均属于法律上物的担保的重要方式,由于两者仅有一字之差,将二者混为一谈的情况大有所在。

《中华人民共和国担保法》第三十三条规定,"本法所称抵押,是指债务人或者第三人不转移对本法第三十四条所列财产的占有,将该财产作为债权的担保。债务人不履行债务时,债权人有权依照本法规定以该财产折价或者以拍卖、变卖该财产的价款优先受偿"。单从定义上看,我国译者普遍将"抵押"译作mortgage是不太恰当的,原因在于mortgage是一种需要将产权给转移给债权人的一种担保形式,它等同于现在常说的"按揭"。但是随着英美法律中关于mortgage权利转移的界限越来越不清晰,所以我国译者用mortgage表示"抵押"并无大错。在英美法系中,与"抵押"意思更为相近的词语应当是charge,它表示抵押人无须首先将财产的所有权转让给抵押权人,只需赋予抵押权人某些特定权利,香港的法律将其译为"押记"。(宋雷,2011:90)综上所述,"抵押"可以是mortgage,也可以是charge,但就我国法律法规的译本分析看来,"抵押"基本被译为mortgage。

同"抵押"不转移抵押物的占管形态相比,质押是指债务人或第三人向债权人移转某项财产的占有权,并由后者掌握该项财产,以作为前者履行某种支付金钱或履约责任的担保。"质押"在英美法系中的对应词是pledge,表示security by a pledge of property。

(五)注销VS吊销

法律中常常提到"注销行政许可"或"吊销营业执照",那二者究竟有何不同呢?法律中的"吊销"是一种法律处罚行为,是指行政机关采取强制手段对从事某项活动的对象的经营权、资质或者资格,具体如"营业执照""许可证""资格证书"等等,依法依职权做出的一种行政处罚。"吊销"常出现一部法律的责任条款中,其前提是被吊销者违反了相关法律或法规的规定。"注销"表示按法律规定程序申请,国家主管机关依法进行的行为,是一种正常的消亡程序。"注销"不涉及价值判断,仅是一种程序性行为。我国法律法规中

"吊销"对译的是英语中的revoke,"注销"则是cancel。请看下面例子:

例56:

第九条 有下列情形之一的,由省、自治区、直辖市人民政府司法行政部门撤销准予执业的决定,并注销被准予执业人员的律师执业证书……

——《中华人民共和国律师法》

Article 9 Under either of the following circumstances, the justice administrative authority of a province, autonomous region or municipality directly under the Central Government shall revoke a decision on approving the practice of law, and cancel the lawyer's practicing certificate of the person whose practice of law is approved...

例57:

第十三条 纳税人因移居境外注销中国户籍的,应当在注销中国户籍前办理税款清算。 ——《中华人民共和国个人所得税法》

Article 13 Where a taxpayer's Chinese household registration is cancelled as a result of emigration, the taxpayer shall settle taxes before cancellation of his or her Chinese household registration.

例58:

第三十三条 被开除公职和被吊销律师、公证员执业证书的人,不得担任辩护人,但系犯罪嫌疑人、被告人的监护人、近亲属的除外。

——《中华人民共和国刑事诉讼法》

Article 33 A person who is expelled from a public office or whose practicing license as a lawyer or notary is revoked shall not serve as a defender, except that the person is the guardian or a close relative of a criminal suspect or defendant.

例59:

第八十五条 保险公司违反法律、行政法规,被金融监督管理部门吊销经营保险业务许可证的,依法撤销。由金融监督管理部门依法及时组织

清算组，进行清算。　　　　　　——《中华人民共和国保险法》

Article 85　An insurance company shall be dissolved in the event that its insurance license is revoked by the financial supervision and regulation department due to the violation of laws, or administrative regulations. The financial supervision and regulation department shall promptly appoint a liquidation task force to carry out the liquidation procedures.

（六）修改VS修订VS修正

法律中的修订指法定机关对法律法规的全面修改以及法规规章名称和体例需作变动、修改量较大的修改，可称之为全面修改；修正则表示对法律法规中的部分条款或少部分内容的修改，可称为部分修改，二者分别对应英文中的revise和amend。但是，由于revise同amend本身意义的接近，译者在翻译时常常将二者混为一谈。例如

例60：

第三十二条　国务院药品监督管理部门组织药典委员会，负责国家药品国家标准的制定和修订。

——《中华人民共和国药品管理法》（2015年版）

Article 32　The Pharmacopoeia Committee organized by the pharmaceutical supervisory and administrative department under the State Council shall be responsible for the formulation and revision of the State pharmaceutical standards.

例61：

第五十二条　有关建筑工程安全的国家标准不能适应确保建筑安全的要求时，应当及时修订。　　　　　　——《中华人民共和国建筑法》

Article 52　The state safety standards on construction projects which cannot ensure the safety of buildings shall be amended without delay.

以上两个法条针对同一动词"修订"给出了不同的译法，但例61的"修订"（amend）实际上是错译。通过查询字典可以发现，amend在*Black's*

Law Dictionary（Ninth Edition）中的意思是①to make right；to correct or rectify；②to change the wording of; specifically, to alter（a statute, constitution, etc.）formally by adding or deleting a provision or by modifying the wording。而根据《新牛津英汉双解大词典》，revise的意思是to reconsider and alter（something）in the light of further evidence; to re-examine and make alterations to（written or printed matter）。由此可以得出结论，amend指通过增加或删除条款或更改措辞而修正法律，强调小修小补，力图在原有基础上完善，是局部的修正；revise是指立法机关对法律进行汇集、调整并将其作为整体重新制定，强调的是全局的调整。因此"修订"应对应revise，"修正"应译为amend。请看以下两个正确例子：

例62：

根据1992年9月4日第七届全国人民代表大会常务委员会第二十七次会议《关于修改〈中华人民共和国专利法〉的决定》第一次修正。

Amended in accordance with the Decision of the Standing Committee of the Seventh National People's Congress on Amending the Patent Law of the People's Republic of China at its 27th Meeting on September 4, 1992.

例63：

第二十五条　本细则由经贸部负责解释，由经贸部自行修订。

——《中华人民共和国技术引进合同管理条例施行细则》

Article 25　The authority to interpret and revise the Detailed Rules resides in MFERT.

当然，我国法律法规常常还需要"修改"。修改是一个比较笼统全面的概念，它包括修订和修正，所以在我国的法律法规英译本中，"修改"有时被译为revise，有时为amend。有专家就曾指出：在实践中，在具体法律条文中遇到"修改"时，可根据"修改"的内容多少的幅度分别译为amend和revise。请看下例：

例64：

第七十一条第一项　依照本法规定和法定程序制定、修改、暂停实施和废除法律；　　——《中华人民共和国澳门特别行政区基本法》

Article 71 Item 1　　To enact, amend, suspend or repeal laws in accordance with the provisions of this Law and legal procedures;

例65：

第十六条　……国道规划需要作重大修改的，由原编制机关提出修改方案，报国务院批准。　　　　　　　　　　——《中华人民共和国公路法》

Article 16　For major revisions of State road plans, the original organ of formulation shall put forward revision plans and submit them to the State Council for approval.

第五节　法律法规中求同型近义词的翻译

在英美法中，求同型近义词比较常见。较早时候，杨颖浩（1998）、董晓波（2004）在其论文中讨论过这一现象及其翻译，李克兴、张新红（2006），屈文生、石伟（2012），王建（2013），张法连（2016，2017）等也都在其专著中也谈到了这一类词的翻译。但是，这些讨论和研究都集中于英语法律文本，事实上，中文立法也会出一些求同型近义词，尽管这些求同型近义词在法律法规中只是占据很少的一部分，却体现了汉语的特殊性、法律法规的基本特征。目前，还鲜有学者对汉语立法中的求同型近义词进行系统性梳理，并探讨如何翻译的问题，本节就我国法律法规中的求同型近义词展开论述，并总结一般的翻译规律。

一、英美法中的求同型近义词

（一）求同型近义词的含义

法律本身的特点决定了法律术语的严谨和呆板。英美法规、法律文件（包括契约、遗嘱、信托协议等）中经常在一个句子中出现几个近义词并列的情况；换句话说，在原来只需要一个词表达之处，经常连用几个近义词，其形式往往以配对词和三联词居多，特征是两个或三个意思相近或相同的词构成一个短语，所表达的意义与一个词所表达意义的功能是等同的，这类词被称作是

"求同型近义词"。"近义词在法律语言中的并列使用，体现了法律语言的严肃性和法律文体的准确性和严密性，确保了整体含义的完整、准确。"（张法连，2016：13）比如，The seller shall pay all the customs duties and tariffs for export of the equipment. 该句中的customs duties and tariffs就是求同型近义词，两个词都是"关税"的意思。还有，This Law is formulated and enacted in order to protect the lawful rights and interests of the parties to contracts, safeguarding the socio-economic order and promote the progress of the socialist modernization drive. 该句中的formulated and enacted是并列的同义词，都是"制定"意思，"制定本法"就可以表达为"This Law is formulated and enacted"。

再以香港《防止贿赂条例》为例：...Any such advantages as is mentioned in this ordinance is customary in any profession, trade, vocation or calling。整句大意是说被告人不得将所得的不当利益说成是某职业的行内惯例。句中有profession/ trade/ vocation/ calling四个近义词，这四个近义词既有意义重叠的部分，也有意义差异之处。按照OED的解释，"职业"是四个词的共同义项：

Profession：Any calling or occupation by which a person habitually earns his living.

Trade：Anything practiced for a livelihood.

Calling：Ordinary occupation, means by which livelihood is earned.

Vocation：One's ordinary occupation, business or profession.

这四个词虽然都解释为"职业"，但是其所强调的重点是不一样的：profession可特指神学界、法学界与医学界人士，有时亦指军界人士（Applied spec. to the three learned professions of divinity, law and medicine, also to the military occupation）；trade可特指商人与熟练的手艺人（Usually applied to a mercantile occupation and to a skilled handicraft）；calling与vocation都曾有神职、神圣事业的意思。（董晓波，2004：63）在英美法中，近义词连用的结构多已成为习惯用语而被广为接受，还有一些词语出于表达意思精确，避免语义晦涩而大量应用，常见的近义词连用的有：（张法连，2016：64-66；张法连，2017：74）

acknowledge and confess	act and deed
adjust, compromise, and settle	adopted by me or born to me
advice, opinion, and direction	agree and covenant
aid and abet	all and every
all and singular	alter or change
annul and set aside	any and all
assign, transfer	assume and agree
attorney and counselor at law	attorney or lawyer
bind and obligate	build, erect or construct
business, undertaking	buy or purchase
by and through	by and with
cancel and set aside	cancel and terminate
cease and desist	cease and come to an end
cease and terminate	chargeable or accountable
changes and modifications	children and issue
conjecture and surmise	constable or sheriff
convey and transfer	costs charges and expenses
damaged or destroyed	deem and consider
execute and perform	documents and writings
due and collectible	due and owing
due and payable	each and all
each and every	engage, hire and employ
entering or breaking	entirely and completely
evidencing and relating to	excess and unnecessary
fair and equitable	fair and reasonable
false and fraudulent	final and conclusive

（续表）

finish and complete	fit and proper
fit and suitable	for and during
for and in consideration of	for and on behalf of
force and effect	fraud and deceit
free and clear	free and unfettered
free and without consideration	from and after
full and complete	full force and effect
furnish and supply	give and grant
give and bequeath	goods and effects
good and sufficient	have, hold and possess
heed and care	heirs and devisees
hold and keep	if and when
in and for	in and to
in my stead and place	in truth and in fact
indebtedness and liabilities	interpretation or construction
keep and maintain	kind and character
larceny or theft or stealing	last will and testament
legal and binding	let or hindrance
levies and assessments	lien, charge or encumbrance
loans or advances	loss or damages
lot, tract or parcel	made and entered into
made and provided	made, ordained and appointed
make, declare, and publish	maintenance and upkeep
meet and just	mend, maintain, and repair
mentioned or referred to	mind and memory
minor or child or infant	modified and changed

（续表）

nature or description	nominate, constitute
null, void and of no force	obligation and liability
obey, observe and comply with	observe, perform
of and concerning	ordain and establish
order and direct	order, adjudge, and decree
over, above	own or possess
pardon or forgive	part and parcel
pay, satisfy, and discharge	peace and quiet
perform and discharge	performance or observance
place, install or affix	possession and control
power and authority	property or chattels or goods
provisions and stipulations	release and discharge
relieve and discharge	remise, release and quitclaim
rented or loaned	rest and remainder
revoked and annulled	right, title and interest
rights and remedies	rules and regulations
save and except	seized and possessed
sell, transfer, and dispose of	shun and avoid
signed, published	situate, lying, and being in
sole and exclusive	staff and workers
stipulate and agree	suffer or permit
suit, claim or demand	supersede and displace
term or covenant	terms and conditions
terminate, cancel o revoke	then and in that event
to have and to hold	true and correct

（续表）

truth and veracity	type and correct
understood and agreed	unless and until
vacate, surrender	void and of no effect
void and of on force	void and of no value

（二）求同型近义词的翻译

求同型近义词的翻译有一定的难度，正因为其意义的重复、重叠之处，难以区分其细微的差别，比如，将profession/ trade/ vocation/ calling翻译为<u>任何职业</u>、<u>行业</u>、<u>事务</u>或<u>业务</u>。这四个中文词汇虽然都包含了"职业"的共同之义，确保了含义的完整、准确，但是，流于文字游戏，对读者的理解上来说造成了一种障碍。好的翻译不仅要忠实于原文，也需要照顾到目标读者的理解。求同型近义词出现的目的是要尽可能表达出共同的含义，"几个近义词的堆积仅是一个形式上的问题，为使读者最大限度地理解原文信息，克服文化障碍是译者不可旁贷之责。求同型近义词这一英美法律语言上的特殊现象如不经译者作适当处理，读者自会坠入云里雾里，不知原文啰哩啰唆意在何为。所以，在处理求同型近义词时，译者要担起责任来，判断出其追求的共义，然后直截了当地用一个中文词表达出来，职业就是职业，关税就是关税，直截了当"（杨颖浩，1998：27）。除此之外，李克兴、张新红（2006：93）、屈文生、石伟（2012：159）也都认为，在翻译过程中，一般将同义重复的词组翻译为一个单词。例如：

aid and abet	同谋
attorney or lawyer	律师
acknowledge and confess	承认
annul and set aside	取消，注销，废除
buy or purchase	购买
free and clear	没有义务

（续表）

cease and desist	终止
heirs and devisees	继承人
part and parcel	重要部分
minor or child or infant	未成年人
null and void	无效的
last will and testament	遗嘱
goods and chattles	财产
provisions and stipulations	规定
terms and conditions	条件
larceny or theft or stealing	盗窃

二、我国法律法规中的求同型近义词

在中文的书面表达中也存在着很多重复短语。Joan Pinkham（2000：63）把这些词称作是"redundant twins"（冗余双胞胎，或是重复并列短语），比如：帮助和支持（help and assistance）、意见和建议（views and opinions）、鼓励和支持（encourage and promote）、讨论和探讨（discuss and debate）、认真仔细（prudent and cautious）、情感和感情（sentiments and feelings）等。显而易见，这种重复表达在汉语中是可以接受的，甚至还是很有必要的，为了避免歧义或者是强调某种意义，提供一种平衡和对称，或者仅仅是为了悦耳，听起来工整、对仗。Joan Pinkham把这些重复并列短语分为三类：

第一类，基本同义词（meaning of one is virtually the same as that of the other）；第二类，一词涵盖另一词或上下义关系（meaning of one is contained in or implied by the other）；第三类，无实义词的使用（meaning of one is so vague and general that it cannot be differentiated from the other）。（Joan Pinkham，2000：66-68）事实上，法律文本中的法律语言与普通语言多有重合之处，中文表达中的重复并列短语，也会出现在中文的立法文本中，我国的法律法规中也多会出现类似的重复。

（一）基本同义词

例66：

第十九条　县级以上地方人民政府应当健全特困人员供养制度，对无劳动能力、无生活来源且无法定赡养、抚养、扶养义务人，或者其法定赡养、抚养、扶养义务人无赡养、抚养、扶养能力的老年人、残疾人以及未满16周岁的未成年人，给予特困人员供养。

——《江苏省社会救助办法》

《现代汉语词典》（第7版）对"扶养"的注释是"养活：把孩子扶养成人"（2016：399），对"抚养"的注释是"爱护并教养：抚养子女"（2016：404）。这两个词都是把孩子养大的意思，并无明显区别。

例67：

第二十九条　鉴定事项涉及复杂、疑难、特殊技术问题或者鉴定过程需要较长时间的，经鉴定机构负责人同意，可以延长鉴定时间；延长时间一般不得超过三十个工作日。——《江苏省司法鉴定管理条例》

《现代汉语词典》（第七版）对"复杂"的注释是："（事物的种类、头绪等）多而杂，（跟'简单'相对）。"（2016：414）对"疑难"的注释是："有疑问而难于判断或处理的。"（2016：1547）这两个词其实是同义重复。

例68：

第七条　企业应当履行下列职责：

……

（四）支持和扶持所属职业学校和职业培训机构进行与其任务相适应的基础设施建设，改善办学条件。

——《江苏省实施〈中华人民共和国职业教育法〉办法》

例69：

第一条　为贯彻落实尊重劳动、尊重知识、尊重人才、尊重创造的方针，推动科学技术进步，调动科学技术工作者的积极性和创造性，加快创新型省份建设，根据《国家科学技术奖励条例》，结合本省实际，制定本

办法。　　　　　　　　　　　　——《江苏省科学技术奖励办法》

《现代汉语词典》（第7版）对"贯彻"的注释是"彻底实现或体现（方针、政策、精神、方法等）"（2016：483），对"落实"的注释是："落到实处，指计划、政策、措施等具体明确，能够实现"（2016：864）。

（二）意义涵盖的关系词

例70：

第二条　本省行政区域内特种设备的生产（包括设计、制造、安装、改造、修理）、经营、使用、检验、检测和特种设备安全的监督管理，适用本条例。　　　　　　　　　——《江苏省特种设备安全条例》

《现代汉语词典》（第7版）对"检测"的注释是"检验测定"，对"检验"的注释是"检查验看；检查验证。"（2016：635）"检测"即有"检验"的含义。

例71：

第十条　销售、转让使用过的特种设备的，应当向购买者或者受让者提供原使用单位的特种设备使用登记注销证明、安全技术档案和监督检验或者定期检验合格证明。　　　　　——《江苏省特种设备安全条例》

《现代汉语词典》（第7版）对"转让"的注释是"把自己的东西或应享有的权利让给别人"（2016：1721）。"销售"即是卖出，包含了"转让"的含义。

例72：

第四十九条　鼓励、支持高等学校、中等职业学校和中学学生利用课余时间参加养老服务志愿活动。学校和志愿服务组织应当建立志愿服务情况登记档案或者记录卡。鼓励用人单位在同等条件下优先录取、录用、聘用有志愿服务经历者。

　　　　　　　　　　　——《江苏省养老服务条例》（2015年版）

《现代汉语词典》（第7版）对"支持"的注释是"给以鼓励或赞助"（2016：1676）。"支持"中即已包含了"鼓励"。

例73：

第十四条 省、设区的市人民政府应当<u>建立健</u>全挂钩帮扶机制。实行国家机关、人民团体、事业单位和国有企业、科研院所、高等院校与农村扶贫开发对象挂钩帮扶，经济发达地区与农村扶贫开发地区挂钩帮扶。——《江苏省农村扶贫开发条例》

《现代汉语词典》（第7版）对"建立"的注释是"开始成立；开始产生，开始形成"，对"健全"的注释是"完善，没有欠缺；使完备"（2016：641-642）。"建立"是"健全"的基础，"健全"是"建立"基础上的完善。

（三）无实义词的使用

例74：

第一条 为了完善劳动合同制度，明确劳动合同双方当事人的权利和义务，保护劳动者的合法权益，<u>构建和发展</u>和谐稳定的劳动关系，制定本法。
——《中华人民共和国劳动合同法》

"构建和发展"这一组词汇中，"发展"所起到的意义和作用并不大，即使去掉"发展"也完全讲得通。

例75：

第三条 国家<u>巩固和发展</u>公有制经济，鼓励、支持和引导非公有制经济的发展。——《中华人民共和国物权法》

"巩固和发展"与"构建和发展"有着异曲同工之妙，词汇的重复是为了寻求工整和对仗。

例76：

第一条 为了加强安全生产工作，防止和减少生产安全事故，保障人民群众生命和财产安全，促进经济社会<u>持续健康</u>发展，根据《中华人民共和国安全生产法》等法律、行政法规，结合本省实际，制定本条例。
——《江苏省安全生产条例》

例77：

第一条 为规范商业特许经营活动，促进商业特许经营<u>健康、有序</u>发展，维护市场秩序，制定本条例。——《商业特许经营管理条例》

例78：

第一条　为了科学、有效地组织实施全国污染源普查，保障污染源普查数据的准确性和及时性，根据《中华人民共和国统计法》和《中华人民共和国环境保护法》，制定本条例。　　——《全国污染源普查条例》

从例76到例78中，均使用了并列形式，事实上，法律法规中并不常用形容词，即使只使用一个形容词也足以表达出应有之义。无实义词的存在，还是为了符合汉语表达在词汇上追求对仗的需要。

（四）形式上重复——法律语言的诗性特征

在中西法律史上，人们更多关注的是法律之真和善，为了达成公平和正义，实现定纷止争，而法律语言之"美"几乎是被忽视的。"人类最早产生的法多是以诗歌的形式保存或流传的……以诗歌的形式表现的法，被称为诗体法。"（葛洪义，2008：4）"德古拉之酷律，如秋霜烈日，其法规自优美之诗句而成；梭伦之法，如春风驰荡，称为宽仁之法。梭伦者，诗圣也……梭伦之法典，亦自诗篇而成者也。"（穗积陈重，2003：99-100）法律语言经过漫长的历史进程逐步演化为一种职业化的语言，而这种诗性也被部分地保留下来，法律语言的诗性特征主要体现在：一方面，在法律英语中，由and/or引导大量成对的近义词，或同义叠词，即在一个句子中出现两个或三个近义词；另一方面，法律英语中尚有大量押头韵而颇具诗性特征的同/近义词并列使用。（王建，2013：179-180）比如，damaged or destroyed, aid and abet, each and every, false and fraudulent等。

在中文的法律法规中也存在这种类似的词汇现象，为了追求形式上的同一或是诗化，要么采取并列词汇的堆砌，要么是采用四字格的堆砌，这种重复不仅使法律英语更加准确，强调所要表达的意思，而且，读起来也朗朗上口，形式上工整对仗，使读者记忆深刻。

1. 押韵重复

中文的押韵、重复，就是在一个核心词汇的基础上不断地组合成新词，形成一个开放的群，比如，"诉"——"本诉""反诉""上诉""申诉""抗诉"，再如，"刑"——"减刑""缓刑""判刑""徒刑""死刑"等。

例79：

第十三条　新建、改建、扩建建筑工程使用经认定的新型墙体材料的，按照国家和省的规定享受新型墙体材料专项基金返退政策。
　　　　　　　　　　——《江苏省发展新型墙体材料条例》（2014年版）

例80：

第十条　新闻媒体应当开展养老服务宣传，在全社会营造敬老、养老、助老、爱老氛围。　　　　　　——《江苏省养老服务条例》（2015年版）

例81：

第二十二条　鼓励养老服务组织为老年人提供助餐、助浴、助行、助洁、助购、助医、助急等服务。
　　　　　　　　　　——《江苏省养老服务条例》（2015年版）

例82：

第十四条　承办兵役登记的单位向经过兵役登记的适龄公民发放兵役证，并在兵役证上如实记载适龄公民应征、缓征、免征、不征、已征等情况。　　　　　　　　　——《江苏省征兵工作条例》

例83：

第二十四条　进行农业技术转让、技术服务、技术承包、技术咨询和技术入股，当事人各方应当订立合同，约定各自的权利和义务。
　　　　　——《江苏省实施〈中华人民共和国农业技术推广法〉办法》

例84：

第二条　本办法所称的职业学校教育是指学历职业教育，包括初、中、高等职业学校教育；职业培训是指非学历职业教育，包括从业前培训、转业培训、学徒培训、在岗培训、转岗培训以及其他职业培训。
　　　　　——《江苏省实施〈中华人民共和国职业教育法〉办法》

例85：

第一条　为了预防和减少突发事件的发生，控制、减轻和消除突发事件引起的严重社会危害，规范突发事件应对活动，保护人民生命财产安全，维护国家安全、公共安全、环境安全和社会秩序，制定本法。
　　　　　　　　　　　　——《中华人民共和国突发事件应对法》

2. 意义不同形式求同

例86：

第七十九条　公安机关交通管理部门及其交通警察实施道路交通安全管理，应当依据法定的职权和程序，简化办事手续，做到公正、严格、文明、高效。　　——《中华人民共和国道路交通安全法》

例87：

第二十五条　交通信号灯、交通标志、交通标线的设置应当符合道路交通安全、畅通的要求和国家标准，并保持清晰、醒目、准确、完好。
　　　　　　　　　　　　——《中华人民共和国道路交通安全法》

例88：

第四条　国家建立统一领导、综合协调、分类管理、分级负责、属地管理为主的应急管理体制。　　——《中华人民共和国突发事件应对法》

例89：

第八条　地方各级人民政府行政机构应当以职责的科学配置为基础，综合设置，做到职责明确、分工合理、机构精简、权责一致，决策和执行相协调。　　——《地方各级人民政府机构设置和编制管理条例》

三、法律法规求同型近义词的翻译

　　大陆法系和英美法系截然不同，其法律专业术语和词汇所属的体系不一样，我国法律法规的词汇表达带有中国特色，在英美法系中并不完全能够找到对等词汇。英美法系的求同型近义词可以只翻译一个词，然而，鉴于我国法律法规中求同型近义词的复杂性，对这些词汇的翻译也并无统一的方法，还要视具体的情况选择不同的译法，我们认为，大致可以有对等翻译、省略翻译和追求诗性特征的翻译（押韵）这三种方法。

(一)基本同义词的翻译

1. 对等翻译

例90:

第二十五条　对行政机关实施行政许可的监督检查应当包括下列内容:

　　(一)行政许可事项清单的建立和更新情况;

　　(二)依法取消或者调整行政许可的情况;

　　(三)依法应当公开、公示、告知、听证等规定的执行情况;

……
　　　　　　　　　　——《江苏省行政许可监督管理办法》

Article 25　Supervision and inspection of the implementation of admini-strative license by certain administrative organs shall include the following matters:

(1) establishment and update of the list of administrative licenses;

(2) cancellation or adjustment of administrative licenses according to law;

(3) implementation of matters that shall be disclosed, published, notified or given a bearing;

　　　　　　　　　(江苏省人民政府(原)法制办公室,2017:372)

例91:

第一百七十四条　担保期间,担保财产毁损、灭失或者被征收等,担保物权人可以就获得的保险金、赔偿金或者补偿金等优先受偿。被担保债权的履行期未届满的,也可以提存该保险金、赔偿金或者补偿金等。　　　　——《中华人民共和国物权法》

Article 174　In case of damage or destruction, loss or requisition of the mortgaged property during the period of guarantee, the holder of the security interest shall have priority in having his claim paid with the insurance monies, compensations or indemnities. The holder of security interest may also have the insurance monies, compensation payment or indemnities deposited with a third party before the time limit for payment of the guaranteed claim expires.

（国务院（原）法制办公室，2009：95）

例92：

第十六条　地方各级人民政府和有关部门应当采取鼓励政策和措施，扶持和办好面向苦、脏、累、险等艰苦行业（专业或者工种）的职业教育。

——《江苏省实施〈中华人民共和国职业教育法〉办法》（1996年版）

Article 16　The local people's governments at different levels and relevant departments shall adopt encouragement policies and measures to support and perform well vocational education for the toilful, dirty, tiring and high-risk trades (majors or occupations). （江苏省人民政府（原）法制办公室，2017：224）

例93：

第七条　各级人民政府对在残疾人就业工作中做出显著成绩的单位和个人，给予表彰和奖励。　　　　　　　　——《残疾人就业条例》

Article 7　People's governments at all levels shall commend and reward the units and individuals that have achieved outstanding successes in their work for the employment of persons with disabilities.

（国务院（原）法制办公室，2009：1173）

例94：

第七条　在生态公益林建设、保护和管理工作中成绩显著的单位和个人，地方各级人民政府应当给予表彰、奖励。

——《江苏省生态公益林条例》

Article 7　Units and individuals that have made remarkable achievements in constructing, protecting and managing public ecological forests shall be commended and rewarded by local people's governments at all levels.

（江苏省人民政府（原）法制办公室，2017：360）

例95：

第一条 中华人民共和国民事诉讼法以宪法为根据，结合我国民事审判工作的经验和实际情况制定。　　——《中华人民共和国民事诉讼法》

Article 1　The Civil Procedure Law of the People's Republic of China is formulated on the basis of the Constitution and in light of the experience and actual condition of our country in the trial of civil cases.

（国务院（原）法制办公室，2009：1217）

例96：

第二条 中华人民共和国民事诉讼法的任务，是保护当事人行使诉讼权利，保证人民法院查明事实，分清是非，正确适用法律，及时审理民事案件，确认民事权利义务关系，制裁民事违法行为，保护当事人的合法权益，教育公民自觉遵守法律，维护社会秩序、经济秩序，保障社会主义建设事业顺利进行。　　——《中华人民共和国民事诉讼法》

Article 2　The Civil Procedure Law of the People's Republic of China aims to protect the exercise of the litigation rights of the parties and ensure the ascertaining of facts by the people's courts, distinguish right from wrong, apply the law correctly, try civil cases promptly, affirm civil rights and obligations, impose sanctions for civil wrongs, protect the lawful rights and interests of the parties, educate citizens to voluntarily abide by the law, maintain the social and economic order, and guarantee the smooth progress of the socialist construction.　　（国务院（原）法制办公室，2009：1217）

值得注意的是，以下几个例子的翻译在同义词之间都加上了连词"or"，之所以常在法律文本中使用"or"，"是源于法律文本的交际目的，即确保所有与行为人和其他实体、时间与行为有关的可能性都能包括在该规定中，从而使法律规定更大的适用范围"（王建，2013：37）。

例97：

第六十九条　违反本法规定，滥用职权，限制、压制科学技术研究开发活动的，对直接负责的主管人员和其他直接责任人员依法给予处分。

——《中华人民共和国科学技术进步法》（2007年版）

Article 69　Where an entity, in violation of the provisions of this Law, restricts or suppresses scientific research and technological development, by abusing its power, the leading person directly in charge and other persons directly responsible shall be given sanctions according to law.

（国务院（原）法制办公室，2009：399）

例98：

第七十条　违反本法规定，抄袭、剽窃他人科学技术成果，或者在科学技术活动中弄虚作假的，由科学技术人员所在单位或者单位主管机关责令改正，对直接负责的主管人员和其他直接责任人员依法给予处分；

——《中华人民共和国科学技术进步法》（2007年版）

Article 70　Where a scientists or technician, in violation of the provisions of this Law, copies or plagiarizes another person's scientific and technological results, or practices fraud in scientific and technological activities, the unit which he belongs to or the competent department of the unit shall order him to make rectification and shall, according to law, give sanctions to the leading person directly in charge and the other persons directly responsible;　　　　（国务院（原）法制办公室，2009：401）

例99：

第十六条　鼓励单位和个人以认种、认养等方式参与生态公益林的建设和保护。认种、认养单位或者个人应当与经营管护单位签订认种、认养协议。　　　　　　　　　　——《江苏省生态公益林条例》

Article 16　Units and individuals are encouraged to participated in construction and protection of public ecological forests through voluntary tree planting and tree adoption. Units or individuals who want to plant or adopt trees voluntarily shall sign the agreements on voluntary planting or adoption with the forest management and protection units.

（江苏省人民政府（原）法制办公室，2018：364）

例100：

第九条　商务主管部门应当自收到特许人提交的符合本条例第八条规定的文件、资料之日起10日内予以备案，并通知特许人。特许人提交的文件、资料不完备的，商务主管部门可以要求其在7日内补充提交文件、资料。

——《商业特许经营管理条例》

Article 9　The competent commercial department shall, within ten days from the date of receipt of the documents and materials submitted by a franchisor which conform to the provision of Article 8 of these Regulations, put them o record and notify the franchisor of the fact. Where the documents or materials submitted by a franchisor are incomplete, the competent commercial department may require the franchisor to submit supplementary documents or materials within seven days.　（国务院（原）法制办公室，2009：1024）

2. 省略翻译

之所以要省略，是因为两个并列词之间的意思差别并不大，而且也非常明显，即使在英文中省略掉一个，也并不影响整个句子的意思。

例101：

第十九条　县级以上地方人民政府应当健全特困人员供养制度，对无劳动能力、无生活来源且无法定赡养、抚养、扶养义务人，或者其法定赡养、抚养、扶养义务人无赡养、抚养、扶养能力的老年人、残疾人以及未满16周岁的未成年人，给予特困人员供养。

——《江苏省社会救助办法》

Article 19　The local people's government at or above the county level shall complete a system supporting the especially poor people, grant support of the especially poor to those who are incapable of work, have no income source and have no persons with statutory obligations to support, or the elderly, the disabled and minors under 16 years of age whose legal support persons do not possess the capacity to support them.

（江苏省人民政府（原）法制办公室，2016：288）

例102：

第二十九条　有下列行为之一的，给予警告、记过或者记大过处分；情节较重的，给予降级或者撤职处分；情节严重的，给予开除处分：

（一）拒不承担赡养、抚养、扶养义务的；

（二）虐待、遗弃家庭成员的；

……　　　　　　——《行政机关公务员处分条例》

Article 29　Where a public servant of an administrative organ commits one of the following acts, he shall be given a sanction of warning, recording of demerit or recording of serious demerit; if the circumstances are relatively serious, he shall be given a sanction of demotion or removal from office; and if the circumstances are serious, he shall be given a sanction of dismissal:

（1）refusing to assume the obligation to provide for his parents, children, spouse or other dependents;

（2）maltreating or abandoning a family member;

（国务院（原）法制办公室，2009：359）

例103：

第一条　为贯彻落实尊重劳动、尊重知识、尊重人才、尊重创造的方针，推动科学技术进步，调动科学技术工作者的积极性和创造性，加快创新型省份建设，根据《国家科学技术奖励条例》，结合本省实际，制定本办法。　　　　　——《江苏省科学技术奖励办法》

Article 1　These Measures are formulated in accordance with the Regulations on State Science and Technology Prizes, in light of the specific situation of this Province, and for the purpose of implementing the policies of respecting labor, respecting knowledge, respecting talents and respecting creation, promoting scientific and technical progress, mobilizing the enthusiasm and creativity of scientific and technical workers, and speeding up the construction of an innovation oriented province.

（江苏省人民政府（原）法制办公室，2017：404）

以下几个例子中的几组同义词的翻译均为官方译本，在翻译的时候并没有省略。我们认为，"复杂与疑难""支持和扶持""支持和帮助""帮助和支持""协调和配合"之间的重复意义较为明显，只保留一个也并不影响整个句子的意思，也可以采取省略翻译的方法。

例104：

第二十九条　鉴定事项涉及复杂、疑难、特殊技术问题或者鉴定过程需要较长时间的，经鉴定机构负责人同意，可以延长鉴定时间；延长时间一般不得超过三十个工作日。

——《江苏省司法鉴定管理条例》

Article 29　Where the appraisal item involves complicated, difficult and special technical issues or the appraisal process needs a long period of time, the appraisal time may be extended with the permission of the leading member of the appraisal institution; the extended time shall not exceed 30 working days generally. （江苏省人民政府（原）法制办公室，2018：84）

例105：

第七条　企业应当履行下列职责：

……

（四）支持和扶持所属职业学校和职业培训机构进行与其任务相适应的基础设施建设，改善办学条件。

——《江苏省实施〈中华人民共和国职业教育法〉办法》

Article 7　Enterprises shall perform the following duties and responsibilities:

……

（4）To support and assist the subordinate vocational schools and training organizations in their infrastructure constructions which are in line with their educational tasks in order to improve their educational conditions. （江苏省人民政府（原）法制办公室，2018：220）

例106：

第七十八条　工会依法维护劳动者的合法权益，对用人单位履行劳动合同、集体合同的情况进行监督。用人单位违反劳动法律、法规和劳动合同、集体合同的，工会有权提出意见或者要求纠正；劳动者申请仲裁、提起诉讼的，工会依法给予支持和帮助。

——《中华人民共和国劳动合同法》

Article 78　The trade unions shall protect the legitimate rights and interests of the workers in accordance with law and supervise the performance of labor contracts and collective contracts by the employing units. Where an employing unit violates the labor laws or regulations or breaches a labor contract or a collective contract, the trade union concerned shall have the right to put forward its opinions or request rectification. Where a worker applies for arbitration or brings a lawsuit, the trade union concerned shall provide him with support and assistance in accordance with law.

（国务院（原）法制办公室，2009：1123）

例107：

第四条　国家鼓励社会组织和个人通过多种渠道、多种形式，帮助、支持残疾人就业，鼓励残疾人通过应聘等多种形式就业。禁止在就业中歧视残疾人。残疾人应当提高自身素质，增强就业能力。

——《残疾人就业条例》

Article 4　The State encourages social organizations and individuals to help and support persons with disabilities in being employed through multiple channels and in a variety of forms, and encourages persons with disabilities to get employed in a variety of forms such as job interview. Discrimination against persons with disabilities is prohibited in their employment. Persons with disabilities shall improve their own capacity and skills for employment. ——(国务院(原)法制办公室,2009:1171)

例108:

第一条 为了加强食品等产品安全监督管理,进一步明确生产经营者、监督管理部门和地方人民政府的责任,加强各监督管理部门的协调、配合,保障人体健康和生命安全,制定本规定。

——《国务院关于加强食品等产品安全监督管理的特别规定》

Article 1 These Provisions are formulated for the purpose of strengthening supervision and administration of the safety of food and other products, further defining the respective responsibilities of the producers, distributors, the supervision and administration departments and the local people's governments, improving the coordination and cooperation among the various supervisions and administration departments, and ensuring human healt and the safety of human lives.

(国务院(原)法制办公室,2009:691)

(二)意义涵盖关系词的翻译

对于具有涵盖关系的词汇组合,比如,"建立和健全","健全"是在"建立"的基础之上进一步完善,再如,"保护和改善","改善"的前提就隐含了"保护",这类词组一般采取对等翻译的方法,使得法律意思更加完整。

例109:

第二条 本省行政区域内特种设备的生产(包括设计、制造、安装、改造、修理)、经营、使用、检验、检测和特种设备安全的监督管理,适用本条例。 ——《江苏省特种设备安全条例》

Article 2 These Regulations shall apply to the production (including design, manufacture, installation, renovation, and repair), trading, use, inspection and examination of special equipment within the administrative region of this Province, as well as the safety supervision and administration of special equipment. （江苏省人民政府（原）法制办公室，2017：34）

例110：

第十条　销售、转让使用过的特种设备的，应当向购买者或者受让者提供原使用单位的特种设备使用登记注销证明、安全技术档案和监督检验或者定期检验合格证明。　　——《江苏省特种设备安全条例》

Article 10　Anyone who sells or transfers used special equipment shall provide the buyer or transferee with the cancellation certificate for special equipment use registration, safety technology archives and the qualification certificate for supervisory inspection or regular inspection of the original using unit.　　（江苏省人民政府（原）法制办公室，2017：36）

例111：

第四十九条　鼓励、支持高等学校、中等职业学校和中学学生利用课余时间参加养老服务志愿活动。学校和志愿服务组织应当建立志愿服务情况登记档案或者记录卡。鼓励用人单位在同等条件下优先录取、录用、聘用有志愿服务经历者。

——《江苏省养老服务条例》（2015年版）

Article 49　Students of institutions of higher education, secondary vocational schools and middle schools shall be encouraged and supported to participate in voluntary activities of supporting services for the aged in their extracurricular time. Schools and voluntary service organizations shall establish registration files or record cards based on the voluntary service. Employment units shall be encouraged to give priority to accepting, recruiting and employing the person who has voluntary service experiences on the same conditions.

（江苏省人民政府（原）法制办公室，2017：118）

例112：

第十四条　省、设区的市人民政府应当建立健全挂钩帮扶机制。实行国家机关、人民团体、事业单位和国有企业、科研院所、高等院校与农村扶贫开发对象挂钩帮扶，经济发达地区与农村扶贫开发地区挂钩帮扶。　　　　　　　　　　　——《江苏省农村扶贫开发条例》

Article 14　The people's government of this Province and the city divided into districts shall establish and perfect the mechanism of hooked-up help and support. The State organs, people's organization, institutions, state-owned enterprises, science and research institutes and institutions of higher education shall provide hooked-up help and support for the targets of poverty alleviation and development in rural areas and the economically developed areas shall provide hooked-up help and support for rural areas of poverty alleviation and development.

（江苏省人民政府（原）法制办公室，2017：8）

例113：

第十条　期货交易所应当依照本条例和国务院期货监督管理机构的规定，建立、健全各项规章制度，加强对交易活动的风险控制和对会员以及交易所工作人员的监督管理。　　　　——《期货交易管理条例》

Article 10　A futures exchange shall, in accordance with the provisions of these Regulations and of the futures regulatory authority of the State Council, establish and improve its rules and systems, enhance control of risks in trading activities and strengthen supervision and administration of its members and staff.　　（国务院（原）法制办公室，2009：121）

例114：

第一条　为了推动全社会节约能源，提高能源利用效率，保护和改善环境，促进经济社会全面协调可持续发展，制定本法。

——《中华人民共和国节约能源法》

Article 1 This Law is enacted in order to promote energy conservation by all sectors of the society, increase energy efficiency, protect and improve the environment and promote comprehensive balanced and sustainable economic and social development. （国务院（原）法制办公室，2009：819）

例115：

第十二条 高等职业学校应当在培养模式、培养目标上形成自己的特色，培养生产、建设、管理、服务第一线需要的实用型、技能型人才。
——《江苏省实施〈中华人民共和国职业教育法〉办法》

Article 12 Higher vocational schools shall shape their own distinguishing features in training mode and training objective, train practical and technical talents who suit the need of the forefront of production, construction, management and service. （江苏省人民政府（原）法制办公室，2017：222）

在汉语中，应用型、实用型、技能型这三个词通常被并列使用。实际上，技能型人才即已包含了应用型、实用型的内涵。

（三）无实义词的翻译

汉语中有很多并无实义的词，这些词的并列存在或许为了加强词汇表达的节奏感，即使去掉一些也并不妨碍整句的意思。在翻译的时候，可以采取对等翻译的策略，保留中国语言的特色，或是追求"头韵""尾韵"的押韵方式，比如，将"持续健康"翻译为"sustainable and sound"，将"安全和畅通"翻译为"safe and smooth"，形成"头韵"的诗性特征。

例116：

第一条 为了完善劳动合同制度，明确劳动合同双方当事人的权利和义务，保护劳动者的合法权益，构建和发展和谐稳定的劳动关系，制定本法。
——《中华人民共和国劳动合同法》

Article 1 This Law is enacted in order to improve the labor contract system, define the rights and obligations of both parties to a labor contract, protect the legitimate rights and interests of workers, and establish and develop a harmonious and stable labor relationship.

（国务院（原）法制办公室，2009：1095）

例117：

第三条 国家巩固和发展公有制经济，鼓励、支持和引导非公有制经济的发展。 ——《中华人民共和国物权法》

Article 3 The State consolidates and develops the public sectors of the economy, and encourages, supports and guides to the development of the non-public sectors of the economy. （国务院（原）法制办公室，2009：55）

例118：

第一条 为了加强安全生产工作，防止和减少生产安全事故，保障人民群众生命和财产安全，促进经济社会持续健康发展，根据《中华人民共和国安全生产法》等法律、行政法规，结合本省实际，制定本条例。

——《江苏省安全生产条例》

Article 1 These Regulations are enacted in accordance with the Law of the People's Republic of China on Work safety and other laws and administrative regulations, in light of the specific situation of this Province, and for the purposes of enhancing work safety, preventing and reducing accidents due to lack of work safety, ensuring the safety of people's lives and property and promoting the sustainable and sound development of the economy and society. （江苏省人民政府（原）法制办公室，2017：2）

例119：

第一条 为规范商业特许经营活动，促进商业特许经营健康、有序发展，维护市场秩序，制定本条例。 ——《商业特许经营管理条例》

Article 1 These Regulations are formulated for the purpose of regulating commercial franchising activities, promoting the healthy development of commercial franchise in an orderly manner, and maintaining market order.

（国务院（原）法制办公室，2009：1023）

例120：

第一条　为了<u>科学、有效地</u>组织实施全国污染源普查，保障污染源普查数据的准确性和及时性，根据《中华人民共和国统计法》和《中华人民共和国环境保护法》，制定本条例。　　　　——《全国污染源普查条例》

Article 1　These Regulations are formulated in accordance with *the Statistics Law of the People's Republic of China* and *the Environment Protection Law of the People's Republic of China* for the purposes of organizing and conducting national census of pollution sources <u>in a scientific and effective way</u>, and ensuring accuracy and timelines of the data collected through the census of pollution sources.　　　　（国务院（原）法制办公室，2009：625）

例121：

第一条　为了加强铁路交通事故的应急救援工作，规范铁路交通事故调查处理，减少人员伤亡和财产损失，保障铁路运输<u>安全和畅通</u>，根据《中华人民共和国铁路法》和其他有关法律的规定，制定本条例。

——《铁路交通事故应急救援和调查处理条例》

Article 1　These Regulations are formulated in accordance with the provisions of *the Railway Law of the People's Republic of China* and other relevant laws, for the purpose of strengthening the work of emergency rescue of railway traffic accidents, standardizing the investigation and disposition of such accidents, reducing casualties and property losses, and ensuring a <u>safe and smooth</u> railway transport.

（国务院（原）法制办公室，2009：879）

（四）形式上重复——法律语言的诗性特征翻译

1. 押韵的翻译

对于中文中的重复押韵的并列词汇，一般采取对等翻译，"核心词汇"

不厌其烦、不断地重复出现，或者也可以将重复押韵的"核心词汇"单独拎出来，只出现一次，适当省略翻译。

（1）对等翻译

例122：

第十三条　新建、改建、扩建建筑工程使用经认定的新型墙体材料的，按照国家和省的规定享受新型墙体材料专项基金返退政策。

——《江苏省发展新型墙体材料条例》（2014年版）

Article 13　The enterprise which uses certified new wall materials in its <u>new construction project</u>, <u>reconstruction project</u> or <u>expansion project</u> enjoys the policy of getting refund from the special fund for new wall materials according to the provisions of the State and this Province.

（江苏省人民政府（原）法制办公室，2016：58）

例123：

第十条　新闻媒体应当开展养老服务宣传，在全社会营造<u>敬老</u>、<u>养老</u>、<u>助老</u>、<u>爱老</u>氛围。

——《江苏省养老服务条例》（2015年版）

Article 10　News media shall launch a publicity campaign for supporting services for the aged in order to form an atmosphere of <u>respecting the aged</u>, <u>supporting the aged</u>, <u>helping the aged</u> and <u>loving the aged</u> in the society.

（江苏省人民政府（原）法制办公室，2017：104）

例124：

第二十三条　有贪污、索贿、受贿、行贿、介绍贿赂、挪用公款、利用职务之便为自己或者他人谋取私利、巨额财产来源不明等违反廉政纪律行为的，给予记过或者记大过处分；情节较重的，给予降级或者撤职处分；情节严重的，给予开除处分。

——《行政机关公务员处分条例》

Article 23　Where a public servant of an administrative organ commits a violation of discipline for a clean government, including embezzlement, <u>extorting and accepting a bribe</u>, <u>offering a bribe</u>, <u>recommending a bribe</u>, misappropriating public funds, seeking personal benefits for himself or others by taking advantage of his position, and possessing a huge amount of property from unknown sources, he shall be given a sanction of recording of demerit or serious demerit; if the circumstances are relatively serious, he shall be given a sanction of demotion or removal from office; and if the circumstances are serious, he shall be given a sanction of dismissal. （国务院（原）法制办公室，2009：357）：

例125：

第十四条　承办兵役登记的单位向经过兵役登记的适龄公民发放兵役证，并在兵役证上如实记载适龄公民<u>应征</u>、<u>缓征</u>、<u>免征</u>、<u>不征</u>、<u>已征</u>等情况。　　　　　　　　　　　　——《江苏省征兵工作条例》

Article 14　The unit which undertakes military service registration shall issue military service certificates to citizens at proper ages who have gone through military service registration and record the information of the citizens at proper ages on the military service certificate based on the facts, such as <u>being enlisted</u>, <u>putting off enlistment</u>, <u>exemption from enlistment</u>, <u>no enlistment</u> and <u>having been enlisted</u>.

（江苏省人民政府（原）法制办公室，2017：80）

例126：

第二十八条　任何单位和个人不得改变国家规定的征收对象、范围、标准，不得<u>减征</u>、<u>免征</u>、<u>缓征</u>，不得<u>侵占</u>、<u>截留</u>、<u>挪用</u>。

——《江苏省发展新型墙体材料条例》（2014年版）

Article 28　No unit or individual may change the targets, range and criteria provided by the State for collection of such fund, make decision on the <u>payment reduction</u>, <u>exemption</u> or <u>postponement</u>, or <u>occupy</u>, <u>intercept or misappropriate</u> such fund. （江苏省人民政府（原）法制办公室，2016：64）

例127：

第三十九条　有关单位和人员报送、报告突发事件信息，应当做到及时、客观、真实，不得迟报、谎报、瞒报、漏报。

——《中华人民共和国突发事件应对法》

Article 39　When the units and persons concerned submit or report information on emergencies, they shall do it in a timely and objective manner and make sure that the information is authentic, and they may not delay such submission or report, give false report, or cancel or omit certain facts.

（国务院（原）法制办公室，2009：181）

例128：

第四条　事故报告应当及时、准确、完整，任何单位和个人对事故不得迟报、漏报、谎报或者瞒报。　　——《生产安全事故报告和调查处理条例》

Article 4　The reporting of an accident shall be timely, accurate and complete, and no unit or individual may delay reporting, omit details, give false information or conceal facts, of the accident.

（国务院（原）法制办公室，2009：1183）

例129：

第二十四条　进行农业技术转让、技术服务、技术承包、技术咨询和技术入股，当事人各方应当订立合同，约定各自的权利和义务。

——《江苏省实施〈中华人民共和国农业技术推广法〉办法》

Article 24　The concerned parties of technical transfer, technical service, technical contract, technical consultation and technical shares shall sign contracts and specify the rights and obligations of each party.

（江苏省人民政府（原）法制办公室，2018：108）

例130：

第二条　本办法所称的职业学校教育是指学历职业教育，包括初、中、高等职业学校教育；职业培训是指非学历职业教育，包括从业前培训、转业培训、学徒培训、在岗培训、转岗培训以及其他职业培训。

——《江苏省实施〈中华人民共和国职业教育法〉办法》

Article 2　The vocational school education as mentioned in these Measures refers to diploma vocational education, including elementary, secondary and higher vocational school education; job training refers to non-diploma vocational education, including pre-service training, re-employment training, apprentice training, on-the-job training, job-transfer training, and other forms of vocational training.

（江苏省人民政府（原）法制办公室，2017：218）

（2）省略翻译

例131：

第四十九条　鼓励志愿者和老年人结对，重点为孤寡老人、空巢老人、农村留守老人提供生活救助和照料服务。

——《江苏省养老服务条例》（2015年版）

Article 49　Volunteers shall be encouraged to offer couplet supporting services to the aged, focusing on providing life secure and assistance and care services for the aged who are widows, living alone or empty-nesters in the countryside.　（江苏省人民政府（原）法制办公室，2017：118）

例132：

第二十二条　鼓励养老服务组织为老年人提供助餐、助浴、助行、助洁、助购、助医、助急等服务。

——《江苏省养老服务条例》（2015年版）

Article 22　Organizations of supporting services for the aged shall be encouraged to provide the aged with such services as assistance in catering, bathing, transportation, cleaning, shopping, seeing a doctor and emergency aid.

（江苏省人民政府（原）法制办公室，2017：108）

例133：

第二百九十一条　【编造、故意传播虚假信息罪】编造虚假的险情、疫情、灾情、警情，在信息网络或者其他媒体上传播，或者明知是上述虚假信息，故意在信息网络或者其他媒体上传播，严重扰乱社会秩序的，处三年以下有期徒刑、拘役或者管制；造成严重后果的，处三年以上七年以下有期徒刑。

——《中华人民共和国刑法》

Article 291　Whoever makes up any false information on the situation of any risk, epidemic disease, disaster or emergency and spreads such information on the information network or any other media, or knowingly spreads the aforesaid false information on the information network or any other media, which seriously disrupts the public order, shall be sentenced to imprisonment of not more than three years, criminal detention or surveillance; and if serious consequences have resulted, shall be sentenced to imprisonment of not less than three years but not more than seven years.[①]

例134：

第十七条　从事下列活动的，按照国家有关规定享受税收优惠：

（一）从事技术开发、技术转让、技术咨询、技术服务；

……　　　——《中华人民共和国科学技术进步法》（2007年版）

Article 17　An entity that is engaged in the following activities shall enjoy preferential tax policies in accordance with the relevant regulations of the State:

（1）engaging in technological development and transfer, and providing technological advice and services;

（国务院（原）法制办公室，2009：379）

---

① 来源于北大法律信息网英文译本栏目http://en.pkulaw.cn/。（2022-10-1检索）

2. 意义不同形式求同的翻译

法律法规的形式求同更多体现在法律的并列形式，在翻译时可以追求对等翻译，也可以将法律语言并列的"诗性"特征翻译出来。

（1）双字并列词汇的翻译

① 对等翻译

形容词、动词词汇的翻译可以采取直接对等翻译为形容词或是动词，也可以采取名词化的翻译方式，即形容词译为名词，动词译为名词，"名词化经常用在法律文件中，因为能达到客观的效果，虽然法律写作提倡使用'基本的动词'，但是名词化仍是一种法律写作风格"（李克兴、张新红，2006：37）。

例135：

第二十五条　交通信号灯、交通标志、交通标线的设置应当符合道路交通安全、畅通的要求和国家标准，并保持清晰、醒目、准确、完好。

——《中华人民共和国道路交通安全法》

Article 25　Traffic signal lights and traffic signs shall be installed and traffic lines marked in conformity with the requirements for road traffic safety and unimpeded passage and with State standards, and they shall be kept clear, conspicuous, accurate and in good condition.

（国务院（原）法制办公室，2009：265）

例136：

第七十九条　公安机关交通管理部门及其交通警察实施道路交通安全管理，应当依据法定的职权和程序，简化办事手续，做到公正、严格、文明、高效。　——《中华人民共和国道路交通安全法》

Article 79　When the traffic control department of the public security organ and the traffic police exercise control of road traffic safety, they shall, in compliance with their statutory functions and duties and the statutory procedure, simplify official formalities and do their work in an impartial, strict, civil and efficient manner.

（国务院（原）法制办公室，2009：283）

例137：

第四十条　旅游经营者在旅游经营活动中应当履行下列义务：

　　（一）遵守法律、法规，依照国家标准和行业标准提供规范化的旅游服务；

　　（二）遵循自愿、平等、公平、诚实信用原则，按照合同约定履行义务；

　　……　　　　　　　　　　　　　——《江苏省旅游条例》

Article 40　Tourism operators shall perform the following duties in the activities of tourism operation:

（1）abiding laws and regulations and providing standardized tourism services according to national standards or industry standards;

（2）following the principle of being voluntary, equal, fair and honest and performing the agreed duties according to agreements and contracts;

（江苏省人民政府（原）法制办公室，2016：228）

例138：

第七十九条　违反本办法规定，截留、挤占、挪用、私分社会救助资金、物资的，由有关部门责令追回；有违法所得的，没收违法所得；对直接负责的主管人员和其他直接责任人员依法给予处分。

——《江苏省社会救助办法》

Article 79　Where there is any case in violation of these Measures, in which social assistance funds and materials are detained, misappropriated, diverted or divided privately, relevant departments shall recover them; where there is illegal income, it shall be confiscated; the person directly in charge or persons directly responsible shall be given a sanction.

（江苏省人民政府（原）法制办公室，2016：310）

例139：

第五条　各级人民政府应当加强对残疾人就业工作的统筹规划，综合协调。县级以上人民政府负责残疾人工作的机构，负责组织、协调、指导、督促有关部门做好残疾人就业工作。

——《残疾人就业条例》

Article 5　People's governments at all levels shall strengthen their efforts to work out overall plans and conduct all-round coordination for the employment of persons with disabilities. Departments in charge of the affairs of persons with disabilities of the people's governments at or above the country level shall be responsible for organizing, coordinating, directing and urging the relevant departments in their efforts to fulfill work of the employment of persons with disabilities.

（国务院（原）法制办公室，2009：1171）

例140：

第十一条　国务院和县级以上地方各级人民政府应当加强对节能工作的领导，部署、协调、监督、检查、推动节能工作。

——《中华人民共和国节约能源法》

Article 11　The State Council and the local people's governments at or above the country level shall enhance leadership in energy conservation, by making plans for the work in energy conservation, and coordinating, supervising, inspecting and promoting such work.

（国务院（原）法制办公室，2009：823）

例141：

第十九条　餐饮、娱乐、宾馆等服务性企业以及机关、学校等单位产生的餐厨垃圾，应当实行单独收集、贮存、运输、处置或者利用。

——《江苏省固体废物污染环境防治条例》

Article 19　The food residue produced by the enterprises that engage in catering, amusement and hotel services and by units such as government organs and schools shall be collected, stored, transported, treated or utilized separately.

（江苏省人民政府（原）法制办公室，2017：126）

例142:

第六十三条　拒绝或者阻挠行政复议人员调查取证、查阅、复制、调取有关文件和资料的，对有关责任人员依法给予处分或者治安处罚；构成犯罪的，依法追究刑事责任。

——《中华人民共和国行政复议法实施条例》

Article 63　Where a unit or person refuses to cooperate with or obstructs administrative reconsideration personnel in the process of conducting investigations, collecting evidence, or consulting, reproducing or collecting the relevant documents or materials, the relevant culpable persons shall be given a sanction or an administrative penalty for public security in accordance with law; if a crime is constituted, criminal liability shall be investigated for in accordance with law.

（国务院（原）法制办公室，2009：665）

例143:

第三十四条　用人单位破产、撤销、解散、关闭进行资产变现、土地处置和净资产分配时，应当优先安排解决工伤职工的有关费用。

——江苏省实施《工伤保险条例》办法

Article 34　Where the Employer sells off its assets, disposes of its land and allocates its net assets due to its bankruptcy, revocation, dissolution, or shutdown, the related expenses for its Employees injured at work shall be arranged with priority.　（江苏省人民政府（原）法制办公室，2017：306）

例144:

第四十二条　任何单位和个人不得贪污、挪用、私分、截留、拖欠征收补偿费等费用。

——《中华人民共和国物权法》

Article 42　No units or individual shall embezzle, misappropriate, privately divide, withhold or default on payment of such fees as the compensations for expropriation.　（国务院（原）法制办公室，2009：65）

例145：

第六十一条　受突发事件影响地区的人民政府应当根据本地区遭受损失的情况，制定<u>救助</u>、<u>补偿</u>、<u>抚慰</u>、<u>抚恤</u>、<u>安置</u>等善后工作计划并组织实施，妥善解决因处置突发事件引发的矛盾和纠纷。

——《中华人民共和国突发事件应对法》

Article 61　The people's government of the area affected by an emergency shall, according to the losses suffered by the area, make plans for <u>providing aid</u>, <u>making up the losses</u>, <u>offering consolation</u>, and <u>making compensation</u>, and <u>helping in resettlement</u> in the aftermath of the emergency, and arrange for the implementation of such plans, and shall properly settle the conflicts and disputes caused in the course of emergency handling.

（国务院（原）法制办公室，2009：193）

例146：

第七条　禁止<u>伪造</u>、<u>变造</u>、<u>冒用</u>、<u>倒卖</u>、<u>出租</u>、<u>出借</u>或者以其他形式非法<u>转让</u>机动车维修经营许可证。　　——《江苏省机动车维修管理条例》

Article 7　It is prohibited to <u>falsify</u>, <u>counterfeit</u>, <u>falsely use</u>, <u>sell</u>, <u>rent</u>, <u>lend out</u> or <u>transfer</u> illegally in other forms the motor vehicle maintenance and repair operation license.（江苏省人民政府（原）法制办公室，2017：298）

② 名词化保留诗性头韵或尾韵

例147：

第二十一条　文物保护单位的<u>修缮</u>、<u>迁移</u>、<u>重建</u>，由取得文物保护工程资质证书的单位承担。　　——《中华人民共和国文物保护法》

Article 21　The <u>repairs</u>, <u>removal</u>, or <u>reconstruction</u> of a site protected for its historical and cultural value shall be undertaken by the unit that has obtained the qualification certificate for projects designed to protect cultural relics.

（国务院（原）法制办公室，2009：441）

例148：

第三十二条 物权受到侵害的，权利人可以通过和解、调解、仲裁、诉讼等途径解决。
——《中华人民共和国物权法》

Article 32 Where the property right is encroached on, the oblige may have the matter settled by means of conciliation, mediation, arbitration or litigation.
（国务院（原）法制办公室，2009：63）

例149：

第三十六条 造成不动产或者动产毁损的，权利人可以请求修理、重作、更换或者恢复原状。
——《中华人民共和国物权法》

Article 36 Where the immovables or movables are damaged or destroyed, the oblige may request repairs, reconstruction or remaking, replacement or restoration to their original state.
（国务院（原）法制办公室，2009：63）

例150：

第十条 气候资源探测资料的收集、审核、处理、存储、传输应当遵守国家有关技术规范和保密规定。
——《江苏省气候资源保护和开发利用条例》

Article 10 The collection, examination, disposition, storage, and transmission of exploration data of climatic resources shall abide by relevant technical specifications and confidentiality provisions of the State.
（江苏省人民政府（原）法制办公室，2017：262）

例151：

第九十六条 事业单位与实行聘用制的工作人员订立、履行、变更、解除或者终止劳动合同，法律、行政法规或者国务院另有规定的，依照其规定；未作规定的，依照本法有关规定执行。
——《中华人民共和国劳动合同法》

Article 96 Where there are stipulations made in other laws or administrative regulations or by the State Council to govern the conclusion, performance, modification, revocation or termination of labor contracts between public institutions and the persons employed by them under the employment system, the provisions there shall prevail; otherwise, the relevant provisions in this Law shall apply. （国务院（原）法制办公室，2009：1129）

（2）三字并列词汇的翻译

在汉语中，三字并列的现象往往都是以"×性"为结尾，表现出一种属性特征，并不断地重复，寻求一种押韵，可以采取名词化的翻译方式，但要做到在英文中完全押韵，并不容易。

例152：

第一条　为了加强统计管理和监督，规范统计行为，维护统计调查对象的合法权益，保障统计资料的真实性、准确性、完整性和及时性，发挥统计服务经济社会发展的作用，根据《中华人民共和国统计法》等法律、行政法规，结合本省实际，制定本条例。　　——《江苏省统计条例》

Article 1　These Regulations are enacted in accordance with *the Statistics Law of the People's Republic of China* and other laws and administrative regulations, in light of the specific situation of this Province and for the purposes of strengthening the administration of and supervision on statistics, regulating statistical acts, protecting the legal rights and interests of the objects of statistical investigations, guaranteeing the authenticity, accuracy, completeness, and promptness of statistical materials and putting into play the role of statistics in the economy and social development.

（江苏省人民政府（原）法制办公室，2018：144）

例153：

第一条　为了保护气象设施和气象探测环境，确保气象探测信息的代表性、准确性、连续性和可比较性，为防灾减灾、应对气候变化等提供科学依据，根据《中华人民共和国气象法》《气象设施和气象探测环境保护条例》等法律、法规，结合本省实际，制定本办法。

——《江苏省气象设施和气象探测环境保护办法》

Article 1　These Measures are enacted in accordance with *the Meteorology Law of the People's Republic of China*, *Regulations on the Protection of Meteorological Facilities and Meteorological Observation Environment* and other laws and regulations, in the light of specific situations of this Province, and for the purposes of protecting meteorological facilities and meteorological observation environment, guaranteeing the <u>representativeness</u>, <u>accuracy</u>, <u>continuity</u> and <u>comparability</u> of meteorological observation information, and providing scientific evidences for disaster prevention and disaster reduction and dealing with climate change.　　　　（江苏省人民政府（原）法制办公室，2018：414）

（3）四字格并列的翻译

立法语言作为一种程式化的语言，必然要在词汇或句式上采用一些格式化的表达方式。四字格并列使用在我国法律法规中很常见，尤其是在一些涉及原则、指导方针等条款中常会出现，体现出了中国特色的词汇表达。这些四字格中大量使用偏正、主谓和动宾结构，连续并列的结构可能一致，也可能并不一致。其翻译的方法就是对等翻译，根据原词汇的词性特征，判断、选择采用名词化、动词、分词或是形容词的对等方式。

例154：

第五十九条　文化等有关部门及其工作人员违反本条例规定，<u>玩忽职守</u>、<u>滥用职权</u>、<u>徇私舞弊</u>的，对直接负责的主管人员和其他直接责任人员依法给予处分；构成犯罪的，依法追究刑事责任。

——《江苏省公共文化服务促进条例》

Article 59　Where government organs like the cultural department and their personnel, in violation of these Regulations, <u>neglect their duties</u>, <u>abuse their powers</u>, or <u>engage in malpractice for personal gains</u>, leading persons directly in charge and other persons directly responsible for it shall be given administrative sanctions according to law; where a crime is constituted, the criminal liabilities shall be investigated according to law.

（江苏省人民政府（原）法制办公室，2016：212）

例155：

第四十九条　征兵工作人员滥用职权、玩忽职守、徇私舞弊、收受贿赂的，由其所在单位给予处分；构成犯罪的，依法追究刑事责任。

——《江苏省征兵工作条例》

Article 49　If any person who conducts enlistment work abuses power, engages in malpractices for personal gains, neglect duties and takes bribes shall be given sanctions by his/her unit; where a crime is constituted, the criminal liabilities shall be investigated according to law.

（江苏省人民政府（原）法制办公室，2017：96）

例156：

第三条　学校及其他教育机构应当坚持理论联系实际，注重培养受教育者的独立思考能力、实践能力、创新能力，以及追求真理、崇尚创新、实事求是的科学精神。　　——《中华人民共和国科学技术进步法》

Article 3　Schools and other institutions of education shall adhere to the principle of integration of theory with practice, pay attention to helping the educated develop the ability to think independently, to practice and innovate, and implant in them the scientific spirit of pursuing truth, advocating innovation and seeking truth from facts.

（国务院（原）法制办公室，2009：375）

例157：

第三条　特种设备安全工作应当坚持安全第一、预防为主、节能环保、综合治理的原则。　　——《江苏省特种设备安全条例》

Article 3　The work on special equipment safety shall adhere to the principle of giving first place to safety, laying stress on prevention, saving energy, protecting environment and controlling comprehensively.

（江苏省人民政府（原）法制办公室，2017：34）

例158：

第四条　文物工作贯彻保护为主、抢救第一、合理利用、加强管理的方针。
——《中华人民共和国文物保护法》

Article 4　In the work concerning cultural relics, the principle of giving priority to the protection of cultural relics, attaching primary importance to their rescue, making rational use of them and tightening control over them shall be carried out.　（国务院（原）法制办公室，2009：429）

例159：

第二条　国家坚持科学发展观，实施科教兴国战略，实行自主创新、重点跨越、支撑发展、引领未来的科学技术工作指导方针，构建国家创新体系，建设创新型国家。　——《中华人民共和国科学技术进步法》

Article 2　The State upholds the scientific outlook on development, implements the strategy of invigorating the country through science and education, and applies to scientific and technological work the guidelines of encouraging independent innovation, making giant strides in major fields, supporting development and taking the lead in future fields, in order to establish a national innovation system and build an innovation-oriented country.

（国务院（原）法制办公室，2009：373）

例160：

第八条　地方各级人民政府行政机构应当以职责的科学配置为基础，综合设置，做到职责明确、分工合理、机构精简、权责一致，决策和执行相协调。　——《地方各级人民政府机构设置和编制管理条例》

Article 8　Administrative agencies of local people's government at all levels shall be established under overall planning on the basis of a scientific assignment of their functions and duties, ensuring that functions and duties of each agency are clearly defined, the work among agencies is rationally divided, the structure of agencies is simplified, each agency's authority is commensurate with its duties, and the making and implementing of decisions are coordinated. （国务院（原）法制办公室，2009：201）

例161：

第十一条　国务院质检、卫生、农业等主管部门在各自职责范围内尽快制定、修改或者起草相关国家标准，加快建立统一管理、协调配套、符合实际、科学合理的产品标准体系。

——《国务院关于加强食品等产品安全监督管理的特别规定》

Article 11　The competent departments of quality inspection, health, agriculture, etc. of the State Council shall, within their respective functions and duties, formulate, revise or draft in the shortest possible time the necessary national standards, in order to speed up the establishment of a system for product standards, which is characterized by unified administration and by being well-coordinated, practical, scientific and rational. （国务院（原）法制办公室，2009：699）

例162：

第三条　农村扶贫开发应当遵循政府主导、规划引领、产业支撑、社会参与、自力更生的原则，坚持与农业现代化建设、生态文明建设、新型城镇化建设相结合。　　　　——《江苏省农村扶贫开发条例》

Article 3　The principles of government sponsoring, planning leading, industry support, social participation and self-reliance shall be adhered to during the work of poverty alleviation and development in rural areas and the work shall be integrated with agricultural modernization building, ecological civilization building and new-typed urbanization building.

（江苏省人民政府（原）法制办公室，2017：2）

例163：

第四条　国家建立统一领导、综合协调、分类管理、分级负责、属地管理为主的应急管理体制。

——《中华人民共和国突发事件应对法》

Article 4　The State establishes a system for administration of emergency response, which is characterized by unified leadership, all-round coordination, control according to grades, responsibility at different levels and territorial jurisdiction.　（国务院（原）法制办公室，2009：167）

例164：

第四条　国家自然科学基金资助工作遵循公开、公平、公正的原则，实行尊重科学、发扬民主、提倡竞争、促进合作、激励创新、引领未来的方针。

第五条　确定国家自然科学基金资助项目，应当充分发挥专家的作用，采取宏观引导、自主申请、平等竞争、同行评审、择优支持的机制。

——《国家自然科学基金条例》

Article 4　In the funding activities, the National Natural Science Fund shall adhere to the principles of openness, fairness and impartiality, and shall implement the guidelines of respecting science, promoting democracy, advocating competition, boosting cooperation, stimulating innovation and leading the way towards the future.

Article 5　When the projects to be financed by the National Natural Science Fund are decided on, the role of specialists shall be brought into full play and the mechanism of macro-guidance, independent application, fair competition, peer evaluation and supporting the best shall be adopted.

（国务院（原）法制办公室，2009：403）

法律法规中存在着求同型近义词，可以有不同的解读和阐释，从法律语言的准确性来看，使用同义词重复，可以尽量囊括法律语言未尽之意，保证意义的完整性、包容性。但是，从法律语言的规范化角度来看，使用几个意义相同的词汇，来表达完全相同的意思，又违背了立法语言准确性的准则。中文法律法规中的求同型近义词及其翻译值得进一步探讨，以引起立法者、翻译者的共同重视。我们相信随着立法技术的不断提升和进步，我国法律法规中的求同型近义词的使用在未来也必将会得到进一步规范。鉴于当前英美法系也存在同样类似的情况，我们在将法律法规中的求同型近义词翻译为英语的时候，还需要视具体情况而言，在翻译方法上也并无绝对的定论。译者既需要忠实于法律法规的语言形式，传达出中文立法文本的意思，也要考虑到目标读者的阅读习惯，同时也要考虑到法律语言之"美"，尽可能发挥译者的主体性。

第六章 法律法规中句式的翻译

法律语言是法律制度、法律文化在长期的发展过程中形成的一种语域变体，或者是一种业内行话（刘会春，2012：124），其在使用过程中逐渐形成一套自己特有的语言结构，主要表现在语言的高度程式化和格式化。语言的程式化和格式化是法律文本的典型特征，它保证了法律语言的正式性、严谨性和准确性，体现了法律的权威性，在立法实践和司法实践中发挥相当重要的作用。法律语言程式化语篇结构的一个重要作用在于它给所涉及的法律条文、专业术语和概括性词语设定具体的阐释语境，减少曲解或误解法律条文和概括性词语的可能性，瓦解那些想钻法律漏洞者的企图。（张新红，2000：285）

法律语言的程式化主要从宏观和微观两个层面体现。在宏观上，法律文本的程式化是指法律语篇相对固定的篇章结构，即都采用了分条列款的方式。比较正式的法律文本一般由总则、分则和附则构成，每一部分下条分缕析，设有"条""款""项""目""点"。从微观上看，法律语言的程式化是指法律语言在其长期使用过程中逐渐形成的规范的、正式的、固定的词汇、句式表达模式。法律的程式化语言结构具有重要的语用功能和实践功能，掌握好法律的程式化结构对法律工作者高效、准确地完成翻译工作至关重要。

本章即以法律文本的程式化结构研究为出发点，重点探讨法律法规的总则和附则，条款中的定义条款、义务条款、权利性条款、责任条款的部分常见句式以及"的"字结构的翻译。

第一节　总则部分常见句的翻译

　　总则又称法律的总纲或法律的总的原则，具有开宗明义、统领全篇的作用。它是对一部法律中若干重要问题的原则性规定，具有概括和统领其他各章的作用。法律的总则具有三大功能。一是立法指导功能。总则确定了整部法律的基调、框架、规范和指导思想，使立法形成一个有机的整体，避免互相矛盾冲突，达到内容完善。二是执法指导功能。法律只有正确实施才能达到立法的目的，而正确实施离不开总则。一方面，总则指导执法者执行具体条文；另一方面，执法者在具体条文中找不到与实际情况相合的条款时可以依据总则的相关规定做出相应的处理。三是对法律原则的解释功能。法律法规是抽象的条文，是把若干具体问题进行概括，抽象出的一般概念、原则。多数情况下，离开法的总则解释法的具体条文，难以明了法条的真正含义，所以法的总则对法律原则的解释至关重要。（姜明安，2003：3）

　　我国法律法规一般都设有总则，规定的内容一般包括立法宗旨、立法目的、立法依据、适用范围、基本原则、法律概念解释、主管部门等，这些内容体现一部法律的立法精神，具有"纲"的作用。

　　立法目的回答的是法律法规因何而立的问题，立法依据则表述法律法规依何而立。在我国立法实践中，立法目的和立法依据两者通常共同构成立法宗旨，存在于法律文本的第一条中，基本的结构为"为了……依据……制定本法"。如《中华人民共和国残疾人保障法》的第一条"为了维护残疾人的合法权益，发展残疾人事业，保障残疾人平等地充分参与社会生活，共享社会物质文化成果，根据宪法，制定本法"。

　　法律的适用范围，是指法律的时间效力、对人的效力和空间效力。它是人们获得法律权利或者承担法律义务的依据。如《中华人民共和国安全生产法》第二条："在中华人民共和国领域内从事生产经营活动的单位（以下统称生产经营单位）的安全生产，适用本法；有关法律、行政法规对消防安全和道路交通安全、铁路交通安全、水上交通安全、民用航空安全另有规定的，适用其规定。"

立法的基本原则是法律的适用基础，是立法目的的直接体现，它明确了法律的精神。我国《中华人民共和国合同法》的第三条就规定"合同当事人的法律地位平等，一方不得将自己的意志强加给另一方"。法律概念解释是指法律对法的相关概念的界定。对于一些贯穿始终的法律概念，法律的总则必须一开始就给出明确的定义，如《中华人民共和国公司法》第二条"本法所称公司是指依照本法在中国境内设立的有限责任公司和股份有限公司"。此外，法律还需要相关的主管部门负责执行，对于那些指定了执法部门的法律法规，其总则中必须给出说明，这样做是为了帮助相关主管部门明确职责，保证法律的顺利实施。例如《中华人民共和国建筑法》中就提到"国务院建设行政主管部门对全国的建筑活动实施统一监督管理"。

　　法律语言是一门高度程序化的语言，有自己的表述常规。几乎每部法律或法规的总则都会涉及的固定句式包括"为了……制定本法""根据/依据……""结合……""……适用本法"等。下面是关于它们常见的译法总结：

　　（一）"为了……制定本法"

　　在总则部分，为表述立法的缘由，立法者常用到目的条款。目的条款的基本句式为"为了……"，可译为"for the purpose of..." "in order to..." "with a view to..." "with the purpose of..." "to..."等等。几者相比，"for the purpose of" "in order to"以及"with a view to"目的性更强，因此使用频率更高。其中"for the purpose of"较为规范使用，国务院（原）法制办主编的《法规译审常用句式手册》也推荐此译法。"制定"主要的译法包括"formulate" "enact" "promulgate" "develop"，其中"formulate" "enact"是目前认可的译法。请看以下例子：

例1：

第一条　为保守国家秘密，维护国家的安全和利益，保障改革开放和社会主义建设事业的顺利进行，制定本法。

　　　　　　　　　　　　　　——《中华人民共和国保守国家秘密法》

Article 1　This Law is formulated for the purpose of guarding State secrets, safeguarding State security and national interests and ensuring the smooth progress of reform of the opening to the outside world and socialist construction.

例2：

第一条　为保证公正、及时地仲裁经济纠纷，保护当事人的合法权益，保障社会主义市场经济健康发展，制定本法。

——《中华人民共和国仲裁法》

Article 1　This Law is formulated for the purpose of ensuring the impartial and prompt arbitration of economic disputes, protecting the legitimate rights and interests of the parties and safeguarding the sound development of the socialist market economy.

例3：

第一条　为了扩大对外开放，发展对外贸易，维护对外贸易秩序，保护对外贸易经营者的合法权益，促进社会主义市场经济的健康发展，制定本法。

——《中华人民共和国对外贸易法》

Article 1　This Law is formulated for the purpose of expanding the opening to the outside world, developing foreign trade, maintaining foreign trade order, protecting the legitimate rights and interests of foreign trade dealers and promoting the sound development of the socialist market economy.

例4：

第一条　为了规范畜牧业生产经营行为，保障畜禽产品质量安全，保护和合理利用畜禽遗传资源，维护畜牧业生产经营者的合法权益，促进畜牧业持续健康发展，制定本法。

——《中华人民共和国畜牧法》

Article 1　This Law is enacted for the purpose of regulating the production and business operations of stockbreeding, ensuring the quality and safety of livestock and poultry products, protecting and reasonably utilizing the genetic resources of livestock and poultry, protecting the legitimate rights and interests of the stockbreeding producers and business operators, and promoting the sustainable and sound development of stockbreeding.

例5：

第一条　为了保护合同当事人的合法权益，维护社会经济秩序，促进社会主义现代化建设，制定本法。　　　　——《中华人民共和国合同法》

Article 1　This Law is enacted for the purpose of protecting the lawful rights and interests of the contracting parties, maintaining social and economic order, and promoting the process of socialist modernization.

例6：

第一条　为了调整海上运输关系、船舶关系，维护当事人各方的合法权益，促进海上运输和经济贸易的发展，制定本法。

——《中华人民共和国海商法》

Article 1　This Law is enacted for the purpose of regulating the relations arising from maritime transport and those pertaining to ships, securing and protecting the legitimate rights and interests of the parties concerned, and promoting the development of maritime transport, economy and trade.

例7：

第一条　为了规范保险活动，保护保险活动当事人的合法权益，加强对保险业的监督管理，促进保险事业的健康发展，制定本法。

——《中华人民共和国保险法》

Article 1　This Law is formulated for the purpose of regulating insurance activities, protecting the legitimate rights and interests of the parties involved, strengthening supervision and regulation of the insurance industry and promoting its healthy development.

例8：

第一条　为了保护和改善环境，防治水污染，保护水生态，保障饮用水安全，维护公众健康，推进生态文明建设，促进经济社会可持续发展，制定

本法。　　　　　　　——《中华人民共和国水污染防治法》

Article 1　This Law is formulated for the purpose of protecting and improving the environment, preventing and controlling water pollution, protecting water ecology, guaranteeing the safety of drinking water, protecting the health of the public, promoting the construction of ecological civilization, and promoting the sustainable economic and social development.

（二）"根据/依据……"

立法的法律根据是指立法主体在制定某具体规范性文件时所依据的法律、法规等，它说明了立法的合法性问题（汪全胜、张鹏，2012：105）。根据条款的固定句式为"根据/依据……"。"根据/依据"常见的译法是"according to"，但"according to"比较口语化，语域较低，在正式的法律文书中较少使用。一般"依法办事"中的"依法"可以翻译为"according to law"。为体现法律的正式性，"根据/依据"常被译为"in accordance with""under""pursuant to"，其中"in accordance with"是法律总则中表示"根据/依据"最为规范的用词。请看下例：

例9：

第一条　为了防范和惩治恐怖活动，加强反恐怖主义工作，维护国家安全、公共安全和人民生命财产安全，根据宪法，制定本法。

——《中华人民共和国反恐怖主义法》

Article 1　This Law is formulated in accordance with the Constitution for the purpose of preventing and punishing terrorist activities, improving counterterrorism work, and safeguarding national security, public security and the security of people's lives and property.

例10：

第一条　为了保障适龄儿童、少年接受义务教育的权利，保证义务教育的实施，提高全民族素质，根据宪法和教育法，制定本法。

——《中华人民共和国义务教育法》

Article 1　This Law was formulated in accordance with the Constitution and the Education Law for the purpose of guaranteeing the right to compulsory education of school-age children and adolescents, ensuring the implementation of the compulsory education policy and promoting the quality of the whole nation.

例11：

第一条　为了保护未成年人的身心健康，保障未成年人的合法权益，促进未成年人在品德、智力、体质等方面全面发展，培养有理想、有道德、有文化、有纪律的社会主义建设者和接班人，根据宪法，制定本法。

——《中华人民共和国未成年人保护法》（2006年版）

Article 1　This Law is enacted in accordance with the Constitution for the purpose of protecting the physical and mental health of the minors, safeguarding their lawful rights and interests, promoting their all-around development—morally, intellectually and physically, and training them to be builders of and successors to the socialist cause with lofty ideals, sound morality, better education and a good sense of discipline.

例12：

第一条　为了规范社会保险关系，维护公民参加社会保险和享受社会保险待遇的合法权益，使公民共享发展成果，促进社会和谐稳定，根据宪法，制定本法。　　　　　　　——《中华人民共和国社会保险法》

Article 1　This Law is formulated in accordance with the Constitution for purpose of regulating social insurance relations, protecting the legitimate rights and interests of citizens participating in social insurance and enjoying social insurance benefits, enabling citizens to share the achievements of development and promoting social harmony and stability.

例13：

第一条　为了加强和保障国家情报工作，维护国家安全和利益，根据宪法，制

定本法。　　　　　　　　　——《中华人民共和国国家情报法》

Article 1　This Law is enacted in accordance with the Constitution for purpose of strengthening and guaranteeing national intelligence work and safeguarding national security and interests.

（三）"结合……"

法律总则中另一常见的结构就是"结合……"。"结合……"常出现在地方性法律法规总则的第一条中，这是因为地方性法规及规章是各省（自治区、直辖市）和设区的市根据法律、行政法规结合本地实际情况制定的。"结合……"标准的译法为"in light of"，也有将其译为"in the consideration of"，但情况较少。

例14：

第一条　为了惩罚犯罪，保护人民，根据宪法，结合我国同犯罪作斗争的具体经验及实际情况，制定本法。　　　——《中华人民共和国刑法》

Article 1　This law is formulated in accordance with the *Constitution* and in light of the concrete experience of China launching a struggle against crime and the realities in the country for the purpose of punishing crime and protecting the people.

例15：

第一条　为了预防、控制艾滋病的发生和传播，保障公众健康，促进社会发展，根据《中华人民共和国传染病防治法》等有关法律、行政法规，结合本省实际，制定本条例。　　　——《江苏省艾滋病防治条例》

Article 1　These Regulations are enacted in accordance with the *Law of the People's Republic of China on Prevention and Control of Infectious Diseases* and other laws and administrative regulations, and in light of the specific situation in this Province, and for the purpose of preventing and controlling the occurrence and spread of AIDS, protecting public health and promoting social development.

例16：

第一条 为规范商品条码管理，加快商品条码推广应用，促进本省商品流通的信息化管理，根据《中华人民共和国标准化法》《中华人民共和国产品质量法》等法律、法规，结合本省实际，制定本办法。

——《广东省商品条码管理办法》

Article 1 These measures are formulated in accordance with the *Standardization Law of the People's Republic of China*, the *Law of the People's Republic of China on Product Quality* and other relevant laws and regulations, and in light of specific situation of the province, for the purpose of standardizing the administration of commodity bar code, accelerating its wide application and promoting information-technology-based administration of commodity circulation in Guangdong Province.

例17：

第一条 为了推进和保障中国（浙江）自由贸易试验区建设，根据有关法律、行政法规和国务院批准的《中国（浙江）自由贸易试验区总体方案》，结合本省实际，制定本条例。

——《中国（浙江）自由贸易试验区条例》（2017年版）

Article 1 These Regulations are formulated in accordance with the relevant laws, administrative regulations and the Framework Plan for China（Zhejiang）Pilot Free Trade Zone approved by the State Council, in light of the actual circumstances of Zhejiang for the purpose of promoting and guaranteeing the construction of China（Zhejiang）Pilot Free Trade Zone,

例18：

第一条 中华人民共和国民事诉讼法以宪法为根据，结合我国民事审判工作的经验和实际情况制定。   ——《中华人民共和国民事诉讼法》

Article 1 The *Civil Procedure Law of the People's Republic of China* is formulated in accordance with the *Constitution* and in light of civil trial experience and actual circumstances of civil trials in China.

（四）"……适用本法"

人们主要是从一部法律的适用范围来认定自己与该法的关系，所以立法者往往需要在一部法律的总则部分指明该法的适用范围。在我国的立法实践中，法的适用条款大致包括"……适用本法"和"本法适用于……"，译法大致包括"...apply to..." "...be applicable to..."以及"...be governed by..."。其中"...apply to..."更多被广泛认可，国务院（原）法制办主编的《法规译审常用句式手册》也推荐此译法。

请看下例：

例19：

第二条　在中华人民共和国境内建设、运营、维护和使用网络，以及网络安全的监督管理，适用本法。

——《中华人民共和国网络安全法》第2条

Article 2　This Law shall apply to the construction, operation, maintenance and use of the network as well as the supervision and administration of cybersecurity within the territory of the People's Republic of China.

例20：

第二条　在中华人民共和国领域及管辖的其他海域从事土壤污染防治及相关活动，适用本法。

——《中华人民共和国土壤污染防治法》第2条

Article 2　This Law shall apply to the prevention and control of soil pollution and relevant activities within the territory of the People's Republic of China and in the sea areas under the jurisdiction thereof.

第二节　定义条款部分常见句式的翻译

法律语言作为明确的、普遍的、肯定的规范，对其表述的法律语言的含义必须相当清晰，应尽量减少歧义，而一部法律中的定义条款也就对该法律中的专门术语进行了准确且权威的界定。（朱力宇、张曙光，2001：246）法律文本中的定义条款，有的称为法律术语的解释条款，也有的称为法律概念的解释条款，是指对在法律、法规中出现一些概念、术语或语词，立法者又在法律文本中对其进行明确界定，并且将其作为法律文本结构的组成条款确立下来（汪全胜、张鹏，2013：13）。定义条款是法律文本中不可或缺的组成部分，它是其他法律规范起作用的前提条件，为其他法律规范性功能的发挥提供系统性的联系和支持。

定义条款主要有三大功能：

（1）确定法律概念的内涵和外延，这也是定义条款最主要和最基本的功能。法律语言来自于日常语言，但却不同于日常语言，对于法律文本中一些重要的含义或者在法律语境下被赋予了特殊涵义的词语，立法者有必要在法律文本中给出明确的定义，以避免歧义和意思混淆。

（2）定义条款的第二个功能在于明确了法律的适用范围和调整对象。法律语言具有模糊性，但是司法和执法环节又要求法律必须是明确的，因此用定义的方法对法律中模糊的词语、概念加以限制也就显得尤为重要。

（3）定义条款的第三个功能在于避免了法律中的不必要重复。定义条款对那些拥有共同法律概念法条中的共同之处进行了界定，并赋予了它们特定的含义，这就避免了重复界定，增强了法律文本的简洁性。

在我国的法律法规中，定义条款在总则、分则和附则中都有分布，其中在总则中出现频率最高。有专家学者认为将定义条款设置在总则部分是最为恰当的做法，原因在于对法律词语、调整对象和适应范围的提前界定可以帮助读者尽快准确理解法律含义。当然，定义条款也会不可避免地出现在分则和附则之中，但为方便阅读，其常被置于分则和附则的前半部分。我国法律文本中常见的表示定义的句式比较固定，主要有四类，即"……是……""……是指……""……包括……""……即……"等。

（一）"……是……"

"……是……"是中文法律文本中最常见的表示法律概念内涵意义的句式之一。用"……是……"传递法律信息体现了法律庄重规范的特点。其常见的译法有三种：be动词的一般现在时、shall be以及refer to。

1. 译为be动词一般现在时

当法律所阐释的是客观事实的时候，"是"就可以直接翻译为be动词的一般现在时，其形态根据主语的单复数而变化。请看下例：

例21：

第十六条　劳动合同是劳动者与用人单位确立劳动关系、明确双方权利和义务的协议。建立劳动关系应当订立劳动合同。

——《中华人民共和国劳动法》

Article 16　A labor contract is the agreement reached between a laborer and an employing unit for the establishment of the labor relationship and the definition of the rights, interests and obligations of each party. A labor contract shall be entered into where a labor relationship is to be established.

例22：

第四条　本省各级工商行政管理机关是广告监督管理机关，负责广告监督管理工作。　　——《江苏省广告条例》

Article 4　The industrial and commercial administrative organs at different levels in this Province are the advertisement supervision and administration organs, and shall be in charge of the work of conducting supervision and administration over the advertisements.

2. 译为shall be

在法律文本中，情态动词shall通常表述各项具体的规定与要求，体现的是应当强制执行的法律义务。当"……是……"翻译成"shall be"的时候，其含有"应当"的意味。例如：

例23：

第三条　中华人民共和国港务监督机构，是对沿海水域的交通安全实施统一监督管理的主管机关。

——《中华人民共和国海上交通安全法》（1983年版）

Article 3   The harbor superintendence agencies of the People's Republic of China shall be the competent authorities responsible for the unified supervision and administration of traffic safety in the coastal waters.

例24：

第十一条　十八周岁以上的公民是成年人，具有完全民事行为能力，可以独立进行民事活动，是完全民事行为能力人。

——《中华人民共和国民法通则》

Article 11   A citizen aged 18 or over shall be an adult. He shall have full capacity for civil conduct, may independently engage in civil activities and shall be called a person with full capacity for civil conduct.

　　3. 译为refer to

"……是……"句式另一个常见的译法是refer to，表解释说明。在这种情况下，"是"等同于"是指"。请看下列例子：

例25：

第二条　本法所称合同是平等主体的自然人、法人、其他组织之间设立、变更、终止民事权利义务关系的协议。

——《中华人民共和国合同法》

Article 2   A contract in this Law refers to an agreement among natural persons, legal persons or other organizations as equal parties for the establishment, modification of a relationship involving the civil rights and obligations of such entities.

例26：

第十四条　明知自己的行为会发生危害社会的结果，并且希望或者放任这种结果发生，因而构成犯罪的，是故意犯罪。

——《中华人民共和国刑法》

Article 14   An intentional crime refers to an act committed by a person who clearly knows that his act will entail harmful consequences to society but who wishes or allows such consequences to occur, thus constituting a crime.

（二）"……是指……"

"……是指……"在法律文本中用法较广，在需要表示概念或定义的时候都可以用到这一句式。"是指"与"是"一样，所表示的都是法律概念的内涵定义，二者在翻译上也有共通之处，即都可以译成refer to。但需要注意的是，"是指"在法律文本中还有另外一个译法mean。

1. 译为mean

"是指"最常见的译法就是"mean"，在法律文本中，这一点也同样适用，用以解释说明。请看下面两个例子：

例27：

第四十六条　本法所称枪支，是指以火药或者压缩气体等为动力，利用管状器具发射金属弹丸或者其他物质，足以致人伤亡或者丧失知觉的各种枪支。　　　　　　　——《中华人民共和国枪支管理法》

Article 46　**"Firearms"** in this law means those which are driven by powder or compressed air, discharge metal shots or other substances through a tube-shaped appliance and may cause deaths or injuries or losing of consciousness.

例28：

第二条　本法所称循环经济，是指在生产、流通和消费等过程中进行的减量化、再利用、资源化活动的总称。

本法所称减量化，是指在生产、流通和消费等过程中减少资源消耗和废物产生。

本法所称再利用，是指将废物直接作为产品或者经修复、翻新、再制造后继续作为产品使用，或者将废物的全部或者部分作为其他产品的部件予以使用。

本法所称资源化，是指将废物直接作为原料进行利用或者对废物进行再生利用。　　　　　——《中华人民共和国循环经济促进法》

Article 2　The term **"circular economy"** herein is a general term for the activities of reducing, reusing and recycling in production, circulation and consumption.

"Reducing" herein means the reduction of the resource consumption and waste generation in production, circulation and consumption.

"Reusing" herein means the direct use of wastes as products, or the use of wastes as products after repair, renovation or reproduction, or the use of wastes, wholly or partly, as parts of other products.

"Recycling" herein means the direct use of wastes as raw materials, or after regeneration.

2. 译为 refer to

"是指"在法律文本翻译中的另一个译法是"refer to"。相比于mean，refer to更加正式规范，因此其出现的频率也更高。例如：

例29：

第二条　本法所称对外贸易，是指货物进出口、技术进出口和国际服务贸易。

——《中华人民共和国对外贸易法》

Article 2　The term **"foreign trade"** as mentioned in this law refers to the import and export of goods and technologies and international service trade.

例30：

第二条　本法所称公司是指依照本法在中国境内设立的有限责任公司和股份有限公司。　　　　　——《中华人民共和国公司法》

Article 2　The term "company" as mentioned in this Law refers to a limited liability company or a joint stock company limited set up within the territory of the People's Republic of China in accordance with the provisions of this law.

（三）"……包括……"

法律概念既有内涵也有外延。在对法律概念的外延性涵义进行列举或者界限划分时，常用到的句式就是"……包括……"。在法律法规翻译中，"……包括……"两种常见的用法是"...include..."和"...cover..."，其中前者使用更加广泛。

1. include

同在其他文本中一样,法律文件中的"包括"在绝大多数情况下也被翻译为include,请看以下三个例子:

例31:

第三百六十五条　技术咨询合同包括就特定技术项目提供可行性论证、技术预测、专题技术调查、分析评价报告等合同。

——《中华人民共和国合同法》

Article 365　Technical consulting contracts include contracts for provision of feasibility studies, technical forecast, specialized technical investigation, and analysis and evaluation report, etc. in respect of a particular technical project.

例32:

第十四条　职业培训包括从业前培训、转业培训、学徒培训、在岗培训、转岗培训及其他职业性培训,可以根据实际情况分为初级、中级、高级职业培训。　　——《中华人民共和国职业教育法》(1996年版)

Article 14　Vocational training includes training before employment, training for army men transferred to civilian work, training for apprentices, on-the-job training, transfer training and other training of vocational nature. Vocational training may, according to the actual situation, be classified as primary, secondary or higher vocational training.

例33:

第四条　前款所称农用地是指直接用于农业生产的土地,包括耕地、林地、草地、农田水利用地、养殖水面等;建设用地是指建造建筑物、构筑物的土地,包括城乡住宅和公共设施用地、工矿用地、交通水利设施用地、旅游用地、军事设施用地等;未利用地是指农用地和建设用地以外的土地。　　　　　　　　——《中华人民共和国土地管理法》

Article 4　Farm land referred to in the preceding paragraph means land used directly for agricultural production including cultivated land, forestland, grassland, land for farmland water conservancy and water surface for cultivation and breeding; land for construction means land for building constructions and structures including land for urban and rural residences and public facilities, land for industries and mines, land for communication sand water conservancy works, land for tourism and land for military installations; un-utilized land means land other than farm land and land for construction.

2. 译为cover

"……包括……"除了被翻译成"…include…",还可以被译为"…cover…",但译成"cover"的情况少之又少。请看下例:

例34:

第二十一条　前款规定的审慎经营规则,包括风险管理、内部控制、资本充足率、资产质量、损失准备金、风险集中、关联交易、资产流动性等内容。　　　　　　　　——《中华人民共和国银行业监督管理法》

Article 21　Prudential rules and regulations referred to in the preceding paragraph shall cover, among others, risk management, internal controls, capital adequacy rates, asset quality, loan loss reserves, risk concentrations, connected transactions and liquidity management.

(四)"……即……"

"即"的词义是"就是"。它常常用以规定或说明已经被界定概念的意义,表达的是对一个已确立法律意义的判断。在翻译成英文时,其有两种译法,一是"mean",二是表述为"由that is引导的同位语"。

1. 译为mean

"即"的第一个译法是mean,此时的"即"也就相当于"就是",二者可以互相替换。请看下例:

例35：

保质期，即最佳食用期，指预包装食品在标签指明的贮存条件下保持品质的期限。在此期限内，产品完全适于销售，并保持标签中不必说明或已经说明的特有品质。——《中华人民共和国预包装食品标签通则》

Shelf Life means the period prior to the "best before" date when the pre-packaged food remains in good quality under the storage conditions indicated on the label. During this time the product is fully marketable and retains the characteristics indicated or not necessarily indicated on the label.

例36：

第三条 下一级只有本级预算的，下一级总预算即指下一级的本级预算。

——《中华人民共和国预算法》（1994年版）

Article 3 Where the next lower level has only the budget of the government at the corresponding level, the totalized general budget at the next lower level means the budget of the government at the corresponding level.

2. 译为that is 引导的同位语

"……即……"的第二种译法是"that is, ..."的同位语结构，表示对前面内容的补充说明。请看下例：

例37：

第八十五条 中华人民共和国国务院，即中央人民政府，是最高国家权力机关的执行机关，是最高国家行政机关。

——《中华人民共和国宪法》

Article 85 The State Council, that is, the Central People's Government, of the People's Republic of China is the executive body of the highest organ of state power; it is the highest organ of state administration.

例38：

第八条 香港原有法律，即普通法、衡平法、条例、附属立法和习惯法，除同本法相抵触或经香港特别行政区的立法机关作出修改者外，予以保留。——《中华人民共和国香港特别行政区基本法》

Article 8　The laws previously in force in Hong Kong, that is, the common law, rules of equity, ordinances, subordinate legislation and customary law shall be maintained, except for any that contravene this Law, and subject to any amendment by the legislature of the Hong Kong Special Administrative Region.

第三节　义务条款部分常见句式的翻译

法律义务是与法律权利相对称的概念，是指法律关系主体依法承担的某种必须履行的责任，是设定或隐含在法律规范中、实现于法律关系中的，主体以相对抑制的作为或不作为的方式保障权利主体获得利益的一种约束手段。当负有义务的主体不履行或不适当履行自己的义务时，要受到国家强制力的制裁，承担相应的责任。

法律的义务条款是法律中规定法律义务规范的法律条款，它直接要求人民作为或不作为，体现的是法律规则对义务主体的约束（张文显，1999：12）。从法律对社会的控制来看，义务规范处在法律的重心位置，这就决定了义务条款在法律制定过程中的重要地位。我国法律法规常使用祈使句来书写义务条款。祈使句具有表达命令、请求、劝告、警告的功能，能充分体现法律背后的国家意志，符合法律的强制性与法定性的特征。

法律义务包括作为义务和不作为义务。作为义务表示的是义务当中应当以作为方式履行的义务。不作为是相对于作为而言的，不作为义务要求人们依法不得做出一定的行为。在法律中，表示作为义务的句子有"应当……""必须……""有义务……/有……义务"，指示不作为义务的句子包括"不得……""不能……""禁止……"等。以下是有关其翻译的分析：

（一）"应当……"

在法律中，"应当……"表达义务性规范，是指法律对特定情形中某行为人与某种行为之间存在的一种理所应当的关系所作的表述。（周赟，2006：20）"应当……"在义务性规范中往往表示对法律主体所作的要求，后接要承担的法律后果，又或是表达立法者的某种价值期许，表示倡导性的应为内容，后面不附法律后果。具体到翻译，中文中的"应当"通常与英语法律文本中的"shall"相对应。请看下例：

例39：

第八条　税务机关依照前款规定作出纳税调整，需要补征税款的，应当补征税款，并依法加收利息。　　　　——《中华人民共和国个人所得税法》

Article 8　Where tax authorities make tax payment adjustments under the preceding paragraph, which requires collection of taxes in arrears, such taxes in arrears shall be collected, together with interest thereon in accordance with the law.

例40：

第十四条　港口建设应当符合港口规划。不得违反港口规划建设任何港口设施。　　　　——《中华人民共和国港口法》

Article 14　The construction of a port shall conform to the port planning. No port facilities shall be constructed in violation of the port planning.

例41：

第十条　报关企业接受进出口货物收发货人的委托，以自己的名义办理报关手续的，应当承担与收发货人相同的法律责任。

——《中华人民共和国海关法》

Article 10　If entrusted by the sender of the exports or the receiver of the imports, but handling the declaration procedure in its own name, the representative shall bear the same legal responsibility as that of the sender or the receiver.

例42：

第六条　对在母婴保健工作中做出显著成绩和在母婴保健科学研究中取得显著成果的组织和个人，应当给予奖励。

——《中华人民共和国母婴保健法》

Article 6　Awards shall be granted to organizations and individuals that have made remarkable achievements in the work of maternal and infant health care or achieved significant results in scientific research of maternal and infant health care.

例43：

第八条 公民、法人或者其他组织因违法受到行政处罚，其违法行为对他人造成损害的，应当依法承担民事责任。

——《中华人民共和国行政处罚法》（2009年版）

Article 8 Citizens, legal persons and other organizations that are subjected to administrative penalty because of their violations of law shall, in accordance with law, bear civil liability for damage done to others by their illegal acts.

例44：

第五条 民事主体从事民事活动，应当遵循自愿原则，按照自己的意思设立、变更、终止民事法律关系。

——《中华人民共和国民法总则》

Article 5 The parties to civil legal relations shall conduct civil activities under the principle of free will, and create, modify, or terminate civil legal relations in accordance with their own wills.

（二）"必须……"

"应当……"表示一般情况下法律主体要遵守的法律义务，体现的是行为人的原则性，而"必须"则表示行为人一定要承担法律法规所规定的义务，表示法律上和事理上的必要，加强了命令预期，更体现法律的严肃与权威。（陈炯，2003：13）在翻译中，"必须"对应的是法律英语中的"must"，请看以下例子：

例45：

第十一条 生产药品所需的原料、辅料，必须符合药用要求。

——《中华人民共和国药品管理法》（2013年版）

Article 11　The raw and supplementary materials used for the production of pharmaceuticals must conform to the requirements for medicinal use.

例46：

第二十八条　托运、承运货物、包裹、行李，必须遵守国家关于禁止或者限制运输物品的规定。
　　　　　　　　　　　　　　　　——《中华人民共和国铁路法》

Article 28　Relevant regulations of the State concerning articles the transport of which is prohibited or restricted must be observed in consigning shipment and carrying goods, parcels or luggage.

例47：

第四条　国家安全机关在反间谍工作中必须依靠人民的支持，动员、组织人民防范、制止危害国家安全的间谍行为。
　　　　　　　　　　　　　　　　——《中华人民共和国反间谍法》

Article 4　National security authorities must rely on the support from the masses in their counterespionage work, and mobilize and organize the masses to prevent and frustrate espionage compromising national security.

例48：

第五十三条　中华人民共和国公民必须遵守宪法和法律，保守国家秘密，爱护公共财产，遵守劳动纪律，遵守公共秩序，尊重社会公德。
　　　　　　　　　　　　　　　　——《中华人民共和国宪法》

Article 53　Citizens of the People's Republic of China must abide by the Constitution and the Laws, keep state secrets, protect public property and observe labour discipline and public order and respect social ethics.

例49：

第四十条　各级防汛指挥机构和承担防汛抗洪任务的部门和单位，必须根据防御洪水方案做好防汛抗洪准备工作。
　　　　　　　　　　　　　　　　——《中华人民共和国防洪法》

Article 40　The flood control headquarters at various levels, and the departments and units shouldering the tasks of flood control and flood fighting must make preparations for flood control and flood fighting in accordance with the flood control programmes.

（三）"有义务……/有……义务"

汉语法律法规中表示义务性规范的常见句式还包括"有义务……/有……义务"，其对应英语表达有"it is duty of..." "have the duty to..." "have the obligation to..."。

例50：

第五十二条　中华人民共和国公民有维护国家统一和全国各民族团结的义务。

——《中华人民共和国宪法》

Article 52　It is the duty of citizens of the People's Republic of China to safeguard the unification of the country and the unity of all its nationalities.

例51：

第四十九条　父母有抚养教育未成年子女的义务，成年子女有赡养扶助父母的义务。——《中华人民共和国宪法》

Article 49　Parents have the duty to rear and educate their children who are minors, and children who have come of age have the duty to support and assist their parents.

例52：

第十一条　任何单位和个人都有义务保护水环境，并有权对污染损害水环境的行为进行检举。——《中华人民共和国水污染防治法》

Article 11　All entities and individuals have the obligation to protect water environment, and have the right to report to authorities acts polluting or damaging water environment.

例53：

第十九条　适龄儿童、少年的父母或者其他监护人以及有关社会组织和个人有义务使适龄儿童、少年接受并完成规定年限的义务教育。

——《中华人民共和国教育法》

Article 19 Parents or other guardians of school-age children and adolescents as well as social organizations and individuals concerned shall have the obligation to ensure that school-age children and adolescents receive and complete compulsory education for the prescribed number of years.

例54：

第五十九条 对当事人双方的诉讼标的，第三人虽然没有独立请求权，但案件处理结果同他有法律上的利害关系的，可以申请参加诉讼，或者由人民法院通知他参加诉讼。人民法院判决承担民事责任的第三人，有当事人的诉讼权利义务。

——《中华人民共和国民事诉讼法》

Article 59 Where the third party does not have an independent claim regarding the subject matter of an action between two parties but is an interested party in law to the outcome of the case, the third party may apply to participate in the action or the people's court may notify the third party to participate in the action. If the third party assumes any civil liability according to the judgment issued by the people's court, the third party shall have the procedural rights and obligations as a party to the action.

例55：

第二十六条 机动车生产厂家在新车型投放市场后六个月内，有义务向社会公布其维修技术信息和工时定额。具体要求按照国家有关部门关于汽车维修技术信息公开的规定执行。

——《中华人民共和国机动车维修管理规定》（2015年版）

Article 26 A motor vehicle manufacturer shall, within six months after putting its new type of vehicle on the market, have the obligation to release to the public its maintenance technical information and repair hours. The specific requirements shall be governed by the provisions of the relevant departments of the state on the disclosure of automobile maintenance technical information.

（四）"不得……/不能……"

法律文本中禁令性条款常见的表达方式有"不得……"和"不能……"。"不得……"是禁令性条款中用量最大提示语。用"不得……"和"不能……"表示对法律主体行为的限制既庄重严肃，又简洁明快（张法连，2010：95）。"不得……"和"不能……"在法律翻译实践中有的被译为"shall not..."，有的被译为"may not..."。需要说明的是，"shall not"和"may not"两者都可以表示禁令性规范，但在涵义上却有细微的差别，"shall not"着重表示对预期可能发生行为的防止，"may not"则意为"取消相关的许可"。请看以下例子：

例56：

第十一条　居民个人向扣缴义务人提供专项附加扣除信息的，扣缴义务人按月预扣预缴税款时应当按照规定予以扣除，不得拒绝。

——《中华人民共和国个人所得税法》

Article 11　Where a resident individual provides the withholding agent with information on special additional deductibles, the withholding agent shall, when withholding and prepaying taxes on a monthly basis, make deductions as required, and shall not refuse to do so.

例57：

第三十五条　不符合建筑节能标准的建筑工程，建设主管部门不得批准开工建设；已经开工建设的，应当责令停止施工、限期改正；已经建成的，不得销售或者使用。

——《中华人民共和国节约能源法》

Article 35　With respect to the construction projects inconsistent with the standards for construction energy conservation, the construction administrative department shall not approve to start the construction thereof; and if any of the aforesaid projects has been constructed, the department shall order the entity to suspend construction and make correction within a time limit; and if any of the aforesaid projects has been completed, it shall not be sold or used.

例58：

第四条　开展慈善活动，应当遵循合法、自愿、诚信、非营利的原则，不得违背社会公德，不得危害国家安全、损害社会公共利益和他人合法权益。　　　　　　　　　　　　　　——《中华人民共和国慈善法》

Article 4　Charitable activities shall be conducted under the principles of legality, voluntariness, good faith and not-for-profit, shall not go against social ethnics, and shall not endanger national security, or damage pubic interest or any other person's lawful rights and interests.

例59：

第四十三条　国家机关及其工作人员在国家安全工作和涉及国家安全活动中，应当严格依法履行职责，不得超越职权、滥用职权，不得侵犯个人和组织的合法权益。
　　　　　　　　　　　　——《中华让人民共和国国家安全法》

Article 43　State authorities and their staff members shall, in national security work and activities involving national security, perform their functions in strict accordance with the law, shall not overstep or abuse their powers, and shall not infringe upon the lawful rights and interests of individuals and organizations.

例60：

第十六条　经审核批准用地的外商投资企业，应当遵守土地管理法律、法规、规章的有关规定，不得买卖或者以其他形式非法转让土地使用权。
　　　　　　　　　　——《上海市外商投资企业土地使用管理办法》

Article 16　Foreign-funded enterprises that have been approved to use land upon examination shall comply with the relevant provisions of land administration laws, regulations and rules, and may not trade or illegally assign in other forms land use rights.

例61：

第七条　各地方、各部门应当支持海关依法行使职权，不得非法干预海关的执法活动。

——《全国人大关于修改〈中华人民共和国海关法〉的决定》

Article 7　Local authorities and all departments shall support the Customs offices in exercising their functions and powers according to law; they may not illegally interfere in the Customs enforcement of law.

例62：

第六十九条　判决宣告以前一人犯数罪的，除判处死刑和无期徒刑的以外，应当在总和刑期以下、数刑中最高刑期以上，酌情决定执行的刑期，但是管制最高不能超过三年，拘役最高不能超过一年，有期徒刑总和刑期不满三十五年的，最高不能超过二十年，总和刑期在三十五年以上的，最高不能超过二十五年。

——《中华人民共和国刑法》

Article 69　Where a person is convicted of more than one crime before a sentence is pronounced, except for death penalty or life imprisonment, the term of criminal penalty to be executed shall be decided in light of the actual circumstances below the sum of terms but above the highest term of the imposed criminal penalties; however, the decided term of control shall not exceed three years, the decided term of criminal detention shall not exceed one year, and the decided fixed-term imprisonment shall not exceed 20 years if the sum of terms of fixed-term imprisonment is less than 35 years or shall not exceed 25 years if the sum of terms is 35 years or more.

（五）"禁止……"

"禁止……"所表示的是法律对法律关系主体不能做某种行为的约束。在英语中，其通常翻译为"prohibit..." "...be prohibited" "forbid..." "...be forbidden"。

例63：

第三条　国家禁止任何形式的家庭暴力。

——《中华人民共和国反家庭暴力法》

Article 3　The state prohibits any form of family violence.

例64：

第五条　证券的发行、交易活动，必须遵守法律、行政法规；禁止欺诈、内幕交易和操纵证券市场的行为。

——《中华人民共和国证券法》

Article 5　The issuance and trading of securities shall abide by laws and administrative regulations. Any fraud, insider trading or manipulation of the securities market shall be prohibited.

例65：

第七十八条　采购代理机构在代理政府采购业务中有违法行为的，按照有关法律规定处以罚款，可以在一至三年内禁止其代理政府采购业务，构成犯罪的，依法追究刑事责任。

——《中华人民共和国政府采购法》

Article 78　Any procurement agency who violates the law in the process of acting as the agent of government procurement shall be fined according to relevant legal provisions, and may be prohibited from serving as a government procurement agent within one to three years; if any crime has been constituted, the offenders shall be subject to criminal liabilities.

例66：

第六条　国家建立健全旅游服务标准和市场规则，禁止行业垄断和地区垄断。旅游经营者应当诚信经营，公平竞争，承担社会责任，为旅游者提供安全、健康、卫生、方便的旅游服务。

——《中华人民共和国旅游法》

Article 6　The state shall establish and improve tourism service standards and market rules, and prohibit industrial monopoly and regional monopoly. Tourism operators shall operate in good faith, make fair competition, undertake social responsibility, and provide safe, healthy, hygienic and convenient tourism services for tourists.

例67：

第五条　国家依法保护煤炭资源，禁止任何乱采、滥挖破坏煤炭资源的行为。

——《中华人民共和国煤炭法》

Article 5　The State shall protect the coal resources according to law and forbid any indiscriminate mining which is destructive to the coal resources.

例68：

第一百七十七条　违反法律、行政法规的规定，情节严重的，国务院保险监督管理机构可以禁止有关责任人员一定期限直至终身进入保险业。——《中华人民共和国保险法》（2009年版）

Article 177　Where a law or administrative regulation is violated and the circumstances are serious, the insurance regulatory body under the State Council may forbid the relevant liable persons from practicing in the insurance sector within a prescribed time limit or even for a lifetime.

第四节　权利性条款部分常见句式的翻译

每一部法律文件都规定了法律主体在从事法律所规定活动时应当享有的某种权利以及应当遵守的某种义务。法律体现的是人民共同的意志，其对人民权利的重视，充分体现出以人为本的立法理念。在我国社会主义法律体系中，人民权力和权利的立法始终居于核心和主导地位。（郭道晖，1995：18）

在法律法规中，用以规定法律主体依法享有权利的条款即权利性条款。权利性条款是法律的重要组成部分，在法律的总则、分则和附则中都有分布。在法律文本的篇章架构中，权利性条款应该优先设置。法律的权利性条款主要有两大任务，一是对法律主体的权利进行宣示，二是规定法律主体权利的保障。

关于权利性条款的固定句式，《广东省人民代表大会常务委员会立法技术与工作程序规范（试行）》第127条指出，权利性条款一般位于授权主体之后，常用句式"有……权利""有权……""可以……""不受侵犯""不受……干涉"等，本节对这五类标志性结构的翻译进行探讨。

（一）"有……权利/有权……"

"有……权利"和"有权……"是法律权利性条款的标志句式。其在英语中的表达大致包括"enjoy the right..." "be entitled to..." "have the right to..." "have the authority to..." "have the power to..." "be empowered to..."。请看下例：

例69：

第二十一条　农民专业合作社成员享有下列权利……

——《中华人民共和国农民专业合作社法》（2006年版）

Article 21　The members of a farmer's professional cooperative may enjoy the following rights...

例70：

第四条　劳动者依法享有职业卫生保护的权利。

——《中华人民共和国职业病防治法》

Article 4　Employees shall be entitled to occupational health protection according to law.

例71：

第十一条　人民检察院有权对行政诉讼实行法律监督。

——《中华人民共和国行政诉讼法》

Article 11　The people's procuratorates shall have the authority to exercise legal supervision over administrative litigation.

例72：

第三十一条　未经权利人许可，任何人不得对正在放映的电影进行录音录像。

发现进行录音录像的,电影院工作人员有权予以制止,并要求其删除;对拒不听从的,有权要求其离场。

——《中华人民共和国电影产业促进法》

Article 31　Without the permission of the right holders, no audio or video recording of a film being projected may be made. If a person is found making any audio or video recording, the cinema staff shall have the right to stop it and require the person to delete the recording; and if the person refuses, shall have the right to require the person to leave.

例73:

第五十八条　县级以上人民政府或者其授权的部门在处理水事纠纷时,有权采取临时处置措施,有关各方或者当事人必须服从。

——《中华人民共和国水法》

Article 58　When handling any dispute concerning water, the people's government at or above the county level, or the competent department authorized by such a government, shall have the power to take temporary measures with which the parties must comply.

例74:

第七十条　交通主管部门、公路管理机构负有管理和保护公路的责任,有权检查、制止各种侵占、损坏公路、公路用地、公路附属设施及其他违反本法规定的行为。

——《中华人民共和国公路法》

Article 70　Departments in charge of transportation and highway administration organizations are responsible for the administration and protection of the roads and are empowered to check and stop all acts that occupy, damage roads and land used by roads and road ancillary facilities and other acts that violate the provisions of this law.

例75：

第四十三条 个人发现网络运营者违反法律、行政法规的规定或者双方的约定收集、使用其个人信息的，有权要求网络运营者删除其个人信息；发现网络运营者收集、存储的其个人信息有错误的，有权要求网络运营者予以更正。

——《中华人民共和国网络安全法》

Article 43 Where an individual finds that any network operator collects or uses his or her personal information in violation of the provisions of any law, administrative regulation or the agreement of both parties, the individual shall be entitled to request the network operator to delete his or her personal information. If the individual finds that his or her personal information collected or stored by the network operator has any error, he or she shall be entitled to request the network operator to make rectifications.

（二）"可以……"

"可以……"表述的是法律主体的权利，即作为或者不作为的权利，没有强制性。它表明法律主体自主决定是否做出一定的法律行为，不论其最终选择的是允许范围内的何种行为，都将得到法律的认可和保护。"可以……"在法律中的固定表达是"may..."。

例76：

第十二条 对外贸易经营者可以接受他人的委托，在经营范围内代为办理对外贸易业务。　　——《中华人民共和国对外贸易法》

Article 12 A foreign business operator may accept the entrustment of other people and handle foreign trade businesses on their behalf within its scope of business.

例77：

第二十八条 进口者对海关将其所进口的货物纳入固体废物管理范围不服的，

可以依法申请行政复议，也可以向人民法院提起行政诉讼。

——《中华人民共和国固体废物污染环境防治法》（2011年版）

Article 28　Any importer that holds objections to the incorporation of his imported wastes into the administrative scope of solid wastes by the customs may file an administrative review according to law or lodge an administrative suit to a people's court.

例78：

第七条　县级以上人民政府根据国防需要，可以依法征用民用运载工具、交通设施、交通物资等民用交通资源，有关组织和个人应当予以配合，履行相关义务。　　　　　　　——《中华人民共和国国防交通法》

Article 7　People's governments at or above the county level may, according to national defense requirements, legally expropriate civil vehicles, transportation facilities, transportation materials and other civil transportation resources, and relevant organizations and individuals shall cooperate and perform relevant obligations.

例79：

第五条　国家对外资企业不实行国有化和征收；在特殊情况下，根据社会公共利益的需要，对外资企业可以依照法律程序实行征收，并给予相应的补偿。　　　　　　　——《中华人民共和国外资企业法》

Article 5　The state shall not nationalize or requisition any foreign-funded enterprise. Under special circumstances, when public interest requires, foreign-funded enterprises may be requisitioned by legal procedures and appropriate compensation shall be made.

例80：

第二十二条　国务院其他有关部门和省、自治区、直辖市人民政府其他有关部门所属的气象台站，可以发布供本系统使用的专项气象预报。

——《中华人民共和国气象法》

Article 22   Meteorological offices and stations subordinate to other relevant departments under the State Council or under the people's governments of provinces, autonomous regions or municipalities directly under the Central Government may issue specialized meteorological forecast to be used within the framework of their departments.

（三）"不受侵犯"

"不受侵犯"表明法律主体的合法权益不得受其他个人或组织的侵害，其英语的语言结构为：

（1）shall/may not be infringed upon

（2）may not be encroached upon

（3）be inviolable

（4）shall not be violated

（5）be protected from infringement等。

请看下例：

例81：

第三十七条   律师在执业活动中的人身权利不受侵犯。

——《中华人民共和国律师法》

Article 37   The personal rights of a lawyer in practicing law shall not be infringed upon.

例82：

第六条   邮政管理部门统计机构和统计人员依法独立行使统计调查、统计报告和统计监督的职权，不受侵犯。

——《邮政行业统计管理办法》

Article 6   The statistical agencies and statistical personnel of postal administrative departments shall independently exercise their authority in statistical investigation, statistical reporting and statistical supervision, and such authority may not be infringed upon.

例83：

第十三条　公民的合法的私有财产不受侵犯。

——《中华人民共和国宪法》

Article 13　The lawful private property of citizens may not be encroached upon.

例84：

第四条　精神障碍患者的人格尊严、人身和财产安全不受侵犯。

——《中华人民共和国精神卫生法》

Article 4　The personality, dignity, and personal and property safety of the patients with mental disorders are inviolable.

例85：

第二十六条　导游在执业过程中，其人格尊严受到尊重，人身安全不受侵犯，合法权益受到保障。　　　——《导游管理办法》

Article 26　During the process of practicing, a tour guide's personal dignity shall be respected, personal safety shall not be violated, and lawful rights and interests shall be protected.

例86：

第二十条　医务人员在执业活动中，人格尊严、人身安全不受侵犯。

——《天津市医疗纠纷处置办法》

Article 20　The medical staff shall be respected for their dignity in practicing their profession and their personal safety shall be protected from infringement.

（四）"不受……干涉"

权利性条款的另一常见句式还有"不受……干涉"，"不受……干涉"的主语应当是法律主体依法进行的某种行为，对应在英文的表达有"free from interference"和"without interference from"。

例87：

第四条　商业银行依法开展业务，不受任何单位和个人的干涉。

——《中华人民共和国商业银行法》

Article 4　Commercial banks shall carry out business in accordance with laws free from any interference by entities or individuals.

例88：

第四条　监察委员会依照法律规定独立行使监察权，不受行政机关、社会团体和个人的干涉。　　　　　　　——《中华人民共和国监察法》

Article 4　Supervisory commissions shall independently exercise the supervisory power in accordance with the law, free from interference by any administrative organ, public organization or individual.

例89：

第八条　仲裁依法独立进行，不受行政机关、社会团体和个人的干涉。
　　　　　　　　　　　　　　　——《中华人民共和国仲裁法》

Article 8　Arbitration shall be carried out independently according to law and shall be free from interference of administrative organs, social organizations or individuals.

例90：

第六条　人民法院依照法律规定对民事案件独立进行审判，不受行政机关、社会团体和个人的干涉。　　——《中华人民共和国民事诉讼法》

Article 6　The people's courts shall try civil cases independently in accordance with law, without interference from any government agency, social group or individual.

例91：

第四条　人民法院依法对行政案件独立行使审判权，不受行政机关、社会团体和个人的干涉。　　　　——《中华人民共和国行政诉讼法》

Article 4　The people's courts shall independently exercise judicial power over administrative cases, without any interference by any administrative agency, social group, or individual.

第五节　责任条款部分常见句式的翻译

法律责任条款是指在法律文本中表述由不法行为侵犯权利或法益而产生的体现制裁规范效果的救济权法律关系内容的条文。简单而言，法律责任条款可以被定义为在法律文本中表示责任内容的条文（李亮，2015：37）。

对法律责任的规定是立法环节中至关重要的一部分。法律责任规定的是否科学合理，关系着法律、法规的质量和实施效果。法律、法规的实施情况表明，任何一部法律、法规的实施效果和立法目的达到的程度，在一定意义上取决于其法律责任规定的科学合理方面所达到的程度，即可实现的程度（李培传，2004：402）。

法律责任条款由多个部分组成，一般包括责任依据条款、责任实施主体条款、责任认定条款（归责条款）、责任承受对象条款、制裁条款、责任救济条款、责任豁免条款、责任衔接条款以及时效条款，其中制裁条款是法律责任条款的核心（汤唯、毕可志等，2006：283）。这些组成条款虽然重要，但并非不可或缺。在实际立法过程中，如果法律条文的字里行间体现了部分责任组成条款的内容，那么该责任组成条款就并不需要另外规定，这样做是为保证法律文本的简洁性和严谨性。

我国现行的绝大多数法律法规都设有法律责任条款，这些责任条款规定了行为人应当承担的民事责任、行政责任和刑事责任。常见的民事责任包括赔偿损失、支付违约金、支付精神损害赔偿金、停止侵害、排除妨碍、消除危险、返还财产、恢复原状以及恢复名誉等。行政处罚的种类包括警告、罚款、行政拘留、没收违法所得、没收非法财物、责令停产停业、暂扣或者吊销许可证、暂扣或者吊销执照。刑事处罚的种类既包括管制、拘役、有期徒刑、无期徒刑和死刑几种主刑，也含有剥夺政治权利、处以罚金和没收财产几类附加刑。

我国法律法规责任条款中的固定句式或短语包括"构成犯罪的""处……""给予/予以……"等。

（一）"构成犯罪的"

我国法律责任条款中常见的一类描述违法行为的固定句型即"构成犯罪

的"。在法律英语中其可以被译为"amount to crime"或是"is breach of the criminal code",这两种译法在《中华人民共和国行政处罚法》和《中华人民共和国行政监察法》中有体现:

例92:

第二十二条 违法行为构成犯罪的,行政机关必须将案件移送司法机关,依法追究刑事责任。

——《中华人民共和国行政处罚法》(2009年版)

Article 22　When unlawful acts amount to crimes, the administrative organ in charge must refer the case to a judicial organ for investigation of criminal liability according to the law.

例93:

第四十七条 对申诉人、控告人、检举人或者监察人员进行报复陷害的,依法给予行政处分;构成犯罪的,依法追究刑事责任。

——《中华人民共和国行政监察法》(1997年版)

Article 47　Whoever is found to have retaliated against the petitioner, complainant, accuser, or supervisory personnel shall be punished with administrative sanctions according to law. Criminal liability shall be affixed through the process of law if there is breach of the criminal code.

以上两种译法虽可行,但并不常用。事实上,我国法律法规关于"构成犯罪的"更常见且更正式的处理方式应当是"constitute a crime"。考虑到该句子实际隐含假设意味,所以转换为英文时应译为条件句,语态可以是被动的,也可以是主动的。请看以下几个例子:

例94:

第六十一条 造成重大大气污染事故,导致公私财产重大损失或者人身伤亡的严重后果,构成犯罪的,依法追究刑事责任。

——《中华人民共和国大气污染防治法》

Article 61　Should a serious atmospheric pollution accident occur that leads to any grave consequences of heavy public or private property loss or losses or serious personal injuries or deaths, and if the act constitutes a crime, the criminal liability shall be investigated in accordance with the provisions of Article 338 in the Criminal Law.

例95：

第六十八条　违反本法规定，侵害劳动者合法权益，造成财产损失或者其他损害的，依法承担民事责任；构成犯罪的，依法追究刑事责任。

——《中华人民共和国就业促进法》

Article 68　Any person who, in violation of the provisions of this Law, infringes a worker's legitimate rights and interests and causes the loss or losses of property or any other damage shall bear civil liability in accordance with the law; where the violation constitutes a crime, criminal liability shall be investigated in accordance with the law.

例96：

第九十四条　机动车安全技术检验机构不按照机动车国家安全技术标准进行检验，出具虚假检验结果的，由公安机关交通管理部门处所收检验费用五倍以上十倍以下罚款，并依法撤销其检验资格；构成犯罪的，依法追究刑事责任。

——《中华人民共和国道路交通安全法》

Article 94　Where the authority for safety and technical inspection of motor vehicles fails to inspect motor vehicles in accordance with the safety and technical standards of the State for motor vehicles and produces false inspection results, the traffic control department of the public security organ shall impose on it a fine of not less than five times but not more than ten times the amount of the fees it collected for inspection and shall, in accordance with law, disqualify it for inspection. If a crime is constituted, it shall be investigated for criminal responsibility according to law.

例97：

第二十四条　执法机关及其工作人员违法行政或者不作为，致使公民、法人或者其他组织的合法权益、公共利益遭受损害的，对直接负责的主管人员和其他直接责任人员依法给予行政处分；构成犯罪的，依法追究刑事责任。

——《徐州市餐饮服务业环境管理办法》

Article 24　If law enforcement departments and their staff do not perform their duties according to law or neglect their duties, thus damaging the legitimate rights and interests of citizens, legal persons or other organizations, the person directly in charge and other person directly responsible shall be subject to administrative sanctions in accordance with laws; if a crime is constituted, criminal responsibility shall be investigated according to law.

从以上几个例子我们还可以看出，"构成犯罪的"其后通常会跟上"依法追究刑事责任"。同"构成犯罪的"一样，"依法追究刑事责任"也有其常见译法，即"criminal liability shall be investigated/prosecuted according to law"。

（二）"处……（罚款/徒刑）"

"处"字句在中文的法律文本中常用来表示禁令性规范。在有"处"字的法条中，句子的主语往往是"的"字结构，目的是突出犯罪主体和犯罪行为，而谓语部分的"处"字则表示对犯罪主体和犯罪行为的制裁。

我国法律法规中，"处"字句常见的结构有两种，即"处……罚款/罚金""处……徒刑"等。以下是这两种结构在转换成英语时常见的处理方法：

1. "处……（罚款/罚金）"

在我国法律法规的行政相对人承担的法律责任中，财产罚占有最大的比重，主要包括三类：处以罚款，没收违法所得和没收非法财物，其中处以罚款是最主要的手段。具体到翻译，根据主语的不同，"处……罚款/罚金"会有不同的翻译方法，请看下例：

（1）主语是执法机关

当主语是执法机关时，"处……罚款/罚金"作谓语通常被译为"impose a fine/penalty on/upon sb."或是"impose a fine/penalty of..."。fine 和 penalty 在法律上都可指"罚款"，但后者相较于前者范围更大，涵盖更广泛意义上的惩罚，这些惩罚可以是金钱，也可以是劳改、蹲监狱之类的。请看下例：

例98：

第五十二条 违反本条例的规定，在中外合作办学机构筹备设立期间招收学生的，由教育行政部门、劳动行政部门按照职责分工责令停止招生，责令退还向学生收取的费用，并处以10万元以下的罚款……

——《中外合资办学条例》

Article 52 Where anyone, in violation of the provisions of these Regulations, enrolls students within the period of preparation for establishment of a Chinese-foreign cooperatively-run school, the education administrative department or the labour administrative department shall, according to their respective functions and duties, order it to stop the enrollment of students and to return the fees collected from the students, and concurrently impose a fine of not more than 100, 000 yuan...

例99：

第五十九条 机动车驾驶人有下列行为之一的，由公安机关交通管理部门处以二百元罚款……   ——《江苏省高速公路条例》

Article 59 The traffic control department of the public security organ shall impose a fine of 200 yuan on the vehicle driver who commits any one of the following acts:

例100：

第十五条 外国企业违反本法第八条、第九条、第十条、第十二条规定的，税务机关可以酌情处以罚金。

——《中华人民共和国外国企业所得税法》

Article 15   The tax authorities may, acting at their discretion, impose a penalty on any foreign enterprise which has violated the provisions of Article 8, 9, 10 and 12 of this Law.

（2）主语是组织或个人

当法律的责任条款是以"的"字结构所代表的组织或个人作主语时，"处……罚款/罚金"应译为被动态，且大致有三种译法，即"be imposed a fine/ penalty of..." "be fined of ..." "is liable to..."。请看以下例子：

例101：

第二十三条　违反本办法第六条、第二十条、第二十一条规定的，由县级以上质量技术监督行政部门责令限期改正，可处1000元以上10000元以下罚款。　　　　　　　——《广东省商品条码管理办法》

Article 23   Violators of the provisions of Article 6, Article 20 or Article 21 of these Measures shall be ordered to rectify the violation within the prescribed time limit by the administrative department for quality and technical supervision at and above the county level, and may be imposed a fine of not less than 1, 000 yuan but not more than 10, 000 yuan.

例102：

第六十五条　违反本条例第五十一条第一款、第二款规定的，责令改正，可以处一万元以上五万元以下罚款。

——《上海市交通管理条例》

Article 65   Those who have violated the provisions of Sections 1 and 2 of Article 51, shall be instructed to rectify, and may be fined not less than 10, 000 to no more than 50, 000 yuan.

例103：

第三十条　公共停车场（库）经营者、道路停车场管理者违反本办法第十五条第（一）、（二）、（三）、（四）、（六）项和第二十三条规定，可处以警告或者200元以上2000元以下的罚款……

——《上海市停车场（库）管理办法》

Article 30　The operator of a public parking lot（garage）or the administrator of a curb-side parking area who violates the provisions under Article 15, Items （1），（2），（3），（4），（6）and Article 23 of these Procedures is liable for a warning or a fine of between not less than 200 yuan and not more than 2000 yuan...

（3）主语是罚款/罚金

当在涉及财产罚的法条中想要表示对罚款的强调时，可将其置于主语位置翻译，此时"处……罚款/罚金"可被译为"a fine/penalty of...may be imposed"。

例104：

第十八条　对有第十七条第（七）项行为的，价格主管部门应当责令其改正，并可以给予警告；逾期不改正的，可以处以3万元以下罚款；对情节严重的经营者，可以处以5万元以下罚款。对直接负责的主管人员和其他直接责任人员可以建议有关部门给予行政处分。

——《江苏省价格监督检查办法》

Article 18　For the act listed in the subparagraph 7 of Article 17, competent price departments shall order it to rectify and issue a warning; where they refuse to correct within the prescribed time limit, a fine of not more than 30,000 yuan may be imposed; for serious cases, a fine of not more than 50,000 yuan may be imposed. Relevant departments may be advised to give persons in charge or directly responsible administrative punishments.

例105：

第四十二条　违反本条例第六条、第八条规定的，由主管部门责令停止经纪活动，没收非法所得，并可处以一千元以上五千元以下罚款。

——《深圳经济特区经纪人管理条例》

Article 42　Anyone, who violates Article 6 or Article 8 of these regulations, shall be ordered by the administrative department in charge to stop broker's activities. The illegal gains shall be confiscated, and a penalty of not less than 1,000 yuan and not more than 5,000 yuan may be concurrently imposed.

例106：

第四十一条　违反本法规定，食品生产经营过程不符合卫生要求的，责令改正，给予警告，可以处以五千元以下的罚款；拒不改正或者有其他严重情节的，吊销卫生许可证。

——《中华人民共和国食品安全法》

Article 41　If, in violation of this Law, any food producer or marketer does not comply with the hygiene requirements, he shall be ordered to set it right and given a disciplinary warning, and a penalty of not more then 5,000 yuan may be imposed; if he refuses to set it right or other serious circumstances are involved, his hygiene license shall be revoked.

2. "处……徒刑"

"处……徒刑"是汉语法律法规中表达对责任人应当承担的刑事责任比较典型的句式，在翻译时有其惯有的译法"be sentenced to...imprisonment"，请看下例：

例107：

第一百零九条　破坏电力、煤气或者其他易燃易爆设备，危害公共安全，尚未造成严重后果的，处三年以上十年以下有期徒刑。

——《中华人民共和国电力法》（1995年版）

Article 109　Whoever sabotages electric power or gas facilities or other inflammable or explosive equipment and thereby endangers public security, if serious consequences have not yet resulted, shall be sentenced to fixed-term imprisonment of not less than three years and not more than ten years.

例108：

第一百零三条　组织、策划、实施分裂国家、破坏国家统一的，对首要分子或者罪行重大的，处无期徒刑或者十年以上有期徒刑；对积极参加的，处三年以上十年以下有期徒刑；对其他参加的，处三年以下有期徒刑、拘役、管制或者剥夺政治权利。

——《中华人民共和国刑法》

Article 103　If organizing, planning or carrying out to dismember the state or to undermine the unification of the state, the ringleaders and the persons whose commit a crime are severe shall be sentenced to life imprisonment or fixed-term imprisonment of not less than ten years; the persons who actively participate in shall be sentenced to fixed-term imprisonment of not less than three years and not more than ten years; and other persons who participate in shall be sentenced to fixed-term imprisonment of not more than three years, criminal detention, public surveillance or deprivation of political rights.

例109：

第一百一十一条　为境外的机构、组织、人员窃取、刺探、收买、非法提供国家秘密或者情报的，处五年以上十年以下有期徒刑；情节特别严重的，处十年以上有期徒刑或者无期徒刑；情节较轻的，处五年以下有期徒刑、拘役、管制或者剥夺政治权利。

——《中华人民共和国刑法》

Article 111　A person who steals, spies on, buys or illegally provides state secrets or intelligence for an agency, organization or individual outside the country shall be sentenced to fixed-term imprisonment of not less than five years and not more than ten years; if the circumstance is especially serious, to fixed-term imprisonment of not less than ten years or life imprisonment and; if the circumstance is minor, to fixed-term imprisonment of not more than five years, criminal detention, public surveillance or deprivation of political rights.

例110：

第三百九十三条 单位为谋取不正当利益而行贿，或者违反国家规定，给予国家工作人员以回扣、手续费，情节严重的，对单位判处罚金，并对其直接负责的主管人员和其他直接责任人员，处五年以下有期徒刑或者拘役。因行贿取得的违法所得归个人所有的，依照本法第三百八十九条、第三百九十条的规定定罪处罚。　　——《中华人民共和国刑法》

Article 393　If a unit, with a view of unjust benefit, offers a bribe or offers, in violation of the state's regulations, commissions or service charges to a public servant of the state, and if the circumstance is serious, the unit shall be sentenced to a fine and concurrently, the person-in-charge directly responsible and other persons directly responsible of it shall be sentenced to fixed-term imprisonment of not more than five years or criminal detention. If illegal gains are obtained by bribing and such gains are taken possession of by a person, the said person shall be convicted of a crime and sentenced in accordance with the provisions of Article 389 or 390 of this Law.

（三）"给予/予以……（警告/处分）"

动词"给予/予以"在我国法律责任条款中具有消极语义，立法者常用动词"给予+具体措施"来表达对违反法律规定行为人的惩罚。其常见的搭配有"给予/予以警告""给予/予以处分"。"给予/予以"译法有"give""impose""be subject to"，后接宾语warning（警告）或是sanction（处分）。请看以下例子：

1. "给予警告"

例111：

第二十四条　……逾期未改正的，给予警告，并可以视情节轻重处二百元以上二千元以下罚款。　　——《江苏省公共场所治安管理条例》

Article 24　...where he fails to make the rectifications within the prescribed time limit, a warning shall be given, and a fine not less than 200 yuan but not more than 2, 000 yuan shall concurrently be imposed on him according to the seriousness of the case.

例112：

第五十六条　拒绝接受依法进行的产品质量监督检查的，给予警告，责令改正；拒不改正的，责令停业整顿；情节特别严重的，吊销营业执照。　　　　　　　　　　　　　——《中华人民共和国产品质量法》

Article 56　Anyone who refuses to accept product quality supervisory inspection imposed according to law is given a warning and ordered to make rectifications; is ordered to suspend operation for rectification if he refuses to make rectifications; and is revoked his business license if the circumstance is extremely serious.

例113：

第三十二条　非银行金融机构违反本规定者，外汇管理部门有权视其情节给予警告、罚款、停业整顿直至吊销《经营外汇业务许可证》的处罚。　　　　　　　　　——《非银行金融机构外汇的管理办法》

Article 32　In violation of the present provisions by non-bank financial institutions, foreign exchange control departments shall have the right to impose warning, penalties, suspension of business for consolidation and even to revoke foreign exchange business license.

例114：

第六条　各级人民政府统计机构、有关部门及其工作人员在实施统计调查活动中，有下列行为之一的，对有关责任人员，给予警告、记过或者记大过处分；情节较重的，给予降级处分；情节严重的，给予撤职处分……　　　　　　　——《统计违法违纪行为处分规定》

Article 6　Where the statistical institution or a relevant department of a people's government at any level and the staff members there of commit any of the following acts in a statistical survey, the relevant liable persons shall be subject to warning or recording a demerit or a serious demerit; demotion if the circumstances are relatively serious; or removal from office if the circumstances are serious...

2. "给予处分"

例115：

第四十三条　城市规划行政主管部门工作人员玩忽职守、滥用职权、徇私舞弊的，由其所在单位或者上级主管机关给予行政处分；构成犯罪的，依法追究刑事责任。

——《中华人民共和国城市规划法》

Article 43　Any member of a competent department of city planning administration who neglects his duty, abuses his power or engages in malpractices for personal gains shall be given administrative sanction by the unit to which he belongs or by the competent higher authorities; if his act constitutes a crime, he shall be investigated for criminal responsibility according to law.

例116：

第二十八条　国家工作人员在计量监督管理过程中利用职权收受贿赂、徇私舞弊、玩忽职守的，由有关部门给予行政处分；触犯刑律的由司法机关依法追究刑事责任。

——《浙江省贸易结算计量监督管理办法》

Article 28　Where any government functionary neglects his duties, engages in malpractice for personal gains, or abuses his powers in the supervision and administration of metrology, the competent authority shall impose sanction within its administrative authority; if the behavior constitutes a crime, it shall be investigated for criminal liability according to law.

例117：

第五十条　国家工作人员违法失职，损害残疾人的合法权益的，由其所在单位或者上级机关责令改正或者给予行政处分。

——《中华人民共和国残疾人保障法》（1990年版）

Article 50　Where government functionaries neglect their duties, in violation of the law, and infringe upon the lawful rights and interests of disabled persons, the units to which they belong or their higher authorities shall instruct such persons to rectify their wrong doings or subject them to administrative sanctions.

第六节　附则部分句式的翻译

法的附则是作为法的总则和分则的辅助性内容而存在的法的条文的总称。（黄文艺、杨亚非，2002：110）一个规范性的法律文件应当包括总则、分则和附则三个部分，三者各有分工，又相辅相成，共同构成了法律法规的总体框架。总则所规定是法律法规的立法目的、立法依据、基本原则、适用范围以及主管机关等的法律实质性问题；分则所阐释的是调整对象的权利、义务和程序等规范性的内容；附则则回答法律法规实施过程中的如生效日期、法律的废止、授权性规定等操作层面的内容并对总则和分则中未阐释清楚的内容进行补充。同主文一样，法律的附则也具有同等的、明显的法律效力（徐向华、孙潮，1993：53），主要起到的是辅助以及补充功能。

附则是一份规范性法律文件所不可或缺的内容，因而我国大部分法律法规都单设附则一章以保证法律的完整性和严密性。当然也有部分法律法规未单设附则一章，但在它们文本末尾都会以非明示的方式涉及附则条款的相关内容。如《中华人民共和国民事诉讼法》就未设有附则章节，所以其二百八十四条也是最后一条"本法自公布之日起施行，《中华人民共和国民事诉讼法（试行）》同时废止"就包含了附则条款中的法律施行和相关法律的废止。

我国现行法律法规的附则涵盖内容广泛，归纳起来主要包括这些方面：法律法规的施行时期、原相关法律法规的废止或保留、法律法规的期限和时效、法律法规适用对象、范围以及法律冲突的处理、法律用语的界定、执行机构或机关、授权性条款、费用规定、过渡性条款、溯及力以及法律责任。这其中法的施行、原法的废止、法律冲突的处理等有关条款在各法律法规中出现的频率最高，相关的句子包括"自……起施行""……同时废止""……另行规定/制定""以……为准"。

（一）"自……起施行"

"自……起施行"表示法律规章自公布后从某一天发生效力。"自……起"在法律英语中有其固定的用法"as of"，此时as of相当于as from或是starting from。"施行"有多种译法，包括"come into effect""enter into force""take effect"还有"be effective"，其中更为正式的用法是前两种。例如：

1. 译为"...enter into force as of..."

例118：

第四十五条　本条例自1996年10月1日起施行。　　——《城市道路管理条例》

Article 45　These Regulations shall enter into force as of October 1, 1996.

例119：

第四十五条　本法自1995年7月1日起施行。　　——《中华人民共和国法官法》

Article 45　This law shall enter into force as of July 1, 1995.

例120：

第四十八条　本法自1998年3月1日起施行。——《中华人民共和国防震减灾法》

Article 48　This Law shall enter into effect as of March 1, 1998.

例121：

第四十三条　本办法自2007年1月1日起施行。　——《江苏省财政监督办法》

Article 43　These measures shall enter into force as of January 1, 2007.

例122：

第三十四条　本办法自公布之日起施行。　——《江苏省合同监督管理办法》

Article 34　These Measures shall enter into effect as of the date of promulgation.

2. 译为"...come into effect as of..."

例123：

第七十四条　本法自1993年9月1日起施行。　　——《中华人民共和国测绘法》

Article 74　This Law shall come into effect as of September 1, 1993.

例124：

第六十六条　本法自2000年9月1日起施行。

——《中华人民共和国大气污染防治法》

Article 66　This Law shall come into effect as of September 1, 2000.

例125：

第四十八条　本法自1983年3月1日施行。

——《中华人民共和国海洋环境保护法》

Article 48　This Law shall come into effect as of March 1, 1983.

例126：

第七十五条　本法自1990年10月1日起施行。

——《中华人民共和国行政诉讼法》

Article 75　This Law shall come into effect as of October 1, 1990.

例127：

第一百零五条　本法自2000年7月1日起施行。

——《中华人民共和国会计法》

Article 105　This Law shall come into effect as of the date of July 1, 2000.

（二）"……同时废止"

当制定新的法律文件代替相同内容的原有法律文件，新的法律文件要在其附则中载明对原法律文件的效力的终止，相关的固定句型通常是"……同时废止"。"同时"可以译为副词simultaneously或是as of the same date，"废止"的译法包括annul, abolish, repeal, abrogate, nullify等等。例如：

例128：

第三十五条　1951年6月月公布的《保守国家机密暂行条例》同时废止。

——《中华人民共和国保守国家秘密法》（1989年版）

Article 35　*The Provisional Regulations on Guarding State Secrets* promulgated in June 1951 shall be annulled as of the same date.

例129：

第五十条　1982年6月4日国务院发布的《中华人民共和国进出口动植物检疫条例》同时废止。

——《中华人民共和国进出境动植物检疫法》

Article 50　*The Regulations of the People's Republic of China on the Import and Export Animal and Plant Quarantine* promulgated by the State Council on June 4, 1982 shall be annulled simultaneously.

例130：

第五十四条　1988年11月30日国务院发布的《中华人民共和国审计条例》同时废止。　　　　——《中华人民共和国审计法》

Article 54　*The Audit Regulations of the People's Republic of China* promulgated by the State Council on November 30, 1988 shall be annulled simultaneously.

例131：

第七十条　《中华人民共和国城市规划法》同时废止。

——《中华人民共和国城乡规划法》

Article 70　The *City Planning Law of the People's Republic of China* shall be abolished simultaneously.

例132：

第一百三十六条　……《中华人民共和国企业破产法（试行）》同时废止。

——《中华人民共和国企业破产法》

Article 136　The *Law of the People's Republic of China on Enterprise Bankruptcy* （for Trial Implementation）shall be simultaneously abolished.

例133：

第四百二十八条　……《中华人民共和国经济合同法》、《中华人民共和国涉外经济合同法》、《中华人民共和国技术合同法》同时废止。
　　　　　　　　　　　　——《中华人民共和国经济合同法》

Article 428　...and the *Economic Contract Law of the People's Republic of China*, the *Foreign-related Economic Contract Law of the People's Republic of China*, and the *Technology Contract Law of the People's Republic of China* shall be repealed simultaneously.

例134：
第三十九条　……1982年7月7日国务院发布的《物价管理暂行条例》同时废止。
　　　　　　　　　　　　——《中华人民共和国价格管理条例》

Article 39　... the *Provisional Regulations on Commodity Price Control*, issued 7 July 1982 by the State Council, shall be nullified simultaneously.

例135：
第二百八十四条　……本法自公布之日起施行,《中华人民共和国民事诉讼法（试行）》同时废止。
　　　　　　　　　　　　——《中华人民共和国民事诉讼法》

Article 284　...This Law shall enter into force as of the date of promulgation, and the *Civil Procedure Law of the People's Republic of China* (for Trial Implementation) shall be abrogated simultaneously.

　　（三）"……另行规定/制定"

对不在法律已公布规定范围内的重要内容,附则中要做出说明,表示该重要内容另有规定,固定的表达即"……另有规定/制定",译为"shall be formulated separately"。例如：

例136：
第八十二条　宗教学校教育由国务院另行规定。
　　　　　　　　　　——《中华人民共和国教育法》（2009年版）

Article 82　Regulations on education in religious schools shall be formulated by the State Council separately.

例137：

第二百二十九条　具体实施办法，由国务院另行规定。

——《中华人民共和国公司法》（1993年版）

Article 229　Specific measures for the implementation thereof shall be formulated separately by the State Council.

例138：

第五十一条　个体工商户会计管理的具体办法，由国务院财政部门根据本法的原则另行规定。——《中华人民共和国会计法》

Article 51　The specific measures governing the accounting of individual industrial and commercial business operators shall be formulated separately by the financial department of the State Council in accordance with the principles of this Law.

例139：

第四十四条　对违反交通管理行为处罚的实施办法，由国务院另行制定。

——《中华人民共和国治安管理处罚条例》

Article 44　The enforcement measures for dealing with acts of violating traffic regulations shall be formulated separately by the State Council.

（四）"以……为准"

法律的附则部分还对该法与其他法律法规的冲突适用问题做出了规定，固定的句式为"以……为准"。"以……为准"表示当效力较高的规范性法律文件与效力较低的规范性法律文件相冲突时，应当适用效力较高的规范性法律文件，固定的译法为"shall prevail"。

例140：

第四十六条　现行的有关海洋环境保护的规定，凡与本法抵触的，均以本法为准。——《中华人民共和国海洋环境保护法》（1982年版）

Article 46　Where existing provisions concerning marine environmental protection contradict this Law, this Law shall prevail.

例141：

第四十九条 ……本法施行前制定的其他广告的法律、法规的内容与本法常委会相抵触的，以本法为准。

——《中华人民共和国广告法》（1994年版）

Article 49　Where there is inconsistency between these Regulations and the Regulations of Jiangsu Province for Supervision and Administration over Work Safety issued by the People's Government of Jiangsu Province on August 14, 2001, these Regulations shall prevail.

例142：

第四十二条 本法实施前公布的法律有关行政复议的规定与本法的规定不一致的，以本法的规定为准 。

——《中华人民共和国行政复议法》

Article 42　If the provisions on the administrative review in other laws promulgated before this comes into effect do not conform with the provision in this Law, the provisions in this Law shall prevail.

例143：

第六十五条 ……本条例施行前本省制定的有关工资支付的规定与本条例不一致的，以本条例为准。　　　　——《江苏省工资支付条例》

Article 65　Where there is discrepancy between these Regulations and the regulations on wage payment formulated by this Province before enforcement of these Regulations, these Regulations shall prevail.

第七节　"的"字句的翻译

汉语重意合，英语重形合，这意味着相比于英语更加注重句子结构的完整性以及语言形式的逻辑性，汉语更强调句子内部的关联。在汉语中，只要上下文句义清楚，即可根据情况省去句中成分。在法律法规中，汉语的这种特征主要体现在"的"字句的频繁使用。

"的"字结构是中文立法文本所特有的结构，带有浓厚的汉语民族色彩，其在中文法律文件出现的频率极高，主要目的是使法律行文更加简洁凝练、严谨庄重。在中国的法律法规中，"的"字结构一般有以下几种形式：

主谓结构+"的"，如情节恶劣的、经营者未履行承诺的、当事人协商解决不成的；

动宾结构+"的"，如有下列情形之一的、造成对方人身伤害的、违法违规审批造成严重后果的；

介宾短语+"的"，如对不符合本法规定条件的申请予以批准的、给对方造成损失的，等等。"的"字结构实际上是省略了逻辑主语行为者的句法结构形式，在句中充当主语，具有名词的性质和功能，在翻译成英语时根据情况不同可译为条件句、名词性从句、并列简单句或动名词形式。

一、条件句

法律文本中"的"字结构具有假设功能，其包括并突显了法律中的假定因素，用于特定情境中表示各种假定的情形，所以在大多数情况下，中文法律文本中的"的"结构可以转换成由"如果"引导的假设句，对应到英文里，其多被译为由"if, where, when"等连接词引导的条件句。

（一）译为由if引导的条件句

"的"字结构在中文法律文本中最常见的用法就是表示对可能出现情况的研判和预测，可直接套用"如果……就……"或者"只要……就……"的句型。英文中最常见的表示假设情况的应当是由if引导的条件状语从句，所以"的"字结构也就可以翻译为由if引导的条件句。请看下例：

例144：

第三十六条　由于犯罪行为而使被害人遭受经济损失的，对犯罪分子除依法给予刑事处罚外，并应根据情况判处赔偿经济损失。

——《中华人民共和国刑法》

Article 36　If a victim has suffered financial loss or losses as a result of a crime, the criminal shall, in addition to receiving a criminal punishment according to law, be sentenced to make compensation for the financial loss or losses in the light of the circumstances.

例145：

第六十三条　完全由于不可抗拒的自然灾害，并经及时采取合理措施，仍然不能避免造成大气污染损失的，免于承担责任。

——《中华人民共和国大气污染防治法》（2000年版）

Article 63　If atmospheric pollution loss or losses result directly from uncontrollable natural disasters which cannot be averted even after reasonable measures have been promptly taken, the party concerned shall be exempted from any liability.

（二）译为由where引导的条件句

where作引导词放在句首在法律文本中常常含有条件意味。其与if构成的条件句在不同类型的条件句中占有最高的比例。与if相比，where常常引导更为复杂的条件句，其表达也更客观正式。例如：

例146：

第七十条　债权人分立、合并或者变更住所没有通知债务人，致使履行债务发生困难的，债务人可以中止履行或者将标的物提存。

——《中华人民共和国合同法》

Article 70　Where the obligee fails to notify the obligor of its separation, merger, or change of the domicile, thereby making it difficult for the obligor to perform its obligations, the obligor may suspend its performance or escrow the subject matter.

例147：

第三十条　社会审计机构审计的单位依法属于审计机关审计监督对象的，审计机关按照国务院的规定，有权对该社会审计机构出具的相关审计报告进行核查。——《中华人民共和国审计法》（2006年版）

Article 30 Where a unit has undergone auditing by a public audit firm is subject to supervision through auditing by an audit institution as stipulated by law, the audit institution shall, in accordance with the regulations of the State Council, have the power to check the audit reports produced by the public audit firm.

（三）译为由when引导的条件句

在表示法律法规的适用条件时，由when引导的条件句可以与if和where引导的条件句互换，用以表示一种假设情况。但与二者不同的是，when引导的条件句常常含有较强的时间概念。例如：

例148：

第四十条　格式条款具有本法第五十二条和第五十三条规定情形的，或者提供格式条款一方免除其责任、加重对方责任、排除对方主要权利的，该条款无效。　　　　　　　　　——《中华人民共和国合同法》

Article 40 When standard terms are under the circumstances stipulated in Articles 52 and 53 of this Law, or the party which supplies the standard terms exempts itself from its liabilities, increases the liabilities of the other party, and deprives the material rights of the other party, the terms shall be invalid.

例149：

第三十五条　外国体育代表团入境参加射击竞技体育活动，或者中国体育代表团出境参加射击竞技体育活动，需要携带射击运动枪支入境、出境的，必须经国务院体育行政主管部门批准。

——《中华人民共和国枪支管理法》

Article 35 When there is a need for foreign sports delegations or Chinese sports delegations to carry firearms into or out of the country for attending shooting sports competitions, it shall be subject to the approval of the administrative department of physical culture and sports under the State Council.

二、名词性从句

汉语法律语言中的"的"字结构常用作主语,用以表示一个代表性的概念,指称某一类人或群体。由于其具有名词的性质,在转换成英文时,相应地也需要用一个名词性成分来表达这一概念,所以可以将其译为由whoever引导的主语从句或是由any +noun+ who/that/which引导的定语从句。

(一)译为由whoever引导的主语从句

当被省掉的逻辑主语是人,且表示泛指概念的时候,"的"字结构可以被译成由whoever作引导词的主语从句。例如:

例150:

第五十一条 侵害残疾人的合法权益,造成财产损失或者其他损失、损害的,应当依法赔偿或者承担其他民事责任。

——《中华人民共和国残疾人保障法》(1990年版)

Article 51 Whoever infringes upon the lawful rights and interests of a disabled person and causes property or other losses or damage shall compensate for the losses or damage according to law or bear other civil liabilities.

例151:

第二条 扰乱社会秩序,妨害公共安全,侵犯公民人身权利,侵犯公私财产,依照《中华人民共和国刑法》的规定构成犯罪的,依法追究刑事责任;尚不够刑事处罚,应当给予治安管理处罚的,依照本条例处罚。

——《中华人民共和国治安管理处罚条例》

Article 2 Whoever disturbs social order, endangers public safety, infringes upon a citizen's rights of the person and encroaches upon public or private property, if such acts constitute a crime according to the *Criminal Law of the People's Republic of China*, shall be investigated for criminal liability; if such acts are not serious enough for criminal punishment but should be given administrative penalties for public security, penalties shall be given according to these Regulations.

（二）译为由any+ noun+ who/that/which引导的定语从句

"的"字结构在表示名词性概念时，还可以译为由any+ noun+ who/that/which引导的定语从句。与whoever不同的是，这种情况下译者需要根据语义补出具体主语，使所指代的对象更加明确具体，并缩小该法律适用范围。例如：

例152：

第十条　凡在中华人民共和国领域外犯罪，依照本法应当负刑事责任的，虽然经过外国审判，仍然可以依照本法追究，但是在外国已经受过刑罚处罚的，可以免除或者减轻处罚。　　——《中华人民共和国刑法》

Article 10　Any person who commits a crime outside PRC territory and according to this law bear criminal liability may still be dealt with according to this law even if he has been tried in a foreign country; however, a person who has already received criminal punishment in a foreign country may be exempted from punishment or given a mitigated punishment.

例153：

第一百二十五条　在公共场所、道旁或者通道上挖坑、修缮安装地下设施等，没有设置明显标志和采取安全措施造成他人损害的，施工人应当承担民事责任。　　——《中华人民共和国民法通则》

Article 125　Any constructor who engages in excavation, repairs or installation of underground facilities in a public place, on a roadside or in a passageway without setting up clear signs and adopting safety measures and thereby causes damage to others shall bear civil liability.

三、动名词形式

在中文的法律条文中常常会出现由"有下列行为之一的"或者"有以下情况之一"引导的多个表并列的"的"字结构。"有下列行为之一的"和"有以下情况之一的"可译为由if, where, in case of, in the event of 等连接词引导的条件句；多个并列结构则可处理为几个句式结构相等的动名词形式。

例154：

第四十九条　企业法人有下列情形之一的，除法人承担责任外，对法定代表人可以给予行政处分、罚款，构成犯罪的，依法追究刑事责任：

（一）超出登记机关核准登记的经营范围从事非法经营的；

（二）向登记机关、税务机关隐瞒真实情况、弄虚作假的；

（三）抽逃资金、隐匿财产逃避债务的；

（四）解散、被撤销、被宣告破产后，擅自处理财产的；

（五）变更、终止时不及时申请办理登记和公告，使利害关系人遭受重大损失的；

（六）从事法律禁止的其他活动，损害国家利益或者社会公共利益的。
——《中华人民共和国民法通则》

Article 49　Under any of the following circumstances, an enterprise as legal person shall bear liability, its legal representative may additionally be given administrative sanctions and fined and, if the offence constitutes a crime, criminal liability shall be investigated in accordance with the law:

（1）conducting illegal operations beyond the range approved and registered by the registration authority;

（2）concealing facts from the registration and tax authorities and practising fraud;

（3）secretly withdrawing funds or hiding property to evade repayment of debts;

（4）disposing of property without authorization after the enterprise is dissolved, disbanded or declared bankrupt;

（5）failing to apply for registration and make a public announcement promptly when the enterprise undergoes a change or terminates, thus causing interested persons to suffer heavy loss or losses; or

（6）engaging in other activities prohibited by law, damaging the interests of the state or the public interest.

例155：

第一百一十一条　诉讼参与人或者其他人有下列行为之一的，人民法院可以根据情节轻重予以罚款、拘留；构成犯罪的，依法追究刑事责任：

（一）伪造、毁灭重要证据，妨碍人民法院审理案件的；

（二）以暴力、威胁、贿买方法阻止证人作证或者指使、贿买、胁迫他人作伪证的；

（三）隐藏、转移、变卖、毁损已被查封、扣押的财产，或者已被清点并责令其保管的财产，转移已被冻结的财产的；

（四）对司法工作人员、诉讼参加人、证人、翻译人员、鉴定人、勘验人、协助执行的人，进行侮辱、诽谤、诬陷、殴打或者打击报复的；

（五）以暴力、威胁或者其他方法阻碍司法工作人员执行职务的；

（六）拒不履行人民法院已经发生法律效力的判决、裁定的。　　　　　　——《中华人民共和国民事诉讼法》

Article 111　If a participant or any other person in the proceedings commits any one of the following acts, the people's court shall, according to the seriousness of the act, impose a fine on him or detain him; if the act constitutes a crime, the offender shall be investigated for criminal liability according to law.

（1）forging or destroying important evidence, which would obstruct the trial of a case by the people's court;

（2）using violence, threats or subordination to prevent a witness from giving testimony, or instigating, suborning, or coercing others to commit perjury;

(3) concealing, transferring, selling or destroying property that has been sealed up or distrained, or property of which an inventory has been made and which has been put under his care according to court instruction, or transferring the property that has been frozen;

(4) insulting, slandering, incriminating with false charges, assaulting or maliciously retaliating against judicial officers or personnel, participants in the proceedings, witnesses, interpreters, evaluation experts, inspectors, or personnel assisting in execution;

(5) using violence, threats or other means to hinder judicial officers or personnel from performing their duties; or

(6) refusing to carry out legally effective judgments or orders of the people's court.

第七章 法律法规中语篇的翻译

　　语言学理论经过多年的发展,"其研究重心不断向更大的层次扩展,从语音学、音系学、句法学、语义学和语用学到现在的话语分析、会话分析、篇章语言学、体裁分析,再到语言学和其他许多学科相结合而形成的许多语言学边缘学科"(张新红,2001:194)。换言之,语言学研究经历了一个从微观到宏观的发展历程,这当然也符合人们对事物认知的基本规律,人们看待事物和规律的眼光、视野总是要经历一个由小到大、由近及远、由形式向内容、由表层向深层不断拓宽和深入的过程。语篇语言学的发展,打破了传统以句子为最大分析单位的研究模式,为语言学研究提供了新的研究思路。翻译研究无法脱离语言而谈,总是要依附于语言所创造的文本,翻译单位是翻译研究中一个很有意义的话题。从微观上看,翻译活动只是两种语言之间的转换,翻译研究和讨论也不可能离开语言层面,自然而然,与语言学的发展同步,对翻译研究单位的讨论也经历了一个从微观至宏观的变化——即从最初的小句,到语段、句群,到自然段,到语篇层次,再到修辞结构这样一个长足的发展过程。然而,考察当下对法律翻译的研究,更多的论文和著作停留于法律专业术语、法律词汇对等翻译的研究,"就法律语篇的翻译而言,目前还未发现有学者对其翻译单位有所涉及"(姜琳琳、袁莉莉,2008:240)。"目前国内的法律翻译研究大部分停留在词句层面,很少谈及语篇。"(熊德米,2011a:240)回顾翻译学的发展历程可以发现,语言学的一套理论、概念、术语、方法和模式其本源是为研究语言现象所创造,并不能完全解决翻译所面临的独特问题,Snell-Hornby

(1988：35）提出，翻译主要关注的是植根于特定社会文化背景之中的文本的理解和重构。文本是一套语言符号组成的系统，并不是词汇、语法、意义之间简单的相加、组合，翻译必然要考虑文本的整体性，需要从语篇的角度出发，从文本的整体结构考虑无疑也是从总体上概观法律文本的翻译，以解决超越了词汇、句子等更高层级所面临的复杂问题。

第一节 文本类型与法律文本类型

文本是语言的载体，文本也是区别风格和功能的重要基础。文本具有交际的功能，对文本的分类是认识文本的基础，不同文本类型不仅仅意味着它有不同的词汇特征、句法组成、写作风格和规范、修辞方法，也更意味着有不同的交际功能。

一、文本类型

"文本"或"语篇"在英语里有text和discourse两种说法，不妨先探讨一下两个词汇的意义。*The Macquarie Dictionary*对text的解释为：

> 1. the main body of matter in a book or manuscript, as distinguished from notes, appendixes, etc.
> 2. the original words of an author as distinct from a translation, paraphrase, commentary, or the like.
> 3. the actual wording of anything written or printed.
> 4. any of the various forms in which a writing exists.
> 5. the wording adopted by an editor as representing the original words of an author.
> 6. any theme or topic.
> 7. the words of a song or the like.
> 8. a textbook.

9. a short passage of Scripture, esp. one chosen in proof of a doctrine, as the subject of sermon, etc..

*The Macquarie Dictionary*对discourse的解释为：

1. communication of thought by words; talk; conversation.
2. a formal discussion of a subject in speech or writing, as a dissertation, treatise, sermon, etc.
3. to communicate thoughts orally; talk; converse.
4. to treat of a subject formally in speech or writing.
5. to utter or give forth（musical sounds）.

*The New International Webster's Dictionary*对text的解释为：

1. the actual or original words of an author; the body of matter on a written or printed page, as distinguished from notes, commentary, illustrations, etc.
2. a written or printed version of the matter of author's works: the folio of Shakespeare.
3. any one of various recensions that are taken to represent the authentic words, or portion of the words, of the original Scriptures.
4. a verse of Scripture, particularly when cited as the basis of a discourse or sermons.
5. any subject of discourse; a topic; theme.
6. one of several styles of letters or types.
7. a textbook.

*The New International Webster's Dictionary*对discourse的解释为：

1. Connected communication of thought sequence; continuous expression or exchange of ideas.

2. Familiar conversation; talk.

3. Formal expression of thought, oral or written; a long treatise or dissertation; a sermon.

4. An act, the exercise, or the power of analytical and consecutive thought; ratiocination.

从词典对这两个词的解释可以看出，text 和discourse的意义包含广泛的内容，均有书面和口头文本的含义，本质特征都是连续性的表达、思想和交际，其区别性并不大，这也导致后来的学者对文本、话语、语篇等概念的区分也不是很明显。"文本是人类经验最常见的对象之一。"（Jorge J.E. Gracia，1995：i）文本是语言的载体，人类的表达、理解和交流都需要借助于文本，文本的背后隐含的是一种交际行为。"人类如果要借助于书写的材料来认识世界，最重要的就是要认识文本。"（李广德，2016：90）文本类型是经过长期使用而规约化、模式化的语言产品，每一种文本类型都表达特定语用者的语用意图或特定文本的主要功能。不同的学者对此都有过区分，有的认为text仅指书面语言，并不包括口头语言，有的学者认为discourse仅指口头语言，还有的学者认为text既指书面语言，也指口头语言。"对文本进行分类的目的主要是为了便于更好地生产和识别各种文本及其交际目的。"（张新红，2001：195）在本书中，对"文本类型"的讨论仅限于书面语的含义。

无论是语言学派还是翻译学派，对文本的研究各有其分类方法，最初大抵是从文本的体裁、主体或话题出发，如将文本分为圣经类和非圣经类、文学类和非文学类、艺术作品和世俗作品等，后来，随着社会学、语用学和功能语法的出现，人们主要依据功能对文本做出分类。"文本类型是确定文本的总体意图或功能的决定性因素，对特定文本类型的特点的正确把握能够有助于译者正确把握原作的总体意图和功能，文本类型研究在翻译标准和翻译策略的选择与确定中也起着重要甚至决定作用。"（李克兴、张新红，2006：3）文本类型与翻译有着十分密切的联系，不同文本类型样板要求不同的翻译方法与之相适应。Snell-hornby（1988：31）则认为"大多数文本并不仅仅具有单一功能性，而是多种功能的混合体",Snell-hornby(1988:32)根据格式塔心理学的"翻译研究的综合途径"提出了一个综合性的文本分类方法,并确定了各自的翻译标准的模式,见下图:

A. 文学翻译	一般语言翻译	特殊用途语言翻译
B. 圣经、戏剧、电影、抒情诗 现代文学、古典作品、1900 年前的文学、儿童文学、消遣小说	报纸及大众信息类文本	法律语言、经济语言、医学、科技语言
C. 文化历史、文学研究	社会文化和地域研究	特定学科知识
D. (ⅰ)对语言规范的创造性使用 (ⅱ)对语言层面的创造 (ⅲ)视角转换	阐释范围逐渐缩小 区分度 翻译的交际功能	概念相同 对等标准的相关度不变 信息功能
E. 历史语言学 方言学 可说性	篇章语言学 对比语法和 对比语义学 社会语言学 语用语言学 心理语言学 语音、节奏	LSP句法、术语、写作规范 音系效果

图7.1　文本类型与翻译标准示意图

这幅图的分类方法较为完整、详细地概括了文本类型和翻译标准,将为翻译目的服务的文本类型,从宏观到微观、从高到低划分为三大领域、五个层次。A层次是文学、一般作品和特殊用途语言翻译三个领域;B层次是文学文本、一般语言作品、特殊用途语言文本三大类文本的原型;C层次是三大类翻译所涉及的非语言专业知识(语言外现实);D层次是制约翻译过程的各个方面和翻译标准;E层次涉及翻译有关的语言学各学科。(Snell-hornby,1988:33-34)这种文本分类和翻译模式是渐变的,具有动态性和针对性,既照顾到文本之间的共性和差异性,也考虑到各文本功能与文本类型的不完全对应性,并结合了各文本类型的特点确定了各类文本的翻译标准,具有较强的科学性和概括力(张新红,2001:196)。

二、法律文本类型

当我们提到"法律文本"的时候，不少人都会直接联想到法律条款，尤其是谈到法律文本的翻译时，很多人的直观感觉就是将一条一条的法律条款翻译起来非常地枯燥、烦琐。然而，这种对法律文本的理解无疑缩小了"文本"这个词所具有的内涵，法律文本与法条在概念的指称和功能上都存在着不同，法条不过是法律文本或者说是规范性文本中的一个细小的单位、层次，法律文本则是对规范性文本这个集合性概念的总称。"法律文本的概念被用来描述一套具有特殊语法规则和结构的符号体系。"（李广德，2016：89）尽管如此，我们还是能够从一般人的理解中看出，法律文本具有其独特的特性，和其他文本有明显的区别，法律文本之所以能够成为"法律文本"，"主要是由具有区别性特征的法律语言构成的。法律是由国家制定或认可并由国家强制力保障实施的、用于规范和约束全社会的最高行为准则，具有无上的权威性和规定性，因此其使用的语言表述（即法律语言）和由此组成的篇章（即法律文本）也主要是为实现这一规定性目的或意图服务"（张新红，2001：196）。

1964年，Halliday，McIntosh & Strevens在合著的《语言科学与语言教学》（*The Linguistic Sciences and Language Teaching*）一书中提出了ESP的概念："English for civil servants; for policemen; for official of the law; for dispensers and nurses; for specialists in agriculture; for engineers and fitters"。他们首次系统地阐述了根据学习者的具体要求决定教学内容和方法的原则："Every one of the specialized needs requires, before it can be met by appropriate teaching materials, detailed studies of restricted languages and special registers carried out on the basis of large samples of the language used by the particular persons concerned. It is perfectly possible to find out just what English is used in the operation of power stations in India, once this has been observed, recorded and analyzed, a teaching course to impart such language behavior can at last be devised with confidence and certainty."（Halliday et al., 1964：190）

近些年，专门用途英语逐渐引起学界的关注和重视，相关研究也越来越多。"专门用途英语就是语言的一种功能变体,是专门供特定的社会文化群体所使用的言语范围,属于语言变体中因交际目的和内容不同而产生的一种变体。"(方梦之,1999:167)"专门用途英语就是现代英语的一种功能变体。"(陈莉萍,2001:29)换言之,专门用途英语就是从普通英语中转化而来,成为面向特定领域、特定专业,在一定的场域和范围内为专业人士所使用的语言。法律文本主要是由具有区别性特征的法律语言构成,学界一般都赞同把法律文本划分到特殊用途语言"Language for Special Purpose,简称LSP"这一大类中。当然,也有人把这类文本称为专业语篇"professional discourse"。

对法律文本类型的研究方兴未艾,语言学界和翻译界分别从不同的角度出发,将法律语言和法律文本的分类研究逐步地细致化,可谓百家争鸣、百花齐放。

Bhatia根据法律英语的交际功能,把法律文本分为三类:立法写作(legislative writing),包括制定法、议会法、法典等;学术写作(academic writing),包括研究期刊、法律教科书等;司法写作(juridical writing),含法庭判决、案例汇编等。(Bhatia,1993:2)

Maley基于话语分析的视角,将法律英语文本的法律话语分为四类:司法话语(judicial discourse)、法庭话语(courtroom discourse)、法律文件语言(the language of legal documents)、法律咨询话语(the discourse of legal consultation)。这种分法更是体现出了系统功能语言学的语域特征。(Maley,1994:3)

Trosborg将法律文本分为"法律语言"(the language of the law)和"法律有关的语言"(legal language)两类,前者指的是具有法律约束力的,特别适用于规范性法律文件中的语言,如用于制定法、普通法的语言,具有权威性特点。后者指的是一切法律话语语篇形式,可以部分地将前者涵盖在内。(Trosborg,1995:32)

Gemar(1995)把法律语言分成了六个次类:立法言语、法官言语、行政言语、商业用语、司法用语和法学学术用语(转引自Šarčević,1997:9)。他还把法律文本划分成三类，第一类包括法律、法规、判决书和国际条约；第二类包括合同、行政类和商业类表格、遗嘱等；第三类为法学学术类。（转引自 Šarčević，1997：17）

张新红（2001：197）根据不同的功能，将法律文本划分为两类：（1）主要功能是规定性的法律文本；（2）主要功能是规定性的，但也有描写性成分。第（1）类包括法律法规、法典和合同等，它们的主要功能是规范人的行为、规定社会成员的责任和义务、规定他们该做什么不该做什么。第（2）类法律文本是一种混合体，包括用于执行司法和行政程序的司法决议、申诉书、案情摘要、答辩状、请求书、判决书等。

李克兴，张新红（2006：18-19）认为，在法律翻译实践中，常把法律文本分为五类：（1）宪法、法律、法令、公约（双边或多边），通常由专业译者翻译；（2）合同和契约；（3）诉讼文书：传票、诉状、案件报告、证词、判决书；（4）公司章程、规则和规章；（5）出生证明、死亡证明、结婚证、离婚证、证书、公证。

董晓波（2011：2-3）认为，法律翻译实践当中通常把法律文本分为八类：（1）法律法规类，如宪法、法律、法令、国际公约；（2）商业协议类，如国际贸易合同，贷款合同，租约等；（3）仲裁诉讼文书类，如起诉状（Complaint）、判决书（Civil Judgment）、仲裁协定（Arbitral Agreement）等；（4）经济组织内部法律文件类，如公司章程（Articles of Association）、董事会会议记录（Minutes of the Meeting of Directors）、股东声明（Shareholder Representation Letter）等；（5）财经法律文书类，如招标书（Invitation for Bids）、汇票通知书（Advice of Draft Issued）、信用证（L/C）、海运保险单（Marine Cargo Transportation Insurance Policy）等；（6）证明类，如赠与公证书（Notarial Certificate of Domain）、合同公证书（Notarial Certificate of Contracts）、证书（Certificate of Qualification）等；（7）律师常用法律文书、如风险代理协议（Contingent Fee Retainer）、授权委托书（Power of Attonery）等；（8）法学文献学、如法学论文等。

孙世权（2014：111）认为，法律文本可分为规范性法律文本（prescriptive legal texts）、描述性法律文本（descriptive legal texts）和混合性法律文本（hybrid texts），规范性法律文本包括法律、法规、法典、条约、公约等指导人们行为的规范性法律文件，描述性法律文本指的是法学家的著作、法律论文等，混合性文本兼具规范性和描述性两种特征，如司法判决、诉状、案件摘要等。

纵观学者们的分类特点，有些分类较为概括，有些分类较为详细，大同小异，皆有其共同的核心，因为从不同的角度、立场、观点出发，分类的标准不一样，当然可以得到有关法律文本的不同分类，比如，体裁、功能、语域等因素都可以成为分类考虑的基础，以上的分类各有其道理，并无高下之分，更突显出学界对法律文本的认识愈加全面。关于语言的功能，目前法学界已经不再接受语言学界的三分法，而是代之以两分法（张法连，2017：162）。苏珊·沙切维奇（1997：11）认为，语言的主要功能可以借用法律用语表述为"规范功能"（regulatory）和"提供信息功能"（information），即前者是"规定性的"，后者是"描写性的"。一般而言，法律文本根据其功能可分为以下三类：

（1）以规范性功能为主的文本；

（2）以描述性功能为主，但同时又有规范性功能的文本；

（3）只有描述性功能的文本。

以规范性功能为主的文本包括法律法规、法典、合同、条约和公约。这些文本属于调节型法律文本，包括行为规则或规范。第二类法律文本由混合文本构成，这些文本主要以描述性功能为主，但是也有一部分属于规范性功能，包括司法裁决和用于执行司法、行政程序的文书，如诉讼行为、起诉状、案件摘要、上诉状、诉讼请求、申诉状等。第三类法律文本包括由法律学者写成的纯描述性文本，如法律意见、法学教科书、文章等。这类文本属于所谓的法律学术研究或学说，其权威性在不同的法律制度中各不相同。（苏珊·沙切维奇，2017：10）

我们认为，之所以要对法律文本类型进行研究，一方面，法律文本的特殊性决定，需要从法律文本的本体出发，既需要从宏观上对法律文本的本质属性及其功能有着更为深刻的认识，也需要从微观上对法律文本的组成结构深入研究，从而丰富文本类型和功能研究的成果；另一方面，文本类型的差异影响到翻译原则和翻译策略的选择，尽管法律文本有其文本共性的一面。但是，法律文本更突显其特殊性，鲜明的区别性，不同类型的文本在格式、语言表达、篇章的构成上并不完全相同，这些区别性的差异也决定了翻译活动要在弄清原文本特点的基础上才可进行。

第二节 法律法规语篇的特征与功能

1952年，美国结构主义语言学家Zellig Harris写了一篇题为《话语分析》（"Discourse Analysis: A sample text"）的文章，刊登在《语言》（*Language*）杂志上，语篇分析或话语分析的兴起也就是从Harris提出的discourse analysis这一术语算起，语篇研究在20世纪六七十年代迅速发展起来，语篇分析、话语分析、语篇语言学、篇章语言学这些概念几乎是可以互换的。

一、法律语言与法律语篇

语篇是超乎词汇、句子层面的结构，法律语篇是由完全符合法律语境和法律规范的专业术语、句法构成。"语篇指超过一句话或超过一个句子的口语或书面语言的连续体，是话段或句子构成的语言整体。"（杜金榜，2004：137）"语篇通常指一系列连续的话段或句子构成的语言整体，它是一种不完全受句子语法约束的、但必须语义连贯（包括与外部语义、语用上的连贯以及语篇内部在语言上的连贯）并在一定语境下表示完整语义的自然语言。"（韩健，2013：6）"语篇（discourse）乃是由句子组成的最大的交际单位，是交流过程中的一系列连续的语段或句子所构成的语言整体，其中各成分之间在形式上是衔接（cohesion）的，在语义是连贯（coherence）的。从功能上来说，语篇乃是一种交际行为。"（王建，2013：68）学术界对语篇的认识具有共性的一面，对语篇的认识终究要上升至功能的层面，将语篇看作是一种交际的行为。

自20世纪80年代以来，法律语言研究不再局限于语言句法系统本身的词、句研究的藩篱，而是迈入了话语（语篇）分析的广阔空间。（廖美珍，2003：5）法律语言能够组成篇章，但是，法律语言自身无所谓篇章。法律语言与法律语篇的关系就有如建筑材料和建筑物的关系，法律语篇是由法律语言组成的，法律语言是法律语篇的血肉，法律语篇是法律语言的重要形式，立法语言材料可以从词汇层、语句层和语篇层考虑。法律语篇既有口头的语篇，也有书面的语篇，语篇可大可小，几乎可以涵盖法律活动中从寥寥数语到长篇文本的所有话段。

二、法律语篇的结构特征

语篇不是形式上的语言单位，而是意义上的结构，没有大小、长短之分，语篇表达的是一个整体的意义，具有明显的语篇特征（texture），其主体意义相对完整，一脉相承，结构井然有序，功能相对独立，依赖于语境能完成一种可辨识的交际功能。任何语篇必须满足Beaugrande & Dressler（1981）提出的语篇和非语篇的七项标准：衔接（cohesion）、连贯（coherence）、意图性（intentionality）、可接受性（acceptability）、信息性（informativeness）、情景性（situationality）和互文性（intertextuality）。（唐青叶，2009：2）法律语篇与文学语篇不同，更突显其应用性、规定性的一面，更多地体现在其程式化、逻辑性的一面。

（一）程式化

法律语篇具有程式化的特点。作为国家机器的一种工具，法律是一个国家立法制度及其程序运作的产物，具有国家性。法律语篇必须运用规范的法律语言，要极大地追求表意上的准确、简明、严谨和直接；法律语篇所表达的是法律主体的外部行为，必须受到各种社会活动的制约；法律语篇是一种至高无上的权威性文本，不仅使人深感敬畏，而且还要在司法实践中得以完全贯彻。

为了准确传递法律意图、信息内容,以达到法律使用者的正确理解和司法中贯彻的目的,法律语篇文本都要按照比较固定的语篇文本模式、文本结构进行构建。尽管不同于其他文本类型,但作为表达法律相关信息的文本类型,就要通过固定的程式化结构来表达法律规范的严肃性、内容的合理性、行为的规范性和法律效果的权威性。

1. 法律的程式化结构

"尽管各国国内法的风格迥异,不同司法管辖区立法文本的形式要素及其排列却惊人地相似。一般而言,立法文本(成文法、法案和法典)包括起始条款、主要条款和最终条款。"(苏珊·沙切维奇,2017:100)换言之,立法文本的篇章模式一般分为总则(general provisions)、分则(specific provisions)和附则(supplementary provisions)三部分。"总则"一般位于一部法律的第一部分,概括介绍该法律的立法目的、立法原则、立法依据、法的原则、法的制定与颁布、法的效力、法的适用以及法的解释。一般具体包括标题、序言、简称、适用条款等内容。"分则"是整部法律的主体部分,是总则内容的具体化讲述。分则一般包括两部分的内容:实质性条款(substance provisions)和管理性条款(administrative provisions)(Šarčević,1997:127)。实质性条款一般对有关法律主体的权利、义务、行为、事件及后果做出规定。管理性条款则适用于对法律机关的规范。"附则"涵盖对总则和分则的补充性内容,主要包括:违反与惩罚、制定实施细则的授权、保留、废止、修订、暂时使用条例、施行条款、附录等。

从语篇结构这个层次上看,法律语篇最突出的特点是它的高度程式化,即法律语篇注重前后层次、埋伏照应、结构严谨、简详得当并具有严格特殊的程式。(潘庆云,1997:6)为了说明普通法和大陆法法律结构的异同,苏珊·沙切维奇列举了加拿大和瑞士联邦法律的主要要素(苏珊·沙切维奇,2017:100):

加拿大法律	瑞士法律
起始条款 —长标题 —序言（可选） —短标题 —制定条款 —适用条款 —解释条款	—标题 —短标题 —制定条款 起始条款 —目的条款 —适用条款 —解释条款
主要条款 —实质性条款 —行政性条款 补充条款 —罪行与刑罚 —制定附属法律、赔偿条款等 最终条款 —救助 —撤销、相应修正 —过渡性条款 —生效条款 —附表（附件）	主要条款 —实质性条款 —行政性条款 —罪行、刑罚、救济 —特殊措施 —刑事诉讼措施 —开支与费用 最终条款 —执行条款 —撤销、相应修正 —过渡性条款 —公投条款 —生效条款 —附表（附件）

我国的立法文本有宪法、法律、行政法规、国际条约、特别行政区法、地方性法规、经济特区法规、司法解释等八个类别。（张法连，2016：93）为了更加准确地传达法律法规的具体内容，立法者通常采用比较固定的篇章模式来承载立法内容，中国的立法文本内容一般按照如下格式安排：

中国法律
—标题 制定、公布、实施信息和序言 —总则 立法意图、适用范围、立法原则 —分则 —适用与备案 —附则

中国和英美法系国家的立法文本的主体部分通常是按照各部法律所涉及的内容以及其内在的法律关系以条款的方式列举出来的。《中华人民共和国立法法》第六十一条规定，法律根据内容需要，可以分编、章、节、条、款、项、目。编、章、节、条的序号用中文数字依次表述，款不编序号，项的序号用中文数字加括号依次表述，目的序号用阿拉伯数字依次表述。

以《中华人民共和国教师法》为例，其结构主要包括：

中华人民共和国教师法

（1993年10月31日第八届全国人民代表大会常务委员会第四次会议通过；1993年10月31日中华人民共和国主席令第15号公布）

第一章　总则
第二章　权利和义务
第三章　资格和任用
第四章　培养和培训
第五章　考核
第六章　待遇
第七章　奖励
第八章　法律责任
第九章　附则

再以《中华人民共和国刑法》（2015年版）的内容安排格式为例，其总则主要包含五个章节：第一章涉及刑法的任务、基本原则和适用范围；第二章规定犯罪；第三、四章规定刑罚；而第五章则囊括了其他难以分类的杂项内容（即所谓的其他规定），其分则包含十章内容，具体规定犯罪的类型，最后是附则。

中华人民共和国刑法

（1979年7月1日第五届全国人民代表大会第二次会议通过，1997年3月14日第八届全国人民代表大会第五次会议修订。根据1999年12月25日中华人民共和国刑法修正案，2001年8月31日中华人民共和国刑法修正案（二），2001年12月29日中华人民共和国刑法修正案（三），2002年12月28日中华人民共和国刑法修正案（四），2005年2月28日中华人民共和国刑法修正案（五），2006年6月29日中华人民共和国刑法修正案（六），2009年2月28日中华人民共和国刑法修正案（七）修正，根据2009年8月27日《全国人民代表大会常务委员会关于修改部分法律的决定》修正，根据2011年2月25日中华人民共和国刑法修正案（八）修正，根据2015年8月29日第十二届全国人民代表大会常务委员会第十六次会议通过的刑法修正案（九），2017年11月4日中华人民共和国刑法修正案（十）2020年12月26日中华人民共和国刑法修正案（十一）修正。）

目录

第一编　总则

　第一章　刑法的任务、基本原则和适用范围

　第二章　犯罪

　　第一节　犯罪和刑事责任

　　第二节　犯罪的预备、未遂和中止

　　第三节　共同犯罪

　　第四节　单位犯罪

　第三章　刑罚

　　第一节　刑罚的种类

　　第二节　管制

　　第三节　拘役

　　第四节　有期徒刑、无期徒刑

　　第五节　死刑

　　第六节　罚金

　　第七节　剥夺政治权利

　　第八节　没收财产

第四章　刑罚的具体运用
　第一节　量刑
　第二节　累犯
　第三节　自首和立功
　第四节　数罪并罚
　第五节　缓刑
　第六节　减刑
　第七节　假释
　第八节　时效
第五章　其他规定
第二编　分则
第一章　危害国家安全罪
第二章　危害公共安全罪
第三章　破坏社会主义市场经济秩序罪
　第一节　生产、销售伪劣商品罪
　第二节　走私罪
　第三节　妨害对公司、企业的管理秩序罪
　第四节　破坏金融管理秩序罪
　第五节　金融诈骗罪
　第六节　危害税收征管罪
　第七节　侵犯知识产权罪
　第八节　扰乱市场秩序罪
第四章　侵犯公民人身权利、民主权利罪
第五章　侵犯财产罪
第六章　妨害社会管理秩序罪
　第一节　扰乱公共秩序罪
　第二节　妨害司法罪

第三节　妨害国（边）境管理罪

第四节　妨害文物管理罪

第五节　危害公共卫生罪

第六节　破坏环境资源保护罪

第七节　走私、贩卖、运输、制造毒品罪

第八节　组织、强迫、引诱、容留、介绍卖淫罪

第九节　制作、贩卖、传播淫秽物品罪

第七章　危害国防利益罪

第八章　贪污贿赂罪

第九章　渎职罪

第十章　军人违反职责罪

附则

对比国外的立法结构，不妨以美国宪法为例，其结构安排如下：

美利坚合众国宪法

序言

第一条

　　第一款

　　第二款

　　第三款

　　第四款

　　第五款

　　第六款

　　第七款

　　第八款

　　第九款

　　第十款

第二条
　第一款
　第二款
　第三款
　第四款
第三条
　第一款
　第二款
　第三款
第四条
　第一款
　第二款
　第三款
　第四款
第五条
第六条
第七条

相较而言，美国宪法的总则部分只包括标题和序言，并不包含附则部分，美国的宪法在总体的结构编排上也相对简单，仅有条、款两个层级的内容。

再以《美国刑法》为例，其结构安排如下：

第一篇　绪论
　第一章　刑法性质和犯罪分类
　第二章　美国刑法的渊源和限制
第二篇　犯罪总论
　第三章　犯罪本体要件——刑事责任基础
　第四章　排除合法辩护——责任充分条件

第五章　不完整罪

第六章　共同犯罪

第三篇　具体犯罪

第七章　侵犯人身罪

第八章　侵犯财产罪

第九章　刑法典中的其他犯罪

第十章　经济犯罪

第四篇　刑法及其执行

第十一章　刑法理由和刑法种类

第十二章　刑罚制度

后记

2. 地方性法规的程式化结构

《中华人民共和国立法法》第一章第二条规定：法律、行政法规、地方性法规、自治条例和单行条例的制定、修改和废止，适用本法。地方性法规与法律的结构大致相同，以反映事物的本质或形式作为划分标准，地方性法规的结构可以分为法规的实质结构和法规的形式结构。"地方性法规的实质性结构是指地方性法规内部诸要素所固有的排列和联结方式"（周旺生、张建华，1999：265）。"法规的实质结构包括假定条件、行为模式、法律后果三个要素"（王腊生，2007：60）。"地方性法规的形式结构主要是指地方性法规的外在表现形式"（周旺生、张建华，1999：288），"一部内容较多、环节较复杂的法规，其结构单位的最高层次是章，章下分节，节下分条，条下分款，款下分项。中等篇幅的法规，表常用的是章、条、款三种。就江苏省的地方立法实践而言，除早些年有的立法中采用'节'这一结构单元外，现在基本上都是采用章、节、款三种结构单位"（王腊生，2007：71）。

以《江苏省大气污染防治条例》为例，其结构安排如下：

江苏省大气污染防治条例

（2015年2月1日江苏省第十二届人民代表大会第三次会议通过）

第一章　总则

第二章　监督管理

第三章　信息公开和公众参与

第四章　大气污染防治措施

　第一节　能源消耗大气污染防治

　第二节　工业大气污染防治

　第三节　机动车船以及非道路移动机械大气污染防治

　第四节　扬尘大气污染防治

　第五节　其他大气污染防治

第五章　区域大气污染联合防治

第六章　预警和应急

第七章　法律责任

第八章　附则

3. 法律法规文本的附则

值得一提的是，法律法规的附则部分一般包含各类杂项信息，包括用于申请、登记、信息传递等目的的规定表格；详细再现正文所论及的主要事件和行为的表格等；与某法律或法规的实施相关的一系列废止文件；临时性或过渡性条款等等。（张法连，2016：184）比如，《中华人民共和国刑法》（2015年版）的附则部分就包含了诸多的事项内容：

附则

第四百五十二条【施行日期】本法自1997年10月1日起施行。

列于本法附件一的全国人民代表大会常务委员会制定的条例、补充规定和决定，已纳入本法或者已不适用，自本法施行之日起，予以废止。

列于本法附件二的全国人民代表大会常务委员会制定的补充规定和决定予以保留，其中，有关行政处罚和行政措施的规定继续有效；有关刑事责任的规定已纳入本法，自本法施行之日起，适用本法规定。

附件一

全国人民代表大会常务委员会制定的下列条例、补充规定和决定，已纳入本法或者已不适用，自本法施行之日起，予以废止：

1. 中华人民共和国惩治军人违反职责罪暂行条例
2. 关于严惩严重破坏经济的罪犯的决定
3. 关于严惩严重危害社会治安的犯罪分子的决定
4. 关于惩治走私罪的补充规定
5. 关于惩治贪污罪贿赂罪的补充规定
6. 关于惩治泄露国家秘密犯罪的补充规定
7. 关于惩治捕杀国家重点保护的珍贵、濒危野生动物犯罪的补充规定
8. 关于惩治侮辱中华人民共和国国旗国徽罪的决定
9. 关于惩治盗掘古文化遗址古墓葬犯罪的补充规定
10. 关于惩治劫持航空器犯罪分子的决定
11. 关于惩治假冒注册商标犯罪的补充规定
12. 关于惩治生产、销售伪劣商品犯罪的决定
13. 关于惩治侵犯著作权的犯罪的决定
14. 关于惩治违反公司法的犯罪的决定
15. 关于处理逃跑或者重新犯罪的劳改犯和劳教人员的决定

附件二

全国人民代表大会常务委员会制定的下列补充规定和决定予以保留，其中，有关行政处罚和行政措施的规定继续有效；有关刑事责任的规定已纳入本法，自本法施行之日起，适用本法规定：

1. 关于禁毒的决定
2. 关于惩治走私、制作、贩卖、传播淫秽物品的犯罪分子的决定
3. 关于严惩拐卖、绑架妇女、儿童的犯罪分子的决定
4. 关于严禁卖淫嫖娼的决定
5. 关于惩治偷税、抗税犯罪的补充规定

6. 关于严惩组织、运送他人偷越国（边）境犯罪的补充规定

7. 关于惩治破坏金融秩序犯罪的决定

8. 关于惩治虚开、伪造和非法出售增值税专用发票犯罪的决定

再如，《江苏省大气污染防治条例》（2015年版）的附则内容，主要是在明确一些概念的定义和所指，并规定条例的生效时间：

第八章　附则

第九十八条　本条例中下列用语的含义：

（一）排污单位，是指向大气排放污染物的企业事业单位以及个体工商户。

（二）重点大气污染物，是指国家和省人民政府根据改善大气环境质量的需要，作为约束性指标纳入国民经济和社会发展规划，确定实施排放总量控制和削减的大气污染物，如二氧化硫、氮氧化物等。

（三）高污染燃料，是指原（散）煤、煤矸石、粉煤、煤泥、燃料油（重油和渣油）、各种可燃废物、直接燃用的生物质燃料（树木、秸秆、锯末、稻壳、蔗渣等）以及污染物含量超过国家规定限值的固硫型煤、轻柴油、煤油和人工煤气。

（四）有毒有害大气污染物，是指列入国家有毒有害大气污染物名录的对人体健康和生态环境产生危害和影响的大气污染物。

（五）非道路移动机械，是指用于非道路上的，自驱动或者具有双重功能，或者不能自驱动，但被设计成能够从一个地方移动或者被移动到另一个地方的机械，包括工业钻探设备、工程机械、农业机械、林业机械、渔业机械、材料装卸机械、叉车、雪犁装备、机场地勤设备、空气压缩机、发电机组、水泵等。

（六）重污染天气，是指在不利气象条件下，由于工业废气、机动车尾气、扬尘、大面积秸秆焚烧等污染物排放而发生在较大区域的累积性大气污染。

第九十九条　本条例自2015年3月1日起施行。

总而言之，从纵向来看，依据《中华人民共和国立法法》的规定，我国法律、地方性法规的结构安排大致统一。而从横向中外对比上看，张新红（2000：285）经过对比研究，发现汉英立法语篇的结构模式也大致相同，两类语篇都是由描写性成分过渡到规定性成分、由颁布命令和/或前言过渡到具体条文；其结构层次分明，都是采用从宏观到微观、从总论/总则到条文、从重要条文到次要条文的语篇结构。

4. 程式化结构的优点

（1）目的性

法律法规之所以要保持程式化的结构，有其根本的目标，唯有明确了法律法规的根本目的，对其程式化的结构才能多一些理解和认识。立法机关通过并发布实施的各项法律法规，必须遵照一定的立法方针，根据一定的立法技术，并且采用格式比较固定的语篇模式把立法结果记录下来，其目的在于：

① 更加准确地传达立法者的意图和法律法规的具体内容，以便司法者和执法者在用法的过程中能够正确理解和使用法律；

② 保持法律法规的庄严性及其内容的严谨合理和准确规范，使法律规范的内涵得到最充分的体现；

③ 为所涉及的法律条文、专业术语和概括性词语设定具体的阐释语境，减少曲解或误解法律条文的概括性词语的可能性，瓦解那些想钻法律漏洞者的企图。

④ 符合专业用法者的阅读习惯和阅读期待，在理解和使用法律的过程中尽可能减少犯错误的机会（滕超、孔飞燕，2008：27）。

（2）规范性

法律文件不同于其他文件的形式特征之一，就是都有一定的格式和规范。在文本的形式上规范，有利于提升法律文本的辨识度和权威性。"法律语言谋篇布局的首要方法是遵循规定的或惯例的范式。否则，无论如何巧妙布局，其结果可能是整篇作废，篇中的全部法律无效。"（宋北平，2012：294）程式化的语篇结构是保持法律规范的庄严性及其内容的严谨合理和准确规范的必要手段,能够使法律规范的内涵得到最为充分的体现。规范性一旦形成一定约束力固定下来,也"符合专业用法者的阅读习惯和阅读期待,产生可以识别的并且制约他们的阅读模式的结构和修辞特征"(Sager,1997:30)。

(3)条理性

"法的结构中的规范性内容的非规范性内容,需要经过排列、组合等一系列的科学安排才能成为法。而要把法的内容加以科学安排,就需要借助于诸如序言、标题、括号、附件或附录这一系列要件。"(滕超,孔飞燕2008:27)编、章、节、条的表述方法,条理清晰,显示出法律的严谨性。法律条文制作的目的并不是为取悦受众,有条理性则更方便读者查阅,节省阅读的时间,作为立法文本必须要按照既有的规定,严格遵守立法的格式,从形式上重视法律法规文本的特点。

(4)逻辑性

"法律规则的逻辑性结构是由组成一条完整的法律规则所需要的各要素形成的逻辑联系构成的。"(王云奇,2004:43)语篇结构是立法文本的骨架和脉络,立法语言结构严谨,才能保证立法内容表达凝练,层次清楚。一部法律内容具有很强的逻辑关联性,从而实现表述清晰明确。"如果逻辑性原则贯彻不到位,整个文件就会前后不顺。"(宋北平,2012:289)Halliday(2000:104)认为,语言的三大功能之一就是其逻辑和经验功能。法律语篇的逻辑性主要体现在四个方面,即连贯性、衔接性、递归性和整体性。

① 连贯性

连贯是语篇的无形网络,它是指一段话语或某个语篇的不同部分在意义上的联系。Halliday & Hasan 把衔接与语篇连贯联系起来,认为如果某个语篇具有连贯性,这种连贯性势必通过语言本身得到反映,反映的一个重要途径便是语言的衔接,衔接是连贯必不可少的条件。因此,连贯可以通过语法衔接或词汇衔接等手段来表现语篇不同层次相互联系的语义关系,另外,连贯也可能通过语境和逻辑等手段实现。(谢建平,2008:104)法律法规语篇的连贯性不仅体现在其每一章节的标题上,也体现在其每一条款的字里行间的逻辑关联上。以

《中华人民共和国教师法》(1993年版)为例:

中华人民共和国教师法

(1993年10月31日第八届全国人民代表大会常务委员会第四次会议通过;1993年10月31日中华人民共和国主席令第15号公布)

第一章　总则

第二章　权利和义务

第三章　资格和任用

第四章　培养和培训

第五章　考核

第六章　待遇

第七章　奖励

第八章　法律责任

第九章　附则

《中华人民共和国教师法》每一章的标题之间都体现了一定的连贯性,基于教师这个职业所面临的相关问题,从权利和义务说起,由上岗资格到培训、考核、待遇、奖励以及法律责任涵盖了一系列连贯的工作、职业过程,每一章看似在谈论不同的问题,但是,都是围绕着这一职业而展开,内部关联紧密,各章逻辑衔接错落有致。

② 衔接性

"语篇要表达一系列的事件、事实、行为,各个事件之间存在着某种联系,这些联系要用语言手段表达出来,而表达句子之间联系的手段就叫句际衔接手段。"(史铁强、安利,2012:55)Halliday & Hasan 认为衔接是一种谋篇意义,是长短不一的可以任意组成一个统一整体的语段,具有形式和逻辑——语义的一致性。衔接则是语篇中不同语言成分之间的语义联系。当语篇中一个成分的含义依赖于另一个成分的解释时,便产生衔接关系。Halliday & Hasan 把衔接分为语法衔接(grammatical cohesion)和词汇衔接(lexical cohesion）。语法衔接有四种：照应（reference）、省略（ellipsis）、替代（substitution）和连接（conjunction）；词汇衔接则包括重复（reintegration）和搭配（collocation），词汇重复又包括重复（repetition）、同义（synonym）、类种词（hyponymy）（Halliday Hasan，2001：31-292.）。

  法律法规中每一章、每一节、每一条看似都是孤立的语篇，但是，其衔接性极为紧密，衔接关系不仅体现在法律专业词汇的不断重复，更体现在法律规范所调整的关系彼此之间的内部关联。衔接，也成为"粘连"，是语篇的有形网络，而连贯则是语篇的无形网络，均是以文本为中心理念的体现。（王建，2013：117）比如，《中华人民共和国教师法》总则部分一共有六条：

第一章 总 则
第一条 为了保障教师的合法权益，建设具有良好思想品德修养和业务素质的教师队伍，促进社会主义教育事业的发展，制定本法。
第二条 本法适用于在各级各类学校和其他教育机构中专门从事教育教学工作的教师。
第三条 教师是履行教育教学职责的专业人员，承担教书育人，培养社会主义事业建设者和接班人、提高民族素质的使命。教师应当忠诚于人民的教育事业。
第四条 各级人民政府应当采取措施，加强教师的思想政治教育和业务培训，改善教师的工作条件和生活条件，保障教师的合法权益，提高教师的社会地位。全社会都应当尊重教师。
第五条 国务院教育行政部门主管全国的教师工作。国务院有关部门在各自职权范围内负责有关的教师工作。学校和其他教育机构根据国家规定，自主进行教师管理工作。
第六条 每年九月十日为教师节。

  这六条内容构成了一个完整的语篇，其衔接性在词汇上体现出"本法""教师""教育"等的不断重复,在每一条上呈现出逻辑关联,第一条说明"本法"的制定目的,第二条紧接着说明"本法"的适用范围,第三条则说明"教师"这个称谓的含义。

③递归性

逻辑功能的主要特征就是"递归性",即事物内部的抽象关系表现为或是并列关系,或是从属关系,两者都是可递归的。(胡壮麟,1989:120)在法律文本中,"递归性"主要体现在反复地使用构成句法关系的有限的几种句法规则,不断地进行同功能替换,以构成复杂的短语或句子。无论何种法律法规,都须包含"假定—处分—制裁"三个部分,或者概括为"行为模式—法律后果"这一双重构造,从而使法律规范在表述或结构上呈现出较强的逻辑性,利于司法机关能有效地依据三段论做出判决(王建,2013:69)。比如,《江苏省大气污染防治条例》中第七章法律责任部分:

第七章　法律责任

第七十七条　违反本条例第十二条规定,有下列行为之一的,由环境保护行政主管部门责令停止排污或者限制生产、停产整治,并处十万元以上一百万元以下罚款;情节严重的,报经有批准权的人民政府批准,责令停业、关闭:

(一)无排污许可证排放大气污染物的;

(二)超过排污许可证规定的排放标准或者排放总量控制指标排放大气污染物的。

无排污许可证排放大气污染物,被责令停止排污,拒不执行,尚不构成犯罪的,由环境保护行政主管部门将案件移送公安机关,对其直接负责的主管人员和其他直接责任人员依法予以拘留。

未按照排污许可证规定的其他要求排放大气污染物的,由环境保护行政主管部门责令限期改正,处二万元以上二十万元以下罚款;情节严重的,由环境保护行政主管部门吊销排污许可证。

第七十八条　违反本条例第二十二条规定,有下列行为之一的,由环境保护行政主管部门责令限期改正，处二万元以上二十万元以下罚款；拒不改正的，责令停产整治：

（一）排放工业废气或者有毒有害大气污染物的排污单位未按照规定监测大气污染物排放情况的；

（二）重点排污单位未按照规定安装大气污染物排放自动监测、监控等设备，或者未按照规定与环境保护行政主管部门的监控设备联网，并保证监测设备正常运行的。

违反本条例第二十二条规定，排污单位未按照要求保存或者公开监测数据等信息的，由环境保护行政主管部门责令限期改正，处二万元以上十万元以下罚款。

第七十九条　违反本条例第二十七条第一款规定，新建项目配套建设自备燃煤电站的，由环境保护行政主管部门责令停止违法行为，处五万元以上二十万元以下罚款，并报经有批准权的人民政府批准，责令关闭或者限期拆除。

第八十条　违反本条例第二十八条第二款规定，销售不符合规定标准的散煤或者固硫型煤的，由依法行使监督管理权的部门责令停止销售，没收违法所得，并处货值金额等值以上三倍以下的罚款。

"任何语言的词汇在某一特定阶段总是有限的，但是，由词生成的小句或由小句生成的语篇可以是无穷尽的。因此，寻求一个逻辑严谨、推理清楚、简明易懂、操作性强的操作系统，用有限的结构和规则去生成无穷无尽的合乎规范的语篇，似乎成了语言学界关注的焦点。"（唐青叶，2009：52）法律文本的规范性看似将其文本的功能赋予了一定的限制，使得法律文本具有封闭性的一面。但是，语法结构和规则的生成性又为法律文本创造了一定的开放性。《江苏省大气污染防治条例》中第七章法律责任从第八十条至第一百零五条，共二十六条，均以"……的"假设条件开头，反复使用同样的句法规则，对各种违反条例的现象进行总结归类，从而为司法机关提供判决的详细依据。

④ 整体性

"语篇在本质上是语义单位,只有整体审视才能正确解读语篇含义。"(史铁强,安利,2012:230)立法文本具有高度程式化的篇章结构,每部法律都是一个整体而非各法条的简单罗列。语篇结构受立法文本结构的制约,如提纲挈领,逐条罗列,先概括、后详述,跨段成句,一贯到底。"在篇章结构上,每一部法律法规都是一个严整的体系,而不是法律观念的简单罗列。"(李克兴、张新红,2006:509)通过对连贯性、衔接性和递归性的分析,可以看出法律法规有其整体性的特征,而整体性的特征又具体体现在三个方面,即主题贯通、表述一致、前后照应。法律法规的整体性不仅体现在其立法程序、立法结构的完整性,隔断的、不完整的立法程序产生不了完整的法律法规,而不完整的法律法规也无法在现实中产生实际效力,法律法规的整体性还体现在其所规范的社会范围和内容也应该具有完整性,而这种完整性最终应体现为一种法治体系的建立和完善。

三、法律语篇的功能

(一)语篇文本的功能

源语文本的功能是决定法律翻译策略的主要因素。早期的语言学家将语言功能划分为两大类,即描述功能和表情功能,Jackobson于1960年提出了六种功能,即情感功能(emotive function)、意动功能(conative function)、指述功能(referential function)、诗性功能(poetic function)、寒暄功能(phatic function)和元语言功能(metalingual function)。Hymes于1962年根据言语交际活动的构成要素将语言功能划分为七种:表情功能(expressive function)、指示/劝导功能(directive/ persuasive function)、联系功能(contact function)、语境功能(contextual/ situational function)、指述功能(referential function)、诗性功能(poetic function)和元语言功能(metalingual function)。Nida 于1982年将意动功能又细分为影响听话人情绪的功能(emotive)和影响听话人行为的功能(imperative),他还增加了认知功能(cognitive function)和行事功能(performative function)。(谢建平,2008:210)

德国翻译功能学派早期重要的创建者之一K. Reiss将语篇类型分为信息型（informative）、表情型（expressive）和操作型（operative）三种类型。信息型语篇重在提供信息和事实等（content-focused），它的逻辑性强，主要发挥传递信息的功能，表情型语篇重在语篇的形式和作者的情感表达（form-focused），它的语言具有美学语言的特征，主要发挥表达情感的功能；操作型语篇重在对读者产生影响（appeal-focused），它的语言具有对话的语言特点，主要发挥意动的功能。Reiss指出语篇类型决定具体的翻译方法。Peter Newmark将语篇的类型做了更为具体的划分，有六类：表情型（expressive）、信息型（informative）、呼告型（vocative）、美学型（aesthetic）、寒暄型（phatic）和元语言型（metalingual）（谢建平，2008：210）。

20世纪90年代，语篇分析开始在翻译研究中占据主导地位，其中，最具影响力的话语分析模式当属Halliday的系统功能模式。1985年，Halliday构建了一个较为抽象的、完整的语域理论框架。按照Halliday的观点，某一交际情境与该情境中使用的语言存在着某种关系。言语行为不可能在真空情况下进行，话语的产生和理解必定受到当时的语境因素所影响。语言系统中的意义成分都是功能成分，语言的意义系统都可以说是由三类意义组成的。这三类意义分别是概念意义、人际意义和语篇意义，亦称为语言的三大纯理功能（metal functions），即表述各种过程及其间逻辑关系的概念功能（ideational function），表述语境中对话语人角色关系的人际功能（interpersonal function），生成语篇的语篇功能（textual function）。（谢建平，2008：28）概念功能即关于现实和想象世界的陈述；人际功能即通过称谓、语气、措辞等方式以表现、建立或维持人际关系；语篇功能指使话语上下连贯并于特定情景相适应的功能。

（二）法律语篇的功能

张新红（2001：197）认为"法律文本的主要功能应当是呼吁、规范，提供信息只是它的各种次要功能之一"。法律语篇与普通语篇存在着明显的差异性，而立法语篇与其他法律文本又有着细微的差别，有必要对立法语篇的功能特点进行分析,以更全面地了解其信息传递功能,为法律法规翻译提供指导。我们认为,法律法规的功能主要有三个方面的内涵,即规范功能、施为功能和信息功能。

1. 规范功能

"法律文本具有规定、约束性功能,以规范和指导社会与个人之间、个人与个人之间在政治、经济和文化等领域的活动和行为,其规范功能受到国家强制力的保护,具有强制性。"(张新红,2001:197)立法文本是由国家立法机关正式颁布的各项法律法规,对公民具有普遍约束力。立法文本主要包括各类法律、法规、规章、条例、国际公约、国际条约以及国际惯例等,法律法规的规范性体现在两个方面。一是规范公民的行为准则,调整社会关系。依法治国的前提是有法可依,崇尚宪法和法律在国家政治、经济和社会生活中的权威地位,确立法大于人、法高于权的原则。二是规定判定违法行为的依据。现实生活中,执法、司法不规范、不严格、不透明、不文明现象时有发生,法律法规也要对执法进行规范。

2. 施为功能

法律法规的规范调解作用是通过具有法律效果的言语行为实现的。英国语言学家Austin将句子区分为表述句(constatives)和施为句(performatives),前者仅仅是在陈述一些事实,而后者则在于实施了一些行为。"言语行为理论的基本主张可以归结为一句话:说话就是做事。说话人只要说出了有意义、可为听话人理解的话语(utterance),就可以说他实施了某个言语行为。"(张新红,2000:286)区别表述句和施为句的主要方法就在于句子中是否包含施为动词(performative verbs)。Austin把英语的施为动词分成五大类,并认为前三类都是法律语言行为:

裁决类(verdictives):表达裁决或评价,如法官或裁判的裁决。

施权类(exercitives):表达权力的实施,如to vote, to order, to bequeath, to resign等。

承诺类(commissives):表达承诺或宣布意图,如to promise, to guarantee, to

pledge等。

阐述类（expositives）：用于解释、阐述、论证，如to affirm，to state，to deny等。

表态类（behabitives）：用于表明态度，如to apologize，to thank，to complain等。

（Austin，1962：150-163）

"立法语篇具有强烈的施为效力"（王建，2013：70）。这种施为效力在英美法系的立法文本中往往通过情态动词shall来具体体现其强制性、规范性效力。比如《美利坚合众国宪法》：

> Article I
>
> Section 1. All legislative powers herein granted shall be vested in a Congress of the United States, which shall consist of a Senate and House of Representatives.
>
> Section 2. The House of Representatives shall be composed of members chosen every second year by the people of the several states, and the electors in each state shall have the qualifications requisite for electors of the most numerous branch of the state legislature.
>
> No person shall be a Representative who shall not have attained to the age of twenty five years, and been seven years a citizen of the United States, and who shall not, when elected, be an inhabitant of that state in which he shall be chosen.
>
> Representatives and direct taxes shall be apportioned among the several states which may be included within this union, according to their respective numbers, which shall be determined by adding to the whole number of free persons, including those bound to service for a term of years, and excluding Indians not taxed, three fifths of all other Persons. The actual Enumeration shall be made within three years after the first meeting of the Congress of the United States, and within every subsequent term of ten years, in such manner as they shall by law direct. The number of Representatives shall not exceed one for every thirty thousand, but each state shall have at least one Representative; and until

such enumeration shall be made, the state of New Hampshire shall be entitled to choose three, Massachusetts eight, Rhode Island and Providence Plantations one, Connecticut five, New York six, New Jersey four, Pennsylvania eight, Delaware one, Maryland six, Virginia ten, North Carolina five, South Carolina five, and Georgia three.

When vacancies happen in the Representation from any state, the executive authority thereof shall issue writs of election to fill such vacancies.

The House of Representatives shall choose their speaker and other officers; and shall have the sole power of impeachment.

中文译文：

第一条

第一款 本宪法所规定的立法权，全属合众国的国会，国会由一个参议院和一个众议院组成。

第二款 众议院应由各州人民每两年选举一次议员组成，各州选举人应具有该州州议会中人数最多之一院的选举人所需之资格。

凡年龄未满二十五岁，或取得合众国公民资格未满七年，或于某州当选而并非该州居民者，均不得任众议员。

众议员人数及直接税税额，应按联邦所辖各州的人口数目比例分配，此项人口数目的计算法，应在全体自由人民——包括订有契约的短期仆役，但不包括未被课税的印第安人——数目之外，再加上所有其他人口之五分之三。实际人口调查，应于合众国国会第一次会议后三年内举行，并于其后每十年举行一次，其调查方法另以法律规定之。众议员的数目，不得超过每三万人口有众议员一人，但每州至少应有众议员一人；在举行人口调查以前，各州得按照下列数目选举众议员：新罕布什尔三人、麻萨诸塞八人、罗德岛及普罗维登斯垦殖区一人、康涅狄格五人、纽约州六人．新泽西四人、宾夕法尼亚八人、特拉华一人、马里兰六人、弗吉尼亚十人、北卡罗来纳五人、南卡罗来纳五人、乔治亚三人。

任何一州的众议员有缺额时,该州的行政长官应颁选举令,选出众议员以补充缺额。

众议院应选举该除去议长及其他官员;只有众议院具有提出弹劾案的权力。

法律法规一经生效,本身就有施为的功能,在我国的法律法规文本中,具有施为效力的词语主要体现在情态语词"应当"的使用上,比如,在《中华人民共和国刑法》(2015年版)中:

> 第十四条 【故意犯罪】明知自己的行为会发生危害社会的结果,并且希望或者放任这种结果发生,因而构成犯罪的,是故意犯罪。
>
> 故意犯罪,<u>应当</u>负刑事责任。
>
> 第十五条 【过失犯罪】<u>应当</u>预见自己的行为可能发生危害社会的结果,因为疏忽大意而没有预见,或者已经预见而轻信能够避免,以致发生这种结果的,是过失犯罪。
>
> 过失犯罪,法律有规定的才负刑事责任。
>
> 第十六条 【不可抗力和意外事件】行为在客观上虽然造成了损害结果,但是不是出于故意或者过失,而是由于不能抗拒或者不能预见的原因所引起的,不是犯罪。
>
> 第十七条 【刑事责任年龄】已满十六周岁的人犯罪,<u>应当</u>负刑事责任。
>
> 已满十四周岁不满十六周岁的人,犯故意杀人、故意伤害致人重伤或者死亡、强奸、抢劫、贩卖毒品、放火、爆炸、投毒罪的,<u>应当</u>负刑事责任。
>
> 已满十四周岁不满十八周岁的人犯罪,<u>应当</u>从轻或者减轻处罚。
>
> 因不满十六周岁不予刑事处罚的,责令他的家长或者监护人加以管教;在必要的时候,也可以由政府收容教养。

法律法规是一个国家用于规范和约束全社会的最高行为准则,具有极强的权威性和规定性。作为承载法律意义和信息的语篇文本,是根据人的社会认识和感受、语言符号特点及使用构建而成,法律语篇文本也就具备了社会认可的像法律本身那样的施为功能,在社会生活中起到规范和指导人的社会活动与行为手段的作用。

3. 信息功能

语篇分析有助于了解文本的内容、结构、关系,以及了解语篇的主要功能,即传递信息。(杜金榜,2011)信息结构是把语言组织成信息单位(information unit),信息单位是信息交流的基本成分。布拉格语言学派最早提出"旧信息"和"新信息"的术语,Halliday后来把"旧信息"(old information)改为"已知信息"(given information)。信息交流是指"言语活动过程中已知内容与新内容之间的相互作用"。已知信息是指"言语活动中已经出现过的或者根据语境可以断定的成分",而新信息指的是"言语活动中尚未出现或者根据语境难以断定的成分"。(胡壮麟等,2005:172)每一个语篇都必须有一个新信息,没有新信息的结构是不完整的,语篇之中新、旧信息往往交替存在,形成一个信息网络。"根据莱思的文本类型分类,法律文本为信息型文本,主要表现事实、信息、知识、观点等,其语言特点逻辑性强,文本焦点是内容而非形式。"(胡道华,2011:116)

立法文本一般都包括序言、总则、附则、附件等宏观框架,且在每个大框架下又设章节条款项目等内容,从而使立法表述呈现典型的树状信息分布:首先,语篇树由基本的子树构成,呈"问题—回答"或"问题—问题"形式;其次,语篇树是一个对其节点总秩序编码的层级系统。(王建,2013:69)以《江苏省养老服务条例》(2015年版)为例:

江苏省养老服务条例

(2015年12月4日江苏省第十二届人民代表大会常务委员会第十九次会议通过)

第一章 总则

第二章 规划和建设

第三章 居家养老服务和社区养老服务

第四章　机构养老服务

第五章　人才培养和激励

第六章　扶持和优惠措施

第七章　监督和管理

第八章　法律责任

第九章　附则

该条例从结构组成上呈现出典型的树状信息分布，在内容的组成上，每一章、每一节中均包含了已知信息和新信息的综合。其中，第六章扶持和优惠措施，属于法律法规出台的最新信息，而第八章的法律责任也包含了尚未出现或是在现实语境中难以断定的信息成分。"语篇的生成和理解要涉及两个基本问题：一是要把语篇各单位提供的语义信息整合为一个连贯的整体，即知识整合（knowledge integration）；二是听说双方之间的信息交流堪称是动态的、实时的过程，即信息管理（information management）。"（唐青叶，2009：72）事实上，法律法规的颁布并不具有完全的先见性，总是在一定的社会关系、社会发展的基础之上才会出现、产生出法律法规，目的在于调整和规范现有的社会关系，法律法规的制定也会带有一定的前瞻性。但是，这种前瞻性是有限的，随着社会的发展、新生事物的诞生，法律法规也在不断地与时俱进、不断地变革之中。法律文本的交际性也体现在履行信息功能，通过完整的信息功能实现有效的交际和沟通。

第三节　法律法规语篇的翻译

"法律语篇是翻译研究的一种特定类型，对法律语篇的翻译单位进行探讨不仅能促进理论研究的深入，也能对翻译实践起到一定启示作用。"（姜琳琳、袁莉莉，2008：240）国内早期将功能语篇分析与翻译研究相结合的论著有李运兴（2001）、萧立明（2001），虽然未能提出系统的、基于语篇分析的翻译理论框架，但是，对于翻译理论的语篇语言学探讨无疑起到了推动作用（黄国文，2002：1），典型的论文则有张美芳（2001）、黄国文（2002）、谭载喜（2002）等，系统地阐述了语篇翻译研究的学科概念、研究范围和研究重点即研究方法。近些年来，有关于语篇和翻译的研究更加丰富多样，从语篇的衔接理论（胡峰笙等，2012）、语篇连贯（李静，2012）、语篇分析（张美芳等，2015、黄国文、余娟，2015）、评价理论与语篇翻译质量评估（张先刚，2007、司显柱，2008、2018）等视角和翻译相结合，还出现了对翻译中的语篇补偿（平洪，2012）、语篇零翻译（石春让，覃成强，2012）等概念的分析和阐释。

"法律文本类型已经成为法律文化规约的重要组成部分，对法律翻译的标准和翻译策略的选择与确定起着至关重要的作用。"（李克兴，张新红，2006：3）然而，目前对法律文本翻译的研究大多集中于词汇、情态词汇、句法的层面，将法律语篇和翻译联系起来研究的文章还是较为稀少：姜琳琳、袁莉莉（2008）从言语行为理论出发看法律语篇的翻译单位，姚缸（2010）讨论了法律语篇的特点及其翻译策略，肖薇、夏竟成（2016）从生态翻译的视角讨论法律语篇的翻译价值，另有学位论文如冯海霞（2005）、石秀文（2017）分别将法律语篇中的互文符号、法律语篇文本和翻译联系起来。本节内容将详细探讨法律语篇的翻译，从法律语篇文本的程式化、法律语篇的连贯、法律语篇的衔接以及法律语篇的信息等方面，分别和翻译结合起来分析讨论。

一、"编、章、节、条、款、项、目"的翻译

根据《中华人民共和国立法法》第六十一条规定："法律根据内容需要，可以分编、章、节、条、款、项、目。编、章、节、条的序号用中文数字依次表述，款不编序号，项的序号用中文数字加括号依次表述，目的序号用阿拉伯数字依次表述。""事实上，在英汉法律翻译中，只有六个词即article, section, subsection, paragraph, subparagraph, item与法律条文翻译中的条、款、相、目有关。"（屈文生，2005：65）不妨以法律法规翻译中以往的翻译实践来考察"编、章、节、条、款、项、目"的翻译。先以《中华人民共和国物权法》的英译为例：

第一编 总则　Part One　General Provisions
　　第一章　基本原则　Chapter I　Basic Principles
　　　第一节　Section 1
　　　　第一条　Article 1

——国务院（原）法制办公室，2009：52-54

再以《江苏省农村扶贫开发条例》的英译为例：

　　第一章　总则　Chapter 1　General Provisions
　　　第一条　Article 1

——江苏省人民政府（原）法制办公室，2017：1-2

在法律法规的翻译实践中，"编、章、节、条、款、项、目"的翻译已经成为"约定俗成"，分别对应英文中的"part，chapter，section，article，paragraph，subparagraph，item"。（滕超，孔飞燕，2008：120）例如，"《中华人民共和国宪法》第34条第1款"应译为：The first paragraph of Article 34 of *the Constitution of the People's Republic of China*.

当前，有关于section的争议还是比较大，屈文生（2005：64）认为，"section一词在英汉法律英语翻译中，通常译为'节'，也可以译为'条'，极少数情况下可译为'款'。"《元照英美法词典》对section的第一种解释是"（文章的）段落；（法律的）款、项"（薛波，2013：1234）。在美国宪法中"section"频繁出现，所表述的概念小于article，译者将其统一译为"款"，这已经成为一种约定俗成的译法。比如：

Article I

Section 1　All legislative powers herein granted shall be vested in a Congress of the United States, which shall consist of a Senate and House of Representatives.

第一条

　第一款　本宪法所规定的立法权，全属合众国的国会，国会由一个参议院和一个众议院组成。

值得注意的是,当"section"译为"条"的时候,"subsection"可译为"款",subsection: A Part within a section of an act. Each section in a Statute may be further divided into subsections... A subsection is denoted as a number with brackets. For example, 78(1) of *the Trade Practices Act* would read as section 78 subsection 1.(陈忠诚,2000a:605)

根据 *A Dictionary of the Law*,Article: subdivision of a written instrument; particularly (a) a subdivision of a statue or constitution, usually subdivided into sections. (b) one of the items or clauses in a contract, treaty, or other agreement.(Clapp James E., 2000: 36)另据 *Black's Law Dictionary*(Ninth Edition),Article: A separate and distinct part (as a clause or stipulation) of a writing, esp. in a contract, statue, or constitution <Article III>.(Garner, Bryan A., 2009: 127)根据这两本美国权威词典的释义,article应该是"宪法、制定法或是合同中较为单独或是显著的部分",将"article"译为"条"是没有问题的,应注意的是article与articles的区别,前者是"条",后者则是"条例,章程"。

paragraph与subparagraph常译作"条""款"。paragraph在《元照英美法词典》中的第二种解释是"(制定法、诉状、宣誓书、遗嘱等中包含一项完整意义的)节;条;款"(薛波,2013:1021),它们的数字常用括号内小写的罗马数字表示。如"sub-paragraph(ii) of paragraph(b) of subsection(4) of section 18",一般译为第18条第4款第2段第3节。

Item在《元照英美法词典》中的第一种解释是"条;项;项目;条目;条款"(薛波,2013:735)。另据 *Black's Law Dictionary*(Ninth Edition),item: In drafting, a subpart of text that is the next smaller unit than a subparagraph. In federal drafting, for example, "(4)" is the item in the following citation: Rule 19(a)(1)(B)(4).-Also termed (in sense 3) clause.(Garner, Bryan A., 2009: 909)《元照英美法词典》对clause的解释是:"①(契约、遗嘱、条约、法律、宪法等法律文件的)条款;②法案条款。"(薛波,2013:233)可

以看出，将item翻译为"目"是非常合适的。

此外，法律法规正文中的"总则"固定译为"General Provisions"，"分则"译为"Special Provisions"，"附则"译为"Supplementary Provisions"，"附件一、附件二"译为"Appendix I, Appendix II"。

二、法律法规语篇的连贯及翻译

连贯是语篇的基本要求，也是翻译中的一个重要标准。翻译的过程既是语言符号的转换过程，又是连贯的重新构建过程。要将译文的连贯进行重新构建，译者需要了解、把握原文内容的连贯性，确保译文能够正确、清晰地展现原文内容的连贯，在译文语篇中重新建立具有相同的价值连贯结构。作为一种特殊的社会现象和社会规范，法律法规语篇文本翻译要更加充分地体现法律意义的连贯一致。法律是一个综合、复杂的社会产物，发挥着重大社会作用。因此，对法律意义进行表述的法律法规语篇文本及翻译的连贯一致性就要从多个视角进行把握。

连贯的主题性

连贯与主题密切相关，主题是语篇内容的核心，是语义内容的整体中心，语篇文本中的各种成分要有机地整合于话语语篇的主题之下。语篇的连贯要满足三个条件：连接、一致和相关。连接是语句建构要求；一致是句际关系要求；相关是主题表述要求。

连贯的认知性

从认知视角，连贯是在语篇内的交际者相互合作的原则，是人的认知在语篇内理解的基础，是人的经历和经验在大脑中的知识建构。心理学家特别强调人已贮存的知识对语言输入的作用。对词语、句子的理解和推理是不能脱离已有的知识建构的。实际上，理解就是将已存在的知识与语篇文本中的知识相结合。法律法规语篇文本的建构是基于社会性认知的，是一种特殊的社会现象，法律在人的生活中的作用使人们在自身的知识建构中对法律及其相关的知识非常重视，对法律知识的建构符合人的认知机制和认知结果。因此，在法律语篇文本的连贯上，人的认知心理、认知机制以及认知作用更能够使连贯得以实现。

例如：

第一章　总　则

第一条　为了完善律师制度，规范律师执业行为，保障律师依法执业，发挥律师在社会主义法制建设中的作用，制定本法。

第二条　本法所称律师，是指依法取得律师执业证书，接受委托或者指定，为当事人提供法律服务的执业人员。

律师应当维护当事人合法权益，维护法律正确实施，维护社会公平和正义。

第三条　律师执业必须遵守宪法和法律，恪守律师职业道德和执业纪律。

律师执业必须以事实为根据，以法律为准绳。

律师执业应当接受国家、社会和当事人的监督。

律师依法执业受法律保护，任何组织和个人不得侵害律师的合法权益。

第四条　司法行政部门依照本法对律师、律师事务所和律师协会进行监督、指导。　　　　　——《中华人民共和国律师法》

译文：[①]

Chapter I　General Provisions

Article 1　This Law is enacted in order to improve the system governing lawyers, to standardize the practice of lawyers, to ensure that lawyers practice according to law, and to enable lawyers to play their role in the development of the socialist legal system.

Article 2　For the purposes of this Law, a lawyer means a professional who has acquired a lawyer's practice certificate pursuant to law, and is authorized or designated to provide the parties with legal

---

[①] 为了说明问题，本书所引用的译文，不表示作者同意这种译法，请读者自行斟酌。

services.

A lawyer shall protect the lawful rights and interests of parties, ensure the correct implementation of law, and safeguard fairness and justice of the society.

Article 3　In his legal practice, a lawyer must abide by the Constitution and laws, and strictly observe lawyers' professional ethics as well as discipline governing their legal practice.

In legal practice, a lawyer must base himself on facts and take law as the criterion.

In legal practice, a lawyer must subject himself to supervision of the State, society and the parties concerned.

The legal practice of lawyers according to law shall be protected by law. No unit or individual shall infringe the lawful rights and interests of lawyers.

Article 4　The judicial administration departments shall supervise and give guidance to lawyers, law firms and lawyers associations in accordance with this law.

——国务院（原）法制办公室，2009：323-325

　　法律法规语篇文本的连贯是信息之间的链接，是旧信息的阐述，并引发新信息。这种信息流，包括信息单元都是连贯所要求的，是达成信息连贯的必要条件。《中华人民共和国律师法》的总则部分，构成了一个完整的语篇，主题是"律师""律师执业"，其他的法律信息都是围绕这些主题进行排列的。这些主题的核心作用就使各条款的意义连接在一起，达到了连贯的效果，表现了法律的意义和作用。在翻译中，译者要充分考虑各种信息要素及关系，并依据译语的内在规律和信息阐述特点进行处理，从而达到信息连贯的目的。法律是人的日常生活的一部分，是人在对法律知识建构中获得并不断完善的，其中的法律意义和信息具有规定性，与人的日常经历和认知经验是密不可分的。

三、法律法规语篇的衔接及翻译

法律法规语篇文本中的句式程式化程度很高，不仅要突出有理有据的法律信息表述特点，还要根据事件所涉及的要素的出现次序进行信息表述，法律法规语篇文本中的句式的程式化特点在逻辑方面表现得特别明显，这种程式化的篇章框架特点，需要通过单位语言的衔接来实现。

语篇是语言在实际交际中的最高语言符号的表现形式，是在语言环境各要素的干涉下表述完整的语言意义的单位。从线性角度讲，语篇的整体意义不是瞬间就明了的，它是需要以各个语句的关系和前后排列作为基础的。这就要求通过一定的语言手段对各个语句进行连接，即，通过衔接来实现。衔接是语篇意义连贯在语言形式上的手段，Halliday 和 Hasan 对其进行了比较全面、系统地论述，衔接是连接一个语篇内部两个或以上在句法上相对独立、不受其制约的语句在语篇意义上的互相关联的符号手段。Halliday等（1976：25）把衔接分为语法衔接（grammatical cohesion）和词汇衔接（lexical cohesion）两类。

（一）语法衔接

语篇是通过衔接方式实现的，所以衔接的处理尤为重要。语法上的衔接方式是指运用语句的语法成分、依据语法（句法）规定对语篇中的语句进行连接。衔接的方法包括照应、代替、缺省、连接等。照应就是语篇中语句某些成分前后同现或部分同现；代替就是指利用某些语言符号替代语篇中相关语句中的某些成分；缺省就是指省略语句中的某些成分；连接是指使用关联词进行句子的衔接。

作为正式文体的法律法规语篇文本，不像其他语篇文本那样，可以通过语境各因素来体现衔接，而是需要通过具体的衔接手段来实现衔接。在法律法规语篇文本构建中，衔接手段的运用频率特别高，这是因为法律语篇文本衔接不是依赖语境因素的，而是主要依靠文本本身中的词语或结构等各种因素来实现转、承、启、合等逻辑关系。法律法规语篇文本的语法衔接主要依靠语句中能够起到语法作用的词语或结构以及其他手段进行。在语法衔接中，各种手段还会根据语言及语言特点不同存在显性和隐性等特点和形式。

法律法规语篇文本的照应衔接具有逻辑性强的特点。照应展示的是一种语义关系，这种关系的机制体现为语篇文本中某一个语句成分可以用来作为另一个语句成分的参照物，它们之间的关系在语篇中的相关语句间具有提示性和解释性。照应有内（部）照应（endophoric）和外（部）照应（exophoric）两种类型。内照应指语篇内部所存在的成分，亦即上下文所存在的成分。内照应中，所指对象位于上文是前照应（anaphoric），所指对象位于下文叫下照应（cataphora），因为照应是利用语篇内部上下文中相关的直接成分。照应所指对象要根据语篇存在的具体语境的各种因素来确定，以使含义得到明确。照应是通过话题、信息和认知等具体、直接的语境因素来实现。所以，照应可以使法律语篇文本意义连贯一致，极富逻辑性，信息传递流畅，信息链紧密。

就语法的照应而言，一般说来，中文重意合，而英文重形合，这在《中华人民共和国宪法》序言的英译本中得到了较好的体现。

例1：

> 教育、科学、文化等事业有了很大的发展，社会主义思想教育取得了明显的成效。　　　　　　——《中华人民共和国宪法》序言第六段
> Significant advances have been made in educational, scientific and cultural undertakings, *while* education in socialist ideology has produced noteworthy results.（董晓波，2014：89）

再如：

例2：

第十二条　公司的经营范围由公司章程规定，并依法登记。公司可以修改公司章程，改变经营范围，但是应当办理变更登记。

——《中华人民共和国公司法》

Article 12　The business scope of a company shall be defined in the company's articles of association, and shall be registered in accordance with law. A company may revise its articles of association and alter its scope of business, but shall have such revision and alteration registered.

例3：

第十二条　收养前试养期一般为一年，在此期间内，社公局会进行监察和评估工作，该期间完结后或认为已符合收养的条件时，社公局会在三十内作出具结论性的社会报告。　　——《澳门关于收养的法律规定》

Article 12　Basically, the trial period lasts for 1 year. During this period, the Social Welfare Institute will monitor and conduct assessments. When the trial is completed or conditions for adoption fulfilled, the Social Welfare Institute will compile a conclusive social report within 30 days.

例2和例3均使用了照应衔接手段。例2运用了照应中的上指照应和下指照应。"变更"的所指对象是本法律条款中的"修改公司章程，改变经营范围"等项目。从其语义关系上看，"变更"与其所指代的成分和其所指的对象在语义上关系上是一致的。在英译文本中，照应也同样发挥这样的作用，译文中的such revision and alteration 是指代revise its articles of association and alter its scope of business。译文中的 its所指的是并未出现的上文中的 supplier。例3中的"该期间"前指照应"在此期间"和"收养前试养期一般为一年"。通过这些照应手段，法律语篇文本所要表述的意义连贯一致，并具有严密的逻辑性。

法律法规语篇文本衔接还有替代手段。替代就是使用替代性词语来代替法律语句中的某个或某些成分，用作替代的词语只是一种语言符号形式，其承载的具体含义则是由其代替的成分的意义来确定。根据所替代的对象，用作替代的词语可以是多种形式：名词、动词或小句。

例4：

第七条　公司营业执照应当载明公司的名称、住所、注册资本、实收资本经营范围、法定代表人姓名等事项。

公司营业执照记载的事项发生变更的，公司应当依法办理变更登记，由公司登记机关换发营业执照。　　——《中华人民共和国公司法》

Article 7　In the business license of a company shall clearly be stated such items as the name, domicile, registered capital, actually received capital, scope of business and name of legal representative of the company.

Where the items stated in the business license of a company are altered, the company shall have the alterations registered in accordance with law, and the company registration authority shall renew its business license.

此法律条款采用了替代手段，用"事项"作为替代词语来替代上文中的"公司的名称……法定代表人姓名等事项"的成分。"事项"只是一个形式，充当了替代词，而其具体的含义由其所替代的内容所决定。在译文中，也采用了替代衔接手段，即用the items替代译语文本中的 the name，…representative of the company 等成分，使得衔接得以实现。

当然，由于法律法规文本的正式、权威、准确和严密等特点，替代并不多见，以避免造成法律含义和信息的模糊或歧义。法律法规语篇文本衔接严密性强，在法律法规语篇文本中，各种含义和信息都是以词汇、词组等语言单位表现出来的。在语篇文本的上下文中，有些含义和信息会在语篇文本中重复出现。为避免过多的重复，大多使用省略的手段进行语篇文本行文处理，省略就是为避免重复，将语篇中的某一部分（语言单位）省略。这样做不仅可以避免不必要的重复，还能突显新信息，并能够使语篇文本结构紧凑、法律含义和信息严密明确。在省略衔接手段的使用上，要根据省略部分的不同，采用名词性省略、动词性省略和小句性省略等手段。

例5：

第三条　公司是企业法人，有独立的法人财产，享有法人财产权。公司以其全部财产对公司的债务承担责任。　　——《中华人民共和国公司法》

Article 3　A company is an enterprise legal person, which has independent property of a legal person and enjoys the property rights of a legal person. The company shall be liable for its debts to the extent of its entire property.

此条款中，第二、第三句话中使用了省略手段，省略的成分都是"公司"。由于汉语的意合性特点和逻辑特点，这两个小句之间的意义逻辑关系紧密。因为英语的形合性特点，英语译文使用了关系代词 which。在此语篇文本中，which 是一个省略标记词，用来构建语言形式和语句成分之间的逻辑关系。

　　法律法规语篇文本显性衔接突出，隐性衔接明确。在两种语言的法律用语中，汉语的连接性词语的使用比较少，而英语的连接性词语使用的就比较多。同时，两种语言的衔接还载有两种语言所要反映的法律渊源、文化、法系及法律思维方式等。因此，法律法规文本也不能脱离这两种语言的普通词语框架和特有的法律词语体系所构成的衔接纽带（cohesive tie）。也就是说，汉英法律法规语篇文本都要受到各自语言规律的制约和支配，两种法律语言的词语构成也必须遵守这两种语言约定俗成的语言结构和规律。根据汉英两种语言的特点，汉语法律语言的各种衔接纽带和方式总体上是呈隐性的，即在上下文中的信息明确、逻辑清楚的前提下，通过省略一些成分来实现。这种实现是受到汉语意合性特点决定的，汉语语句间的关系主要通过句际的内在逻辑关系来衔接，从而构成语篇文本；英语法律语篇文本的衔接主要是显性的，在语篇文本的表现上不像汉语那样可以根据内在的逻辑关系进行缺省处理，而是要通过明显的词语进行衔接，亦即，英语法律语篇文本主要表现为英语语篇中的语句衔接方法一般都是用形合方法，就是用连接词语把各种句子衔接起来。汉语法律语篇文本的衔接关系主要表现在依据认知与逻辑关系等内在因素进行连接。根据英语形合特点，法律法规语篇文本的英语翻译就必须使用必要的连接词语进行符合英语语言特点的连接。虽然汉英语句连接总体上呈现汉语隐性、英语显性的特点，但是，不论是隐性还是显性，都是以人的认知为基础的，只是由于语言特点有所区别而已。

（二）词汇衔接

　　在汉英法律法规语篇文本的衔接上存在着汉隐英显的特点。但是，在突显法律的正式性和权威性的前提下，汉英语言在法律语篇文本的行文中，都采用了较为明显的显性结构。这种显性语言结构在法律文本中，主要表现为具有实际含义的实词的运用。词汇衔接是通过语句中的词汇之间的关系来实现衔接，主要有重复（repetition）和搭配（allocation）等。法律法规语篇文本同义词衔接重复性强。所谓重复（repetition）就是指一个词汇项（lexical item）在同一语篇文本中重复出现的现象。重复的必要条件是重复的词项要有相同的所指对象。换句话说，在重复结构中，如果所指对象是相同的所指，并具有内容和概念的关联性，在内容上，这种语篇就具有连贯性。法律法规语篇文本的重复是指汉英法律语言中同一个法律词项、同一个法律语句或同一个法律语篇文本中重复一次或多次的使用，这种手段的使用在语篇文本中起到了衔接作用。在衔接手段的词语重复中，有原词语同现重复和同源词语重复等。

例6：

第十条　　国务院管理节能工作的部门主管全国的节能监督管理工作。国务院有关部门在各自的职责范围内负责节能监督管理工作，并接受国务院管理节能工作的部门的指导。　　——《中华人民共和国节约能源法》

Article 10　　The department in charge of under the State Council shall be responsible for supervision and administration in respect of energy conservation nationwide. The relevant departments under the State Council shall, within the limits of their respective duties, be responsible for supervising and administering the work in energy conservation, and shall be subject to direction by the department in charge of energy conservation under the State Council.

在英语译文中，对"能源"（energy）的翻译与原文保持了相同的数量。在每个涉及"能源"（energy）的语句中，都重复使用了同一个"节能"，以实现上下语句的衔接。这主要是为达到法律语言的严谨和严肃性，同时，也是通过这样的重复衔接来保持原文法律含义的一致性。

例7：

第三十四条　　股东按照实缴的出资比例分取红利；公司新增资本时，股东有权优先按照实缴的出资比例认缴出资。但是，全体股东约定不按照出资比例分取红利或者不按照出资比例优先认缴出货的除外。

——《中华人民共和国公司法》（2005年版）

Article 34　Shareholders shall draw dividends in proportion to the capital contributions they made; and when a company increases its capital, its shareholders shall have the right of first refusal to make their subscriptions in proportion to the capital contributions they made, except where all the shareholders have agreed to draw the dividends not in proportion to their capital contributions or to do without the right of first refusal in proportion to their capital contributions when making subscriptions.

在上述法律语篇文本中，对股东分红权利与优先认购权的规定要按照"出资"的比例进行，但是，全体股东不按照"出资"比例分红或优先认购的除外。"出资"被四次重复使用，而没有使用其他替代手段，以保持法律术语的一致性、严谨性和庄严性。译文也同样重复了capital contributions。

在英语法律语篇文本的词语重复衔接方面，还存在同源或同根词语的使用，以完成重复衔接。也就是说，通过英语词汇的派生形态进行同义词的处理来实现词汇重复衔接。

例8：

第十五条　被保险人若转让或以其他方式放弃其保险标的利益，他并不因此将其保险合同下的权利转让给受让人，除非与受让人订有转让保险权益的明示或默示协议。

Article 15　Where the assured assigns or otherwise parts with his interest in the subject-matter insured, he does not thereby transfer to the assignee his rights under the contract of insurance, unless there be an express or implied agreement with the assignee to that effect.

——*Marine Insurance*, UK.

在英文原文中，insure，insurance；assign，assignee为同源词，具有相同的语义含义和语用前提。通过同源（同根）词语的使用，本法律条款的含义衔接得以完成。

法律语篇文本词语衔接的类属性频繁。词汇的意义存在类属关系，这种义类属性词汇主要指词汇的上下义关系（hyponymy）。上下义关系就是词与词的意义互相包含（全包含或部分）的语义关系，包含其他词义的词叫上义词，被包含的词叫下义词（hyponym）。例如：汉语中的"法律"与法规、法令就存在上下义关系；英语的 law 可以包括 rule，statute，regulation，act，bill，canon，decree，order，principle 等。在法律语言中，上下义词一般用来解释或定义重要的法律术语、概念，以帮助人们理解法律含义，进行法律解释。

例9：

> "Action", in the sense of a judicial proceeding, includes recoupment, counterclaim, set-off, suit in equity, and any other proceeding in which rights are determined. ——*Uniform Commercial Code*, USA
>
> "诉讼程序"指司法程序中的请求赔偿、反诉、债务抵销、衡平法诉讼程序及其他确定权利的程序。

本条中的action与proceeding suit存在同义关系，主要用来解释proceeding suit的含义，即，action总体上是与proceeding suit是一致的，它们包含了在不同诉讼程序上有不同的具体行为recoupment，counterclaim，set-off 等。上下义关系的词语在法律含义、信息的传递中起到了衔接作用。再来看一个法律英译的例子：

例10：

> 第二条 本法律中所称能源指煤炭、石油、天然气、生物能和电力、热力以及其他直接或者通过加工、转换而取得有用能的各种资源。
>
> ——《中华人民共和国节约能源法》
>
> Article 2 For the purposes of this Law, the resources of energy include coal, crude oil, natural gas, biomass energy, electric power, heating power, and other resources from which useful energy can be derived directly or through processing or conversion.

上述英译文使用coal, crude oil, natural gas, biomass energy, electric power，heating power 等，都是resources of energy的下义词，进一步细化其所指，尤其是resource 的使用会更加明确"能源"是指能量的来源而不是指具体哪种能量。

法律法规语篇文本类属词衔接语境依赖性强。语境性义类属词在法律语篇文本中的衔接方面也起到了重要的作用。语境性义类属词，顾名思义，就是指那些在语义上没有任何联系的词语，在一定的语境中，违反了意义关系，被赋予了意义类属关系。

例11：

"Person" means an individual, corporation, business trust, estate, trust, partnership, limited liability company association, joint venture, government governmental subdivision, agency, or instrumentality, public corporation, or any other legal or commercial entity. —*Uniform Commercial Code*, USA.

"法人"系指个人、公司、商业信托公司、不动产、信托、合伙、有限责任公司、联合、合作企业、政府或政府分支机构或代理处、媒体、公众公司或其他法律上或商业上的实体。

在法律条款语篇文本中，person与后面解释成分的含义与an individual毫不相关，但是，在具体的反映法律认可的法律行为主体的语境中，它们都成了person的下义词，实现了法律语篇文本的衔接。

法律法规语篇文本词语衔接具有对应性。法律作为规范、约束人和社会的权威性的文件，就是要对社会及人的行为进行是与非、对与错、好与坏、主体与客体等相对应的两元或两极区分。对应词语主要指在阐释法律含义的语篇文本中代表相对应的两元或两极的法律行为或法律行为主体的词语。这些对应的词语可以是反义词，也可以是由此及彼的词语。在法律语篇文本中，对应词语的使用也能够起到衔接的作用。

此外，语篇连贯不仅是一个语言形式和命题内容的问题，而且还是一个言外之意的表达和理解问题（董晓波，2014：89）。

例12：

　　一八四〇年以后，封建的中国逐渐变成半殖民地、半封建的国家

　　　　　　　　　　　　——《中华人民共和国宪法》序言第二段段首

After 1840, feudal China was gradually turned into a semi-colonial and semi-feudal country.

该句使用被动语态来保持话题一致以及调整已知信息和新信息的位置，使之与上下文在结构上衔接、语义上连贯，从而使语篇中的信息即"被迫沦为"精确地表达出来。这较好地实现了利用被动语态实现语篇衔接与连贯的功能，同时也是对翻译的"政治"的最好体现（范晶波，2010：40）。

四、法律法规语篇的信息及翻译

所谓信息就是以语言为载体进行的传输消息的内容。信息是以信息单元（information unit）的形式反映事件、人物、时空、因果、各种关系等因素，并在一定的规则下组织起来的信息结构，这种信息结构主要是以语言形式为载体的。信息单元包括旧信息和新信息两个部分，是新信息和旧信息共同作用的结果。旧信息连贯中发挥着重要的作用，语篇的旧信息作用是将新信息与大脑已存的旧信息进行链接，并以此为基础对新信息进行识解，进而促成语篇信息流（information flow）及其推进。在信息流中，旧新信息是相互作用的，旧信息不断引出新信息，而新信息又不断转化为旧信息，并为引出下一个新信息提供依托。信息的旧与新是由语篇的制作者和接收者的知识状态（knowledge state）的假设决定的。也就是说，语篇创造者认为语篇的接收者可以还原（recoverable）、再现的信息是旧信息，即上文已经提到的人、事、物；语篇创造者认为，接收者能够识解的信息则是新信息，即上文中没有提及的或想象不到的人、事、物。

法律法规语篇是在话题支配下的一个信息载体。在法律法规语篇中，为保持文本的法律信息传递流畅、清晰，法律法规语篇文本要根据信息的实际情况进行传递。在法律法规语篇文本传递信息过程中，语篇制作者要根据上述的假

设进行新旧信息的划分,以保证语篇信息流的畅通。根据人们普遍性的思维和获取信息的规律,通常情况下旧信息是信息传递的起始点,是信息前设因素,它是新信息的条件、基础和导引。法律法规语篇信息流中的旧信息和新信息是由各种相关信息元(信息的要点)构成的,这些要点构成了语篇的信息链。在信息链中,每一命题都要有一定的新信息增添,以使信息链丰富和完整,保证信息流的顺畅和清晰。也就是说,信息链是富含旧新信息的一个链条,是一个连续体(continuum)。信息连续体就是两个命题间信息连贯的关系,信息的连续体的链接需要旧新信息的有机贯通和链接。为使法律信息传递更有效,法律法规语篇文本的制作者必须赋予语篇一定的信息量(informativeness),构成合理的信息链,并使信息对语篇的接收者具有最佳的可及性,要符合人的普遍性的认知规律和特点。

法律法规语篇文本的信息结构就是要符合人的认知规律和信息链的机制过程。比较复杂的法律信息阐释一般都通过"情况(case)、条件(condition)、法律主体(legal subject)和法律行为(legal action)"结构来表达。"较之语篇宏观分析,微观分析,尤其是信息成分分析对于翻译实践、评价、教学、研究有更直接的作用。"(杜金榜,2015:361)从信息的角度对法律法规语篇进行分析,无疑能够更好地指导法律文本的翻译,杜金榜对法律语篇信息结构的翻译曾有过很详细的论述:

一般情况下,两种语言间的翻译需要保留源语语篇的宏观信息结构,在严格对译的情况下,还需逐句对应。在翻译立法文件时,这种情况更甚,因为打乱源语语篇的结构就会扭曲其中法律规范的具体内容,严重影响规范的应有效力。实际上,立法文件中偏向使用长句表述规范就是出于这一需要。严格对译的这一特点使源语语篇与译语语篇之间的信息结构相互对应,变化较少。两者的差别更多表现在信息单位内部以及相邻的信息单位之间。

作为译者,对于信息单位内部结构及其结构成分的清晰认识,能够帮助他有意识地优化译语语篇的信息安排和语言表达,保证语篇功能的完整实现。在逐句对应的翻译中,两种语言一般都有相对应的句式,如汉语的陈述句大抵对应于英语的陈述句。因此，两者的差别并不是集中表现在句子结构，而是表现在句子内部，表现在句内信息单位中各种成分的搭配及其语言实现。

如果译者对如上现象有足够的认识，在翻译实践中，就能够根据译语特点而主动调整信息单位的内部结构，较为自由地选择有效的表达方式体现相关的信息成分。即使在译语中缺乏对应的信息单位结构时，他也能够自信地选择其他结构予以代替。了解了信息单位结构的基本规律，译者尚可顺利地处理相邻信息单位间的连接，这对于处理源语与译语信息单位不对应的情况十分有用。如果源语中的一个信息单位，在译语中必须由两个或多个信息单位表达时，译者就可根据相邻信息单位间的关系，选择译语中有效的方法予以表达（杜金榜，2015：361）。

法律法规翻译是法律语言的转换，是一项复杂的思维活动，分为理解、表达、核校三个阶段。每个阶段分别涉及不同的方面，但重要的问题是理解与表达。成功的法律法规翻译关键在于对法律用词的理解。在翻译的过程中，译者首先要读懂原文，深入理解原文中的每个词语在具体上下文中的含义，着重领会法律文件语言的确切性，否则必然会导致译文不准确或译文意思不完整。其次，在表达时要对每个经过挑选的表达词、句进行仔细推敲，选择出最确切的表达方式，充分体现法律文件的权威性。"翻译的基础在于理解"（陈忠诚，2008：73）。其实，理解的过程也就是对法律文本信息单位结构的认识以及信息的提取、重新建构的过程。

法律法规语篇的目的是传递法律信息，是要使读者和听者获得完整的信息，这就需要法律法规语篇文本的信息结构要完整，信息单元要简洁，信息链要紧密，信息传递要清晰，以维护法律的权威性和至高无上等特点，在法律信息传递中，法律信息呈现一种程式化结构。由于法律信息传递中还存在很多特殊的因素，这导致法律信息传递会更复杂，社会、文化、语言、法体以及涉法者的人性因素都会影响法律语篇文本中的信息传递。由于法律法规的特殊社会作用和特点，法律法规语篇文本在传递法律信息时，主要要求信息传递要直接、明了、自然，不能像其他题材的语篇文本那样灵活多样，富含情感等语言形式。法律法规语篇的突出目的指向性对语篇信息处理提出了很高的要求，法律法规语篇使用者必须对各方态度、立场、相互关系、各自利益等做出明确的判断，直至达成合理解决。

例如：

  第十一条 申报项目存在知识产权争议或者完成单位、完成人员有争议的，在争议解决前不得推荐参加省科学技术奖评审。

      申报项目已经获得国家或者省部级科学技术奖励的，不再推荐参加省科学技术奖评审。

  第十二条 省科学技术行政部门对推荐候选人的申报材料进行形式审查。符合条件的，在政府门户网站或者其他主要媒体上公示候选人以及有关申报项目的名称、完成单位、主要完成人员等信息，公示时间不得少于十五日。公示有异议的，省科学技术行政部门应当进行核实，并将核实情况提供给评审委员会。

      公示结束后，省科学技术行政部门应当将申报项目按专业进行分类，交由专业评审组进行初评。

  第十三条 省科学技术奖的初评结果应当在政府门户网站或者其他主要媒体上公示，公示时间不得少于十五日，单位或者个人对初评结果有异议的，可以在公示期间以书面形式向省科学技术行政部门提出。

      省科学技术行政部门应当及时对异议进行核查处理，并在接到异议之日起十五日内，将核查处理情况书面告知提出异议的单位或者个人。

  第十四条 评审委员会根据初评结果和省科学技术行政部门提供的异议核实、处理情况，召开评审会议，进行综合评审，提出获奖人选和奖励等级的建议。

      评审会议应当有三分之二以上评审委员会委员参加。其中，一等奖、二等奖的建议项目，应当进行评审答辩，以到会评审委员会委员三分之二多数记名表决通过；三等奖建议项目，以到会评审委员会委员二分之一多数记名表决通过。

第十五条　评审委员会提出的获奖人选和奖励等级的建议，由省科学技术行政部门审核后，报请省人民政府批准。

第十六条　省科学技术奖由省人民政府颁发证书和奖金。

第十七条　知晓评审情况及申报项目技术内容的人员，应当对相关信息保守秘密。

第十八条　评审委员会委员、专业评审组成员和相关工作人员与省科学技术奖候选人或者参评项目、项目完成人有利害关系的，经评审委员会决定，应当回避。

省科学技术奖候选人或者项目完成人不得参加评审工作。

第十九条　剽窃、侵夺他人的发现、发明或者其他科学技术成果的，或者以其他不正当手段骗取省科学技术奖的，由省科学技术行政部门报省人民政府批准后撤销奖励，追回奖金。

第二十条　推荐单位或者个人协助他人骗取省科学技术奖的，由省科学技术行政部门予以通报批评；情节严重的，暂停或者取消其推荐资格；对负有直接责任的主管人员和其他直接责任人员，由其上级机关或者所在单位依法给予处分。

第二十一条　在省科学技术奖评审活动中弄虚作假、徇私舞弊或者违反评审工作纪律的，对评审委员会委员或者专业评审组成员，取消评审资格；对有关责任人员，由其上级机关或者所在单位依法给予处分。

——《江苏省科学技术奖励办法》

《江苏省科学技术奖励办法》从第十一条至第二十一条，提供了关于江苏省科学技术奖项目的申报流程、评选委员会的组成和工作机制，以及舞弊行为的处罚措施等大量信息，属于语篇信息的构建，尽管法律法规都是一条一条的规定分割而成，但是，不同的条款之间存在着紧密的相关性、联系性，从而组成了一个完整的信息结构。

法律法规语篇文本及语言在结构上是非常完整的，一般不会出现省略现象，一般也不会出现像文学、散文等其他社会语言文体在结构上的各种变化，法律法规语篇即使是采用了隐性衔接手段，也要在认知基础上使信息结构完整化，以全面地传递信息。在信息传递中，法律法规语篇文本语句结构一般要采用非标记性的结构，即以正常的"原因—后果""条件—结果"，完全符合"背景（条件）—法律行为（主体）—法律结果"的法律语言结构，使法律信息文本传递环环相扣，信息链条紧密。由于从功能角度可将翻译单位定义为语篇单位而非语言单位，即通过执行句法载体、信息载体和风格标记这三个功能而保持语篇完整性，而从功能上保证每个翻译单位的语篇完整性（Beaugrande & Robert de，1978：13）。

相应的参考译文如下：

Article 11　Where there exists a dispute concerning the intellectual property right of an item subjected or the units or individuals who complete the item, such item shall not be nominated as candidate for the Provincial Science and Technology Prizes before the dispute is settled.

The item which has won the science and technology prizes of the State, a ministry or a province shall not be nominated to run for the Provincial Science and Technology Prizes.

Article 12　The provincial science and technology administrative department shall carry out formality examination on the materials subjected by the nominated candidates. Where the materials meet the requirements, the provincial science and technology department shall publicize the information about the candidates, the names of the items subjected the units and the main persons who complete the items on the government websites or other main medium for not less than 15 days. Where there are dissident opinions during publicity of the information, the provincial science and technology administrative department shall investigate into the matter, and report the investigation result to the Evaluation Committee.

When the publicity is over, the provincial science and technology administrative department shall divide the items subjected into different categories according to the subjects they cover and submit them to the special evaluation teams for initial evaluation.

Article 13   The initial evaluation results of the Provincial Science and Technology Prizes shall be publicized on the government websites or other main medium for not less than 15 days. Any unit or individual who has objection to the initial evaluation results may report to the provincial science and technology administrative department in writing during the publication period.

The provincial science and technology administrative department shall promptly investigate into and deal with the objection and notify the unit or the individual who has made the objection of the investigation result in writing within 15 days since it receives the objection.

Article 14   The Evaluation Committee shall, based on the initial evaluation results and the information provided by the provincial science and technology administrative department on investigation and handling of the objections, convene the evaluation meeting to carry out the comprehensive evaluation and make a proposal on persons selected to receive prizes, and the grades of prizes to the Provincial Science and Technology Prizes.

The evaluation meeting shall be attended by not less than 2/3 of the members from the Evaluation Committee. The items nominated for the first and second award shall be evaluated based on the defense made by the nominee and adopted where not less than 2/3 of the evaluation members present at the meeting vote for it by open ballot; items nominated for the third award shall be adopted where not less than 1/2 of the evaluation members present at the meeting vote for it by open ballot.

Article 15　The provincial science and technology administrative department shall, after examining and verifying the proposal made by the Evaluation Committee on the persons selected to receive prizes and the grades of prizes, report the results to the Provincial People's Government for approval.

Article 16　The certificate and the prize money for the Provincial Science and Technology Prizes shall be granted by the Provincial People's Government.

Article 17　The persons who know the evaluation status and the technical contents of the items subjected shall keep secret the relevant information.

Article 18　The members of the Evaluation Committee, the members of the special evaluation teams and the relevant working personnel who have interest relationship with the candidates for the Provincial Science and Technology Prizes, the items which are subjected for evaluation or the persons who complete the items shall withdraw from the matter upon the decisions made by the Evaluation Committee.

The candidates for the Provincial Science and Technology Prizes or the persons who complete nominated items may not attend in the evaluation work.

Article 19　The prize shall be withdrawn and the prize money shall be recovered by the provincial science and technology administrative department after the approval of the Provincial People's Government, where the Provincial Science and Technology Prizes are found to be gained by plagiarizing or trespassing others' discoveries, inventions or other scientific and technological achievements or by any other cheating acts.

Article 20　The provincial science and technology administrative department shall give criticism to the nominating units and individuals that assist others in winning the Provincial Science and Technology Prizes by cheating; where the case is serious, the qualification of nomination will be suspended temporarily or withdrawn permanently; the person directly in charge and the other person directly responsible shall be given administrative sanctions according to law by the administrative department at higher level or the unit they belong to.

Article 21　The members of the Evaluation Committee or the special evaluation teams who resort to deception, engage in malpractice for self-gains or violate the evaluation disciplines in the evaluation of Provincial Science and Technology Prizes will be disqualified from the evaluation; the persons responsible shall be given sanctions according to law by the administrative department at higher level or the unit they belong to.

（江苏省人民政府（原）法制办公室，2018：408-412）

  从法律语篇的整体结构来看，汉英法律语篇文本都呈现出极强的程式化、连贯性、衔接性的特点；信息结构清晰明确，条理分明。之所以具备这些特点，主要是因为法律法规在一个国家的特殊地位和法律具有的特殊作用。法律法规翻译需要由词汇、句法的意识上升至语篇意识，法律翻译工作者除了要关注到法律法规语篇在句法、词汇等细节上的特点以外，不可忽略篇章结构对整体法律文本的影响，只有关注到语言本身特点以及法律语篇的程式化、连贯性、衔接性、信息表达完整等特点，强调语篇的整体性及层次性，把字、词、句的翻译纳入语篇这一大背景中，克服传统翻译学习中以词法、句法为框架，以单个句子为基准的模式，才足以还原法律法规语篇的功能，做到篇章功能上的对等。

结束语
法律法规翻译：规范与展望[①]

2015年以来，随着中央的简政放权政策的实施，《中华人民共和国立法法》经过修改，扩大设区的市的立法权之后，越来越多的地方获得了立法权。以江苏为例，省辖的多个设区的市获得立法权，各地的地方法规和行政规章的数量出现了井喷性的增长，法规规章的翻译工作也将相应地增长。而从当前我国各地法规规章的翻译工作整体而言，持续坚持下来每年翻译的，据笔者调研，仅有江苏、浙江和上海等部分省市，现有的翻译依然存在"总体而言，水平不高，误译错译现象较多"（董晓波，2014：84）。同时当前我国的法律翻译工作中存在的问题依然是系统性研究还不足，翻译工作缺少理论研究的指导，特别是与翻译实践相结合，对法律法规翻译工作有指导意义的专著和论文还比较少。（李德凤、胡牧，2002）尤其是21世纪以来，刚刚起步的法规规章翻译工作，其翻译研究几乎无人问津，翻译工作存在诸多不足之处。（李晋、董晓波，2015）法规规章的翻译，作为由国家组织进行的官方翻译（official translation），意义重大，影响广泛，如何使其步入正轨，是当前亟待研究和解决的问题。（陈忠诚，1992b）作为本书的小结章，笔者试从翻译规范论的角

[①] 本章主要内容曾以2篇论文的形式分别发表在《东南学术》（CSSCI刊物）2015年第5期"地方性法规规章翻译规范化和应对措施——基于江苏省法规规章翻译实践的研究"；江苏省人民政府（原）法制办编辑的《法治时代——政府法制研究》（2017专辑，南京大学出版社，2017年12月）"翻译规范论视角下的法规规章失范研究——以江苏省法规规章翻译实践为例"，作者为李晋、董晓波。

度出发，结合自己和团队十多年为江苏省人民政府组织的法规规章译审工作实践，探讨当前我国法规规章翻译中依然存在的失范现象，为未来改进我国法律法规翻译工作，实现法律法规翻译规范化提供思路和对策。

一、翻译规范理论

Schäffner & Beverly（2000）认为规范是社会中人与人之间的交往行为的准则，它能使我们的行为有可预测性。正是由于这种规范的存在，才使得人类的行为，如语言和翻译，具有可预测的规律，从而使其成为可以进行科学性研究分析的对象。对于翻译的规范，人类进行了深入的探讨，经历了多个发展阶段，形成了不同的学派。我国早期的翻译学者，如严复、钱锺书和傅雷等，主要是从语文学的角度出发，根据自身的翻译实践经验，以感悟的形式来界定规范。如钱锺书提出的"化境"说，主要关注文章字句的处理，缺乏理论应有的整体性和系统性。20世纪70年代后期我国和西方的翻译学者主要从语言学、应用语言学和语篇语言学的角度出发，如Nida的动态对等理论，主要关注如何按照特定标准，实现源语和目的语之间的等值。进入21世纪以来，一些法律翻译学者在前人的基础上进一步提出了更加细致的法律翻译的准则。比如邱贵溪（2000）提出了庄严词语的使用原则、准确性原则、精练性原则、术语一致性原则和专业术语的使用原则。李克兴、张新红（2006）提出了六项法律翻译的应用性作业原则：准确性及精确性、一致性及同一性、清晰及简练、专业化、语言规范化和集体作业。上述各种规范在推动翻译发展中具有赫赫功劳，但是他们的共同特征是希望建立一套完备的规则来解决翻译中所遇到的问题，这种规定性的翻译规范忽略了翻译在"译语文化或语境下的交际功能"，割裂了翻译与其所在社会的"社会文化意识形态的关联"。（严明，2009：169）以简练原则为例，该规则较为僵化地规定法律文本翻译的语言要简单短小，这显然是受到20世纪70年代自美国兴起的法律英语简明化运动的影响。然而当年美国兴起该运动是因为某些金融法律条款极难读懂，引发了律师和法官的不满。时过境迁，今天的法律文本所要规范的对象变得更加广泛而复杂，而且所需翻译的法律文本语言（中文）本身具有的特征以及其他多种因素都可能从根本上导致法律文本使用复杂的语言，从而保证条文准确无漏洞。机械的要求翻译语言要简单短小显然是忽视了形成翻译规范的社会发展因素。

二、我国法律法规翻译的失范

规定性翻译规范的先验性导致其具有难以克服的局限性，当前对于翻译规范的研究正在经历着从规定性研究向描述性研究的转变。在研究的过程中，一些学者注重将语言学和社会学相结合，根据具有时代和社会特征的实证来探究翻译规范，通过对于现象的描述，探究普遍规律，以帮助我们系统地预测现象的发生。提出这种翻译规范观点的主要代表人物有以色列学者Toury和芬兰学者Chesterman。Toury（1995：56-58）首先提出翻译从本质上来说是受到社会文化限制的社会活动，译文涉及两种社会文化，需要在两者间做出取舍。作为衡量这种取舍的标准，翻译的规范包含了涉及翻译文本选择因素的初级规范（preliminary norms），涉及译员在源语文本或目的语文本倾向上的宏观选择的初始规范（initial norms）以及涉及翻译活动中微观选择的操作规范（operational norms）。Chesterman（1999：9-19）深受Toury理论的影响，更加关注与翻译行为密切相关的初始规范和操作规范，并进一步把翻译的规范分为两大类：一类为期望规范（expectancy norms），指目的语读者认可的对翻译作品在语法、风格和可接受性等方面的期望，其中就包含了Toury所称的初始规范和操作规范的内容；另一类为专业规范（professional norms），它是一种由被译文读者认为是有能力的专业译员制定的过程规范，主要包括关系规范（relation norms）、传意规范（communication norms）和义务规范（accountability norms）。[1]

（一）初始规范失范

翻译的初始规范主要指译员在翻译方针与翻译直接程度方面的宏观抉择。

---

[1] 本书前面几章的我国法律法规翻译的规范研究，笔者较多地是在语言学框架下进行的规定性研究；为了避免前面研究局限性的影响，本章采用描述性研究方法，从初始规范、操作规范、传意规范和关系规范、义务规范等五个方面出发，探讨我国法律法规翻译的失范与规范化研究。

（Toury，1995）这种宏观抉择综合了历史背景、社会需要、时代条件及所面向的读者群等多种因素，并与占主导地位的社会文化发展需要紧密相关。我国目前的法规规章翻译是从21世纪开始的，由各级各地政府主导的官方翻译。与我国历史上任何一个时期的翻译活动不同，当前我国的国力日益强盛，与国际联系愈加紧密，翻译活动正由外译中向着中译外转向。在对外翻译的过程中，我们要做的不仅是简单的信息传递，而且要通过翻译弘扬中国特色社会主义核心价值观。而法规规章正是有中国特色社会主义的法律文本之一，是社会主义核心价值观的集中体现，其翻译承担着弘扬中国特色社会主义核心价值观的重任。要做好法规规章的翻译就要有效地对外传播法律信息，争取国际话语权，这要求译员不能仅仅按照直译的方法来翻译，而要进行通盘的考虑。我国的法规规章对外翻译历史短，没有形成一个完整的翻译传统，且我国法规规章必然反映出与英美等西方国家不同的意识形态，译文读者接受度可能下降，因此在翻译时要适度地调整翻译直译程度。另外我国当前的法规规章的翻译还起着对内约束来华外国人员行为的作用。作为法律文本的基本功能，约束他人行为功能的实现要求法律文本的译文说清楚什么能做什么不能做。在我国的法规规章中有不少中国特色的立法语言，由于社会差异导致目的语的语境中没有对应概念的词语。这些语言如果简单直译，就无法使得来华外国人员明确掌握法律文本所要约束的行为内容。因此在翻译时，适度地调整这些有中国特色的立法语言的翻译的直译程度也非常有必要。然而，在翻译实践过程中，拿捏好译文的直译程度对于译员来说并不容易，他们常常由于宏观抉择不当而影响译文的接受程度。

比如《江苏省国防教育条例》中提到了"拥军优属"，这个表述在英语中找不到对应的概念和现成的译文。译员考虑到这是我国的优良革命传统，在翻译时要严格准确地传递出支持军队，照顾军、烈属家庭的概念，因此给出了译文 "support the army and extend preferential treatment to the families of servicemen and martyrs"。这个译文从表面看较为全面、准确，但是其中 "martyrs" 的概念却容易引起译语读者的反感。因为这个词除了表示阵亡军人，还有殉道者的意思。在美国遭受"9·11"恐怖袭击之后，在西方媒体中martyr这个词多被用来描述恐怖袭击者，也就是我们熟知的"人肉炸弹"。试想要给恐怖分子的家属优待，恐怕西方读者无法接受吧。该译文没有恰当地调节翻译直译程度，影响了读者的接受，不利于建立起自身的话语权。不如简化为"support the army and extend preferential treatment to the families of servicemen"更容易获得读者的接受。

再如《南京市城市生活垃圾处理费征收管理办法》中提到了"暂住人口"，这也是一个极具我国地方特色的词汇。译员将其直译为"temporary population"。在朗文现代英汉词典中，temporary的意思是lasting for a short time（短时间），可是事实上许多暂住人口在一个地方居住很长时间，甚至很多年。另外，西方读者没有"暂住人口"这个概念。人们可能因为工作而随时随地搬迁到新的地方居住，所以人人都可能是temporary population的一员。这一译文只是准确地翻译了词语的表面意思，没有传递出其背后的法律概念，削弱了其作为法律的约束功能。事实上，我国的暂住人口是相对于拥有当地户口的永久居民而言的，主要指外来的打工人员，他们的工作和居住地常常不固定，相当于西方社会的"floating population"（流动人口）。因此在翻译时，译员应当结合中国的国情和译文语境中读者的习惯，翻译出读者能理解、能接受的概念，而不是找到对等的译文。

从以上两例来看，译员在翻译过程中需要做出宏观抉择时，表现得缩手缩脚，过分依赖源语字面意思，在调整翻译直译程度方面缺少应有的干预。译员没有按照预期的要求来调整翻译直接程度，使译文朝着提高读者接受程度的方向发展，这一结果在某种程度上与译员在整个法规规章翻译中的地位与身份密切相关。从表面看，译员是译文的创造者，如何干预翻译的直接程度应由译员来决定。但是实际上，翻译的整个过程总是受到"赞助人"、意识形态等外部因素的控制，而法规规章的翻译作为由政府组织的翻译活动，赞助人与意识形态方面的外部影响的作用就变得更加明显。（Lefevere，1992）译员无论是在被挑选、参与翻译，译作被审核和获得翻译质量反馈的过程中，都处于翻译活动的赞助者——官方的各种影响之下，其中官方所代表的意识形态是其中的主要控制因素。译员为了确保其译作受到赞助人的认可，更多地关注其译作是否全面反映出源语的意识形态，而主动地忽略目的语读者的接受程度。比如以上两例的译文，译者在初译阶段不敢轻易决定其译文，而是首先参考大量官方文件译本和官方名称译名，在发现国内众多的烈士陵园名称的译文和与烈士公祭相关的英文报道无一例外用到了"martyr"一词后，才决定采用该译文以保持和主流话语表达方式的一致，在初译"流动人口"时也是刻意选择更具有中国特色的译文以显示与官方意识形态一致。当然，如果源语的意识形态和目的语的意识形态无较大的差异时，这种忽略可能不会导致译作过多地违背目的语读者的期望。但是在目前的环境下，中西方主流意识形态还存在较大差异，这种对读者接受程度的忽略甚至可能导致目的语读者视我们的译文为不合格的翻译。

其次，一般而言，目前参与法律法规翻译的译员都是以中文为母语的人员，没有以英语为母语的翻译人员，这一缺陷可能导致译文非主动地忽略目的语读者的接受程度。目的语读者的接受程度受到历史、文化和社会习惯等多元因素的影响，相当复杂。且随着社会变迁，这一接受程度也相应变化。译员虽然精通英语，但毕竟不是母语使用者，不能保证准确全面地掌握目的语读者的接受程度，从而导致译员不能合理地调整翻译方针与翻译直译程度。对于目的语读者接受程度的主动忽略与被动忽略，使得我们的译文存在违反初始规范要求的弊端，这大大削弱了我们对外翻译的作用，使我们丧失通过翻译获得国际话语权的机会。

（二）操作规范失范

翻译的操作规范主要指译员在翻译活动中各种微观抉择，Toury（1995）又将其细分为矩阵规范（matricial norms）和文本语言规范（textual-linguistic norms），主要包含词语、句子、语篇结构等方面的各种翻译技巧的使用。翻译总是需要在两种不同的语言文化传统中选择自己的立场，可能会遵循源语语篇规范，可能会遵循目的语语篇规范，也可能在两者间取得某种妥协。因此操作性规范是一种起限制作用的模式，它允许译员采取某些选择而禁止其他选择。

在使用翻译技巧的微观抉择过程中,译员首先要慎重考虑翻译的总体方针,而后据此选择翻译方法,因此操作规范与初始规范之间的关系十分密切并受其影响。译员的选择结果可能是保留了源语语篇的风貌,但未能将译文引入目的语文化,而是将译文变成一种人为语言强加给目的语读者;也可能通过改写,使得译文成为符合目的语的语言、文化标准的改写本;而最理想的结果是通过适当的翻译技巧达成"充分性"和"可接受性"之间的妥协,使得译本能在目的语文化中寻求到一个合适的位置,填补其语言文化中的空缺(Hermans,1999)。在理想情况下,法律法规的翻译目标和方针就是要使译文取得"充分性"和"可接受性"间的平衡,而译员要在操作规范的指导下,选取合适的技巧来实现这一目标。但是在实践中,因为种种原因,译员违反操作规范的翻译行为比比皆是。

在词语的翻译表达上,法律法规使用了大量有中国语言和文化特色的模糊化的立法语言词语,也就是指那些"不能严格地划定应用范围而使理解变得模糊不清"的词语,给翻译用词规范带来了麻烦。(吴苌弘,2014a:24)如在法规规章责任条款中,常出现由"落实"一词组成的各种动宾短语,如"落实责任""落实措施""落实人员"。"落实"原意为实实在在地执行的意思,可直译为"implement..."。但是由于中文为意合语言,落实一词的搭配相当丰富,如译员不加甄别,采取"万能"的直译法来译"落实……",可能会造成译文搭配上的表达失当。举例而言,译员将《江苏省高层建筑消防安全管理规定》第十条中的"督促设计、施工、监理单位落实建设工程消防安全责任。"译为"supervise and urge the design, construction and supervision units to implement fire safety responsibilities of construction projects。"这里的implement responsibilities搭配就是错误的动宾搭配,译员没有考虑目的语语境中动宾结构搭配的规定和读者的接受度。同理,译员在译"落实责任"时应译为"assign ... to take on responsibilities","落实人员"应译为"appoint staff to ...","落实费用(资金)"应译为"allocate fee (fund)"。

再以法律法规翻译中的句式为例。由于法律法规的制定机构和使用语言具有较高的稳定性，在立法文本中有许多重复出现的常见句式。面对常见句式，选择正确的语法来构造译语的句子是译员的主要任务。以在立法条文中语气最强的"必须"句式为例，译员面临着两种选择，一个是"shall"句式，一个是"must"句式。由于在法律界，受到法律英语中"律师痞子语言"（lawyerism）的影响，"shall"在法律文本中的滥用现象容易影响译员对于语气差异的甄别，导致一些译员不分青红皂白，一律使用"shall"句式来翻译表示制约作用的句式。（李克兴，2007a：57）如《江苏省河道管理实施办法》第十一条中"建设单位在按照基本建设程序履行审批手续前，必须先经河道主管机关审查同意"被译为"any construction unit shall be examined and approved by the competent administrative department for river courses before going through the examination and approval formalities according to basic constructive formality"。该条款用"必须"来强调开展建设的前置条件，如用"shall"而不是"must"来翻译，那么读者将如何通过不同的语气轻重来理解该条款呢？另外，李克兴（2007a：58）通过对我国唯一一部中英双语法律《中华人民共和国香港特别行政区基本法》和《中华人民共和国宪法》的英译本的研究发现，《基本法》中"必须"译为"must"的例子超过77%，而在《宪法》的译文中"必须"译为"must"的例子高达94%。通过权威的法律翻译实践，可见含"必须"和"须"的句式的规范译法并非固定使用"must"或"shall"句式。①

从以上两个例子来看。译员在翻译技巧的微观抉择上起着极其重要的作用，最终影响着目的语读者的接受。如果译员在翻译的过程中，机械地根据某一个方针或是思想来开展翻译，而不根据社会和读者的需求来甄别适合的翻译技巧，那么其译文必将无法达到"充分性"和"可接受性"间的平衡。翻译技巧的微观抉择取决于在译员翻译方针与翻译直接程度方面的宏观抉择，因此译员应当在开展翻译工作前，准确地设定其所开展的翻译活动的目标和方针是做出适当微观抉择的前提条件之一。而在当前法律法规的翻译工作中，译员往往无法获得与翻译委托人深入交流的机会，对翻译活动的目标和方针把握常有偏

---

① 法律法规翻译中"shall"的规范使用，本书第三章有详细论述。

差,从而导致操作规范失范。另外,部分地方在开展地方性法规规章翻译的时候,按照普通商业翻译模式,将翻译工作外包出去交给社会上的翻译公司。由于我国当前对于翻译行业的管理较为松散,翻译公司所聘译员的专业水平和能力是否达到工作的要求往往难以衡量,聘用专业水平低下的译员开展法规规章翻译也是导致操作规范失范的原因之一。

(三)关系规范失范

Chesterman认为翻译中的关系规范主要指译员必须确保译文和源语之间能够建立并保持着一种适当的相关类似性。(Chesterman,1993)这条规范的一个重要的特点就是强调了适当性。这种适当性与以往强调的统一、封闭式的翻译标准(如忠实原则等)不同,它并不是固定的,而是由译员根据翻译活动的具体场合、委托人的要求、作者的意图、翻译的目的和读者的接受等因素综合而定。这一规范的特点与Vermeer(2000)等人提出的翻译目的论不谋而合,采取了相对主义的立场,强调了翻译的目的决定翻译的手段。就当前的法规规章翻译而言,其作用一是对外宣传,二是对内规范来华外国人的行为。这两项翻译的目的决定了译文和源文之间相关类似性的适当程度要确保外宣的效果,体现法治建设的成果,也要确实起到法律的约束功能。

如在法律法规翻译中,文本的句式就受到关系规范的约束,译员不应只对文本做简单的代码转换,还要考虑行文格式是否起到有效的交际作用。例如在法律法规中常有条款含有若干个条件,各条件间用分号间隔。但是在法律英语中,该类条款的倒数第二项条件后,最后一项条件前有"and"或"or"一词,以表示各条件之间的并列或选择关系。在翻译时,许多译员都忽视了这一行文规则,容易引发读者对译文的质疑,削弱外宣的效果。例如:

《江苏省献血条例》第三十一条:县级以上地方各级人民政府设立献血奖。符合下列情形之一的,由县级以上地方各级人民政府和红十字会给予表彰和奖励:

(一)无偿献血量累计一千毫升以上的个人;

(二)超额完成年度献血计划的单位;

（三）在献血宣传、教育、组织动员以及采供血、医疗临床用血工作中成绩显著的单位和个人；

（四）在医疗临床用血新技术的研究和推广中成绩显著的单位和个人；

（五）对献血事业捐赠或者作出特殊贡献的单位和个人。

Article 31 The people's governments at or above the county level shall set up blood donation awards. Any of the following circumstances shall be commended and rewarded by local people's governments at and above the county level and the Red Cross Society:

1. where the cumulative blood donation by an individual exceeds 1000 milliliters;

2. where a unit has over-fulfilled its annual blood donation plan;

3. where a unit or an individual has made outstanding achievements in the publicity, education, and mobilization of blood donation, or in blood collection, blood supply, and clinical blood use;

4. where a unit or an individual has made outstanding achievements in the research and promotion of new technologies for clinical blood use; and

5. where a unit or an individual has donated to or has made special contributions to the cause of blood donation.

再如法律文本不仅追求文字语言功能上的对等，更要求法律功能上的对等。这就要求译员对于源语文本的法律功能和目的语文本的法律功能十分熟悉，对法律和法律英语不熟悉的译员就很可能会违背翻译的关系规范。在我所著《法律文本翻译》一书中指出，我国许多译员在法律法规翻译中常犯望文生义的毛病，如将"物证"一词翻译为"material evidence"。（董晓波，2011a：82）他们认为"物"表示"物体"，"证"表示"证据"，用对应词"material"和"evidence"来翻译理所应当。此处的译文"material evidence"在目的语的立法语言和文化背景中，主要指与案件事实有关系的证据，

"material"强调证据的客观存在,而不是实物特征,既包含了物证也包含了人证,因此译文的范围远远超出了原文的范围。在法律英语中,如要表示证据的实物特征,则多用"real evidence"或"physical evidence"。

法律法规的翻译涉及跨法系交际,翻译"不仅要在语言文字层操作,更重要的是对语言表象背后的没有用文字表述出来的法律文化和法律规约要有清楚的认识"(董晓波,2015b:110)。在翻译过程中,译员要掌握好它的可操作性,就需要培养自身的法律素养,特别是涉及目的语法律体系的法律素养。我国当前的法律法规的翻译队伍主要是由翻译专业人员组成,这些人员的专业知识局限在语言领域,对于语言层面的翻译能够较好的把握。然而立法文本在形式和功能上不同于其他普通文本,缺乏法律专业素养的译员是难以完全胜任的。在提高翻译质量,避免关系规范失范方面,我们需要对现有译员进行法律专业培训,或引进有法律专业背景的复合型译员。

(四)传意规范失范

翻译的传意规范要求译员作为源语和目的语之间的沟通者,应根据翻译场合、对象等具体要求,使目的语文本的传意效果最优化。(Chesterman,1993)达到这一要求的基本前提是译员通晓源语,能充分理解源语的含义,并且熟练运用目的语来表达这一含义。在法规规章翻译中的传意规范失范主要表现为两种情况:一是译员对法规规章的理解不够充分或理解错误,导致译文含义产生偏差;另一种是译员使用的目的语表达不当,导致读者理解困难。

如译员将《江苏省实施中华人民共和国人民防空法办法》第25条提到的相关部门要组织引偏诱爆队伍直译为"relevant departments shall establish teams which can cause distraction and explosion"。即使是熟悉我国国情的目的语读者读完后也一定会问,原本进行防空的队伍为何要制造爆炸呢?我们通过查看相关军事资料,得知此术语指干扰敌方炸弹或导弹的飞行,使其不能击中目标。将此句意译成"relevant departments shall establish teams which can interfere with the missiles and bombs",就容易被读者理解了。

另外一个典型例子是罚则部分常见的"注销"和"吊销"。在翻译过程中，有译员一见到"销"这个字，就在译文统统用"cancel"来翻译，使得概念的表达混淆不清。注销是企业向登记机关申请停止经营，强调停止的结果，翻译时应使用cancel，如"注销登记cancel registration"。而"吊销"主要是指有权机关强制收回发出的印信、执照、证件等，强调拿回来的动作，翻译时使用revoke更准确，如"吊销其执照 revoke its license"。①

翻译的传意规范失范，其原因在于法律文本内部逻辑严密、用词精准，译员在翻译时稍有不慎，就会使译文信息的传递发生偏差，误导读者。译员在翻译时，要做全面解读，透彻地了解法规和规章的意图，然后再开始翻译，以避免断章取义或望文生义等错误。此外，法律文本的专业性主要体现在术语上，包括法律术语和行业术语等。法规规章对各行各业提出了细致的规定，文本中常出现专业词汇，译员要进行专业解读，并寻找规范的目的语来表达。

（五）义务规范失范

义务规范的主要内容是要求译员应抱着忠诚的、"信"的态度来进行翻译，不能撇开原文而自己另起炉灶，也不能对源文随便地改头换面。（Chesterman，1993）义务规范其实是一条翻译中的道德规范，可以防止译员为了某一目的而在翻译过程中不受限制、为所欲为。法规规章的翻译不同于普通文本的翻译，在翻译中完整、准确地再现立法意图是法律文本翻译的基本要求，译员应当在主观上力求译文与立法意图的一致性，避免各种义务规范失范。但是由于法律文本语言自身的特点，译员在翻译中出现义务规范失范的情况也比较常见。（金朝武、胡爱平，2000）

首先，译员常因为个人疏忽，对源文省译或增译，从而导致改变源文文本的意思，造成义务规范失范。如译员将《江苏省高速公路沿线广告设施管理办法》第三十二条"接报部门不作为的，举报人可以向上级监督管理部门举报"译为"Where the department that receives the report is inactive, the reporter may report it to the supervision and administration departments at the next higher level"。"上级"和"上一级"两词非常相似，仅仅一字之差，但是两者对应范围并不

---

① "注销"和"吊销"的规范化翻译，本书第五章有详细讨论。

相同，应分别译为"at a higher level"和"at the next higher level"。译文中多加的这个"next"大大限制了监管部门的范围，显然有悖于立法的原意。虽然从要求上来说，译员在工作中要仔细认真地开展翻译，避免漏译或错译，但是译员毕竟是人，总会受到各种因素如情绪、健康、环境、时间等影响而犯错，因此失范的原因在译员，但仅通过译员并不能彻底解决该问题。在现代翻译工作中，翻译任务比以往更加专业、复杂，翻译不再仅仅是依靠译员来完成了，根据相关的国家标准GB/T 19363.1[①]，翻译流程中还需要项目经理来控制各工作节点，汇总专业词汇；需要有行业专家进行审稿，避免译文有内容上的谬误；以及需要有语言专家参加审稿，确保译文的文字表达的通顺。

其次，法律法规翻译中的义务规范失范常常由于译员的信息不对称造成。尤其地方性法规规章往往主要是针对具体地域的具体事项所做的规定，而译员，甚至是审稿专家没有参加立法的过程，其掌握的信息与立法者相比严重不对称，容易造成他们对于法律文本的意思或立法意图不能完全掌握，造成出现错译。如在《江苏省著名商标认定和保护办法》的译文中，译员在不同条款中把"江苏省著名商标"译作"well-known trademarks of Jiangsu"或"well-known trademarks in Jiangsu"，可见译员无法界定"江苏省著名商标"的具体含义到底是"江苏本地所拥有的著名商标"还是"泛指一切在江苏使用的著名商标"。这个问题在一次译审人员研讨会上引起了激烈的讨论，但是由于大家都无法确定立法者本意，所以最终结论是译文要取决于立法者的立意，应建立译员和法律起草人员的联系机制，从而避免了理解上的错误。

最后，义务规范的主要内容是要求译员应抱着忠诚的态度来翻译，而对于法律法规翻译的译员来说，忠诚的对象远多于源文文本本身。法律文本是一个严格的体系，每一个法律文本都是在以前法律文本基础上的延伸，是在原有概念和思想基础上所做出的"新的开掘"。（吴苌弘，2014a：25）因此地方性法规规章应当与其各自的上位法保持一致，地方性法规规章之间也应保持一致，而法律法规规章的译文作为官方译本，应当继承这一特征，做到地方性法规规

---

① GB/T 19363.1是2008年（原）国家质量监督检验检疫总局颁布的翻译服务国家标准。

章翻译与其上位法国家法律法规官方译文保持一致,各地方之间的法规规章译文之间也保持一致。这就要求译员,尤其地方性法规规章的译员不仅要忠诚于源文文本,还要参考上位法官方译文和其他相关地方性法规规章的译文,以避免自己另起炉灶的译文破坏法律体系的一致性和统一性。但是这一要求在翻译实践中,操作难度极大。这需要译员有极高的自觉意识,主动去参考上位法官方译文和其他相关地方性法规规章的译文。在参考过程中,为保持一致,需要做大量的比对工作,任务繁重。此外,当前上位法官方译文和其他相关地方性法规规章的译文的获取渠道也不十分通畅,译员常常缺乏此类资料。比如《江苏省发展新型墙体材料条例》第一条提到其上位法《中华人民共和国循环经济促进法》。译员初译时没有查找到上位法官方译文,便直接译为"the Law of the People's Republic of China on Circular Economy Promotion"。但是国务院颁布的上位法官方译文是"the Circular Economy Promotion Law of the People's Republic of China",两种译文意思差不多,但是行文的差别必然会造成译文读者的困惑。

三、影响法律法规翻译规范化的因素

立法文本的翻译可以分为两类,一类是权威性翻译(authoritative translation),另一类是非权威性翻译(non-authoritative translation)。(Šarčević, 1994)立法文本的权威性翻译是国家立法机关通过并生效的法律译本,是同一部法律的平行译本(parallel text),其本身就是一部法律。非权威性法律文本翻译通常是指为了宣传交流等目的所作的翻译,不具有法律效力。我国的法律法规翻译就属于非权威性法律文本翻译。虽然其不具有法律效力,但是它是由国家政府机构组织进行的官方翻译(official translation)活动,代表着国家的形象和意志,在涉外法律事务中具有一定的法律效果,因此也需要追求精益求精的翻译质量,严格遵守相关的翻译规范。(陈忠诚,1992b:75—79)

对于翻译规范,如上文所述,早期的学者主要从语文学和比较语言学角度出发,关注如何按照特定标准来产生正确的译文文本,但是这种规定性翻译规范缺乏系统的理论和整体的分析,忽略了翻译在"译语文化或语境下的交际功能及其与社会文化意识形态的关联"（韩江洪，2004）。芬兰学者 Chesterman 在总结 Toury 和 Hermans 两人理论的基础上，把翻译活动中的规范分为两大类：一类为期望规范（expectancy norms），另一类为专业规范（professional norms）。（Chesterman，1998）期望规范包括了 Toury 所提出的操作规范（operational norms）和初始规范（initial norms）的内容，它是由译文读者对译作的期望组成的，比如对译文在语法、接受性、风格等方面的期待，受到译语文化中的翻译传统、经济、意识形态、权力关系等因素的影响。（Toury，1980）我国法律法规的立法工作经历改革开放40年的发展，形成了具有中国特色社会主义立法体系。但总体而言，法律法规的翻译工作系统开展的时间不长，翻译文本的数量有限，加上西方国家没有使用汉英法律翻译文本，所以还没有形成一个完整的汉英法规规章文本的翻译传统以供借鉴。同时，由于不同国家的语言文化和社会制度的差异，我国法律法规必然反映出与英美等西方国家不同的意识形态，可能会导致译文读者接受度下降。为了最大程度地遵守法律法规翻译的操作规范和初始规范，翻译人员首先应遵守普通文本翻译的各项规范，并尽量寻找目的语社会中与我国法规规章相同或接近的法律文本作为参考来探寻翻译规范。

Chesterman 提出的翻译规范还包括了专业规范（professional norms），它是职业译员在翻译行为中，被译文读者认为是有能力的专业译员，从而确立的一种过程规范，主要由专业译者制定，包括关系规范（relation norms）、义务规范（accountability norms）和交际规范（communication norms）三种。（Chesterman，1998）关系规范主要要求译者的翻译必须保证原文和译文间建立并保持着一种适宜的相关类似性。我国法律法规翻译作为官方译本，应当全面继承其作为规范性文件所应具有的一致性、权威性、专业性等特征。义务规范指译者应该抱着对原文作者、翻译委托人等相关各方忠诚的态度来翻译。就法律法规翻译来说，就是要求译员能够严格地按照原文翻译，准确地表达法律条文的内容、含义或效力，不能擅自更改。而交际规范指译者翻译时应使交际效果达到最优化，就是要求译者在翻译过程中，克服语言差异，将法律文本的信息有效地传递出去。

正如本书的研究表明：我国当前的法律法规英文译文中存在多方面、多层次的翻译失范现象①，具体而言，主要可以归纳为四类。（董晓波，2014）

第一，一致性失范现象比较明显。立法文本作为一个完整的系统，系统内部各文本间应保证一致性，但是我们发现现有的译文中存在着地方性法规规章和上位法的译文间不一致，各篇地方性法规规章的译文间不一致，以及地方性法规规章内部条款间的译文不一致等多种一致性失范情况，这违背了法律文本的"同一律"原则，大大削弱法律文本的权威性。（陈忠诚，2000b：214）

第二，存在着专业性失范现象。现有的翻译中存在着法律术语和行业术语使用不当，曲解立法意图等专业性失范现象。

第三，存在着违背义务规范要求的各种表达准确性失范现象。

第四，存在着表达效果不佳导致读者可接受性失范现象。

法律法规翻译作为一种立法文本翻译，不仅涉及语言转换，还是法律体系和文化的转换，同时还受到翻译委托人（政府）、翻译主体、上位法译文等因素的影响。这导致我国法律法规规章翻译失范的因素非常复杂，下文试图从三个方面探寻我国法律法规翻译失范的因素。

（一）翻译工作机制专业化程度参差不均

1. 翻译主体构成的专业化水平参差不均

译员是翻译工作的主体，翻译的质量很大程度上取决于选择合适的翻译主体。因此，翻译主体构成的专业化水平是从机制上保证翻译质量的第一步，而翻译主体构成的专业化水平参差不均是造成翻译失范的原因之一。就以当前我国各地开展地方性法规规章翻译工作的翻译主体构成情况为例，大致可归纳为以下三类：第一类是各地法制部门和立法机关委托本部门个人开展翻译。这些人员通常并非翻译专业人员，通常是以兼职或临时翻译的形式来开展翻译工作，难以保证翻译主体的稳定。第二类是直接外包给社会上的翻译公司。由于目前我国对于翻译公司缺乏严格有效的监管措施，不少翻译公司甚至是没有固

---

① 本书在语料库的基础上，主要从词、句式、语篇三个层次对我国法律法规翻译的失范及统一与规范问题进行了有针对性的探讨。

定译员的"皮包公司",很难判断从事翻译的译员是否具有相应的语言和法律素养。同时翻译公司属于营利组织,必然追求效率和效益,很难从根本上保证翻译的质量。第三类是从翻译和法律专家中聘请相关人员组成翻译队伍,专职从事翻译工作,可以较好地保证翻译质量,但是对于人力和物力的投入要求较高。从当前的实际情况来看,各地开展地方性法规规章翻译工作时,往往受到资源、时间、成本等客观因素的制约,其翻译主体构成多属于第一类和第二类的情况,只有少数发达地区属于第三类情况,能够组织固定、专业的翻译队伍。这一情况导致翻译工作通常在"开放性的环境下实施",具有"临时性和风险性的特征",是造成译文的一致性失范现象的主要原因。(蒲欣玥、高军,2014)

首先,翻译主体构成的专业化水平参差不齐导致了上位法译文和地方性法规规章译文间的一致性失范。许多地方性法规规章,如各种条例、规定和办法,是根据国家层面的法律制定的具体的实施细则。对于同一条文,在上位法已有官方译文的情况下,地方性法规规章的译文也应当保持与上位法译文一致。但是在缺乏固定、专业的翻译主体的情况下,临时接受翻译工作的译员往往缺乏对整个法律翻译体系的了解,会忽视上位法官方译文,对有上位法译文的内容另起炉灶。当地方性法规规章译文的读者按照译文去查询相应的上位法,那么可能很难找到相应的文本。

其次,翻译主体构成的专业化水平参差不齐导致了各地方性法规规章译文之间的一致性失范。法律文本作为一个极为严谨的体系,各文本间的行文具有一致性。各篇地方性法规规章文本及其翻译文本也应遵守这一要求。但是在缺乏固定、专业的翻译主体的情况下,很难要求和控制临时性的译员在翻译中保持各法规规章译文间的一致。比如《江苏省社会保险费征缴条例》和《江苏省职工生育保险规定》都提到了"社会保险费",但是译文分别是"social insurance contributions"和"social insurance premium"。由于两部条例同属一个地区,目标读者群相同,文本间的一致性失范极大地损害了地方性法规规章的权威性。这一失范主要是由于在开放性环境下,翻译主体的差异所带来的临时性风险所造成的。

最后,翻译主体构成的专业化水平参差不齐导致了地方性法规规章译文内部一致性失范。地方性法规规章文本包含若干条款,这些条款之间相互关联,可以视作形成了一个系统,所以各条款及其译文均应当保持前后一致。固定、专业的翻译人员队伍通常能够集中开展翻译工作,由于时间跨度小,人员专职开展翻译工作,一般能够较好地保证译文内部的一致性。但是在翻译主体具有临时性和流动性特征时,由于译员以临时或兼职的形式开展翻译,无法获得集中的工作时间,完成翻译的时间跨度大,译员常会忘记先前的译法,造成前后译文不一致;也有一些承接翻译的翻译公司,因缺少固定译员或追求效益,将翻译拆分外包,甚至是逐级外包,导致前后译文不一致,严重影响文本的准确性。

2. 译审项目管理专业化水平参差不均

西方翻译学者 Giammarresi 指出,现代翻译工作正在由传统的注重个人翻译的模式转向大规模、专业性的项目翻译,更加注重翻译环境建设和项目管理。(Giammarresi,2011)当前在我国,由于以译员为核心的传统的翻译观念还比较根深蒂固,以及出于费用、成本等方面的考虑,在各地开展地方性法规规章翻译工作中,译审项目管理专业化水平参差不均。有的地方依然采取个人翻译方式,完全没有形成团队,更谈不上管理;有的地方组成团队,但是缺乏管理,组织者只是安排任务,没有真正组织译员协作完成翻译;有的地方没有确立严格的校审环节,校审过程缺乏专家参与,无法从专业层面对译文把关;也有少数地方在地方性法规规章翻译工作中,能够给予全面的人力和财力上的支持,安排专门人员担任项目经理实施组织工作,并聘用行业专家和语言专家完成校审工作,形成一套完整的项目管理机制。

3. 立法相关机构的专业支持不足

法律法规翻译工作的机制建设,需要获得来自立法相关机构的专业支持。但在目前的情况下,译员能够获得的这种专业支持非常有限,多数地区在开展地方性法规规章翻译时,还未建立起译员和立法相关机构的联系机制。对于地方性法规规章翻译来说，其翻译质量受到地方性法规规章本身的立法意图、上位法的立法意图和官方翻译传统的影响。现代社会专业化程度不断加深，法律立法工作具有极高的专业性，法律条文（包括译文）的含义和立法意图等往往复杂精深，有时立法机构还需要另外做出专门的司法解释。但是在翻译工作中，译员通常无法参与立法过程（或上位法官方译文翻译过程），不少译员也缺乏足够的法律专业知识，因此他们要全面理解法规规章条文的立法意图并做出准确翻译，就需要与地方性法规规章和上位法的立法机构以及相关法律条文的翻译负责机构建立沟通渠道。在缺少立法相关机构专业支持的情况下，仅靠翻译主体构成和翻译过程中的译审项目管理，还无法从根源上保证翻译的准确性和规范性，译文必然受译员的个人专业水平限制而存在诸如曲解立法意图等各类失范问题。

（二）复合型法律翻译人才培养不足

法律法规翻译是一项跨学科的工作，通常要涉及语言学、翻译学和法学三个学科门类。正如我在《法律文本翻译》一书中所言："一个成功的法律翻译译者必须是高素质的复合型人才，是法学家的同时，还必须是双语语言学家。"（董晓波，2011a）我国目前各地复合型法律翻译人才奇缺，远远不能满足我国法律法规翻译工作的需要。

第一，当前翻译专才培养不足。在高等教育体系中，翻译长期作为外国语言文学的一个分支，没有建立起独立的学科体系，翻译教学在外语专业教学中只占一小部分。外语专业虽然培养出不少人才，但外语人才并不等于翻译人才，高校培养出的译员人数偏少。以江苏为例，全省共有普通高等学校134所，其中开设翻译专业的学校仅有南京大学、东南大学、南京师范大学、苏州大学等几所综合性院校，而其中提供法律翻译方向教学的仅有南京师范大学一家。此外，现阶段的翻译专业教学还有"培养学术化"的倾向，重理论研究，轻翻译实践，一些培养出的人才依然难以达到职业译员应有的水平，无法胜任翻译工作。

第二，具备多学科专业知识人才不足。合格的复合型法律翻译人才需要具有多学科专业知识。但我国的高等教育体系中传统教学都是专业化教学,跨学科教育,特别是横跨语言学、翻译学和法学等多个学科的教育非常少,具有扎实的语言学、翻译学和法学素养的人才难得一见。因此,参加地方性法规规章翻译工作的译员多为具有单学科专业知识的人员。以江苏省地方性法规规章翻译工作为例,参与法规规章译审的人员主要分为三类:第一类是外语方面的专业人员,第二类是翻译方面的专业人员,第三类是法学专业人员。这些翻译人员由于自身专业知识的局限性,在过程中容易因其他学科素养的缺乏而产生误解、误译等一系列问题。

第三,在法律翻译人才的培养过程中,译员对西方立法语言和文化的研究不足,容易忽视译文实际的读者(西方人)的语言和文化接受程度,导致译文的失范。

一是在不同立法体系中,术语的确立有其独特的立法语言和文化背景,看似差异微小的术语背后含义可能相差甚远。如果从日常英语的角度来理解和翻译法律术语,往往会忽略术语的独特性而产生出违背期望规范的误译。

二是我们常常忽视西方立法语言和文化背景下的读者接受。在不同语言和文化背景下的读者对于立法文本的接受程度,受到读者所在社会、政治和经济环境的影响。我们在开展法律文本翻译时,常常将关注点放在词义和语法等层面,而忽视了同一概念在不同读者群中的接受程度,往往导致接受性失范。

(三)我国法律法规规章翻译标准缺失

当前我国翻译界广泛接受的翻译基本标准是严复的"信、达、雅"和 Nida 的"功能对等"。(Nida & Taber,2004)但是法律法规的语言与其他语言相比,更加注重的是其法律语言的准确性和严密性,而非行文的优雅,其译文也常常难以做到"信"和"雅"兼得,一般来说,应该舍"雅"而取"信"。作为立法文本,地方性法规规章的翻译语言所要达到的目标也不仅仅是语言层面的功能对等,更强调的是实现法律功能的对等。对于法律文本的特殊性,一些学者提出了更加细致的翻译准则,比如邱贵溪提出了法律翻译的五项原则:庄严词语的使用原则、准确性原则、精练性原则、术语一致性原则和专业术语的使用原则。（邱贵溪，2000）李克兴、张新红提出了六项法律翻译的应用性作业原则：准确性及精确性、一致性及同一性、清晰及简练、专业化、语言规范化和集体作业。（李克兴、张新红，2006）现有的法律文本翻译准则进一步丰富和完善了原有的翻译标准，提高了法律文本翻译的可操作性，但是这些原则性的翻译标准依然存在着一些弊端。

首先，这些标准依然属于学术界的范畴，缺乏统一性和权威性。比如邱贵溪和李克兴都强调了一致性原则，但是在实践中我们发现各地方所作地方法规规章翻译，甚至是同一地方所作的各篇地方法规规章翻译之间都出现了不一致的译文，可见从事地方性法规规章的译员不一定都熟知这些准则并愿意严格参照这些准则开展翻译工作。地方性法规规章作为一种地方颁布的法律文本，其翻译的标准应由具有权威的国家机构制定、公布并要求各级地方性法规规章的译员参照进行翻译工作。

其次，现有的标准依然过于抽象，缺乏全面而具体的标准，不利于译员运用到翻译实践中去。比如邱贵溪和李克兴都强调了译文要精练或简练，这一原则源于20世纪70年代美国兴起的法律英语简明化运动，要求法律语言简单明了，使办事的人都能看懂。但是在翻译中，译员所面对的地方法规规章中具有各种各样的情况，如何使译文又准确又简明，译员还要进行一一分析推敲，其中的"度"很难拿捏。为了摆脱原则性标准抽象的缺点，一些部门和地方采用了汇编的形式将常见的法规规章词语和句式的译法确定下来，作为标准供译员们参考，如1998年国务院原法制办公室法规译审和外事司联合编写出版了《中华人民共和国法律法规汉英对照词语手册》，2005年国务院原法制办公室法规译审和外事司又编译了《法规译审常用句式手册》。可惜的是之后几年，这些标准没有及时更新补充。随着社会的高速发展，地方性法规规章中新的词汇和句式不断涌现，原有的翻译标准已经难以满足当前翻译工作的需要，译员依然缺少全面、权威、具体的译文标准，在一定程度上为地方性法规规章翻译中的一系列问题埋下了隐患。[①]

最后，现有的手册形式的标准依然有使用效率不高的问题。随着社会专业化的进一步发展，翻译中涉及术语和句式将越来越多，现有手册形式的翻译标准需要译员在翻译中反复查阅标准译法，而反复查阅将耗费较长的时间，不利于提高工作效率。同时在使用手册的过程中，存在着查询困难的问题。手册中的术语是按照第一个字的笔画或拼音顺序排列，查询时可按照排序查找到译文，难度相对较低。而在手册中，固定句式的顺序是随机排列的，在查找时较为困难，需要耗费较长的时间，往往导致一些译员懒得查手册，致使译文有误或缺乏一致性。

四、我国法律法规翻译统一与规范化的应对措施

全球化、世界一体化不仅为翻译提供了广阔的发展前景，也为其赋予了更加宏大的使命。翻译是推动人类文化进步的重要力量，在"中华文化走出去"、"一带一路"倡议、"构建人类命运共同体"，新时代的历史方位为法律翻译研究提出了更高的要求，我国的法律法规作为国家治理的主要手段，是中国智慧的体现，中国已经成为世界第二大经济体，在国际社会承担起越来越重要的责任，扮演着越来越重要的角色。然而，中国的国际话语权却与经济发展很不相符。党的十九大报告中提出，推进国际传播能力建设，讲好中国故事，展现真实、立体、全面的中国，提高国家文化软实力。讲好中国故事，传播好中国声音，就是一个主动建构话语的过程，搞好法律法规的对外翻译工作，有利于阐释中国国家治理的经验，推动全球治理体系深刻调整，朝着"人类命运共同体"的方向发展。

[①] 为了进一步提高江苏省地方性法规规章的翻译质量，确保译文的准确性、统一性，2018年10月江苏省人民政府（原）法制办公室与江苏省地方性法规规章译审专家团队，以近十年翻译的地方性法规规章为基础语料，选择了江苏省地方性法规规章在翻译过程中常用的法律术语、惯用词汇3000个，常用句式90条，编辑成《江苏省法规规章译审术语和句式手册》，供法规规章译审人员和广大中外人士参阅。

(一)全面提高我国法律法规翻译专业化程度

Giammarresi 指出,现代翻译工作正在由传统的注重个人翻译的模式转向注重翻译环境建设的大规模、专业性翻译。就翻译环境而言,传统的翻译模式在"开放性的环境下实施",具有"临时性和风险性的特征"(蒲欣玥、高军,2014),不能适应我国法律法规翻译的要求。专业化的法律法规翻译首先需要确立"干系人",建立起相对固定的专业团队。(Project Management Institute,2008:4)尤其是我国地方性法规规章翻译工作需要招聘经验丰富的译员组成法规规章翻译组,负责完成初译工作。同时需要聘请法学和语言专家组成校审组,在法律和语言层面进行专业评审。最后还需要精通英文和法律的工作人员做终审,负责对通过专业评审的译稿做最后的语言校对和润色。通过形成一整套严格的"初译—专业评审(一审)—终审(二审)"译审协作机制,来保障译文的质量。

随着社会的发展,行业划分越来越细化,尤其我国地方性法规规章翻译中涉及越来越多的法律术语和行业术语,单个译员的有限的知识、经验难以适应行业的高速发展。同时,翻译的规模在扩大,参与的译员人数众多。这些新的变化趋势要求现代翻译通过项目管理提高翻译效率和质量。在项目管理过程中,有两个节点对于从翻译工作的机制上确保翻译质量,具有非常重要的作用,一个是组织译审人员进行专业词汇汇总,另一个是安排行业和语言专业评审。组织所有译审人员进行专业词汇汇总,可以充分发挥专业协作的力量,快速准确地找出法律术语和行业术语对应的译文。在初译结束后安排行业和语言专业评审,借助专家的力量来对法律所涉及的专业内容把关,可以从管理过程中控制翻译的质量。法律法规翻译需要建立严格的译审项目管理制度,为翻译工作创造良好的翻译环境,运用项目管理技术提高译审工作的效率和质量。在译审项目管理上,根据相关的国家标准(GB/T 19363.1),应由项目经理在译审流程的各个节点,组织开展规划、监控、交流、收尾等工作。项目经理在启动翻译工作时,首先召集初译译员,根据个人的专业背景与经验,分配相应的法律法规翻译任务。在翻译开始后,项目经理要组织译员进行专业词汇汇总,定期联络译员，检查工作进度，询问译员是否有各种困难，并通过相应渠道解决问题。在译员完成初译后，由项目经理将初译稿提交给校审组进行行业和语言专业评审。专业评审完成后，项目经理将一审稿送终审人员进行定稿。最后项目经理要安排技术人员对终审稿进行排版印刷或上传政府相关网站向社会公示。

在形成"初译—专业评审—终审"内部协作机制外，还应建立翻译项目的立法机构专业支持机制，如建立译审人员与立法相关工作人员沟通交流的渠道，定期邀请上级法制部门或立法部门的翻译专家进行指导，与兄弟省市法律翻译部门开展交流活动，从而使译审人员在交流中获得有益的信息和经验，在准确性、一致性等方面提高译文的质量。以江苏省地方性法规规章翻译工作为例，自 2011 年开始起，参照译审项目管理制度的要求，组织翻译经验丰富的译员组成了初译组，聘请了多位具有高级职称的具有法学教育背景的英语专家组成专业校审组，并由省（原）法制办精通英文和法律的专业人员担任终审。江苏省（原）法制办还派出了一位行政人员担任项目经理的角色，在译审过程中进行组织协调。整个译审项目过程一般需三至五个月，虽然程序复杂，时间较长，但是保证了译文的质量，受到涉外单位和外资企业的好评，在全国法制工作会议上也得到国务院相关部门领导的肯定。江苏省地方性法规规章翻译工作取得的较好效果，在翻译过程中确立的"初译—行业评审—终审"+"项目管理"+"立法机构专业支持"新型工作机制，可为其他省市开展规范化的地方性法规规章翻译工作提供参考借鉴，促进全国的地方性法规规章翻译工作走上专业化道路。

（二）加强复合型法律翻译人才培养

面对复合型法律翻译人才的不足，加强法律翻译学科方向建设是一个重要的解决途径。

近十年来，部分国内高等院校才开始将翻译作为一门独立的学科发展，培养的翻译人才逐年有所增加。但是通过正规大学教育，特别是专业学位研究生教育（MTI）培养出的翻译人才依然比较少，而其中从事法律翻译的人才少之又少。与人才的缺乏对应的是需求的不断增长。进入 21 世纪以来，政治、经济和文化的全球化程度不断加深,我国的国际地位不断提高,翻译需求随之增长,翻译工作"向着对外提供信息,解释理念,掌握对外话语权的方向发展"(李正栓、李娜,2014)。近年来随着国家将立法权下移,更多的地方将制定地方性法规规章,这就需要更多的翻译人才开展法律翻译工作,及时、准确、全面地将我们的法律信息传播出去。面对社会对法律翻译人才的需求,有条件的高校应当加强法律翻译学科的建设,通过开展翻译专业学位研究生教育(MTI),增加法律翻译专业人才的培养。

法律翻译人才培养也可以采取"双学历"人才培养模式。法律文本的翻译主要要求译员有较高的外语表达能力和法律素养,具有外语专业和法律专业学历的"双学历"人才也能较好地胜任翻译工作。在江苏省地方性法规规章翻译工作中,起带头作用的译审专家是具有法学博士学位、美国著名大学法学院博士后经历的外国语学院的英语教授,因此能较为全面地满足法律文本翻译的要求。在当前法律翻译人才培养不足的情况下,有条件的高校可以考虑整合现有的教育资源,鼓励语言学学生和法学学生兼修第二专业,从而培养出一批"双学历"人才,以满足社会对法律翻译人才的需求。参与翻译工作的在职人员可以通过参加在职培训,提高本人专业以外的知识和能力,如接受前文中提到的上级法制部门或立法部门的翻译专家的指导,与兄弟省市法律翻译部门开展交流活动等。当然每位在职人员情况各异,还应鼓励他们根据自身情况开展自学或参加系统性的学历学习。

此外,为了更好地使我们的法律文本翻译被译文读者接受,增强我们的译文话语权,我们的译员不仅需要熟悉本国法律知识,还要熟悉西方法律知识。在法律翻译教学中,可以借助 CBI(以内容为依托的教学)教学方式,细致地阅读、学习大量西方法律条文的行文和含义,使译员掌握其立法语言和文化特色,使译文与西方立法语言和文化更好地衔接。

(三)引进高科技数字技术

1. 构建统一的数字化法律法规翻译标准平行语料库

一套权威统一的、操作性强、高效的标准是保证翻译质量的重要条件。由于这套标准需要权威统一，所以应由国家立法机关或国家级法制部门（如中华人民共和国司法部）牵头组织各地法规规章翻译部门对标准译文进行汇编，并随着时代发展不断更新和增加其内容。现代社会已经进入了数字化的时代，缺乏数字技术的辅助，完全基于人力的翻译标准查阅的效率将非常低。西方学者 Hasselgard 的研究发现，借助计算机数据库技术建立平行语料库可以大大提高翻译研究的效率。因此在汇编法律文本标准译文时，可将其建为数字化平行语料库，提高译员查阅的效率。（Hilde, 2012）当译员对原语中构式 A 的语义与对应译文缺乏判断时，可以通过观察语料库中构式 A 与对应译文中的构式 B 或构式 C 等的规模，来明确原文的语义及原文和译文间的对应关系。

2. 运用计算机辅助翻译

计算机辅助翻译（Computer Aided Translation，简称 CAT）的应用是当前翻译界的重要进步之一。它既不同于大众常用的电子词典，只能进行简单机械的单词或词组翻译，也不同于机器翻译（Machine Translation），试图"通过完全自动化的翻译过程来取代人工翻译"。CAT 运用一种基于语料库的计算机辅助翻译软件来"提高翻译效率，优化翻译流程"。它的核心组成部分主要包含翻译记忆系统、术语管理工具、对齐工具和项目管理工具。在建立了一定数量的中英文对照的语料库之后，计算机辅助翻译软件能够迅速地比对待翻译的文字和语料库中的资料，将相同或相似度高的译文显示出来或直接进行翻译。也就是说语料库越丰富，需翻译的文字越规律、重复率越高，那么软件的辅助翻译效果越好，而这种特性就非常适合于法律文本的翻译。当前在国际翻译软件市场上出现了众多CAT软件，如德国的塔多思（Trados）、法国的 DéjàVu 和 Wordfast、国产的雅信、永利、赛迪、雪人等等。西方发达国家，CAT 软件的使用率很高，根据英国学者Lagoudaki在2006年对西方译员所做的一项调查显示，塔多思的使用率为 51%，DéjàVu 的使用率为 23%，Wordfast 的使用率为 29%，而 53% 的译员甚至使用了一种以上的CAT 软件。反观国内的译员和翻译机构，均不太重视CAT 软件的应用。我国学者侯晓深等在 2008年所做的一项调查结果显示仅有66% 的受访译员使用 CAT 翻译工具。

使用CAT软件,可以降低译员工作强度,避免人工记忆误差,其翻译速度和效率与人工翻译相比可提高2倍以上。由于CAT软件的使用是基于记忆库数据文件的,所以只要推广CAT软件,在译员间共享数据库,就可以从技术上保证上位法和地方性法规规章之间以及各省市的地方性法规规章之间的术语与句式的准确性和一致性。随着数据库的不断壮大,翻译的速度和效率也将不断提升。这使得我们可以预见,CAT的使用将为地方性法规规章翻译的规范之路提供技术上的保障。

五、展望

自改革开放以来,我国法治建设取得了举世瞩目的成就,随着法治建设的深入和对外交往的扩大,我国立法文本(法律法规)的翻译工作面临巨大挑战。国内学者所做相关研究显示我国法律翻译总体质量不高,面临的困境主要是术语对等、人才培养、技术、策略等难以符合当前社会要求。(吴苌弘,2014b;董晓波,2014;赵军峰、郑剑委,2015;李晋、董晓波,2015) 经过近十多年的实践,我国法律法规翻译工作虽然取得了一些成绩,正如上文所述,但是仍然存在着不足和困难:一是译审、翻译队伍现状堪忧——外聘专家队伍后继乏人,内部专职翻译人员亟须培养。二是法律法规翻译亟须可遵循的规范标准。法律法规翻译不同于文学翻译中百花齐放、百家争鸣的情况。法律翻译从严格意义上讲,是对法律条文内涵的再阐释,其应该与立法原意保持高度一致。

随着我国法律体系的逐步完善,国家赋予各地更多的地方立法权,全国各地的地方性法规规章数量不断增长,不仅多个省、自治区和直辖市开展了翻译工作,一些有立法权的设区的市也开始了地方性法规规章的翻译工作,我国地方性法规规章的翻译工作必将获得更多的关注。在我国当前的地方性法规规章翻译工作中,还存在着多种翻译失范现象,严重影响了译文作为官方译本所具有的一致性、准确性和权威性,因此如何实现翻译规范化是我国法律法规规章翻译中需要重点关注的对象。

我们知道，法律法规的翻译是推动中国法律话语"走出去"复杂的系统工程的重要组成，需要方方面面共同努力。①

从国家层面看，要从增强国家文化软实力和中华法律文化国际影响力的战略高度，把提高法律翻译能力和法律翻译人才培养作为一项长期、系统、战略性的工作来抓，从教育资源安排、学科设置、重大国家级翻译项目的策划、翻译事业与翻译产业的规划与管理、翻译水平评价体系与权威发布等诸多方面进行统筹规划，科学布局。

首先，立法、司法、执法、外交、对外贸易、外宣等部门要与学术研究机构紧密配合，构建跨部门协调机制，制定规范的法律法规翻译参考文本，确保翻译工作的权威性。

其次，在高校及科研机构中进一步投入力量加强有关学术研究，注重法律和外语复合型人才培养，着力推出一批既具有良好外语素质又了解不同法系特点，且有翻译理论和实践经验的法律翻译专家。

再次，推动中国法律话语"走出去"要解放思想，树立国际化法律翻译人才观。在思考"中国法律文化如何走出去"的问题时，要树立国际合作观念，团结和依靠国外广大从事中译外工作的汉学家、法学家、翻译家，加强与他们的交流和合作，摒弃那种以为向世界译介中国法律文化、传播中国法律话语"只能靠我们自己""不能指望外国人"的传统偏见。为了让中国法律话语更有效地"走出去"，一方面要鼓励专家学者创造出更多反映我国现实状况的独创性成果，注重对中华法系传统法律文化中精华部分的研究和借鉴，明确我国法律领域独特的价值和理念，在国际社会中获得认可并扩大传播。另一方面要加强与国际一流翻译学院和专业法律翻译机构的交流与合作，创办具有中国特色的高端法律翻译研修学院，加大对包括海外汉学家、法学家、翻译家在内的"中译外"高端法律翻译人才的研修培训和继续教育，提升他们对中国国情、中国法律文化的认知水平和对中外文化与语言的驾驭能力，研讨解决他们在跨

---

① 本章以下内容曾发表在《中国社会科学报》2018年06月26日语言学版，题目为"法律翻译为全球治理贡献中国智慧"，作者为董晓波。

文化交流和双语翻译中遇到的困难与问题，不断提升"中译外"法律翻译高端人才的素质与水平，并由此建立起中外法律翻译专家优势互补、资源共享、紧密合作的机制，拓展高端"中译外"法律翻译人才队伍的内涵和外延，为中国法律翻译、法律话语传播事业的发展提供丰厚的资源和扎实的基础。

最后，推动中国法律话语"走出去"，要加强对法律翻译队伍建设和法律翻译事业发展的统筹规划，特别是加大对"中译外"法律翻译人才队伍建设的重视和支持力度，通过组织、策划更多的国家级"中译外"法律翻译项目，广泛吸引和凝聚海内外汉学家、法学家、翻译家的积极参与；通过制定、完善、规范法律翻译产业与法律翻译事业发展相结合的标准与条例，建立中译外高端法律翻译人才遴选机制、优秀法律翻译作品评选机制以及"中译外"初译、译审、定稿机制等一系列高端法律翻译工作机制，为鼓励更多高素质人才长期投身"中译外"法律翻译事业，激励高端法律翻译人才队伍建设，提供良好的制度环境和资源支持。

总而言之，作者基于江苏省地方性法规规章翻译实践的我国法律法规翻译的统一与规范化研究，从人员、技术、管理、标准等多个方面，为我国法律法规翻译规范化提出了新的思路和借鉴参考。但是我们也认识到，我国法律法规规章翻译工作与其他领域的翻译相比，还是一个刚刚起步的新事物，还需要从事法律翻译研究的学者们进行更广泛、更深入的探讨与交流，共同提高翻译和翻译研究的水平。①

---

① 本书在各章讨论中选用了许多法律法规规章的英文译文，由于法律翻译的复杂性和专业性，并不代表笔者完全认可这些译文的译法，法律翻译无止境，尽善尽美是永久追求也是永久达不到的目标。

参考文献

[1] Ainsworth, Janet. Lost in Translation? Linguistic Diversity and the Elusive Quest for Plain Meaning in the Law[A]. in Le Cheng, King Kui Sin & Anne Wagner (eds.) *The Ashgate Handbook of Legal Translation* [C]. Farnham/ Burlington: Ashgate, 2014.

[2] Asprey, M. Shall Must Go [J]. *The Scribes Journal of Legal Writing*, 1992 (3) .

[3] Austin, J.L. *How to Do Things with Words* [M]. Oxford: OUP, 1962.

[4] Baker, Mona. Corpus Linguistics and Translation Studies: Implications and Applications [A]. In M. Baker, G. Francis, E. Tognini-Bonelli (eds.) *Text and Technology: In Honor of John Sinclair* [C]. Amsterdam: John Benjamins, 1993.

[5] Baker, Mona. *Routledge Encyclopedia of Translation Studies* [Z]. Shanghai: Shanghai Foreign Language Education Press, 2004.

[6] Beaugrande, Robert de. *Factors in a Theory of Translating* [M]. Assen: Van Corcum, 1978.

[7] Beaugrande, R. D. & W. Dressler. *Introduction to Text Linguistics* [M]. London: Longman Group Limited, 1981.

[8] Berk-Seligson, S. *The Bilingual Courtroom* [M]. Chicago: The University of Chicago Press, 1990.

[9] Bhatia, Vijay K. *Analyzing Genre: Language Use in Professional Settings* [M]. London: Longman, 1993.

[10] Biel, L. Organisation of Background Knowledge Structures in Legal Language and

Related Translation Problems [J]. *Comparative Legilinguistics*, 2009 (1).

[11] Buchin, N. and Seymour, E. Equivalences or Divergences in Legal Translation? [A]. in A. Tosi (ed.) *Crossing Barriers and Bridging Cultures: The Challenges of Multilingual Translation for the European Union* [C]. Clevedon: Multilingual Matters, 2002.

[12] Cao, D. *Translating Law* [M]. Clevedon, UK: Multilingual Matters, 2007.

[13] Carston, R. Relevance Theory [A]. In G. Russel & D. Fara (eds.) *The Routledge Companion to Philosophy of Language* [C]. New York: Routledge, 2012.

[14] Celce-Murcia, M & Rosensweig, F. Teaching vocabulary in the ESL classroom [A]. In M. Celce-Murcia & L. McIntosh (eds.) *Teaching English as a Second Language* [C]. Rowley, Mass.: Newbury House Publishers, Inc.1979.

[15] Chesterman, A. From "Is" to "Ought": Translation Laws, Norms and Strategies [J]. *Target*, 1993 (5).

[16] Chesterman, A. Description, Explanation, Prediction: A Response to Gideon Toury and Theo Hermans [J]. *Current Issues in Language and Society*, 1998, Vol. 5, No 1&2, 25-36.

[17] Chesterman, A. The Empirical Status of Prescriptivism [J]. *Folia Translatologica*, 1999 (6).

[18] Clapp, James E. *A Dictionary of the Law* [Z]. New York: Random House, 2000.

[19] Crystal, D. & Davy, D. *Investigating English Style* [M]. London: Longman Group UK Limited, 1969.

[20] Dickerson, R. *The Fundamentals of Legal Drafting* (2nd ed.) [M]. Boston: Little, Brown, 1986.

[21] Dollerup, Cay. Translation and "power" at the European Union [J]. *Current Writing: Text and Reception in South Africa*, 2002, 14 (2).

[22] Fowler, R. *Linguistic Criticism (*2nd Edition) [M]. New York: Oxford University Press, 1996.

[23] Frederick, B. *Linguistic Aspects of Legislative Expression* [M]. New York: Macmillan, 1989.

[24] Gadamer, H. G. (ed.), Barden, G. & J. Cumming (trans.). *Truth and Method* [M]. London: Sheed and Ward, 1975.

[25] Garner, A & Bryan. A. *Dictionary of Modern Legal Usage* (2nd ed.) [Z]. New York: OUP, 1995/2003.

[26] Garner, A. & Bryan A. *Black's Law Dictionary* (9th ed.) [Z]. St. Paul: West Publishing Co., 2009.

[27] Giammarresi, Salvatore. Strategic Views on Localization Project Management [A], in Dunne K. and Dunne E. (eds) *Translation and Localization Project Management* [C]. Amsterdam: John Benjamins Publishing Company, 2011.

[28] Hall, S. Encoding, Decoding [A]. In Stuart Hall, Dorothy Hobson, Andrew Lowe and Paul Willis (eds.) *Culture, Media, Language: Working Papers in Cultural Studies 1972-79* [C]. New York: Routledge, 1992: 23-35.

[29] Halliday. M.A.K. *An Introduction to Functional Grammar* [M]. London: Edward Arnold Ltd. Beijing: Foreign Language Teaching and Research Press, 2000.

[30] Halliday. M.A.K., McIntosh, A.&. Strevens, P. *The Linguistic Sciences and Language Teaching* [M]. London: Longman, 1964.

[31] Halliday, M. A. K. & R. Hasan. *Cohesion in English* [M]. London: Longman Group Limited, 1976.

[32] Halliday, M.A.K. & R. Hasan. *Cohesion in English* [M]. Beijing: Foreign Language Teaching and Research Press, 2001.

[33] Hatim, B. & I. Mason. *Discourse and the Translator* [M]. London: Longman Group Limited, 1990.

[34] Hermans, Theo. *Translation in System: Descriptive and Systematic Approach Explained* [M]. Manchester: St. Jerome Publishing, 1999.

[35] Hilde Hasselgard. Using Parallel Corpora in Contrastive Studies: Cross-linguistic

Contrast of Future Referring Expressions in English and Norwegian [J]. 外语教学与研究, 2012 (1).

[36] Jorge J.E. Gracia. *A Theory of Textuality: The Logic and Epistemology* [M]. New York: State University of New York Press, 1995.

[37] Kenny, D. CAT Tools in an Academic Environment: What Are They Good For? [J]. *Target*, 1999 (1).

[38] Kimble, Joseph. *The Many Misuses of "Shall" in Scribes J.* [M]. Legal Writing, 1992.

[39] Koskinen, Kaisa. Institutional Illusions: Translating in the EU Commission [J]. *The Translator,* 2000 (1).

[40] Lagoudaki, L. *Translation Memory Systems: Enlightening Use's Perspective*[M]. Imperial College London, 2006.

[41] Lefevere, Andre. *Translation, Rewriting and the Manipulation of Literature Fame* [M]. New York: Routledge, 1992.

[42] Maley, Yon. The Language of the Law [A]. In John Gibbons (ed.). *Language and the Law* [C]. London, 1994.

[43] McCarthy, M.J. *Vocabulary* [M]. Oxford: Oxford University Press. 1990.

[44] Mellinkoff, David. *Language of the Law* [M]. Texas University Press, 1953.

[45] Nida, E. A. & Taber C. R. *The Theory and Practice of Translation* [M]. Shanghai: Shanghai Foreign Language Education Press, 2004.

[46] Noel, D. Translations as Evidence for Semantics: An Illustration [J]. *Linguistics,* 2003 (4).

[47] Nord, Christiane. *Translating as a Purposeful Activity* [M]. Manchester: St. Jerome Publishing, 1997.

[48] Osborn, Andrew. Anger as Kinnock Puts EU Tongues in Check [N].*The Guardian*, August 15, 2001.

[49] Pinkham, Joan. *The Translator's Guide to Chinglish* (中式英语之鉴) [M]. 姜桂

华, 校. Beijing: Foreign Language Teaching and Research Press, 2000.

[50] Prieto Ramos, Fernando. Developing Legal Translation Competence: An Integrative Process Oriented Approach [J]. *Comparative Legilinguistics*, 2011 (5).

[51] Prieto Ramos, Fernando. Parameters for Problem-solving in Legal Translation: Implications for Legal Lexicography and institutional Terminology Management[A], in Le Cheng, King Kui Sin & Anne Wagner (eds.) *The Ashgate Handbook of Legal Translation* [C]. Farnham/ Burlington: Ashgate, 2014.

[52] Project Management Institute. A Guide to the Project Management Body of Language [Z]. Project Management Institute, 2008.

[53] Rayo, A. A Plea for Semantic Localism [J]. *Noûs,* 2013 (4).

[54] Recanati, F. *Literal Meaning* [M]. Cambridge: Cambridge University Press, 2004.

[55] Robertson, Colin. EU Legislative Texts and Translation [A], in Le Cheng, King Kui Sin & Anne Wagner (eds.) *The Ashgate Handbook of Legal Translation* [C]. Farnham/ Burlington: Ashgate, 2014.

[56] Sager, J.C. *Text Typology and Translation* [M]. Amsterdam: Benjamins, 1997.

[57] Sandrini, P. Comparative Analysis of Legal Terms: Equivalence Revisited [A]. in C. Galinski and K.D. Schmit (eds.) *Terminology and Knowledge Engineering* [C]. Frankfurt am Main: Indeks, 1996.

[58] Šarčević, Susan. Conceptual Dictionaries for Translation in the Field of Law [J]. *International Journal of Lexicography*, 1989.

[59] Šarčević, Susan. *Translation and the Law: An Interdisciplinary Approach* [M]. Amsterdam/Philadelphia: Benjamins, 1994.

[60] Šarčević, Susan. *New Approach to Legal Translation* [M]. The Hague: Kluwer Law International, 1997.

[61] Schäffner, Christina & Beverly Adab. Developing Translation Competence: Introduction. in Christina Schäffner & Beverly Adab (eds.) *Developing Translation Competence* [C]. Amsterdam & Philadelphia: John Benjamins, 2000.

[62] Snell-Hornby, Mary. *Translation Studies, An Integrated Approach* [M]. Amsterdam: John Benjamins, 1988.

[63] *The Macquarie Dictionary* (Revised Edition) [Z]. Macquarie Library Pty Ltd, 1985.

[64] *The New International Webster's Dictionary Thesaurus of the English Language* (International Encyclopedic Edition) [Z]. Trident Reference Publishing, 2011.

[65] Toury, G. *In Search of a Theory of Translation* [M]. Tel Aviv: Porter Institute for Poetics and Semiotics, 1980.

[66] Toury, G. *Descriptive Translation Studies and Beyond* [M]. Amsterdam & Philadelphia: John Benjamins, 1995.

[67] Trosborg, Anna. Statues and Contracts: An Analysis of Legal Speech Acts in the English Language of the Law [J]. *Journal of Pragmatics*, 1995 (23) .

[68] Vermeer, A. *Exploring the Second Language Learner Lexicon* [M]. Foreign Language Teaching and Research Press, [A]. In. L.Verhoeven& J.H.A.L.de Jong (eds.) *The Construct of Language Proficiency* [C]. London: John Benjanmins Publishing Company, 1992.

[69] Vermeer, H. J. Skopos and Commission in Translational Action [A]. In Lawrence Venuti (ed.) *The Translation Studies Reader* [C]. London and New York: Routledge, 2000.

[70] Wagner, Emma. Contacts between Universities and the EU Translation Services: Successes and Failures [A], in Belinda Maia, Johann Haller and Margherita Ulrych (eds.) *Training the Language Services Provider for the New Millennium* [C]. Porto: Faculdade de Letras da Universidade do Porto, 2002.

[71] Wagner, Emma., et al. *Translating for the European Union Institutions* [M]. Manchester, UK: St Jerome Publishing, 2002.

[72] Weihofeng, Henry. *Legal Writing Style* [M]. St. Paul: West Publishing Company, 1961.

[73] Wilkins, D.A. *Linguistics in Language Teaching* [M]. London: Arnold, 1972.

[74] Witczak-Plisiecka, I. A Note on the Linguistic (In) determinacy in the Legal Context [A]. *Lodz Papers in Pragmatics* [C].Warsaw: Versita, 2009.

[75] Wydick, R. C. *Plain English for Lawyers* [M]. Carolina Academic Press, 1998.

[76] 包克纪. 英汉法律术语的不对等性及其翻译策略[J]. 中国科技翻译，2011（4）.

[77] 北京外国语大学英语系词典组. 汉英词典（修订版缩印本）[Z]. 北京：外语教学与研究出版社，1995.

[78] 布莱恩·A. 加纳. 加纳谈法律文书写作[M]. 北京：知识产权出版社，2005.

[79] 曹叠云. 立法技术[M]. 北京：中国民主法制出版社，1993.

[80] 曹音. 对外报道中中国特色法律用语的翻译：以中国日报有关报道为例[J]，新闻战线，2017（5）.

[81] 陈红桔. 法律模糊语言存在的合理性及适用范围[J].安庆师范学院学报（社会科学版），2006（2）.

[82] 陈建平. 法律文体翻译探索[M].杭州：浙江大学出版社，2007.

[83] 陈炯. 论几种表达法律规范的特殊句式[J].毕节师范高等专科学校学报（综合版），2003（4）.

[84] 陈莉萍. 专门用途英语存在的依据[J].外语与外语教学，2001（12）.

[85] 陈太清. 美国罚款制度及其启示[J].安徽大学学报（哲学社会科学版），2012（5）.

[86] 陈文玲. 试论英汉法律术语的不完全对等现象与翻译[J].山东外语教学，2004（4）.

[87] 陈小全，刘劲松. 法律文本中shall的问题及解决途径[J]. 中国翻译，2011（3）.

[88] 陈小全，强凤华. 法律位阶与汉语法律名称的英译[J].中国翻译，2012（5）.

[89] 陈忠诚. 精益求精的宪法英译[J]. 中国翻译，1984（5）.

[90] 陈忠诚. 驱除法律英译中的"Shall"病毒[J]. 上海科技翻译，1992a（3）.

[91] 陈忠诚. 法窗译话[M]. 北京：中国对外翻译出版公司，1992b.

[92] 陈忠诚. 汉英-英汉法律用语辨正词典[Z]. 北京：法律出版社，2000a.

[93] 陈忠诚. 法苑译谭[M]. 北京：中国法制出版社，2000b.

[94] 陈忠诚.《民法通则》AAA译本评析[M]. 北京：法律出版社，2008.

[95] 董晓波. 略论英语立法语言的模糊与消除[J]. 外语与外语教学，2004（2）.

[96] 董晓波. 略论模糊法律语言的语用修辞功能[J]. 山东商业职业技术学院学报，2005（2）.

[97] 董晓波. 法律文本翻译[M].北京：对外经济贸易大学出版社，2011a.

[98] 董晓波. 法庭口译[M].北京：对外经济贸易大学出版社，2011b.

[99] 董晓波. 我国立法文本规范化英译若干问题探析[J]. 外语教学理论与实践，2014（3）.

[100] 董晓波. 法律英语翻译案例教程[M]. 北京：北京交通大学出版社；清华大学出版社，2015a.

[101] 董晓波. 论英汉法律术语的"对等"翻译[J]. 西安外国语大学学报，2015b（3）.

[102] 董晓波. 我国立法语言规范化研究[M]. 北京：北京交通大学出版社，2016.

[103] 董晓波. 法律翻译为全球治理贡献中国智慧[N]. 中国社会科学报，2018-06-26（03）.

[104] 杜金榜，张福，袁亮. 中国法律法规英译的问题和解决[J]. 中国翻译，2004（3）.

[105] 杜金榜. 法律语言学[M]. 上海：上海外语教育出版社，2004.

[106] 杜金榜. 法律交流原则与法律翻译[J]. 广东外语外贸大学学报，2005（4）.

[107] 杜金榜. 法律语言研究新进展[M]. 北京：对外经济贸易大学出版社，2010.

[108] 杜金榜. 语篇信息分析：法律语言学研究新视角[N].中国社会科学报，2011-06-01（15）.

[109] 杜金榜. 法律语篇信息研究[M]. 北京：人民出版社，2015.

[110] 段惠琼，江山. 法律文体的汉英句法特点及翻译策略[J].网络财富，2009（10）.

[111] 范慧茜.《中华人民共和国民法通则》英译本主要翻译错误述评[J].中国翻译，2014（4）.

[112] 范慧茜.《中华人民共和国著作权法》若干法律术语英译商榷[J].中国翻译，2017（1）.

[113] 范晶波.我国《宪法》序言的英译策略[J].中国科技翻译，2010（1）.

[114] 方梦之.翻译新论与实践[M].青岛：青岛出版社，1999.

[115] 方梦之.译学词典[M].上海：上海外语教育出版社，2004.

[116] 冯海霞.规范性法律语篇中互文符号的翻译研究[D].广州：广东外语外贸大学，2005.

[117] 傅伟良.法律文件中的近义和同义词翻译[J].中国翻译，2003（4）.

[118] 葛洪义.法理学[M].北京：中国政法大学出版社，2008.

[119] 公丕祥.法治现代化智库大有可为[N].光明日报，2018-01-28（7）.

[120] 顾维忱，张军英.我国法律名称及术语的归化英译[J].河北大学学报（哲学社会科学版），2007（2）.

[121] 郭道晖.中国的权利立法及其法理基础[J].甘肃政法学院学报，1995（4）.

[122] 郭淑婉.关联理论视角下法律翻译情态意义的语用充实[J].天津外国语大学学报，2015（2）.

[123] 国务院（原）法制办公室.中华人民共和国涉外法规汇编（2009）[Z].北京：中国法制出版社，2009.

[124] 国务院（原）法制办公室法规译审和外事司.中华人民共和国法律法规汉英对照词语手册[Z].北京：中国法制出版社，1998.

[125] 哈特.法律的概念[M].张文显等，译.北京：中国大百科全书出版社，1996.

[126] 韩健.功能语言学视阈下的法律文本对比分析[M].上海：上海交通大学出版社，2013.

[127] 韩江洪.论中国的翻译规范研究[J].山东外语教学，2004（6）.

[128] 何海波.中国行政法若干关键词的英文翻译[J].行政法学研究，2011（3）.

[129] 何家弘.要让法律语言规范化[N].法制日报,2008-12-28(05).

[130] 贺显斌.欧盟的翻译对传统翻译观念的挑战[J].广东外语外贸大学学报,2007(2).

[131] 洪汉鼎.引言:何谓诠释学[A].载洪汉鼎编,理解与解释——诠释学经典文选[C].北京:东方出版社,2006.

[132] 侯晓深,颜玉柞.中国翻译行业CAT应用现状调查报告[R].北京:北京大学软件学院,2008.

[133] 胡波.地方性法规规章翻译中的项目管理[J].常州工学院学报(社会科学版),2017a(2).

[134] 胡波.法律法规翻译中的译者主体性[J].浙江树人大学学报(人文社会科学),2017b(4).

[135] 胡波.地方性法规规章名称英译的问题与对策——基于江苏省和上海市翻译实践[J].重庆交通大学学报(社会科学版),2018(1).

[136] 胡道华.法律文本翻译标准—以文本类型论为视角[J].理论月刊,2011(3).

[137] 胡峰笙,荆博,李欣.语篇衔接理论在政治文献翻译中的应用——以《2010年政府工作报告》为例.[J].外语学刊,2012(2).

[138] 胡加祥,彭德雷.WTO贸易政策的透明度要求:法律原则与中国实践[J].时代法学,2012(1).

[139] 胡云腾.刑法条文案例精解[M].北京:法律出版社,2004.

[140] 胡壮麟,朱永生,张德禄.系统功能语法概论[M].长沙:湖南教育出版社,1989.

[141] 胡壮麟,朱永生,张德禄,李战子.系统功能语言学概论[M].北京:北京大学出版社,2008.

[142] 黄国文.导读:关于语篇与翻译[J].外语与外语教学,2002(7).

[143] 黄国文,余娟.功能语篇分析视角下的翻译显化研究[J].外语与外语教学,2015(3).

[144] 黄文艺,杨亚非.立法学[M].吉林大学出版社,2002.

[145] 季益广. 法律词语的英译[J]. 中国科技翻译，2006（2）.

[146] 贾丽娟. 法律术语标准化的途径——建立法律术语库[J]. 山西经济管理干部学院学报，2007（2）.

[147] 江丹. 论法律术语的特征及翻译原则[J]. 国际关系学院学报，2005（3）.

[148] 江苏省人民政府（原）法制办公室.江苏省法规规章选编（中英文对照）（2014-2015）[M]. 2016.

[149] 江苏省人民政府（原）法制办公室.江苏省法规规章选编（中英文对照本）（2015-2016）[M]. 2017.

[150] 江苏省人民政府（原）法制办公室.江苏省法规规章选编（中英文对照本）（2016-2017）[M]. 2018.

[151] 姜剑云.法律术语及其理据性[J]. 法学探索. 贵州省政法管理干部学院学报，1994（4）.

[152] 姜明安. 行政许可法条文精释与案例解析[M].北京：人民法院出版社，2003.

[153] 姜琳琳，袁莉莉.从言语行为理论看法律语篇的翻译单位[J].江西社会科学，2008（11）.

[154] 姜治文，文军. 翻译标准论[M]. 成都：四川人民出版社，2000.

[155] 金朝武，胡爱平.试论我国当前法律翻译中存在的问题[J].中国翻译，2000（3）.

[156] 金晓燕. 法律术语的英译问题探究——以《中华人民共和国民事诉讼法》为例[J].常州工学院学报（社会科学版），2013（2）.

[157] 金晓燕. 法律术语的英译问题探究——以《中华人民共和国物权法》为例[J].常州工学院学报（社会科学版），2016（6）.

[158] 理查德，A.波斯纳. 法律与文学[M]. 李国庆（译）. 北京：中国政法大学出版社，2002.

[159] 李德凤，胡牧.法律翻译研究：现状与前瞻[J].中国科技翻译，2006（3）.

[160] 李广德.法律文本理论与法律解释[J]. 国家检察官学院学报，2016（4）.

[161] 李剑波. 论法律英语的词汇特征[J]. 中国科技翻译，2003（2）.

[162] 李晋、董晓波. 地方性法规规章翻译规范化和应对措施——基于江苏省法规规章翻译实践的研究[J]. 东南学术，2015（5）.

[163] 李静. 语篇连贯与翻译策略[J]. 上海翻译，2012（4）.

[164] 李克兴. 英语法律文本中主要情态动词的作用及其翻译[J]. 中国翻译，2007a（6）.

[165] 李克兴. 法律翻译理论与实践[M]. 北京：北京大学出版社，2007b.

[166] 李克兴. 英文立法文本写作解密之一——"Where-句"与"If-句"的对比研究[J]. 中国翻译，2013（2）.

[167] 李克兴、张新红. 法律文本与法律翻译[M]. 北京：中国对外翻译出版公司，2006.

[168] 李亮. 法律责任条款规范化设置研究[D]. 山东大学，2015.

[169] 李培传. 论立法[M]. 北京：中国法制出版社，2004.

[170] 李运兴. 语篇翻译引论[M]. 北京：中国对外翻译出版公司，2001.

[171] 李振宇. 法律语言学初探[M]. 北京：法律出版社，1998.

[172] 李正栓、李娜. 创新翻译人才培养模式，提升翻译人才培养质量——全国翻译专业学位研究生教育2014年年会纪实[J]. 上海翻译，2014（4）.

[173] 廖美珍. 法庭问答及其互动研究[M]. 北京：法律出版社，2003.

[174] 刘法公. 法规文件名称"管理办法"的英译探讨[J]. 中国翻译，2012（5）.

[175] 刘法公. 论实现法律法规术语汉英译名统一的四种方法[J]. 中国翻译，2013（6）.

[176] 刘会春. 法律语言程式化结构的形成机制探析[J]. 黄冈师范学院学报，2012（4）.

[177] 刘宓庆. 新编汉英对比与翻译[M]. 北京：中国对外翻译出版公司，2006.

[178] 刘霓辉. 海事法律法规汉译英若干问题探析[J]. 外语与外语教学，2009（10）.

[179] 刘瑞玲. 试论法律术语翻译的精确性[J]. 外语学刊，2010（4）.

[180] 刘蔚铭. 法律语言的模糊性：性质与成因分析[J]. 西安外国语学院学报，2003a（2）.

[181] 刘蔚铭. 英文法律术语的类别与译名实例解析[J]. 术语标准化与信息技术，2003b（3）.

[182] 刘跃敏. 论法律术语的特征[J]. 政法学刊，1999（2）.

[183] 刘重德. 文学翻译十讲[M]. 北京：中国对外翻译出版公司，1991.

[184] 吕叔湘等著，马庆株编. 语法研究入门[M]. 北京：商务印书馆，1999.

[185] 陆文慧. 法律翻译——从实践出发[M]. 北京：法律出版社，2004.

[186] 孟威. 构建全球视野下中国话语体系[N]. 光明日报，2014-09-24（16）.

[187] 聂莉斌. 关于矿业权法律术语英译的探讨[J]. 中国矿业，2013（1）.

[188] 潘庆云. 跨世纪的中国法律语言[M]. 上海：华东理工大学出版社，1997.

[189] 潘庆云. 中国法律语言鉴衡[M]. 上海：汉语大词典出版社，2004.

[190] 潘庆云. 法律语言学[M]. 北京：中国政法大学出版社，2017.

[191] 平洪. 汉英翻译过程中的语篇补偿[J]. 中国翻译，2012（6）.

[192] 蒲欣玥、高军. 翻译项目管理流程介绍[J]. 上海翻译，2014（2）.

[193] 戚珊珊，董晓波. 法律基础十六讲[M]. 北京：对外经济贸易大学出版社，2013.

[194] 祁颖. 关于中国成文法名称英译的几点思考[J]. 海外英语，2012（18）.

[195] 邱贵溪. 论法律文件翻译的若干原则[J]. 中国科技翻译，2000（2）.

[196] 屈文生. 中国法律术语对外翻译面临的问题与成因反思——兼谈近年来我国法律术语译名规范化问题[J]. 中国翻译，2012（6）.

[197] 屈文生. 从词典出发——法律术语译名统一与规范化的翻译史研究[M]. 上海：上海人民出版社，2013.

[198] 屈文生. 法律术语英译中的选词问题[J]. 上海理工大学学报（社会科学版），2017（3）.

[199] 屈文生，石伟. 法律英语阅读与翻译教程[M]. 上海：上海人民出版社，2012.

[200] 屈文生,邢彩霞.法律翻译中的"条"、"款"、"项"、"目"[J].中国翻译,2005(2).

[201] 申海平,韩冰.我国法律名称不宜冠以国名[J].人大研究,2006(8).

[202] 石春让,覃成强.语篇零翻译:名与实[J].外语学刊,2012(5).

[203] 石秀文.汉英法律语篇文本翻译研究[D].长春:吉林大学,2017.

[204] 史铁强,安利.语篇语言学概论[M].北京:外语教学与研究出版社,2012.

[205] 舒国滢.战后德国法哲学的发展路向[J].比较法研究,1995(4).

[206] 司显柱.翻译语篇质量评估模式再研究——功能语言学路向[J].中国翻译,2008(2).

[207] 司显柱,庞玉厚.评价理论、态度系统与语篇翻译[J].中国外语,2018(1).

[208] 宋北平.法律语言[M].北京:中国政法大学出版社,2012.

[209] 宋雷.法律术语翻译要略:正确使用法律英语同义、近义词语[M].北京:中国政法大学出版社,2011.

[210] 宋雷,朱琳.英汉法律法规名称的翻译[J].现代法学,1998(3).

[211] 宋丽珏.立法翻译文本中程式语搭配特征研究[J].外语学刊,2015(4).

[212] 苏珊·沙切维奇.法律翻译新探[M].赵军峰等,译.北京:高等教育出版社,2017.

[213] 穗积陈重.法律进化论(法源论)[M].黄尊三等,译.北京:中国政法大学出版社,2003.

[214] 孙潮.立法技术学[M].杭州:浙江人民出版社,1993.

[215] 孙国华.中华法学大辞典(法理学卷)[Z].北京:中国检察出版社,1997.

[216] 孙世权.法律英语文本的类型化与规范化特征[J].中国社会科学院研究生院学报,2014(3).

[217] 孙笑侠.法律人之治:法律职业的中国思考[M].北京:中国政法大学出版社,2005.

[218] 谭载喜.语篇与翻译:论三大关系[J].外语与外语教学,2002(7).

[219] 汤唯，毕可志等. 地方立法的民主化与科学化构想（重排本）[M]. 北京大学出版社，2006.

[220] 唐青叶. 语篇语言学[M]. 上海：上海大学出版社，2009.

[221] 滕超，孔飞燕. 英汉法律互译：理论与实践[M]. 杭州：浙江大学出版社，2008.

[222] 田成有. 地方立法的理论与实践[M]. 北京：中国法制出版社，2004.

[223] 汪全胜，张鹏. 法律文本中"立法根据"条款的设置论析[J]. 中南民族大学学报（人文社会科学版），2012（4）.

[224] 汪全胜，张鹏. 法律文本中"定义条款"的设置论析[J]. 东方法学，2013（2）.

[225] 汪洋. 加强涉外法律工作[N]. 人民日报，2014-11-06（07）.

[226] 王东海，王丽英. 立法规范化、科学化视角下的法律术语分类研究[J]. 语言文字应用，2010（3）.

[227] 王华伟，王华树. 翻译项目管理实务[M]. 北京：中国对外翻译出版有限公司，2013.

[228] 王建. 法律法规名称英译研究[J]. 西南政法大学学报，2012（6）.

[229] 王建. 法律法规翻译研究[M]. 成都：四川大学出版社，2013.

[230] 王腊生. 地方立法技术的理论与实践[M]. 北京：中国民主法制出版社，2007.

[231] 王力. 略论法律文书术语规范[J]. 术语标准化与信息技术，2004（2）.

[232] 王青，冯伟. 法律语言的翻译标准[J]. 江苏公安专科学校学报，1998（6）.

[233] 王文霞. 探析法律规范英译的不统一性[J]. 江西师范大学学报（哲学社会科学版），2015（5）.

[234] 王武兴. 英汉语言对比与翻译[M]. 北京：北京大学出版社，2003.

[235] 王云奇. 地方立法技术手册[M]. 北京：中国民主法制出版社，2004.

[236] 王子颖. 法律语篇中shall和may的翻译对比研究[J]. 上海翻译，2013（4）.

[237] 王佐良. 翻译：思考与试笔[M]. 北京：外语教学与研究出版社，1989.

[238] 吴邦国. 形成中国特色社会主义法律体系意义和经验[A]. 中华人民共和国中央人民政府网站（http://www.gov.cn/ldhd/2011-02/03/content_1798248.htm），2011-2-3.

[239] 吴苌弘. 立法文本中模糊性语词的翻译原则[J]. 上海翻译，2014a（3）.

[240] 吴苌弘. 法律翻译教学信息化研究——基于语料库和数据库检索系统的实践探索[J]. 外语电化教学，2014b（6）.

[241] 吴苌弘. 法律术语译名探究——基于术语等值与概念迁移的思考[J]. 上海翻译，2016（6）.

[242] 吴玲娣. 新编法律英语术语[M]. 北京：法律出版社，2000.

[243] 吴启主. 汉语构件语法语篇学[M]. 长沙：岳麓书社，2002.

[244] 吴晓红. 浅谈法律术语的特征及其翻译原则[J]. 赤峰学院学报（汉文哲学社会科学版），2011（4）.

[245] 武光军，王克非. 基于英语类比语料库的翻译文本中的搭配特征研究[J]. 中国外语，2011（5）.

[246] 武光军. 基于语料库的翻译 文本中的搭配特征研究：回顾与评价[J]. 北京第二外国语学院学报，2012（10）.

[247] 习近平. 习近平谈治国理政（第二卷）[M]. 北京：外文出版社，2017a.

[248] 习近平. 习近平谈治国理政（第二卷：英文）[M]. 英文翻译组，译. 北京：外文出版社，2017b.

[249] 席月民. 一带一路建设与中国法律传播[N]. 中国社会科学报，2018-04-11（05）.

[250] 夏登峻. 法律英语英汉翻译技巧[M]. 北京：法律出版社，2008.

[251] 项目管理协会. 项目管理知识体系指南（第5版）[M]. 北京：电子工业出版社，2013.

[252] 向前进. 英汉公安法律术语数据库建设的几点设想[J]. 中山大学学报论丛，2006（9）.

[253] 萧立明. 新译学论稿[M]. 北京：中国对外翻译出版公司，2001.

[254] 肖薇，夏竟成. 全球化语境下法律语篇的生态翻译走向[J]. 安徽农业大学学报（社会科学版），2016（4）.

[255] 肖云枢. 英汉法律术语的特点、词源及翻译[J]. 中国翻译，2001（3）.

[256] 谢建平. 功能语境与专门用途英语语篇翻译研究[M]. 杭州：浙江大学出版社，2008.

[257] 辛谷. 法律法规名称的翻译[J]. 中国科技翻译，2003（3）.

[258] 熊德米. 模糊性法律语言翻译的特殊要求[J]. 外语学刊，2008（6）.

[259] 熊德米，熊姝丹. 法律翻译的特殊原则[J]. 西南政法大学学报，2011（2）.

[260] 熊德米. 基于语言对比的英汉现行法律语言互译研究[D]. 湖南师范大学，2011a.

[261] 熊德米. 英汉现行法律语言对比与翻译研究[M]. 长沙：湖南人民出版社，2011b.

[262] 徐彬，郭红梅，国晓立. 21世纪的计算机辅助翻译工具[J]. 山东外语教学，2007（4）.

[263] 徐国栋. 魁北克民法典[M]. 孙建江等，译. 北京：中国人民大学出版社，2005.

[264] 徐向华，孙潮. 关于法律附则制作技术的几个问题[J]. 中国法学，1993（3）.

[265] 许多. 文本选择、文体把握与术语翻译——关于法律翻译教材编写的思考[J].中国翻译，2015（3）.

[266] 许国新，孙生茂. 英译经贸契约条款中shall的正确使用与滥用[J]. 中国科技翻译，2003（4）.

[267] 许钧. 翻译的主体间性与视界融合[J]. 外语教学与研究，2003（4）.

[268] 薛波. 元照英美法词典[Z]. 北京：法律出版社，2003.

[269] 薛波. 元照英美法词典（缩印版）[Z]. 北京：北京大学出版社，2013.

[270] 严明. 大学英语翻译教学理论与实践[M]. 长春：吉林出版集团有限责任公司，2009.

[271] 杨德祥. 法律语言模糊性对法律制度的影响[J]. 云南大学学报（法学版），2006（4）.

[272] 杨恒达. 作为交往行为的翻译[A]. 载谢天振主编，翻译的理论建构与文化透视[C]. 上海：上海外语教育出版社，2000.

[273] 杨淑芳. 论法律专业术语[J]. 政法论丛，2003（6）.

[274] 杨颖浩. 略论英美法律语言中的求同型近义词[J]. 上海科技翻译，1998（4）.

[275] 姚缸. 法律语篇的特点及其翻译策略初探[J]. 经济研究导刊，2010（20）.

[276] 尹全勤. 英语法律文本的翻译探究[D]. 信阳师范学院，2014.

[277] 应松年，刘莘. 中华人民共和国行政复议法讲话[C]. 北京：中国方正出版社，1999.

[278] 余静. 论翻译研究中的术语规范与术语关联——以翻译策略研究术语为例[J]. 中国翻译，2016（1）.

[279] 于鑫. 中国特色政治词语俄译的归化与异化[J]. 天津外国语大学学报，2015（4）.

[280] 于银磊. 法律英语的语言特点及翻译[J]. 安徽电气工程职业技术学院学报，2010（2）.

[281] 袁华平. 法律英语中模糊性词语的功能及其翻译[J]. 湖南科技学院学报，2009（5）.

[282] 曾庆敏. 精编法学辞典[Z]. 上海：上海辞书出版社，2000.

[283] 张长明，仲伟合. 论功能翻译理论在法律翻译中的适用性[J]. 语言与翻译，2005（3）.

[284] 张法连. 法律英语综合教程[M]. 济南：山东大学出版社，2008.

[285] 张法连. 法律英语翻译中的文化因素探析[J]. 中国翻译，2009a（6）.

[286] 张法连. 法律文体翻译基本原则探究[J]. 中国翻译，2009b（5）.

[287] 张法连. 法律英语翻译教程[M]. 北京：北京大学出版社，2016.

[288] 张法连. 中西法律语言与文化对比研究[M]. 北京：北京大学出版社，2017.

[289] 张福. 中国特色社会主义法律体系与我国法律法规翻译成就[A]. 中国网

（http://edu.china.com.cn/2011-09/21/content_23464348.htm），2011-9-21.

[290] 张美芳. 从语篇分析的角度看翻译中的对等[J]. 现代外语，2001（1）.

[291] 张美芳，黄国文. 语篇语言学与翻译研究[J]. 中国翻译，2002（3）.

[292] 张美芳，潘韩婷，陈曦，罗天. 语篇分析途径的翻译研究：回顾与展望[J]. 中国翻译，2015（5）.

[293] 张清. 中国法律法规英译名存在的问题研究[J]. 浙江工商大学学报，2018（1）.

[294] 张庭伟. 美国住房政策的演变及借鉴[J]. 中外房地产导报，2001（7）.

[295] 张文显. 法理学[M]. 北京：高等教育出版社、北京大学出版社，1999.

[296] 张文显. 新思想引领法治新征程——习近平新时代中国特色社会主义思想对依法治国和法治建设的指导意义[J]. 法学研究，2017（6）.

[297] 张先刚. 评价理论对语篇翻译的启示[J]. 外语教学，2007（6）.

[298] 张新红. 汉语立法语篇的言语行为分析[J]. 现代外语，2000（3）.

[299] 张新红. 文本类型与法律文本[J]. 现代外语，2001（2）.

[300] 赵亘. "等值"视域下的法律术语翻译[J]. 语言教育，2018（3）.

[301] 赵军峰、郑剑委. 法律定义条款探析及其翻译策略[J]. 外语学刊，2015（4）.

[302] 赵鹏荣. 法律术语的翻译规律研究——以《出入境法》术语英译为例[J]. 法制与经济，2017（9）.

[303] 郑亚楠. 论法律术语的翻译[J]. 法制与社会，2011（9）.

[304] 中国社会科学院语言研究所词典编辑室. 现代汉语词典（第7版）[Z]. 北京：商务印书馆，2016.

[305] 仲人，吴娟. 法律文字要恪守译名同一律[J]. 中国翻译，1994（5）.

[306] 周旺生，张建华. 立法技术手册[M]. 北京：中国法制出版社，1999.

[307] 周仪，罗平. 翻译与批评[M]. 武汉：湖北教育出版社，1999.

[308] 周赟. 对法律文本中"应当"一词的语义分析[J]. 南阳师范学院学报（社会科学版），2006（10）.

[309] 周赟. "应当"一词的法哲学研究[M]. 济南：山东人民出版社，2008.

[310] 周芝秀，胡雨.法律英语术语误译的对策研究[J].武汉航海职业技术学院学报，2007（1）.

[311] 朱定初. 评复旦大学《法律英语》中的译注——兼谈法律专门术语翻译的基本原则[J]. 中国翻译，2002（3）.

[312] 朱力宇，张曙光.立法学[M]. 北京：中国人民大学出版社，2001.

[313] 朱力宇.立法学（第二版）[M].北京：中国人民大学出版社，2006.

[314] 朱勇.法律翻译研究：内容与思路[J].河北学刊，2011（1）.

[315] 朱玉彬，陈晓倩. 国内外四种常见计算机辅助翻译软件比较研究[J]. 外语电化教学，2013（1）.

[316] 邹瑜，顾明.法学大辞典[Z]. 北京：中国政法大学出版社，1991.

[317] 左勇志，闫续，鲁巧稚，刘亚坤.关于"司法鉴定"及"司法鉴定文书"的适当翻译形式讨论[J]. 中国司法鉴定，2014（2）.